清代典籍里的青城

刘利平 ◎ 编著

吉林文史出版社
JILIN WENSHI CHUBANSHE

图书在版编目（CIP）数据

清代典籍里的青城 / 刘利平编著 . -- 长春 : 吉林
文史出版社 , 2025. 1. -- ISBN 978-7-5752-0867-3

Ⅰ . K292.61

中国国家版本馆 CIP 数据核字第 2025RT1290 号

QINGDAI DIANJI LI DE QINGCHENG

清 代 典 籍 里 的 青 城

编　　著	刘利平
责任编辑	王丽环
封面设计	唐新红
出版发行	吉林文史出版社
邮政编码	130118
印　　刷	吉林省创美堂印刷有限公司
开　　本	787mm × 1092mm　1/16
印　　张	22
字　　数	369 千字
版　　次	2025 年 1 月第 1 版
印　　次	2025 年 1 月第 1 次印刷
标准书号	ISBN 978-7-5752-0867-3
定　　价	88.00 元

引　言

　　"惟殷先人，有册有典"。数千年来，中华典籍文献世代相传，成为中华优秀传统文化的重要载体。

　　据《春秋左传》记载，在春秋时期宋国大夫正考父家庙的鼎上，铸刻着这样一段铭文："一命而偻，再命而伛，三命而俯。循墙而走，亦莫余敢侮。饘于是，鬻于是，以糊余口。"2013 年 6 月，在全国组织工作会议上的讲话中，对这段古朴的文辞进行了通俗生动的解读，并借此告诫广大干部：在工作中敢作敢为、锐意进取，在做人上谦虚谨慎、戒骄戒躁。自此，这段原本沉睡于故纸堆中的铭文重焕新生，在中华大地上广为流传。

　　党的十八大以来，文博界认真学习习近平总书记在中央政治局第十八次、第二十九次集体学习时对中华传统文化的精辟论述，潜心钻研习近平总书记关于继承和弘扬优秀传统文化的重要讲话，切磋琢磨，发愤著述，通过展览展示、整理出版、典籍数字化等各种方式，梳理传统文化典籍，阐发中华文化精髓，使中华优秀传统文化的凝聚力、影响力、创造力不断增强。

　　清代档案是中国清代历朝统治者及其中央、地方的各种机构在处理日常公务活动中形成大量的文书、图籍、档册等。经过清末和"中华民国"时期的政权更迭、战乱破坏、盗窃倒卖，加上外国侵略者的劫掠和焚毁，损失严重。保存下来的虽仍为数浩巨，但不完整，只是清代全部档案文献的少部分。清代档案的种类和名称繁多，不下数百种。其中包括有皇帝发布的诏令文书，如制、诏、诰、敕、谕、旨等；有官员向皇帝的奏报文书，如题本、奏折、贺表、笺文等；有记载皇帝言行和政务活动的档案，如起居注、实录、圣训、本纪、方略等；有记载皇室和皇族事务的档案，如玉牒、皇册等；有各衙门之间的来往文书，如咨文、移会、札、禀、呈、函等；有外交文书，如照会、国书等。此外还有电报、舆图、史书、清册、各种档册、人物传记等。从文字上看，绝大部分是汉文档案，一小部分是满文或满汉文合璧档案，也有少量外文档案和少数民族文字的档案。从内容上看，涉及政治、经济、军事、外交、文化、教育、艺术、天文、地理、气象、民族、外国侵略、人民革命运动，以至宫廷生活、典章制度等各个方面。

得益于数字技术和互联网技术的发展，近年来古籍的数字化步伐不断加快。我们要继承和弘扬我国人民在长期实践中培育和形成的传统美德，坚持社会主义核心价值观，在去粗取精、去伪存真的基础上，坚持古为今用、推陈出新，让优秀的传统文化以灵活多样的形式展现出来。

呼和浩特是蒙古语音译，意为"青色的城市"，别名青城，旧称归绥，是内蒙古自治区首府、内蒙古自治区的政治、经济、文化中心，国家历史文化名城，有着悠久的历史和光辉灿烂的文化，是华夏文明的发祥地之一。在浩如烟海的清代档案典籍中，有着许多关于呼和浩特（归化城和绥远城）政治、经济、军事、外交、文化、教育、艺术、天文、地理、气象、民族、典章制度等各个方面的碎片化记载。我们以清代档案《清代历朝起居注合集》为主线，以《清史稿》《清咸同光三朝朝政档案》《稀见清咸丰军事外交谕令密件》《清代法律法规各部则例》《户部奏稿》《清代皇帝的硃批谕旨选录》《明清内阁大库史料集刊》《清代史料文献》为参照，结合中国第一历史档案馆、故宫博物院等单位的研究成果，经过认真整理、辨识和去伪存真，搜集整理清代有关归化城、绥远城文献档案记载共计 916 条。其中康熙 166 条，雍正 26 条，乾隆 268 条，嘉庆 94 条，道光 154 条，咸丰 84 条，同治 33 条，光绪 83 条，宣统 8 条。这是呼和浩特在中国 17 世纪至 20 世纪初近 300 多年历史的真实记录，对印证呼和浩特清代的史实具有可靠的凭证作用，也可供当今建设事业各方面参考利用。

作者对这 916 条文献档案进行了严谨的搜集整理、校注，使得这些沉睡在古籍中的文字重新焕发了生机。通过这些生动的古籍文字记载不仅为我们提供了一扇窥探呼和浩特清朝时期历史的窗口，而且让我们能够更加直观地感受到归化城和绥远城当时政治、经济、文化等各领域的地位与作用，通过这些历史文献档案，极大地丰富了我们对呼和浩特乃至整个清朝边疆地区的认知，为研究清朝时期呼和浩特地区的历史文化提供了极为珍贵的第一手资料。

通过档案文献的整理，纠正在历史研究中野史、传说盛行，据说、"相传"、假说的误导。还原历史真实性。激活其生命力，把跨越时空、超越国度、富有永恒魅力、具有当代价值的文化精神弘扬起来，让收藏在博物馆里的文物、陈列在广阔大地上的遗产、书写在古籍里的文字都活起来，让中华文明同世界各国人民创造的丰富多彩的文明一道，为人类提供正确的精神指引和强大的精神动力。睹乔木而思故家，考文献而爱旧邦。深厚的典籍文献积累，已经成为中华民族文化自信的牢固基础。典籍文献记载着中华民族过往的辉煌，铭刻着先民的创造，延续着民族精神的血脉，不仅要庋藏在庙堂之上、书库之中，更要让它们走近每个普通人，使其承载的优秀传统文化渗透人们的日常生活，融入人们的精神基因，转化为日用而不觉的思想自觉和行为习惯。

要进一步围绕优秀传统文化资源，开展好保护传承、挖掘展示、整理出版等工作，古为今用、推陈出新，在建设优秀传统文化传承体系中发挥积极作用。要深入实施"中华古籍保护计划"，全面、科学、规范地开展保护工作，提高公众古籍保护意识。要积极开展与国内外同行的业务交流，探索外展、借展、巡展、交流展等多种展览合作模式，让更多读者有机会接受传统文化熏陶。要结合挖掘展示优秀文化资源，做好中华民族优秀文化和光荣历史的正面宣传教育。培养社会公众认识、了解传统文化的兴趣，使中华优秀传统文化渗透在每个人的生命与生活之中。

目 录

CONTENTS

康 熙（1661—1722）

康熙十一年（1672）二月二十五日

巴林阿布海、鄂尔多斯苏尼特、克什克腾阿布哈纳儿王、贝勒、贝子、台吉等及归化城等处都统等来朝。

——《清代历朝起居注合集》清圣祖卷一

康熙十一年（1672）八月十七日

上旨：太皇太后宫问安毕，回宫。赐补授河南巡抚佟凤彩鞍马，及归化城满席里绰尔济、蒿齐特部落博地素额墨齐、科尔沁国二品台吉阿玉锡、尔济图额尔得尼等蟒袍各一袭。

上御乾清门，赐凤彩及进贡喀喇沁部落杜稜郡王、扎什四品塔布囊巴图儿、蒿齐特部落郡王齐布屯博地素额墨齐、四品台吉桑阿尔等，苏尼特部落贝勒沙礼、四品台吉阿玉锡等，归化城满席里绰尔济、二品台吉那尔布等，科尔沁国二品台吉阿玉锡等，四子部落四品台吉塞棱等，乌拉特部落三品台吉楚布古尔等，阿巴哈纳尔部落四品台吉萨喇尔等，翁牛特部落四品台吉俄齐尔扎萨克、一品台吉乌尔木等宴。

——《清代历朝起居注合集》清圣祖卷一

康熙十二年（1673）八月十九日

上复御乾清门，赐进贡科尔沁国多罗额驸那木齐、乌珠穆沁部落三品台吉杜斯哈儿等，喀尔喀部落四品台吉布豸等，蒿齐特部落四品台吉翁果尔，回薄的素厄母齐喇嘛等，乌拉特部落三品台吉塞儿古冷等，苏尼特部落四品台吉那马世稀等，阿巴嘎部落四品台吉厄斯黑儿等，驻扎归化城德见格见格龙等食。

——《清代历朝起居注合集》清圣祖卷二

康熙十二年（1673）九月初六日

上复御乾清门，赐进贡阿鲁科尔沁国三品台吉和托罗等，苏尼特部落四品台吉公格等，阿巴嘎部落三品台吉喀尔玛等，喀尔喀部落四品台吉舒鲁克等，住剳归化城济牙班第达呼图克图喇嘛等食。

——《清代历朝起居注合集》清圣祖卷二

康熙十二年（1673）九月初十日

上御乾清门，赐进贡敖汉部落一品台吉乌巴希，翁牛特部落二品台吉色冷等，阿巴嘎部落四品台吉蓬初克等，巴林部落四品台吉鲁西下布等，乌拉特部落四品台吉阿蓝都瓦苏，尼特部落四品台吉多儿极，喀尔喀部落四品台吉奇他特等，喀喇沁部落四品塔布襄顾穆，蒿齐特部落都统扎母苏等，科尔沁国三等护卫毕裡克图，土默特部落三品达尔汉鄂齐儿桑，驻扎归化城卫正喇嘛等食。

——《清代历朝起居注合集》清圣祖卷二

康熙十二年（1673）十月初二日

赐进贡科尔沁国和硕亲王达尔汉、额驸班第、一品台吉马尼俄栖尔等，扎鲁特部落二品台吉额尔德尼等，巴林部落四品台吉札木苏等，四子部落四品台吉毛奇塔挞，克什克腾部落四品台吉班第，科尔沁国永安固伦长公主下屠彰，归化城土默特部落二品台吉那尔布等食。

——《清代历朝起居注合集》清圣祖卷二

康熙十三年（1674）四月十一日

上御乾清门，听部院各衙门官员面奏政事。

是日，科尔沁国、巴林、苏尼特等部落公主、藩王、额驸及驻扎归化城都统兵喇嘛等来朝。

——《清代历朝起居注合集》清圣祖卷三

康熙十四年（1675）十二月二十一日

上御景山内前殿，赐进贡归化城驻札札萨克厄木齐喇嘛墨尔根绰尔济。喀尔喀部落未领品级达尔麻达尔汉喇嘛请安。四子部落达尔汉郡王沙都见、巴林部落郡王鄂齐见、贝子温春，苏尼特部落多罗郡王萨马札、额驸二品台吉多尔济思哈布，乌珠穆沁部落贝勒毛立海等食。

——《清代历朝起居注合集》清圣祖卷四

康熙十五年（1676）正月初二日

上御景山内前殿，赐进贡阿鲁科尔沁国和硕额驸色冷、苏尼特部落四品台吉噶尔马斯夏布、喀尔喀部落多罗贝勒衮布伊尔登等，护国公萨马德、一品台吉诺尔布、托音喇嘛驻札归化城扎萨克厄尔克鄂木布喇嘛等食。

——《清代历朝起居注合集》清圣祖卷四

康熙十五年（1676）三月初五日

上御景山内前殿，赐盛京居住罗布藏格龙、驻札归化城卫正喇嘛、阿鲁科尔沁国三品台吉巴特玛西等，喀喇沁部落三品塔布囊扎木苏等，土默特部落二品台吉诺尔布等食。

——《清代历朝起居注合集》清圣祖卷四

康熙十五年（1676）三月十四日

上御乾清门，听部院各衙门官员面奏政事。

未时，上复御乾清门，赐进贡苏尼特部落多罗贝勒本布、驻札归化城驻扎萨克喇嘛旦巴格龙等食。

——《清代历朝起居注合集》清圣祖卷四

康熙十五年（1676）七月初七日

谕户部尚书觉罗勒德浑曰：尔等请旨，遣官往归化城买马，此皆为大军备用，关系非轻。不得市买瘦小疲敝者，致不堪用。今宜严饬所遣官，前去务选择精壮，如以不堪者，苟且塞责，后经察出，定治以罪决不姑饶。

——《清代历朝起居注合集》清圣祖卷四

康熙十五年（1676）十一月十八日

上御景山内前殿，赐进贡乌珠穆沁部落和硕车臣亲王苏达尼、奈曼部落辅国公格勒尔、二品台吉噶尔玛等，巴林部落淑慧固伦长公主下精奇尼哈番毕里克、翁牛特部落三品台吉绰思哈布等，扎鲁特部落四品台吉阿南等，乌拉特部落三品台吉阿苏等，驻札归化城喇嘛厄尔克鄂木布格龙等食。

——《清代历朝起居注合集》清圣祖卷四

康熙十六年（1677）二月二十七日

上御景山内前殿，赐进贡苏尼特部落多罗郡王萨木扎、额驸阿巴哈纳尔部落固山贝子都西夏布、喀尔喀部落二品台吉额尔格布西等，乌拉特部落四品台吉白尔赫等，土默特部落一品塔布襄布彦图等，科尔沁国端贞固伦长公主来使毕礼克图等，归化城都统古木得等食。

——《清代历朝起居注合集》清圣祖卷五

康熙十六年（1677）十月三十日

上旨，景山内前殿，赐进贡克什克腾部落四品台吉绰克图等，科尔沁国二品台吉塞木都等，阿巴嘎部落二品台吉吴尔詹噶喇布等，乌拉特部落三品台吉博尔托等，四子部落四品台吉崩苏，归化城大喇嘛班萨儿喀木扎木巴等，居驻五台山大喇嘛鄂木布格龙等食。

——《清代历朝起居注合集》清圣祖卷五

康熙十七年（1678）正月二十一日

上御保和殿，赐进贡喀喇沁部落多罗杜稜郡王札席巴林部落固山贝子温椿三品台吉于穆处木等四品台吉楚扬等苏尼特部落四品台吉额尔得尼等阿巴嘎部落四品台吉吴尔詹等四子部落四品台吉哈代等驻札归化城四品台吉索纳木等食。

——《清代历朝起居注合集》清圣祖卷六

康熙十八年（1679）二月三十日

上御景山内前殿，赐进贡敖汉部落和硕额驸齐伦巴图鲁，喀喇沁领四品塔布襄班第等，苏尼特部落四品台吉鄂尔化等，翁牛特部落四品台吉散进等，阿巴嘎部落四品台吉喀尔玛世西等，土默特部落四品台吉顾穆等。又盛京总管喇嘛班第达、喇嘛鲁布格龙等，归化城喇嘛丹巴格龙等食。

——《清代历朝起居注合集》清圣祖卷六

康熙十八年（1679）九月二十六日

上曰：江南省今岁荒旱异常，饥民待赈，最紧急迫应照其督抚所请，速行。又理藩院为厄鲁特部落察汉台吉私住归化城，卫征格龙等不行举首，奏请议罚事。

——《清代历朝起居注合集》清圣祖卷七

康熙十八年（1679）十二月十四日

上问：曰京城至今无雪，北边一带蒙古地方曾有雪否？蒙古所恃以生者，马畜若无雪，则来春青草不茂，便觉生计困乏。

阿木胡朗奏曰：据进贡来使云，翁牛特部落以西至归化城皆已得雪，鄂尔多斯部落迤北，雪尚少。我近边牧马之地，雪亦不多。

——《清代历朝起居注合集》清圣祖卷七

康熙十九年（1680）八月初五日

上御瀛台前亭，赐进贡乌珠穆沁部落二品台吉呼尔章等，乌拉特部落四品台吉海萨等，喀喇沁部落四品塔布襄卓礼克图等，驻扎归化城扎萨克朋苏克喇嘛、卫征喇嘛等茶。

——《清代历朝起居注合集》清圣祖卷九

康熙十九年（1680）闰八月十九日

上御东宫前殿，理藩院尚书阿木胡朗以赉牛羊等物往赈归化城等处，八旗被饥，蒙古自京城来请旨。

上曰：蒙古所恃以为生者，惟牛羊而已，从内发去牛羊，及外藩各王捐输牛羊，着善加刍牧，务期到彼均沾实惠，毋徒存虚数，致令贫瘠，将使贫馁之民终失生计。

阿木胡朗奏曰：从内发去牛羊，自牧养所至彼地，原不甚远。其蒙古王等捐输牛羊，已行文臣衙门。云：于额外多为预备，且今所值又当草茂之时，料不至贫瘠缺额。臣到彼，当亲行验勘，均分赈给。

——《清代历朝起居注合集》清圣祖卷九

康熙十九年（1680）九月初三日

又为理藩院题补归化城副都统二缺事，正拟领绰尔济雅克噶尔马斯希，陪拟鄂尔折塔尔巴。

——《清代历朝起居注合集》清圣祖卷九

康熙二十年（1681）五月二十四日

部院官弁出大学士学士随捧折本面奏请旨：为理藩院议归化城蒙古杜稜因盗马拟即缴籍没其妻子家产事。

上曰：今蒙古饥荒为盗甚多，一概诛之，则死者众矣。着免死，鞭一百解京。其余从部议。

——《清代历朝起居注合集》清圣祖卷十

康熙二十年（1681）六月初七日

上御景山内前殿，赐进贡乌拉特部落三品台吉阿喇纳等，四品台吉吴巴地，归化城札萨克喇嘛朋苏克等食。

——《清代历朝起居注合集》清圣祖卷十

康熙二十一年（1682）二月初四日

兵部题补归化城都统事。

上曰：尔等曾问否？

明珠奏曰：臣等遵旨问蒙古大臣，伊等云：吴巴什不甚相识，但蒙皇上隆恩，念其勋旧之臣，将伊此补授都统，其所辖蒙古无不信服。

上曰：吴巴什着补授归化城都统。

——《清代历朝起居注合集》清圣祖卷十二

康熙二十一年（1682）二月十四日

上御保和殿，赐直隶巡抚格尔古德、江宁巡抚余国柱，及元旦朝贺和硕卓礼克图亲王鄂奇尔、科尔沁国多罗秉图郡王厄进、嵩齐特部落多罗郡王车布登、扎鲁特部落多罗贝勒扎木、苏尼特部落多罗贝勒本布、翁牛特部落达尔汉贝勒曳色、郭尔罗斯部落护国公安达希里、土默特部落三品台吉汗都什希布等，扎萨克部落四品台吉大喜等，乌珠穆沁部落一品台吉苏马代等，归化城四品台吉罗臧等食。

——《清代历朝起居注合集》清圣祖卷十二

康熙二十一年（1682）七月初三日

部院官弁出大学士学士随捧折本面奏请旨：为理藩院进贡厄鲁特部落丹津鄂木布来使额尔克暇等，因无噶尔当薄硕克免汗票文，不许进关，令回归化城照常贸易事。

上曰：务在实行，不必虚。据票文丹津鄂木布来使，如不许进，恐非柔远之道，仍着来贸易。

——《清代历朝起居注合集》清圣祖卷十二

康熙二十一年（1682）八月二十日

上御景山内前殿，赐进贡阿巴嘎多罗贝勒罗布藏、乌珠穆沁部落四品台吉马西等，苏尼特部落四品台吉撒尼特等，克什克腾四品台吉阿那达等，阿巴嘎部落四品台吉车门等，归化城三品台吉撒罕、喀尔喀部落三品台吉达木巴等食。

——《清代历朝起居注合集》清圣祖卷十三

康熙二十一年（1682）十二月二十九日

上御保和殿，赐来朝外藩蒙古左翼科尔沁国和硕达尔汉亲王班第、额驸多罗郡王毕礼克图多罗……归化城土默特部落头目归穆德……感谢恩，赍参请圣安。

——《清代历朝起居注合集》清圣祖卷十三

康熙二十二年（1683）正月十四日

上御保和殿，以上元节，赐来朝元旦外藩蒙古左翼科尔沁国和硕达尔汉亲王……归化城土默特部落都统归穆德、阿巴嘎部落……谢恩请安。

——《清代历朝起居注合集》清圣祖卷十四

康熙二十二年（1683）二月初五日

理藩院奏：归化城副都统塔尔巴弁缺，正拟参领噶尔马，陪拟鄂尔者图。

上曰：归化城系外藩往来之地，最为紧要。向来副都统弁缺。止将本地参领拟补。未为尽得其人，此后将在京应升之人一体选择补用，可乎。

尚书阿穆胡郎等奏曰：归化城蒙古官弁与在内官员同一体，皇上酌量选补，亦无不可。

上曰：可令议政王贝勒大臣会议具奏。

——《清代历朝起居注合集》清圣祖卷十四

康熙二十二年（1683）二月初九日

归化城古穆德旗下副都统习第弁缺，正拟参领达西，陪拟佐领布尼斯希。布吴巴什旗下副都统塔尔巴弁缺，正拟参领鸣尔马，陪拟参领鄂尔者图。

上曰：此归化城前任副都统，甚属不堪。前差祁塔特、黄海、阿喇巴、覃颂赐喀尔喀部落至归化城，即诡言支饰，见甲则云送乙不曾在家。见乙则云迎甲不曾在家。此地乃当外藩，甚为紧要，应选择此间贤能者补授。

大学士明珠奏曰：土默特系内地旗分，从京中补去亦无不可。

上曰：着议政王贝勒大臣会议具奏。并传集蒙古诸臣公同会议谕。

——《清代历朝起居注合集》清圣祖卷十四

康熙二十二年（1683）二月初十日

理藩院进奏：议政王贝勒大臣会议补授归化城副都统事。

上曰：会议如何？

尚书阿穆胡郎等奏曰：议政王等会议补授归化城副都统，从京中选用亦无不可。但自太宗皇帝以来，归化城两旗都统以下佐领以上缺出，将归化城应升官弁补授，行之已久。今应仍照旧例，令归化城都统简选本地贤能应升之弁，开列正陪来京。该部详阅开列之人，可用则引见补授。如不堪胜任，该部即行题参，将开送该都统严加议处。

上曰：归化城一切用人等事与尔理藩院定有利益，故尔等倡议如此。

阿穆胡郎等奏曰：臣等蒙皇上破格任用，但恐知识陋劣，凡事计虑不周，致有错误，焉敢有坏国事，以求自利。

上曰：既如此，彼处送有最劣不堪之人，何未见尔等题参。

阿穆胡郎等奏曰：上谕及此，臣等有何可辨。

——《清代历朝起居注合集》清圣祖卷十四

康熙二十二年（1683）三月初十日

上御景山内前殿，赐进贡科尔沁国协理旗下事务辅国公图纳黑、四品台吉厄尔德尼、敖汉部落协理旗下事务和硕额驸齐伦巴图鲁、阿巴嘎部落四品台吉齐克图等，喀尔喀部落二品台吉劳彰、四品台吉阿玉锡等，扎萨克四品台吉马锡等，及席敕图库伦大喇嘛厄尔德尼喀穆扎穆巴、归化城扎萨克喇嘛普苏克格隆等食。

——《清代历朝起居注合集》清圣祖卷十四

康熙二十二年（1683）三月十七日

参领张素义，陪拟蔡毓茂。

上曰：尔等曾问明否？

明珠等奏曰：问统兵都统噶尔汉。云：张素义为人颇优，堪以驭下。又问本旗都统赛音达礼，亦云为人堪用。

上命：以张素义补授副都统。又推归化城土默特左翼副都统正拟正白旗护军。

——《清代历朝起居注合集》清圣祖卷十四

康熙二十二年（1683）三月二十三日

上御保和殿，赐奉天将军伊把翰、达赖喇嘛贡使唐臣董噶尔库图克图、厄鲁特部落达赖汗来使厄尔克、多托诺厄尔得尼代青台吉来使博尔济、巴图鲁尔台吉来使图布信暇、盛京为首喇嘛罗布臧等，五台山为首喇嘛温布等，归化城为首喇嘛扎木苏等，及谢恩鄂尔多斯部落二品台吉吴巴什等，进贡科尔沁国二品台吉毕礼滚达赖等，阿巴哈纳尔四品台吉塔尔巴、阿巴嘎部落四品台吉诺木图等，扎萨克四品台吉布吉等，喀喇沁部落四品塔布囊得尔僧等食。

——《清代历朝起居注合集》清圣祖卷十四

康熙二十二年（1683）八月初一日

谕曰：观厄鲁特部落噶尔当博硕克图来使，较前渐多，每一次常至数百人，闻其沿途遇边外游牧蒙古，四行扰害，极为可恨。外国之人若行痛惩，又恐失柔远之意。彼处遣来人弁当有定数，不可听其意为多寡。此后，正使头目酌量数人，令进关口，其余人等或令在张家口外，或在归化城交易事毕，应即遣回。此事著议政王贝勒大臣会同确议具奏，尔等可传谕。

——《清代历朝起居注合集》清圣祖卷十五

康熙二十二年（1683）十月二十四日

理藩院题詹齐布喀屯来使，无噶尔当博硕克图信牌，不准入口，应令于归化城贸易即回。

上曰：噶尔当来使方去未远，着差人往问。如果是彼处使人，仍令其入口贸易，可也。

——《清代历朝起居注合集》清圣祖卷十五

康熙二十二年（1683）十二月二十九日

午时以岁除，上御保和殿，赐朝正外潘，蒙古左翼科尔沁国和硕卓里克图亲王杜尔巴、和硕达尔汉亲王班第、额驸辅国公土那黑、额驸一品台吉喇第、四品台吉胡必图等，苏尼特部落多罗杜稜郡王阿玉锡、多罗贝勒布木布、四品台吉钵尔济稽尔、蒿齐特部落多罗郡王车布登、四品台吉伊礼札尔布、扎鲁特部落多罗贝勒札木多罗、达尔汉贝勒巴达礼、护国公毛奇他特、二品台吉毕礼克图、乌珠穆沁部落多罗贝勒敖齐礼图、一品台吉吴达喇希、翁牛特部落多罗贝勒厄林臣、喀喇齐礼克、护国公奇他特、土默特部落固山贝子衮济斯札布、三品塔布囊阿穆胡朗、郭尔罗斯部落辅国公蟒萨、四子部落四品台吉沙礼、右翼鄂尔多斯部落和硕亲王顾鲁多罗、贝勒达尔札多罗、贝勒顾鲁什奚布、二品台吉巴苏图、三品台吉库退、四品台吉崩苏、科尔沁国多罗札沙克图郡王鄂齐礼、一品台吉纪尔第、三品台吉布达、敖汉多罗郡王札木苏、喀尔喀部落多罗卓里克图郡王顾鲁什奚、多罗贝勒索诺木、固山贝子巴特马、一品台吉额林臣、阿巴嘎多罗郡王沙克沙僧格、达尔汉贝子车林东鲁布、一品台吉达尔马、阿巴哈纳尔多罗贝勒那木喀尔、四品台吉土巴泰、札赖特部落固山贝子那孙、巴林固山贝子温冲、四品台吉阿第思等，乌拉特部落护国公查木察、四品台吉董等，喀喇沁部落护国公吴特巴喇、三品塔布囊班第等。克什克腾四品台吉巴塔马、阿鲁科尔沁国二品台吉坤特尔、杜尔伯特四品台吉达礼、归化城都统吴巴什，并住札虎祜诺尔地方厄鲁特部落达赖属下顾鲁木锡台吉。内大臣侍卫、满汉大学士、上三旗都统、尚书、副都统、侍郎、学士，宴上进酒、作乐。召外藩王、贝勒、贝子、公等及顾鲁木锡台吉，至御座前，上亲赐酒。又召内大臣、大学士、都统、尚书及外藩台吉，至御前赐酒。又命副都统、侍郎、学士、侍卫等，至殿前阶下，赐酒。宴罢。群臣谢。

——《清代历朝起居注合集》清圣祖卷十五

康熙二十三年（1684）正月十四日

上御保和殿，以上元节宴朝正外藩，蒙古左翼科尔沁国和硕卓里克图亲王杜尔巴、和硕达尔汉亲王班第、额驸辅国公土纳黑、额驸一品台吉喇等，二品台吉吴尔图那苏土、四品台吉胡必图等，苏尼特部落多罗杜稜郡王阿玉锡、多罗贝勒布木布、四品台吉钵尔济稽尔、蒿齐特部落多罗郡王车布登、四品台吉伊礼扎尔布、扎鲁特部落多罗贝勒扎木多罗、达尔汉贝勒巴达礼、护国公毛奇他特、二品台吉毕礼克图、乌珠穆沁部落多罗贝勒敖齐礼图、一品台吉关达喇希、翁牛特部落多罗贝勒厄林臣、喀喇车礼克护国公奇他特、土默特部落固山贝子衮济斯扎布、三品塔布囊阿穆胡朗、郭尔罗斯部落辅国公蟒萨、四子部落四品台吉沙礼、右翼鄂尔多斯部落和硕亲王顾鲁、多罗贝勒达尔扎、多罗贝勒顾鲁什奚布、二品台吉巴苏图、三品台吉库退、四品台吉崩苏、科尔沁国多罗扎萨克图郡王鄂齐礼、一品台吉纪尔第、三品台吉布达、敖汉多罗郡王扎木苏、喀尔喀部落多罗卓里克图郡王顾鲁什奚、多罗贝勒索诺木、固山贝子巴特马、一品台吉额林臣、阿巴嘎多罗郡王沙克沙僧格、达尔汉贝子车林东鲁布、一品台吉达尔马、阿巴哈内尔多罗贝勒那木喀尔、四品台吉土巴泰、扎赖特部落固山贝子那孙、巴林固山贝子温春、四品台吉阿第思等，乌拉特部落护国公查木察、四品台吉董等，喀喇沁部落护国公吴特巴喇、三品塔布囊班第等，克什克腾四品台吉巴特马、阿鲁科尔沁国二品台吉坤特尔、杜尔伯特四品台吉达礼、归化城都统吴巴什。并内大臣侍卫、上三旗大学士、都统、尚书、副都统、侍郎、学士、副都御史等官。上进酒，诸乐并作。召外藩王、贝勒、贝子公等，至御座前，上亲赐酒。召诸台吉等，及都统等，至御座下，赐酒。宴罢。众谢恩。

——《清代历朝起居注合集》清圣祖卷十六

康熙二十三年（1684）正月二十八日

上御景山内前殿召，进贡翁牛特部落多罗杜稜郡王毕理衮达赖、科尔沁国二品台吉诺木德尔格勒、顾鲁克齐等，无品台吉察西、土默特部落一品台吉布达拉西、扎萨克四品台吉博罗兑等，阿巴嘎四品台吉都尔麻等，苏尼特四品台吉灵华等，喀喇沁部落协理旗下事务一品塔布囊鄂莫克图、三品塔布囊鄂齐尔、四品塔布囊卓里克图等，都统巴雅尔、归化城阿齐图格隆等。赐食。

——《清代历朝起居注合集》清圣祖卷十六

康熙二十三年（1684）二月十五月

御景山内前殿召，请安进贡，喀喇沁部落多罗杜稜郡王查西、二品塔布囊阿喇那、阿巴嘎三品台吉厄默根、四品台吉纳穆珊等，翁牛特部落四品台吉巴燕等，苏尼特部落二品台吉胡土尧泰、四品台吉鄂齐尔等，归化城大喇嘛丹木巴格隆、副都统阿育、西四品台吉顾鲁黑等。赐食。

——《清代历朝起居注合集》清圣祖卷十六

康熙二十三年（1684）三月二十五日

议政王等会推归化城副都统毕里克病故员缺。正推郎中管参领事喀喇，陪推护军参领阿第。

上曰：陪推阿第尚属可用，较之喀喇为优，着补授此缺。

——《清代历朝起居注合集》清圣祖卷十六

康熙二十三年（1684）四月十六日

理藩院题归化城土默特部落佐领噶尔马世希，因行间有罪革职。其佐领弁缺，正拟伊子罗札喇希，陪拟伊族侄积孙。

上曰：噶尔马世希系对累败绩之人，令伊子补授可乎，着将拟陪之积孙补授佐领。

——《清代历朝起居注合集》清圣祖卷十六

康熙二十三年（1684）五月初五日

本日，赐归化城副都统阿廸鞍马一匹。

——《清代历朝起居注合集》清圣祖卷十六

康熙二十三年（1684）八月二十七日

理藩院题归化城蒙古佐领员缺，将伊子色冷喇布丹拟正，族弟阿布珠拟陪。

上曰：此佐领虽系伊祖父所传，但其父以出征犯罪，如何即将其子补用。阿布珠既系伊族弟，即属一枝，此缺着将阿布珠补授。

——《清代历朝起居注合集》清圣祖卷十七

康熙二十三年（1684）八月二十九日

御景山内前殿，召进贡土默特部落多罗、达尔汉贝勒额尔德木图、郭尔罗斯部落护国公安达西里、扎萨克一品台吉那尔布等，阿巴哈纳尔协理旗下事务一品台吉韩巴等，阿巴嘎二品台吉丹津、阿鲁科尔沁国协理旗下事务二品台吉昆图尔、苏尼特部落二品台吉阿喇礼克等请安。喀尔喀部落二品台吉根敦、都统罗布盛、科尔沁国三品台吉阿玉锡、扎鲁特部落四品台吉拜胜、副都统阿玉锡、归化城副都统阿第等，赐食。

——《清代历朝起居注合集》清圣祖卷十七

康熙二十三年（1684）九月十九日

御景山内前殿，召请安进贡巴林一品台吉葛勒尔图、阿巴嘎四品台吉僧格等，苏尼特部落四品台吉巴榜等，四子部落四品台吉哈达等，喀尔喀部落一品台吉吴都、二品台吉达西等，四品台吉库勒尔得等，喀喇沁部落三品塔布囊鄂齐尔、四品塔布囊卓礼克图等，盛京马哈噶喇庙为首喇嘛耳丹格龙、归化城乃齐托因胡毕尔汉、乌拉特部落为首喇嘛西喇布格龙等，赐食。

——《清代历朝起居注合集》清圣祖卷十七

康熙二十三年（1684）十二月十七日

御保和殿，召厄鲁特部落虎祜诺尔堪度台吉来使尼尔巴格龙、车臣台吉厄尔克巴图鲁即农来使阿齐图达尔汉噶布楚、科尔沁国协理旗下事务四品台吉席拉达拉、未得品级台吉喇西席布、阿鲁科科尔沁四品台吉鄂齐尔、扎鲁特部落四品台吉鄂齐尔等，奈曼部落副都统吴鲁木素等，克什克腾四品台吉噶尔毕、副都统噶尔马、翁牛特部落四品台吉齐他特、都统满诸西里、喀喇沁部落四品塔布囊格勒僧等，盛京真隆寺为首喇嘛罗布臧格龙，归化城札萨克为首喇嘛鄂木布丹津扎木苏格龙、厄齐格龙等，赐食毕，召车臣台吉至御座前赐酒。

——《清代历朝起居注合集》清圣祖卷十七

康熙二十三年（1684）十二月二十九日

庚申午时，以岁除，上御保和殿赐朝正外藩王，蒙古左翼科尔沁国和硕达尔汉亲王班第、额驸多罗郡王毕理克图、多罗郡王雅喀里、多罗贝勒巴克西固尔、一品台吉噶勒尔图等，协理旗下事务三品台吉沙礼、乌珠穆沁部落和硕车臣亲王苏达尼、二品台吉布轮、翁牛特部落多罗都稜郡王毕理兖达赖、二品台吉鄂齐尔、三品台吉宁布、苏尼特部落多罗郡王萨木扎、额驸多罗贝勒沙里、协理旗下事务四品台吉衣思达克、扎鲁特部落多罗达尔汉、贝勒巴达里、辅国公根都西希布、协理旗下事务四品台吉兖催、扎萨克多罗贝勒图巴、一品台吉诺尔布、土默特部落多罗达尔汉、贝勒厄尔德木图、协理旗下事务三品台吉达木巴宋、喀尔喀部落二品台吉牢占、四子部落协理旗下事务三品台吉耨德、郭尔罗斯部落四品台吉毕理兖达赖等，蒿齐特部落四品台吉沙克杜尔、右翼科尔沁国和硕土谢图亲王、阿拉善多罗贝勒沙津、额驸护国公杜思噶尔、二品台吉布颜图、喀尔喀部落和硕达尔汉亲王诺累、护国公萨马第、敖汉多罗郡王萨木珀尔、多罗贝勒鲁布藏、二品台吉顾木布等，阿巴嘎多罗郡王沙克沙僧格、四品台吉厄理木、喀喇沁部落多罗杜稜郡王扎西、三品台吉鄂齐尔、鄂尔多斯部落多罗贝勒宋拉布、护国公杜稜、二品台吉鄂克楚特巴、杜尔伯特固山贝子沙津、奈曼部落固山贝子吴勒木集、辅国公格勒尔、三品台吉博洛特、巴林固山贝子吴尔占多尔、额驸阿拉布坦、一品台吉鲁西下布、阿巴哈纳尔固山贝子兖楚克扎布、协理旗下事务二品台吉阿毕达、乌拉特部落辅国公达尔马、三品台吉吴尔图等，克什克腾一品台吉阿禹西、阿鲁科尔沁国协理旗下事务二品台吉昆塔尔、扎赖特部落四品台吉诺木齐、归化城都统古木德、四品台吉古鲁格，及内大臣侍卫、满汉大学士、上三旗都统、尚书、副都统、侍郎、学士，宴上进酒作乐，召外藩王、贝勒、贝子、公台吉等，至御座前，上亲赐酒。又召内大臣、都统、尚书及外藩台吉，至御前赐酒。又命副都统、侍郎、学士、侍卫等至殿前阶下，赐酒。宴毕。群臣谢恩。

——《清代历朝起居注合集》清圣祖卷十七

康熙二十四年（1685）正月十四日

上御保和殿，以上元节宴朝正外藩，蒙古左翼科尔沁国和硕达尔汉亲王班第、额驸多罗郡王毕理克图、多罗郡王雅喀里、多罗贝勒巴克西固尔、一品台吉葛勒尔图等，协理旗下事务三品台吉沙礼、乌珠穆沁部落和硕车臣亲王苏达尼、二品台吉布轮、翁牛特部落多罗都稜郡王毕理衮达赖、二品台吉鄂齐尔、三品台吉宁布、苏尼特部落多罗郡王萨木札、额驸多罗贝勒沙里、协理旗下事务四品台吉衣思达克、札鲁特部落多罗、达尔汉贝勒巴达里、辅国公根都西希布、协理旗下事务四品台吉衮催、札萨克多罗贝勒图巴、一品台吉诺尔布、土默特部落多罗达尔汉、贝勒厄尔德木图、协理旗下事务三品台吉达木巴宋、喀尔喀部落二品台吉牢占、四子部落协理旗下事务三品台吉耨德、郭尔罗斯部落四品台吉毕理衮达赖等，蒿齐特部落四品台吉沙克杜尔、右翼科尔沁国和硕土谢图亲王、阿拉善多罗贝勒沙津、额驸镇国公杜思噶尔、二品台吉布颜图、喀尔喀部落和硕达尔汉亲王诺内、镇国公萨马第、敖汉多罗郡王萨木珀尔、多罗贝勒鲁布臧、二品台吉顾木布等，阿巴嘎多罗郡王沙克沙僧格、四品台吉厄理木、喀喇沁部落多罗杜稜郡王扎西、三品台吉鄂齐尔、鄂尔多斯部落多罗贝勒宋拉布、镇国公杜稜、二品台吉鄂克绰特巴、杜尔伯特固山贝子沙津、奈曼部落固山贝子吴拉木集、辅国公格勒尔、三品台吉博洛特、巴林固山贝子吴尔占多罗、额驸阿拉布坦、一品台吉鲁西协布、阿巴哈纳尔固山贝子衮楚克扎布、协理旗下事务二品台吉阿毕达、乌拉特部落辅国公达尔马、三品台吉吴尔图等，克什克腾一品台吉阿禹西、阿鲁科尔沁国协理旗下事务二品台吉昆塔尔、扎赖特部落四品台吉诺木齐、归化城都统古木德、四品台吉古鲁格，及内大臣侍卫、上三旗大学士、都统、尚书、副都统、侍郎、学士等，令科尔沁国一品台吉葛勒尔图、三品台吉沙礼、无品台吉察希顾鲁、翁牛特部落四品台吉鄂齐里、乌珠穆沁二品台吉布轮、土默特部落三品台吉达木巴宋、扎鲁特部落四品台吉衮催，坐于公下。上进酒，诸乐并作。召外藩王、贝勒、贝子公等，及令坐于公下。台吉葛勒尔图等至御座前，上亲赐酒。召诸台吉等及都统等，至御座下，赐酒。宴罢。众谢恩。

——《清代历朝起居注合集》清圣祖卷十八

康熙二十四年（1685）十月初四日

御景山内前殿召，请安进贡阿巴嘎多罗郡王沙克沙僧格、贝子席尔哈、协理旗下事务一品台吉达尔马、鄂尔多斯部落固山贝子根都希夏布、二品台吉德穆楚克等，三品台吉噶尔藏等，克什克腾一品台吉托尔博和等，巴林三品台吉讷木齐、蒿齐特部落一品台吉扎儿布等，苏尼特部落二品台吉布穆塔儿等，翁牛特部落三品台吉茂海等，乌拉特部落三品台吉阿赖冲、阿鲁科尔沁国副都统达巴海、归化城扎克萨喇嘛朋苏克格隆属下尼马达克齐、厄木齐等，赐食。

——《清代历朝起居注合集》清圣祖卷十九

康熙二十四年（1685）十二月二十九日

上御保和殿，赐朝正外藩，蒙古左翼科尔沁国和硕达尔罕亲王班第、额驸辅国公和硕额驸图纳黑、一品台吉厄尔德尼等，协理旗下事务二品台吉莫罗泰

等，三品台吉吴勒木济、四品台吉董胡里等，札鲁特部落多罗贝勒札穆、三品
台吉布当都、苏尼特部多罗贝勒博木布、二品台吉巴郎、土默特部落多罗达尔
汉贝勒厄尔德木图、固山贝子衮济斯札布、协理旗下事务一品台吉查明儿、三
品塔布襄色冷、郭尔罗斯部落镇国公安达萨里、辅国公蟒萨、翁牛特部落镇国
公齐他特、三品台吉塔尔巴、四子部落四品台吉阿南达、札萨克四品台吉阿里
胡尔、右翼科尔沁国多罗札萨克图郡王鄂齐尔、一品台吉布达、四品台吉苏麻
达达尔马等，敖汉多罗郡王札木苏、奈曼部落多罗达尔汉郡王鄂齐尔、喀尔喀
部落多罗卓里克图、郡王顾鲁什希、多罗贝勒索诺木、固山贝子巴特马、一品
台吉罗布臧、喀喇沁部多罗都稜郡王札希、四品塔布襄班第、郭尔多斯部落多
罗贝勒宋喇布、多罗贝勒顾鲁萨赫布、二品台吉伊斯丹津、三品台吉达尔马、
四品台吉山达、札赖特部落固山贝子纳孙、巴林固山贝子温椿、多罗额驸阿喇
布潭、三品台吉讷水布、杜尔伯特三品台吉吴勒木济、乌拉特部落三品台吉沙津、
协理旗下事务四品台吉卓莫、克什克腾协理旗下事务四品台吉班第、阿巴嘎四
品台吉噶尔马、归化城土默特部落都统吴巴西，及请安进贡厄鲁特部落巴图尔、
厄尔克济农讷颜哈什哈台吉等，下等喀尔喀部落阿海、代青、讷颜、济拉哈郎、
墨尔根台吉等，内大臣侍卫、满汉大学士、上三旗都统、尚书、副都统、侍郎、
学士等宴，上进酒作乐，召外藩王、贝勒、贝子公等，科尔沁国一品台吉布达等，
以上及厄鲁特部落巴图尔、厄尔克济农、喀尔喀部落阿海、代青、诺颜至御座前，
上亲赐酒。召内大臣、大学士、都统、尚书及外藩台吉至御座前赐酒。命副都统、
侍郎、侍卫等，至殿前阶下赐酒。宴罢。群臣谢恩。

——《清代历朝起居注合集》清圣祖卷十九

康熙二十五年（1686）正月十四日

上御保和殿，以上元节宴朝正外藩，蒙古左翼科尔沁国和硕达尔汉亲王班第、
额驸辅国公和硕额驸图纳黑、一品台吉厄尔德尼等，二品台吉莫罗泰等，三品
台吉吴勒木济、四品台吉董胡里等，扎鲁特部落多罗贝勒扎穆、三品台吉布当都、
苏尼特部落多罗贝勒博木布、二品台吉巴郎、土默特部落多罗达尔汉贝勒厄尔
德木图、固山贝子衮济斯扎布、一品台吉查胡尔、三品塔布囊色冷、郭尔罗斯
部落镇国公安达萨里、辅国公蟒萨、翁牛特部落镇国公奇他特、三品台吉塔尔巴、
四子部落四品台吉阿南达等，右翼科尔沁国多罗扎萨克图郡王鄂齐尔、一品台

吉布达、四品台吉苏麻达达尔马等，敖汉部落多罗郡王扎木苏、奈曼部落多罗达尔汉郡王鄂齐尔、喀尔喀部落多罗卓里克图郡王顾鲁什希、多罗贝勒索诺木、固山贝子巴特马、一品台吉罗布臧、喀喇沁部落多罗都稜郡王扎西、四品塔布襄班第、鄂尔多斯部落多罗贝勒宋喇布、多罗贝勒硕鲁西希布、二品台吉伊斯丹津、三品台吉达尔马、四品台吉山达、扎赖特部落固山贝子纳孙、巴林部落固山贝子温椿、多罗额驸阿喇布潭、三品台吉讷木布、杜尔伯特部落三品台吉吴勒木济、乌拉特部落三品台吉沙津、四品台吉卓莫、克什克腾部落四品台吉班第、阿巴嘎部落四品台吉噶尔马、归化城驻扎土默特部落都统吴巴西，及请安进贡厄鲁特部落巴图尔、厄尔克济农、讷颜、哈什哈台吉等，喀尔喀部落阿海、代青、讷颜、济尔哈郎、墨尔根台吉等，又内大臣侍卫、上三旗大学士、都统、尚书、副都统、侍郎、学士等。上进酒，诸乐并作。召外藩蒙古王、贝勒、贝子公等，及巴图尔、厄尔克济农、阿海、代青、讷颜等至御座前，上亲赐酒。召诸台吉、都统等至御座下，赐酒。宴罢。众谢恩。

——《清代历朝起居注合集》清圣祖卷十九

康熙二十五年（1686）二月十二日

御景山内前殿，赐请安进贡，敖汉部落二品台吉滚布、翁牛特部落二品台吉鄂齐尔、三品台吉班第、四品台吉毕理克图等，喀喇沁部落一品塔布囊鄂莫克图、四品塔布囊诺木齐、阿巴嘎部落二品台吉吴尔詹噶喇布等，四品台吉博尔等，阿鲁科尔沁国二品台吉劳彰、四品台吉都尔墨等，归化城阿齐图绰尔济等食。

——《清代历朝起居注合集》清圣祖卷十九

康熙二十五年（1686）七月二十一日

御景山内前殿，赐请安进贡，敖汉多罗郡王札木苏、喀喇沁部落多罗都稜郡王扎西、未授品级塔布囊崔札木苏等，镇国公鄂特巴喇、二品塔布囊巴图尔、札鲁特部落三品台吉布丹图、苏尼特部落四品台吉巴苏、乌拉特部落四品台吉甘朱尔等，乌珠穆沁部落四品台吉巴喇第、归化城札萨克喇嘛朋楚克格龙等，食。

——《清代历朝起居注合集》清圣祖卷二十

康熙二十五年（1686）九月初四

御景山内前殿，赐请安进贡，苏尼特部落杜稜郡王阿玉西、二品台吉诺尔济、四品台吉章赖等，长史阿敏达赖、阿巴嘎一品台吉达尔马、四品台吉鲁布秦等，四子部落二品台吉劳章、四品台吉毛奇塔特等，克什克腾四品台吉克勒布齐等，喀尔喀部落三品台吉达木巴等，四品台吉阿玉西等，阿巴哈纳尔四品台吉吴尔章等，乌朱穆沁部落都统阿穆尔、扎萨克三品台吉崔扎木、四品台吉绰布海等，归化城土默特部落副都统阿第等，达尔马达尔汉喇嘛等食。

——《清代历朝起居注合集》清圣祖卷二十一

康熙二十五年（1686）十二月十二日

御景山内前殿，赐请安进贡，郭尔罗斯部落护国公安达西里、四品台吉毕木巴拉等，阿巴嘎二品台吉德木楚克、土默特部落三品台吉阿喇讷等，四品台吉阿尔德尼等，一品塔布囊布颜图、二品塔布囊桑图、三品塔布囊色冷、四品塔布囊阿第萨等，归化城德木齐尚南多尔济格隆、尼马达克秦额木齐等食。

——《清代历朝起居注合集》清圣祖卷二十一

康熙二十六年（1687）二月十三日

上御景山内前殿，赐请安进贡，鄂尔多斯部落和硕亲王顾鲁、一品台吉喇西、阿巴嘎多罗郡王乌尔占噶拉布、二品台吉德木楚克等，未授品级台吉诺尔布、敖汉二品台吉额林臣、巴林部落四品台吉诺尔布等，阿鲁科尔沁部落三品台吉达第巴等，四品台吉蒙克等，喀喇沁部落一品塔布襄鄂莫克图、四品塔布襄卓里克图等，居住代汗地方为首喇嘛丹津格隆、归化城扎萨克喇嘛阿齐图绰尔齐等食。

——《清代历朝起居注合集》清圣祖卷二十一

康熙二十六年（1687）三月初七日

上御瀛台勤政殿，赐请安进贡，科尔沁国辅国公和硕额驸图纳黑、敖汉和硕额驸齐隆巴图鲁、土默特部落一品台吉查浑、一品塔布囊山达、翁牛特部落二品台吉厄齐尔、苏尼特部落一品台吉图巴西希雅布等，二品台吉胡国克泰、四品台吉萨尼特等，喀喇沁部落二品塔布囊阿里雅、四品塔布囊班第等，归化城副都统阿第等食。

——《清代历朝起居注合集》清圣祖卷二十一

康熙二十六年（1687）五月十四日

御保和殿，赐请安进贡，科尔沁国和硕达尔汉亲王班第、额驸三品台吉阿玉西、克什克腾四品台吉理克塔尔等，土默特部落一品塔布囊额齐尔、三品塔布囊罗里等，四品塔布囊达赖、归化城扎萨克为首喇嘛阿齐图绰尔济、厄鲁特部落罗布藏顾木布、阿拉布坦台吉来使拉木扎木、巴纳木拉等食。

——《清代历朝起居注合集》清圣祖卷二十二

康熙二十六年（1687）七月二十八日

上复御瀛台勤政殿，赐请安进贡，翁牛特部落多罗达尔汉贝勒额尔德布额齐尔、三品台吉宁布、未授品级台吉博第、巴林部落一品台吉格勒尔图、阿鲁科尔沁国固山额驸巴特马、敖汉二品台吉额林臣、苏尼特部落一品台吉茂、二品台吉劳占等，四品台吉托传克等，四子部落四品台吉阿第等，乌拉特部落四品台吉拜虎赖等，土默特部落三品台吉马哈西里、四品台吉诺门桑、归化城居住扎萨克为首喇嘛彭苏克格隆等食。

——《清代历朝起居注合集》清圣祖卷二十二

康熙二十六年（1687）十月二十四日

上御景山内前殿，赐请安进贡，鄂尔多斯部落和硕亲王顾禄、多罗贝勒松拉布、镇国公杜稜一品台吉敦鲁布、三品台吉丹津、科尔沁国多罗郡王毕礼克图、一品台吉格勒尔图等，二品台吉苏柱克图、四品台吉毕礼衮达赖等，未授品级台吉班第等，喀尔喀部落多罗贝勒罗布藏、四品台吉顾禄等，扎萨克多罗贝勒图巴、扎鲁特部落镇国公毛奇塔特、三品台吉布当都、四品台吉毕礼克图等，未授品级台吉巴理马特、杜尔伯特三品台吉吴尔图纳苏图、敖汉一品台吉安达阿玉西、二品台吉丹津、四品台吉阿木胡朗等，翁牛特部落二品台吉额齐尔、四品台吉阿密尔达等，土默特部落一品塔布襄山达、四品台吉阿木胡、归化城都统阿拉纳等食。

——《清代历朝起居注合集》清圣祖卷二十二

康熙二十六年（1687）十一月十三日

上御保和殿，赐进贡，蒿齐特部落二品台吉沙理、巴林部落四品台吉劳彰等，扎鲁特部落四品台吉毕理克等，克什克腾四品台吉博班等，翁牛特部落四品台吉满朱等，西勒图库伦地方为首喇嘛额尔德尼拉木占巴、归化城扎萨克喇嘛敦住克绰尔济、卫征喇嘛厄鲁特部落巴图鲁厄尔克济农、族弟卫征台吉等食。

——《清代历朝起居注合集》清圣祖卷二十二

康熙二十九年（1690）十二月三十日

上御保和殿，赐朝正外藩，蒙古左翼科尔沁国多罗郡王毕礼克图王戴布、翁牛特部落多罗杜稜郡王毕礼滚达赖、蒿齐特部落多罗额尔德尼郡王达尔麻吉里第、科尔沁国多罗贝勒巴克西库尔、扎鲁特部落达尔汉贝勒毕礼克图、苏尼特部落多罗贝勒沙里、茂明安部落多罗贝勒图巴、土默特部落多罗达尔汉、贝勒额尔德穆图、科尔沁国和硕额驸班第、扎鲁特部落辅国公根都西夏布、科尔沁国固山额驸乌勒穆济、一品台吉额尔德尼等，二品台吉毕礼克图等，三品台吉达尔东、四品台吉额尔黑图、翁牛特部落二品台吉鄂齐尔、四品台吉巴扎尔、茂明安扎萨克一品台吉诺尔布、郭尔罗斯部落扎萨克四品台吉吴尔图纳苏图等，苏尼特部落一品台吉图巴西奚布、土默特部落二品台吉厄齐尔、四子部落二品台吉毕西勒尔图、蒿齐特部落二品台吉萨喇纳、扎鲁特部落三品台吉布达西里、乌珠穆沁部落四品台吉里塔尔、右翼科尔沁国和硕土谢图亲王额驸沙津、喀尔喀部落和硕达尔汉亲王诺内、喀喇沁部落多罗杜稜郡王扎西、阿鲁科尔沁部落多罗贝勒□催、鄂尔多斯部落多罗贝勒松喇布、喀尔喀部落多罗贝勒罗布藏、巴林额驸乌尔浑、杜尔白特固山贝子沙津、巴林固山贝子乌尔占、奈曼部落固山贝子乌勒穆济、阿巴哈纳尔固山贝子厄林臣达西、鄂尔多斯部落固山贝子根都西夏布、科尔沁国镇国公杜斯喀尔、鄂尔多斯部落镇国公杜稜、乌拉特部落镇国公达尔麻第、辅国公鄂尔奔、奈曼部落辅国公葛累尔、敖汉部落二品台吉丹津、四品台吉诺尔布、奈曼部落二品台吉绰穆聘、四品台吉达赖等，科尔沁国二品台吉喇西等，未得品台吉毕麻喇、克什克腾扎萨克一品台吉阿玉玺、扎赖特部落一品台吉纳逊、喀喇沁部落一品塔布囊鄂莫克图、鄂尔多斯部落二品台吉噶尔丹等，四品台吉多尔济、阿巴哈纳尔二品台吉阿必达、巴林四品台吉老章、阿巴嘎四品台吉坤托布、乌拉特四品台吉达尔扎、阿鲁科尔沁国四品台吉萨木扎布、归化城四品台吉老占、都统阿喇纳等，及内大臣侍卫、大学士、上三旗都统、副都统等，宴上进酒作乐。外藩蒙古王、贝勒、贝子公等台吉以上，俱于坐处赐酒，召都统、副都统等至殿前阶下赐酒。宴毕。群臣谢恩。

——《清代历朝起居注合集》清圣祖卷二十六

康熙三十年（1691）五月初四日

赐荣旺扎布骆驼四匹、马十匹、羊五十只。又念策旺扎布年幼，且所属人民俱已离散，恐致失所。今归化城都统、副都统等，加意护视抚养。又赐内四十九旗王、贝勒、贝子、公、台吉等，袍帽、银两等物。

——《清代历朝起居注合集》清圣祖卷二十七

康熙三十年（1691）十月初七日

上御景山内前殿，召喀尔喀部落扎萨克图和硕亲王策旺扎布、扎萨克墨尔根济农、多罗郡王古鲁西希弟、诺颜枯图克图、扎萨克卫征诺颜一品台吉阿玉西嫡男滚色克扎布等，扎萨克达尔汉一品台吉巴朗嫡男车登等，扎萨克图和硕亲王策旺扎布族中台吉乐苏图阿海等，多罗郡王色楞阿海族中台吉沙克扎等、昆都伦博硕克图多罗郡王滚布族中台吉汪扎尔等、信顺多罗郡王山木巴族中台吉布推等、多罗贝勒西第西理族中台吉阿必达等、额尔克多罗贝勒车布登族中台吉乐葛伊尔登济农、固山贝子达理族中台吉多尔济等、护国公苏台伊尔登族中台吉马噶特等、护国公托多额尔得尼族中台吉奏达穆尼等、辅国公宛舒克族中台吉洪俄尔、已故扎萨克扎穆杨代青和邵齐嫡男伊达穆墨尔根、阿海嫡男达尔扎等，扎萨克卫征诺颜一品台吉阿玉西族中台吉寨达克等，扎萨克一品台吉图巴族中台吉朋苏克、扎萨克额尔克一品台吉色楞达西族中台吉朋楚克额尔济根、扎萨克一品台吉额尔得尼哈坦巴图鲁滚占族中台吉第第米等，多罗贝勒西第西理所属台吉尼尔查海等，辅国公宛舒克所属台吉推达穆、扎萨克达尔汉一品台吉巴朗所属台吉鄂齐穆等，及请安进贡鄂尔多斯部落多罗贝勒松喇布、协理旗分事务二品台吉朋苏克、科尔沁国二品台吉乌尔图纳苏图、四品台吉苏麻第、扎赖特一品台吉纳孙、四品台吉萨都等，喀喇沁部落协理旗分事务一品塔布襄鄂莫克图、三品塔布襄鄂齐尔、四品塔布襄丹把喇西、总管归化城扎萨克首领喇嘛阿齐图绰尔济、居住五台山扎萨克喇嘛丹巴葛隆、住居归化城喀尔喀部落渣雅班第达呼图克图达赖绰尔济、总管盛京喇嘛班第为首喇嘛罗布臧葛隆、居住南塔为首喇嘛色楞噶布楚、居住西塔为首喇嘛罗布臧伊西葛隆、居住北塔为首喇嘛额林臣葛隆等，及江宁副都统鄂罗顺赐食。

——《清代历朝起居注合集》清圣祖卷二十七

康熙三十年（1691）十月十九日

御保和殿，召请安进贡，科尔沁国一品台吉博第、奈曼部落一品台吉吴把西等，翁牛特部落二品台吉鄂齐尔、扎鲁特多罗贝勒毕鲁瓦、旗分协理旗分事务四品台吉喇布克等，鄂尔多斯部落一品台吉喇西、归化城扎萨克首领喇嘛额木齐、都统阿喇纳等，及进贡喀尔喀部落扎萨克墨尔根济农、达尔汉一品台吉索诺木宜思扎布、巴朗扎萨克墨尔根济农一品台吉土谢图汗次子额尔得尼阿海多尔济、扎萨克墨尔根济农多罗郡王古鲁西希亲弟台吉额勒尔朱尔等，嫡男噶尔丹扎萨克达赖济农、固山贝子阿南达嫡男巴尔党、扎萨克达尔汉一品台吉巴朗嫡男策旺等，扎萨克一品台吉色楞达西嫡男台吉毕渣雅等，扎萨克墨尔根济农一品台吉索诺木宜思札布亲弟台吉陀音等，嫡男那内等，扎萨克额尔得尼济农多罗郡王那木扎尔族中台吉色楞等，扎萨克达尔汉一品台吉巴朗族中台吉伊尔登等，扎萨克墨尔根济农一品台吉索诺木宜思扎布族中台吉济宁等，扎萨克墨尔根济农多罗郡王古鲁西希族中台吉罗布臧、和硕亲王策旺扎布族中台吉喇曼扎布等，扎萨克一品台吉色楞达西族中台吉朋楚克、扎萨克额尔得尼济农固山贝子布达扎布族中台吉古鲁扎布等，扎萨克一品台吉吴尔占族中台吉罗布臧等，信顺多罗郡王沙木巴族中台吉沙里等，昆都仑博硕克图多罗郡王滚布族中台吉西达克、车布登扎萨克一品台吉里塔尔族中台吉伍把西等，土谢图汗所属台吉温钦等，扎萨克一品台吉巴朗所属台吉第雅等，扎萨克一品台吉索诺木扎布所属台吉阿海等，车臣汗所属台吉多尔济布追等，额尔得尼济农多罗郡王那木扎尔所属台吉巴苏图等，扎萨克一品台吉色楞达西所属台吉卫征等，信顺多罗郡王沙木巴所属台吉葛处尔等，扎萨克达赖济农固山贝子阿南达、旗分都统诺尔布公苏泰伊尔登、旗分都统苏吉、固山贝子达里伊尔登、旗分都统多尔济、多罗贝勒车布登、旗分都统博罗固山贝子车布登、旗分副都统绰克托、扎萨克古鲁扎布旗分副都统色楞、扎萨克一品台吉巴朗、旗分副都统查尔毕、多罗贝勒车布登、旗分副都统丹津等赐食。令巴朗索诺木宜思扎布、额尔得尼阿海多尔济，至御座前赐酒。其余台吉等，命进殿槛内，令侍卫送酒。

——《清代历朝起居注合集》清圣祖卷二十七

康熙三十年（1691）十月二十八日

御保和殿召请安进贡，科尔沁国护国公杜斯噶尔，旗分四品台吉毕理滚达赖、扎鲁特部落多罗达尔汉贝勒毕理克图、四品台吉鄂齐尔等，归化城内齐陀音胡毕勒汉、科尔沁国和硕土谢图亲王额驸沙津、旗分为首喇嘛毕理滚达赖，及进贡喀尔喀部落多罗贝勒车布登、扎萨克额尔得尼济农固山贝子布达扎布及次子台吉西喇布等，四品台吉滚楚克族中台吉丹巴等，扎萨克一品台吉理塔尔族中台吉丹纯等，固山贝子布达扎布所属台吉车本等，都统额林臣等赐食。令车布登、布达扎布至御座前赐酒。其余台吉等，命至殿槛内，令侍卫赐酒。

——《清代历朝起居注合集》清圣祖卷二十七

康熙三十年（1691）十二月初六日

理藩院题归化城一带地方耕种牛只八旗内两佐领共助一牛其未耤等项，俱移交山西巡抚于杀虎口，预备照监管耕种官员所用之数给与，用过银数造册申报户工二部。

上曰：此耕种所用牛只，不必令其帮助。于御厂牛只内取用未耤等项。若令山西巡抚制备，巡抚必委属吏，一委属吏必致累民，其铁器着则用库银制造。从驿递运送，边外木植甚多，其木器即于彼处制用。农田者，人生之根本。朕凡所至之地，先察视其土田，边外耕种必培护谷苗，使高其垅，此皆由土性寒而风又厉之故。不如此，则谷苗不能植立矣，内地之田其垅不高，各处耕种不同者，皆随其地土之性故也。

王远奏曰：耕种之事，初意以为相同。皇上洞见各处耕种，详细言之，始知系于土性之故。

——《清代历朝起居注合集》清圣祖卷二十七

康熙三十年（1691）十二月三十日

庚戌午时，以岁除，上御保和殿，赐朝正外藩，左翼敖汉多罗郡王扎穆素、阿鲁科尔沁多罗郡王绰仪、阿巴嘎多罗郡王吴尔占噶喀布、土默特部落多罗达尔汉贝勒额驸额尔得穆图、苏尼特部落多罗贝勒奔布、乌珠穆沁多罗额尔得尼贝勒将木布、喀尔喀部落多罗贝勒索诺木、喀尔喀部落固山贝子占巴、科尔沁国和硕额驸班第、翁牛特部落哈喇齐礼克、护图公祁他特、科尔沁国二品台吉毕礼克图、翁牛特部落二品台吉鄂齐尔、科尔沁国固山额驸吴勒穆济、未得品级台吉甘达沙吴巴什桑济扎布、土默特部落多罗达尔汉贝勒额驸额尔得穆图、旗分协理旗分事务一品塔布襄鄂齐尔、苏尼特部落多罗郡王萨麻扎、额驸旗分协理旗分事务二品台吉苏泰、原土默特部落贝子滚济斯扎布、旗分协理旗分事务二品台吉丹巴松、蒿齐特部落多罗郡王达尔马极理第、旗分二品台吉顾马喇、扎鲁特部落毕礼克图、贝勒旗分协理旗分事务三品台吉巴图、四子部落多罗郡王丹巴彭苏、旗分四品台吉劳彰、茂明安诺尔布台吉旗分四品台吉额济内、喀尔喀部落达尔汉亲王旗分四品台吉杜斯喀布、乌珠穆沁部落色登敦多布王旗分四品台吉达尔济、右翼喀喇沁部落多罗杜稜郡王扎西、喀尔喀部落多罗卓礼克图郡王古鲁西希、喀尔喀部落扎萨克信顺多罗郡王沙木巴、喀尔喀部落额尔得尼济农多罗郡王那木扎尔、阿巴哈纳尔多罗贝勒布昭、阿巴嘎旗分达尔汉贝子车林东鲁布、巴林旗分贝子额尔得尼巴林和硕额驸吴尔浑、科尔沁部落额驸噶尔臧、喀喇沁部落护国公山巴喇西、巴林多罗额驸阿喇布坦、喀尔喀部落扎萨克卫征诺颜一品台吉阿玉西、扎萨克额尔克阿海一品台吉图巴、扎萨克一品台吉车穆楚尔那木车尔、扎萨克额尔得尼阿海、一品台吉车林达西、敖汉四品台吉扎穆素、奈曼部落达尔汉王旗分四品台吉特古斯、敖汉未得品级台吉车穆拍尔、喀喇沁部落未得品级塔布囊崔扎穆素、阿巴嘎吴勒占噶喀布、王旗分协理旗分事务二品台古达穆楚克、克什克腾阿工面台吉旗分协理旗分事务一品台吉噶喇毕、喀尔喀部落罗布臧、贝勒旗分二品台吉达喇嘛赖、喀喇沁部落扎西、王旗分二品塔布囊阿理雅、巴林吴尔占、贝子旗分三品台吉尼穆布、巴林纳穆达克、王旗分四品台吉阿第斯、归化城都统喇查布、阿巴嘎卓礼克图王、旗分四品台吉阿密坦、阿巴哈纳尔额林车达西、贝子旗分四品台吉塔尔巴、归化城四品台吉额林臣、及内大臣侍卫、大学士、上三旗都统、副都统等，宴上进酒作乐。左右两翼王以下、翁牛特鄂齐尔台吉、喀尔喀车林达西台吉以上，俱上亲赐酒。喀尔喀索诺木贝勒，令侍卫关保送酒。再固山额驸乌勒穆齐、敖汉扎穆素台吉以下，四子部落劳彰台吉、巴林阿第斯台吉以上，及殿外坐左右两翼都统以下、台吉以上、内大臣、大学士、都统、副都统等，命至殿前阶下，令侍卫送酒。宴毕。众谢恩。

——《清代历朝起居注合集》清圣祖卷二十七

康熙三十年（1691）十二月三十日

敕驻防官兵分移宁夏，而本地之粟庶足供本地之食。历稽前代，救荒德泽，未有如皇上之委曲焦劳，应期立沛者也至积储。为天下大计，江宁、京口、杭州、荆州大兵驻防之地，则以三十年糟米各截留十万，以备行需。念口外边防，积粟尤要，特遣文武大臣于归化城等处，督理农事，以广贮蓄。

——《清代历朝起居注合集》清圣祖卷二十七

康熙三十一年（1692）正月十四日

上御畅春园内含淳堂，以上元节赐朝正，左翼敖汉多罗郡王扎木素、阿鲁科尔沁国多罗郡王绰依、阿巴嘎多罗郡王吴尔禅噶喀布、土默特部落多罗贝勒额驸额尔得穆图、苏尼特部落多罗贝勒博木博、乌珠穆沁部落多罗额尔得尼贝勒博木博、喀尔喀部落固山贝子扎木巴、科尔沁国额驸班第、翁牛特部落哈喇齐理克、护国公祁塔特、翁牛特部落王毕礼滚达赖、旗分协理旗分事务二品台吉鄂齐、科尔沁国王秉图、旗分三品台吉阿玉西、未得品级台吉吴巴西、土默特部落贝勒额尔得穆图、旗分协理旗分事务一品塔布囊鄂齐尔、苏尼特部落额验王萨麻托、旗分二品台吉苏代、土默特部落原任贝子滚济思扎布、旗分协理旗分事务二品台吉爪巴松、嵩齐特部落王达尔麻吉理第、旗分二品台吉顾麻喇、扎鲁特部落贝勒毕鲁瓦、旗分协理旗分事务三品台吉巴图、四子部落王丹巴彭苏、旗分二品台吉劳彰、巴林部落贝子吴尔占、旗分三品台吉尹布、巴林部落王纳木达克、旗分协理旗分事务四品台吉阿第斯、右翼喀喇沁部落多罗都稜郡王扎西、喀尔客部落多罗信顺郡王沙木巴、喀尔喀部落扎萨克额尔得尼济农多罗郡王纳木扎尔、喀尔喀部落多罗绰理克图郡王顾鲁西希、阿巴哈纳尔多罗贝勒布昭、阿巴嘎旗分贝子车林董罗布、巴林部落旗分贝子额尔得尼、巴林部落和硕额驸吴尔滚、喀喇沁部落额驸噶尔臧、喀喇沁部落护国公沙木巴喇西、巴林部落多罗额驸阿喇布坦、喀尔喀部落扎萨克卫征、诺颜一品台吉阿玉西、扎萨克额尔克阿海、一品台吉图巴、扎萨克额尔得尼阿海、一品台吉车林达西、噶尔丹敖汉王扎木素、旗分四品吉吉扎木素、奈曼部落王班第、旗分四品台吉特古思、敖汉王扎木素之子未得品级台吉车穆帕尔、喀喇沁部落未得品级塔布囊崔扎木素、阿巴嘎王吴尔占噶喀布、旗分协埋旗分事务二品台吉得穆楚克、克什克腾台吉阿王西、旗分协理旗分事务一品台吉噶尔毕、喀尔喀部落贝勒罗布臧、旗分四品台吉达尔麻达赖、喀喇沁部落王扎西、旗分二品塔布襄阿理雅、喀尔喀部落台吉车布登、台吉丹津，于重门外排坐。左翼茂明安台吉诺尔布、旗分四品台吉额济内、乌珠穆沁部落王车臣、旗分四品台吉达尔扎、阿巴哈纳尔贝子额林臣达西、旗分四品台吉杜斯喀布、右翼归化城都统喇查布、阿巴嘎王卓理克图色冷、旗分四品台吉阿密坦、喀尔喀部落王达尔汉旗分四品台吉塔尔巴等，及内大臣侍卫、大学士、上三旗都统、副都统等宴，上进酒，诸乐并作。外藩左右两翼多罗郡王扎木素扎西等以下，台吉鄂齐尔阿玉西等以上，俱上亲赐饮。其余台吉、塔布囊等俱令侍卫赐饮。宴罢。众谢恩。

——《清代历朝起居注合集》清圣祖卷二十八

康熙三十一年（1692）三月二十三日

上又谓伊桑阿等曰：宁夏米谷运至西安地方，路途遥远，有误供应军需、赈济饥民，将宁夏米谷由黄河运至归化城甚易，地方亦近。朕意自归化城地方，由保德州府谷县一路可至潼关，若可，运则为益，甚速。都统郎坦、前锋统领邵鼐等，曾令阅视黄河，今着邵鼐带护军参领布代，及户部司官一员，将河之宽窄，水之平迅，从其处至某处可以行船，其不可行处，及盘剥路程，着明白阅视尔等。

——《清代历朝起居注合集》清圣祖卷二十八

康熙三十一年（1692）三月二十四日

上御畅春园内澹宁居，大学士伊桑阿、阿兰泰，学士王国昌、思格则德、珠温保，都统郎坦、前锋统领邵鼐，近前。上问：郎坦等自归化城以至保德州府谷县水路毕。又曰：自归化城由水路过保德州府谷县至潼关一直河道。邵鼐尔详细阅视，如果可输，运于饥民大有裨益，此河道前令司官马奈往阅，虚诳不实。尔将一直可运水道，并盘剥路程，具细心详察，前番司官阅视之处，勿庸瞻顾。

——《清代历朝起居注合集》清圣祖卷二十八

康熙三十一年（1692）四月十四日

上御保和殿，召请安进贡，扎鲁特部落多罗达尔汉贝勒毕理克图、乌拉特部落辅国公额尔奔、阿巴嘎多罗卓理克图郡王色冷、旗分协理旗分事务一品台吉巴鲁、四品台吉达穆占、多罗郡王吴尔占噶喀布、旗分二品台吉岳敦、四品台吉图巴扎布等，乌拉特部落辅国公额尔奔、旗分协理旗分事务四品台吉阿穆胡朗等，三品台吉毕事克等，喀尔喀部落扎萨克多罗郡王色冷阿海、扎萨克额尔得尼济农多罗郡王彭楚克喇布坦、扎萨克白苏特察汉巴喇诺颜、旗分贝子希贝、扎萨克原一品台吉顾禄扎布、旗分协理旗分事务一品台吉罗布臧丹巴等，扎萨克多罗郡王色冷阿海嫡男二品台吉乌欣、扎萨克额尔得尼济农多罗郡王彭楚克喇布坦、旗分二品台古达赖等，扎萨克护国公托多额尔得尼、旗分协理旗分事务二品台吉噶木布巴、扎萨克辅国公王舒克、旗分三品台吉奔扎尔、扎萨克一品台吉丹津额尔得尼、旗分二品台吉齐巴克、扎萨克坤都伦博朔克图、多罗郡王滚布、旗分原任扎萨克查木杨代青、和硕齐子宜达木、墨尔根阿海伊子达尔扎、扎萨克护国公托多额尔得尼、旗分四品台吉喇世希布等，扎萨克辅国公王舒克、旗分四品台吉桑古扎布等，扎萨克达尔汉一品台古巴朗、旗分四品台吉车布登等，扎萨克巴苏克车臣一品台吉吴尔占、旗分四品台吉济那等，扎萨克坤都伦博朔克图、多罗郡王滚布、旗分四品台吉西第等，扎萨克墨尔根济农多罗郡王顾禄世希、旗分四品台吉喀木绰克、扎萨克额尔得尼济农多罗郡王彭楚克喇布坦、旗分四品台吉多济扎布等，归化城内齐陀音呼图克图、同伴扎萨克为首喇嘛枯理成圭葛隆、扎萨克信顺多罗郡王沙木巴族叔伊喇古克山诺颜枯图克图等，赐食令喀尔喀部落扎萨克多罗郡王色冷、阿海扎萨克额尔得尼济农多罗郡王彭楚克喇希坦、扎萨克白苏特察汉巴喇诺颜固山贝子布贝至御座前，上亲赐酒。再喀尔喀部落一品台吉罗布臧等四十六人，皆令侍卫送酒。

——《清代历朝起居注合集》清圣祖卷二十八

康熙三十一年（1692）五月初一日

上又顾大学士等曰：往视黄河前锋统领硕蕭等来奏，云看得黄河自宁夏以至潼关，皆可以船运米。惟龙王站一处水急，不可行舟。于此间六路，盘剥十里过急流处，则可以用船运送，直至潼关、西安矣。所言如此，着差工部贤能司官一员，会同巡抚叶穆济于船窝里地方，修造可载百石之船二百只，于龙王站地方预备。又归化城北翁俄一带山中多有树木，可使八旗铁匠、木匠，归化城人夫砍取木植，于湖坦渡口地方，修造可载百石之船二百只，其修船所用等物，从该部办送。船只修毕，将大同之米由杀虎口运至湖坦渡口，地方彼时再议。趁此修船之时，应将自大同以至湖坦渡口，地方运粮道路预先查看明白，尔等会同户工二部，确议具奏。

——《清代历朝起居注合集》清圣祖卷二十八

康熙三十一年（1692）十月二十一日

上御景山内前殿，召请安进贡，阿鲁科尔沁国多罗郡王崔□、奈曼部落多罗达尔汉郡王班第、郭尔罗斯部落护国公安达西里、科尔沁国固山额驸巴塔玛、扎萨克四品台吉吴尔图那速图鄂齐礼、扎鲁特部落一品台吉布颜、科尔沁国协理旗分事二品台吉鄂齐尔图等，翁牛特部落未得品级台吉丹津、奈曼部落一品台吉吴巴什等，敖汉部落四品台吉诺尔布等，杜尔伯特部落协理旗分事三品台吉乌勒木纪等，扎萨克扎赖特部落协理旗分事二品台吉诺尔布、喀尔喀扎萨克多罗郡王色楞阿海、扎萨克护国公苏泰伊尔登、协理旗分事台吉奇他特等，归化城副都统阿底、归化城扎萨克头领喇嘛阿齐图绰尔济等，扎萨克喇嘛扎牙班第达库图克图等、居住带海头领喇嘛丹津格龙、居住五台山头领喇嘛丹泊格龙、丹津格龙等赐食。

——《清代历朝起居注合集》清圣祖卷二十八

康熙三十一年（1692）十月二十六日

理藩院户部会同议得，往归化城种地散秩大臣伯辛裕著交与吏兵二部议叙。归化城官弁在本地监看耕种，无庸议叙。

上曰：归化城官兵此数年来，为喀尔喀、厄鲁特事奔走，差役供应劳苦，造船耕种又甚效力，应将归化城官兵一并议叙。

——《清代历朝起居注合集》清圣祖卷二十八

康熙三十一年（1692）十一月初九日

上御保和殿，召请安进贡，科尔沁国和硕土谢图亲王额驸沙津、扎赖特部落固山贝子纳系、杜尔伯特部落固山贝子沙津、科尔沁国护镇国公都思哈尔、鄂尔都斯部落多罗郡王董罗布、四品台吉滚布等，翁牛特部落三品台吉宁布等，乌拉特部落四品台吉奔，科尔沁国四品台吉马那胡等，喀尔喀部落扎萨克一品台吉色冷达西、归化城内齐托音呼土克图、扎萨克喇嘛库里承规等，赐食。

——《清代历朝起居注合集》清圣祖卷二十八

康熙三十一年（1692）十二月三十日

甲辰午时，因岁暮。上御保和殿，召元旦朝觐外藩，左翼乌珠穆沁部落和硕车臣亲王色登顿多布、喀尔喀部落和硕达尔汉亲王讷内、科尔沁国多罗郡王毕力克图多罗郡王戴布、科尔沁国多罗贝勒巴克西固尔、扎鲁特部落多罗达尔汉贝勒毕里尤、图土默特部落达尔汉贝勒额驸额尔德木图、喀尔喀部落多罗贝勒罗布臧、杜尔伯特固山贝子沙靳、科尔沁国和硕额驸班第、鄂尔多斯部落护国公杜冷、扎鲁特部落辅国公根度西希布、乌拉特部落辅国公鄂尔奔、科尔沁国一品台吉吴尔图那素图等，固山额驸吴勒木济、茂明安扎萨克一品台吉诺尔布、郭尔罗斯部落扎萨克四品台吉吴尔图那素图鄂齐尔等，土默特部落二品台吉郭济尔、二品塔布囊额尔黑图、扎鲁特部落二品台吉额布根、苏尼特部落三品台吉杜思噶尔、阿鲁科尔沁国三品台吉达思萨那、乌拉特三品台吉噶尔马等，四子部落四品台吉巴特喇奇、翁牛特部落四品台吉巴扎尔、乌朱穆沁部落四品台吉萨哈、蒿齐特部落四品台吉沙克度尔、奈曼部落四品台吉白奇、巴林部落四品台吉阿穆胡朗、归化城四品台吉索那本、喀喇沁部落四品台吉塔布囊巴牙思胡、右翼科尔沁国和硕土谢图亲王额驸沙津、喀尔喀部落信顺多罗郡王善巴、喀尔喀部落多罗郡王色冷阿海、鄂尔多斯部落多罗贝勒达尔扎、茂明安部落多罗贝勒土巴、阿巴哈纳尔部落固山贝子额林臣达西、喀尔喀查汉巴尔固山贝子布拜、巴林部落和硕额驸吴尔衮、科尔沁国护国公都斯哈尔、喀尔喀部落辅国公万楚克、奈曼部落辅国公革勒尔、巴林部落多罗额驸阿拉布坦、敖汉部落多罗额驸扎木素二品台吉丹津、科尔沁国四品何济欢阿必达、克什克腾部落扎萨克一品台吉阿玉西、喀尔喀一品台吉班诸尔多尔济等，阿巴嘎二品台吉德本褚克等，鄂尔多斯部落一品台吉策旺依西希布等，乌珠穆沁部落二品台吉固禄黑、巴林部落三品台吉图巴、科尔沁国四品台吉吴尔图那素图，及内大臣侍卫、大学士、三旗都统、副都统等赐宴，上进酒。毕。奏乐。左右两翼王以下坐于公次，台吉以上坐于右翼内大臣之次，阿巴嘎二品台吉德木褚克以上台吉，俱上亲赐酒。其余台吉塔布襄等五人一班，跪于御座下，令侍卫送酒。内大臣、大学士、都统、副都统等，俱命侍卫送酒。宴毕。众谢恩。

——《清代历朝起居注合集》清圣祖卷二十八

康熙三十二年（1693）二月初二日

差往归化城等三处垦种内大臣公坡尔盆等请训旨。上曰：种地惟勤为善，此地风寒，宜高其田垄。若种寻常之谷，断不能收，必种早熟之麦，与油麦、大麦、糜黍方为有益。去岁往彼垦种之人，朕曾以此命之，因违朕旨，多种荞麦，以致田禾失收。尔等到彼，亦须问地方人，宜种何谷，易得收获。朕曾问老农，皆云将雪拌种，可以耐旱。尔等将谷种少拌雪水试之，朕前带南方稻谷、菱角，种于京师。奈风高霜早，又用泉水灌溉，无南方池塘蓄养之水，自此不熟。以此观之，若将此地谷种带往北地，亦难收成，惟将麦与大麦、油麦、糜、黍及早播种，务须克勤方善。尔等谨识，公坡尔盆等出。

——《清代历朝起居注合集》清圣祖卷二十九

康熙三十二年（1693）四月二十八日

大学士伊桑阿、阿兰泰、王远、张玉书、李天馥，学士王尹方、李柟以折本请旨兵部，题归化城将军以副都统马思喀等职名开列，及蒙古内大臣八旗公侯伯职名开列折子具奏。

上曰：此将军专管蒙古兵丁，又掌操练，职任甚重。若得通蒙古言语人材，健壮骑射勇优，有谋略之人，方称此将军之任。尔等会同部院衙门满尚书，公同详举，具奏。

——《清代历朝起居注合集》清圣祖卷二十九

康熙三十二年（1693）八月二十八日

上驻跸藩障河。辰时，上御布城前黄帐内升座。扈从内大臣、侍卫、都统、前锋、统领、护军统领、副都统、部院大臣、官员、八旗官兵，及蒙古王、贝勒、贝子、公、台吉、塔布襄、军卒分两翼排坐。作乐大宴，召入科尔沁国和硕土谢图亲王额驸沙津、喀尔喀部落和硕扎沙克图亲王策旺扎布、阿巴嘎部落多罗郡王吴尔詹噶喇布、喀尔喀部落多罗郡王善巴、喀尔喀部落多罗郡王敦多布多尔济客、喇沁部落和硕额驸噶布臧、巴林部落多罗额驸阿喇布坦、敖汉部落多罗额驸扎木素、喀喇沁部落护国公善巴喇西、敖汉部落协理旗分事务一品台吉安达阿玉玺等，翁牛特部落多罗达尔汉贝勒额尔德布鄂齐尔、土默特部落多罗达尔汉贝勒额驸额尔德木图、科尔沁国和硕额驸班第、土默特部落固山贝子喇思查布、翁牛特部落协理旗分事务二品台吉鄂齐尔等，于黄帐下，上亲赐酒。令阿巴嘎部落协理旗分事务二品台吉德穆楚克、敖汉部落四品台吉崔扎木素等，喀尔喀部落二品台吉丹津多尔济等，土默特部落一品塔布襄布颜图额尔德尼等进前，侍卫传饮。又令行围喀喇沁部落未得品级塔布襄色冷等，及官兵每班十人，进前侍卫传饮。

——《清代历朝起居注合集》清圣祖卷二十九

康熙三十二年（1693）九月初十日

上驻跸杨树岭下。未时，上御布城黄幄内升座，令喀尔喀部落折布尊丹巴库图克图、土谢图汗等，及众扎萨克王、额驸、贝勒、贝子、公、台吉、首领喇嘛等，列坐于黄幄两侧。令内大臣、侍卫、都统、前锋统领、护军统领、副都统、部院大臣官员、八旗官兵，及喀尔喀部落土谢图汗所属台吉翟桑小喇嘛，护卫行围喀喇沁部落塔布囊官兵，分两翼列坐，大宴。召喀尔喀部落土谢图汗和硕扎萨克亲王策旺扎布、多罗郡王善巴、多罗郡王敦多布多尔济、多罗贝勒席地西里、扎萨克部落一品台吉巴郎齐木出克、纳木扎尔班诸尔、科尔沁国和硕土谢图亲王额驸沙津、翁牛特部落多罗贝勒额尔德布鄂齐尔、土默特部落多罗贝勒额驸额尔德木图、科尔沁国和硕额驸班第、喀喇沁部落和硕额驸噶尔臧等进前，上亲赐酒。土谢图汗之次子台吉额尔德厄阿海多尔济等，族中台吉达西敦多布等，土默特部落固山贝子喇思查布、喀喇沁部落护国公山巴喇西、巴林部落多罗额驸阿喇布坦、敖汉部落多罗额驸扎木素、协理旗分事务一品台吉安达阿玉玺等，翁牛特部落协理旗分事务二品台吉鄂齐尔、阿巴哈纳尔部落协理旗分事务二品台吉德木出克等，及行围喀喇沁部落塔布囊官兵，令侍卫传饮。土谢图汗所属台吉翟桑护卫等，令内大臣看饮。

——《清代历朝起居注合集》清圣祖卷二十九

康熙三十二年（1693）十月十二日

上御保和殿，赐请安进贡、科尔沁国和硕卓礼克图亲王巴塔马、喀尔喀部落和硕达尔汉亲王那内、鄂尔都斯部落多罗郡王董鲁布多罗贝勒达尔扎、苏尼特部落多罗贝勒沙里，科尔沁国协理旗分事务四品台吉伊喇古克三等，鄂尔都斯协理旗分事务二品台吉杨安等，喀尔喀部落一品台吉喇嘛扎布等，扎鲁特部落四品台吉多尔博和等，阿鲁科尔沁国三品台吉达地拔等，土默特部落四品台吉丹巴等，克什克腾协理旗分事务一品台吉噶尔碧等，喀尔喀协理旗分事务三品台吉崔鲁克等，阿巴嘎四品台吉陵胡、苏尼特二品台吉阿鲁礼克等，茂明安四品台吉巴塔马等，土默特二品塔布囊额尔格图、及五台山大喇嘛丹巴格龙、盛京嘛哈噶喇庙喇嘛甘丹格龙、归化城西勒图呼图克图等，喀尔喀部落扎萨克固山贝子程伯尔、协理旗分事务二品台吉喇布坦等，喀尔喀部落协理旗分事务二品台吉乐苏国阿海等，食。

————《清代历朝起居注合集》清圣祖卷二十九

康熙三十二年（1693）十二月初三日

上御保和殿，赐请安进贡，扎鲁特部落多罗贝勒毕禄瓦、茂明安部落多罗贝勒班第、科尔沁国一品台吉厄尔黑图等，敖汉部落一品台吉吴巴什等，苏尼特部落二品台吉奔塔尔、土默特部落四品塔布囊吴尔图纳素图等，及达赖喇嘛使臣阿旺达尔马、拉木占巴的巴使臣三木朱布荣丹囊素、喀尔喀扎萨克护国公汗都台吉车凌巴尔等，归化城扎萨克为首喇嘛朋舒克格龙、扎萨克喇嘛扎牙班第达呼土克图等，食。

————《清代历朝起居注合集》清圣祖卷二十九

康熙三十二年（1693）十二月

山西巡抚噶尔图题挽运湖坦河所米石，应否暂行停止之处请。

上曰：今陕西米石充足，此米若仍挽运，必致劳民。朕问总督佛伦，亦云，挽运湖坦河所米石，百姓劳苦。此所运之米，令其停止，将船只送至归化城等处，加意收管。

上顾伊桑阿等，曰，我朝满洲兵丁原属骁勇，故所向无敌，前于厄鲁特部落噶尔丹之事，官兵未能尽数剿灭，以成大功。朕意每怀不惬，屡年以来，将官兵两季操演，朕亲临指授，顷观演兵队伍整齐、节次分明、进退精熟、肃然无哗、恪遵纪律，将领号令严明。此皆官兵同心戮力，各效勤劳之所致也。朕甚嘉之，欣喜莫大焉。其余官兵，这次虽未操演，从前练习已熟。八旗前锋护军拨什库骁骑兵丁一概赏赉银两。无职掌官员及火器营骁骑兵丁亦赏银两。有职掌官员概赐内库缎匹，其赏赐缎匹着户部会同内务府议奏。这次参演官员内或有降级罚俸者俱应开复。至八旗步军官兵捕缉盗贼、巡视街道，诸差颇多，甚属劳苦，步军亦赏银两。管步军官员亦赐缎匹。尔等将此赏赉之处，速拟上传奏览。

——《清代历朝起居注合集》清圣祖卷二十九

康熙三十二年（1693）十二月二十九日

戊戌午时，因岁暮。上御保和殿，召元旦朝觐外藩，左翼科尔沁国和硕达尔汉亲王额驸班第、乌珠穆沁部落车臣亲王色登顿多布、科尔沁国多罗郡王戴布、阿鲁科尔沁国多罗郡王崔、喀尔喀部落多罗卓里克图郡王古鲁西希、厄鲁特部落巴图尔厄尔克济农、土默特部落多罗贝勒额驸厄尔德木图、乌珠穆沁部落多罗厄尔德尼贝勒奔布、喀尔喀部罗多罗贝勒罗布臧、土默特部落固山贝子喇思扎布、郭尔罗斯部落护国公安达西礼、扎鲁特部落护国公巴图、翁牛特部落护国公喀拉齐里奇塔特、郭尔罗斯部落辅国公蟒萨、科尔沁国协理旗分事务二品台吉毕礼鯀达赖等，敖汉部落四品台吉姑布特等，乌珠穆沁部落未得品级台吉塔望扎穆素等，郭尔罗斯部落四品台吉乌尼德，扎赖特部落四品台吉毕麻喇，土默特部落协理旗分事务塔布囊鄂齐里等、苏尼特部落协理旗分事务一品台吉图巴西霞布等，翁牛特部落四品台吉张三等，四子部落四品台吉鄂尔穆厄林臣等，茂明安部落四品台吉扎木素、扎鲁特部罗二品台吉博兑、右翼喀尔喀部落和硕亲王折旺扎布、科尔沁国多罗扎萨在图郡王鄂齐尔、敖汉部落多罗郡王扎木素、喀尔喀部落多罗郡王敦多布多尔济、多罗郡王色稜阿海、多罗郡王朋楚克喇布坦、阿巴哈纳尔部落多罗贝勒布昭、鄂尔都斯部落多罗贝勒古禄西希布、喀尔喀部落多罗贝勒萨木多尔济、扎赖特部落固山贝子纳逊、巴林部落固山贝子厄尔德尼、阿巴嘎部落固山达尔汉贝子车凌董罗布、喀尔喀部落固山贝子詹巴、乌拉特部落护国公杜稜、喀喇沁部落护国公善巴喇西、喀尔喀部落护国公汉都、敖汉部落多罗额驸扎木素、科尔沁国协理旗分事务一品台吉布达等，敖汉部落二品台吉鯀布、克什克腾部落扎萨克一品台吉阿玉西等，喀尔喀部落扎萨克一品台吉车木楚克纳木扎尔等，阿巴嘎部落协理旗分事务二品台吉德木楚克等，鄂尔都斯部落协理旗分事务二品台吉彭苏克等，蒿齐特部落协理旗分事务二品台吉策纳克、阿鲁科尔沁国一品台吉厄尔赫图、奈满部落一品台吉巴图礼雅、杜尔伯特部落协理旗分事务台吉吴尔图纳苏图等，巴林部落三品台吉噶尔玛、喀喇沁部落三品塔布囊班第、扎鲁特部落二品台吉博允、阿巴哈纳尔部落协理旗分事务四品台吉图巴塔尔、乌拉特部落协理旗分事务四品台吉阿穆胡朗等，归化城都统喇布查布、四品台吉古禄格，及内大臣侍卫、大学士、上三旗都统、副都统等赐宴。上进酒毕。奏乐。左右两翼王以下坐于公次台吉以上，每班三人进前，上亲赐酒。其余台吉塔布囊等每班十人进前，令侍卫传饮。内大臣、大学士、都统、副都统等俱令侍卫传饮。宴罢。众谢恩。

——《清代历朝起居注合集》清圣祖卷二十九

康熙三十三年（1694）正月十四日

壬子午时，上御畅春园内含淳堂西偏殿，以上元节赐朝正，左翼喀尔喀科尔沁国和硕达尔汉亲王额驸班第、乌珠穆沁部落车臣亲王色登顿多布、科尔沁国多罗郡王戴布、阿鲁科尔沁国多罗郡王崔、喀尔喀部落多罗卓礼克图郡王顾禄西希、乌拉特部落巴图尔厄尔克济农、土默特部落贝勒额驸厄尔德木图、乌珠穆沁部落多罗厄尔得尼贝勒博木布、喀尔喀部落多罗贝勒罗布藏、土默特部落固山贝子喇斯扎布、郭尔罗斯部落护国公安达西里、扎鲁特部落护国公巴图、翁牛特部落喀拉齐里克奇塔特、郭尔罗斯部落护国公蟒萨、科尔沁国协理旗分事务二品台吉毕礼滚达赖等，敖汉部落四品台吉顾布特等，乌珠穆沁部落未得品级台吉塔望扎木素等，郭尔罗斯部落四品台吉乌尼德、扎赖特部落四品台吉毕麻喇、土默特部落协理旗分事务塔布囊鄂齐尔等，苏尼特部落协理旗分事务一品台吉图巴西希布等，翁牛特部落四品台吉张三等，右翼喀尔喀和硕亲王策旺扎布、科尔沁国多罗扎萨克图郡王鄂齐尔、敖汉部落多罗郡王扎木素、喀尔喀部落多罗郡王敦多布多尔济、多罗郡王色稜阿海、多罗郡王朋楚克喇布坦、阿巴哈纳尔部落多罗贝勒布照、鄂尔都斯部落多罗贝勒古禄西希布、多罗贝勒罗布藏、喀尔喀部落多罗贝勒萨木多尔济、扎赖特部落固山贝子纳逊、巴林部落固山贝子厄尔德尼、阿巴嘎部落固山达尔汉贝子车凌董罗布、喀尔喀部落固山贝子詹巴、喀喇沁部落护国公善巴喇西、喀尔喀部落护国公汉都、敖汉部落多罗额驸扎木素、科尔沁国协理旗分事务一品台吉布达等，敖汉部落二品台吉鲦布、克什克腾部落扎萨克一品台古阿玉西等，喀尔喀部落扎萨克一品台吉车木楚克纳木扎尔等，阿巴嘎部落协理旗分事务二品台吉德木楚克等，鄂尔都斯部落协理旗分事务二品台吉彭苏克等，蒿齐特部落协理旗分事务二品台吉策纳克、阿鲁科尔沁国一品台吉厄尔赫图、奈满部落固山一品台吉巴图礼雅、杜尔伯特部落协理旗分事务三品台吉吴尔图纳苏图等，巴林部落三品台吉噶尔玛、喀喇沁部落三品台吉塔布囊班第、扎鲁特部落二品台吉博兑、阿巴哈纳尔部落协理旗分事务四品台吉图巴塔、尔茂明安部落四品台吉扎木素、四子部落四品台吉纳尔穆厄林臣、苏尼特部落四品台吉阿玉西、乌拉特部落协理旗分事务四品台吉阿穆胡郎、归化城都统喇查布、四品台吉古禄格，及内大臣侍卫、大学士、上三旗都统、副都统等宴。上进酒，诸乐并作。外藩左右两翼亲王等以下台吉等，及扎萨克部落台吉等以上，俱以次，上亲赐酒。其余台吉、塔布囊等俱令侍卫赐饮。宴罢。众谢恩。

——《清代历朝起居注合集》清圣祖卷三十

康熙三十三年（1694）七月二十日

温达出大学士伊桑阿、阿兰泰、王远、张玉书，学士李柟、温保、戴通、顾藻、沈图、松柱、陶岱、陆菜以折本请旨，兵部尚书索诺和户部尚书马齐同进右卫显威将军希福题请将捻兵官康调元下绿旗兵，并察哈尔兵酌量发出等事。

上曰：绿旗兵若多发往，则其马少，且边外地方米粮何能运到。顷京城亦预备出兵，察哈尔兵倘有紧要差遣，即当与所备之兵一齐遣往，今亦未可发也。朕前巡察边外地方时，曾带古北口绿旗兵往沿途常赏赉食物赡养，然去时尤可及，观其回时情形甚惫。随朕行之尚有苦累之处，今希福亦能如此赏给乎？其欲多带绿旗兵者，专为有事。亦如在南方行走之例，推令居前当锋镝之意耳。希福每遇一事必生端起衅，此等处，从前亦曾向尔等宣谕。今观所奏请、希福大有惧心，且前在云南出兵时，遇事亦辄生衅。大将军赖塔曾于朕差往侍卫那尔泰之前，将希福痛加羞辱。从此，方于追逐马宝时，请往穷追遂擒马宝。此事额黑纳、顾巴代、佛伦皆知之。朕非欲陷旧臣于恶，但此番发往防备之兵，甚属紧要，机不可失。且今西宁回来之兵及右卫之兵、归化城蒙古兵共有八千。满洲兵八千便可以比八万，有此兵力，所向无敌。果遇嘎尔丹，大事便沛然可成。将军费扬古勋旧大臣，今驻防归化城，众皆极口称赞，军士亦皆心服。都统郎坦边外行走，熟练于此事，无不能办者。若又遣希福往或致疑阻大事，亦未可察。此处关系甚大，希福着停其前往右卫新驻兵丁，甚属紧要着。行文令将军希福料理，至绿旗丁不必多发。着大同捻兵官康调元亲选五百名与将军费扬古一同前往。

伊桑阿奏曰：绿旗兵于边外行走甚难，粮米实不能运到。又京城备兵、察哈尔之兵不可发往。皇上所谕极是。

阿兰泰奏曰：绿旗兵只有一马，岂能驮运粮米。皇上所见极是，今费扬古现为大将军，归化城相去甚近。希福理宜与费扬古合兵，一同商议而行。

马齐奏曰：前古北口绿旗兵，皇上每日赏给牛羊等物，沿途养赡，各兵尚然劳。若口外粮米实难运到，皇上所见极是。

王熙、张玉书奏曰：皇上明鉴，无不洞照。

上又曰：绿旗兵南方出征尚可，不宜于北地。内地乡村稠密，可买饭而食。然闻绿旗后于征行之处，尚有掠夺百姓者，此皆无力驮运食物之所致。也不可与满洲兵力比量。朕巡幸南方，观所经历之地，平旷处满洲兵驻扎盈千便觉营伍甚大，虽有巨寇，可以凿然取胜、纵横而行，所向无敌。惟有山水稻田路径窄狭，若此等处，倖而据守，则取之稍难。今派出三处兵甚多，更有何不足用处。

——《清代历朝起居注合集》清圣祖卷三十

康熙三十三年（1694）八月十五日

大学士伊桑阿奏曰：前者奏报嘎尔丹博硕克图来侵边界，又云望见尘起。是时皇上即传谕，此事非真，令奏报文皆与皇上谕旨相符。

上曰：达赖巴图鲁在宁夏，相近贺兰山驻牧。哈密在嘉峪关外驻。收嘎尔丹在鄈薄朵驻牧。策狂阿兰布坦在博罗拖喇驻牧。达赖喇嘛在布达喇驻牧。总有三路，若由哈密一路几六七日无水，由中路凡十四日无水，此二路虽径，然皆无水，蒙古人断难行走。惟坤图伦一路地形四达，且有水，人行此路者多，从坤图伦向嘉峪关、归化城而来甚近。朕恐嘎尔丹或乘虚犯归化城，故预发兵防备往者。三逆反叛时，朕于内地形势处处切记，令天下承平，惟有边备常系，朕怀故知之甚悉。

伊桑阿奏曰：往者三逆同时反叛，皇上于天下形势，几地方之远近、关塞之险易、兵马之多寡，无不洞悉。一应进取调度，皆出上裁，迄使元恶大憝，如冰消瓦解、转瞬殄灭。前厄鲁特侵犯时，皇上筹划预定，自行阵营伍等事，无不周虑，嘎尔丹博硕克图果堕吾计中，因诱之深入，使差往将军等，果能遵奉皇上指示。嘎尔丹郎于彼时就擒，尚能至今日乎。

上曰：行兵之道，乘机最要。古人有言，机会一失不可更遭，正谓此也。

伊桑阿奏曰：皇上征灭察哈儿、扫荡海氛、讨服俄罗斯、存抚喀尔喀，皇上专精所图，凡事无不成。以臣愚见，嘎尔丹虽甚奸狡，不久必擒获也。

——《清代历朝起居注合集》清圣祖卷三十

康熙三十三年（1694）十月二十七日

归化城往阅开垦荒地郎中苏赫纳等恭请圣训。

上曰：尔等此行，自右卫看起以至归化城，其从前给与右卫兵丁厂地之外，何处应设屯庄及几处，既设屯庄所得米谷几许，修造房屋木植从何处取用，尔等必亲莅详庆看察，具奏。

——《清代历朝起居注合集》清圣祖卷三十一

康熙三十四年（1695）十月初四日

兵部题右卫将军希福员缺，将镶黄旗副都统马恩喀等职名开列。

上曰：右卫地方甚属紧要，惟费杨古可任。着费扬古补右卫将军兼管归化城将军，事后，三年后再行改补。

——《清代历朝起居注合集》清圣祖卷三十二

康熙三十四年（1695）十二月二十九日

丁巳。午时，因岁暮，上御保和殿，召元旦朝觐外藩蒙古。左翼科尔沁国多罗贝勒巴克什固尔……喀尔喀部落多罗郡王敦多布多尔济……及内大臣、侍卫、大学士、上三旗都统、副都统等赐宴。上进酒毕，奏乐。左右两翼王以下，坐于公次台吉以上，俱上亲赐酒。其余台吉等，俱令内大臣看饮。内大臣、大学士、都统、副都统，令侍卫传饮。宴毕，众谢恩。

——《清代历朝起居注合集》清圣祖卷三十二

康熙三十五年（1696）二月初七日

安郡王马尔浑、辅国公来僖、副都统雅图往归化城驻防请训旨。

上曰：尔等往归化城，务张兵势，以示军力众盛。各处远行侦探最为紧要，尔等三人同心协力，不可于事后。但云我意原欲如此，曾经言过彼此，互相推诿，王与公，尔等皆年幼未曾历练。凡事宜与雅图商酌而行，雅图汝乃历事之人，不可推托。

王等马尔浑奏曰：臣等皆年幼，未经世务。皇上遣雅图同臣等去，于事大有裨益。

雅图奏曰：蒙皇上任用，惟殚竭臣心，视力所能，为何敢于事后互相推诿。

上又曰：朕所行处与归化城相近，此时正当用兵之际，不必差人问安。

——《清代历朝起居注合集》清圣祖卷三十二

康熙三十五年（1696）三月十四日

亲近一等侍卫海青传旨：新经造出四十八位炮，内着将八位，每旗派炮手一名，驰驿速送大将军费扬古军前等。因于二十日文到，即将右卫副都统冯国相八旗章京八员、兵八十名留于归化城西四十里，于山西捐助八百余匹马内，拨给马一百四十匹。后炮到日，令收取速赶大军前来。一面行文驿站、笔帖式等送往军前。炮位若到某驿，到日即行申报。又曾屡次遣中书笔帖式等催促前去。据杀虎口驿站笔帖式硕色虽报称，自京送来炮八位，于三月初三日已到杀虎口。及问副都统阿玉玺，云，我初六日到归化城，炮尤未到，看此炮位势必迟误。因接续守驿令，将炮位作速送到，已遣笔帖式前去。若大军至喀伦，炮尤不至。臣等恐因守候炮位，以致师行迟延。令酌量添留官兵，着将炮位作速赶赴大军。谨具奏闻。大学士伊桑阿交奏事，敦往转奏，奉旨着示议政大臣等，令收贮。

——《清代历朝起居注合集》清圣祖卷三十二

康熙三十五年（1696）四月二十一日

皇上颁发新造炮八位，并景山之子母炮四位，江南送到子母炮五十五位，已用大同所养骆驼二百只驮载前来。运粮正卿于成龙、侍读学士范承烈，于三月二十四日至臣敖汉察罕和朔行营，言粮车于二十二三日始出，喀伦路上水草

39

缺少，而牲口系从太原迳至此处，故皆疲瘦。今将十五日口粮留于喀伦，以备大军凯旋之用。又十五日口粮运至翁金等处预备。其二十日口粮用小车，选驾车牲口内可用者，运至土喇地方支给大军。臣以大军口粮关系甚要，因会议将十五日口粮留贮喀伦，其三十五日口粮着尽行运至土喇地方。若小车及所选驾车牲口不足，着将拨给驮炮所余空行骆驼助运。议定已交付于成龙等去讫。臣自归化城启行时曾遣问，宁夏兵几时起行？何日到翁金地方？据孙思克等回称，我等之兵于二月二十二日起程行三十八日，可至翁金。

——《清代历朝起居注合集》清圣祖卷三十二

康熙三十五年（1696）五月二十四日

上驻跸科图，谕领侍卫内大臣索额图等，曰：驻扎归化城之安郡王马尔浑等，着往艾巴哈西喇穆伦之喀伦，于大兵回到以前暂行驻扎。有厄鲁特之溃散逃窜来投降者，令其收取。将此会议具奏大臣等会议奏言。上谕极是，候命下之时，移文驻扎归化城之安郡王等，速往所指之处。奉旨依议。安郡王等彼处无兵，如有用兵处，将附近蒙古兵着酌量调用。如无用处不必调遣。

——《清代历朝起居注合集》清圣祖卷三十三

康熙三十五年（1696）六月二十四日

议政大臣国舅佟国维等将会议事进奏。上曰：孙思克所遣回宁夏绿旗兵丁，及费扬古所遣留于翁金副都统西尔哈达之兵，并无消息。前留莫里溥在宁夏，专为探听此等消息。奏报今兵已回到，而尚无奏至，莫里溥真死人也。宁夏绿旗兵丁甚为壮健，先是将伊等所带之米三合处，给与挑选前进兵丁两月口粮。倘回时米不接济，此兵亦颇可虑，着将军恕书侍郎满丕驰驿速往归化城，将伊等遣回兵丁及西尔哈达之兵现到何处、米粮接济与否，查明具奏。

——《清代历朝起居注合集》清圣祖卷三十三

康熙三十五年（1696）九月二十六日

己卯上驻跸下堡。户部议复光禄寺卿辛保疏言，遵旨给蒙古米粮量留官兵，着侍郎王国昌、于成龙料理。辛保、范承烈将现在车辆牲品驱回，交与山西巡抚。

其收贮湖坦和朔仓内之米俱已采买，雇车陆续启程，所交牲品并仓米等事俱已分交各官。臣等无事，愿往大将军处效力赎罪。臣部议得运入湖坦和朔仓内之米，臣部近日遣官同地方官一同收完照数入仓。辛保等既愿前往大将军处自效应，如所请。奉旨：运入湖坦和朔仓内之米，将二百石运至归化城仓内。余悉依议。

——《清代历朝起居注合集》清圣祖卷三十三

康熙三十五年（1696）九月三十日

上驻跸海柳图。上谕尚书班第，曰：尔至归化城遣人至鄂尔多斯，鄂尔多斯之左翼三旗与归化城相近，于此三旗内调兵二百，至黄河对岸以待。鄂尔多斯王、贝勒、贝子、公、台吉等来请朕安，已过河者，着至归化城。未过河者，同调来之兵在河对岸候朕。

——《清代历朝起居注合集》清圣祖卷三十三

康熙三十五年（1696）十月初三日

丙戌上驻跸胡虎额尔奇。议政大臣奏言：大将军伯费扬古疏称，官兵马匹疲瘦面喀伦地方候旨等语，已如上谕。矣今，大将军既回喀伦驻扎，应移文大将军费杨古，着酌量给与右卫兵，可至归化城米粮，从归化城再取粮以至右卫。其余粮给与黑龙江官兵。皇上所赐银五千两，着大将军酌量备办皮袄、糗粮等物，给发官兵。在喀伦附近暂行驻扎，候遣往丹济喇处之使晋巴前来并收取。

——《清代历朝起居注合集》清圣祖卷三十四

康熙三十五年（1696）十月十一日

甲午，上驻跸喀喇和朔。是日，亲近侍卫关保传谕大学士阿兰泰、尚书马齐曰：今岁归化城傍近，地田穀既收价亦甚贱，今前往归化城时，所应支从者之十日粮给与价银，使其自买。其归化城所积之米，原以预备师行，令存留此米。如右卫之兵或有调遣取用甚便，殊为有益。

又传谕大学士阿兰泰、尚书马齐曰：黑龙江之兵前来已久，其将军疏称，行粮可至十一月初五，日后至归化城时，应派察哈尔兵五百、新满洲人一百，给以马匹糗粮，前往代之。

又传谕曰：至归化城时，自张家口以至归化城所设平常驿站外，其中间所设之驿，尽行撤回。将兵部马直抵杀虎口安设。

——《清代历朝起居注合集》清圣祖卷三十四

康熙三十五年（1696）十月十二日

乙未，上驻跸白塔。是日，喀尔喀和硕亲王策旺查布之母等，俱赐食、进羊。人等各赏赉白金。

——《清代历朝起居注合集》清圣祖卷三十四

康熙三十五年（1696）十月十三日

丙申，上往归化城。大设卤簿，归化城之副都统阿的等，率官兵迎接。老幼男妇俱执香夹道跪迎。归化城之首领喇嘛拖音库图克图、锡勒土库图克图等率所属喇嘛，设列幡盖、执香鼓乐来迎。上入拖音库图克图之庙、锡勒土库图克图之庙、墨尔根绰尔济喇嘛之庙游览焉。

是日，上驻跸归化城。上谕：尚书马齐曰观归化城马驼甚多，价值亦贱，大臣侍卫以及兵丁人等，有愿借银换买马驼者，题明借与。前骑官马新满洲未准借银，令有愿借者，亦借给之。本日。赏厄鲁特降人布尔扎等裘帽，并进羊与鸡之鄂欣渣木布等白金有差。

——《清代历朝起居注合集》清圣祖卷三十四

康熙三十五年（1696）十月十四日

丁酉，上驻跸归化城。亲近侍卫吴什传谕：察哈尔官兵，曰尔众察哈尔官兵并无俸粮，而勤劳素著。故朕每有诏谕，辄云朕之察哈尔令，遣尔等往听大将军指挥，尔等到彼各宜勉力，宣劳师旋之日，定赐尔辈生业。

是日，上谕大学士阿兰泰曰：尔往右卫察阵亡兵丁给与身价，兵丁所借官库银两停其扣留，尔可带学士一员，司官酌量，派出驰驿前往。到日，集众宣旨晓谕之。

又亲近侍卫关保传谕曰：将军萨布素带领善射兵丁二十名，扈从其余官员、厮役人等，将马匹、骆驼俱令赴右卫喂养。

又谕议政大臣等曰：伊锡格隆至奏称，达赖喇嘛之使闻皇上驾至，前来接驾。朕命止之于归化城十里之外。

其会议奏闻议政大臣等议，达赖喇嘛等使者闻皇上至此，前来接驾，相应令达赖喇嘛使者达赖汗使者陛见，谛巴之使者免其陛见，上可其奏。

又议政大臣等奏曰：十月十三日奉上谕曰，兵丁十日无口粮尤可，倘久住不给口粮，可乎？况刍草稀少，应着余闲人等，将羸瘦马匹酌量驱往大同右卫等处喂养听候。其黑龙江兵丁百名或着前往，或留此兵而令新满洲兵内前往。其会议奏闻，臣等查得归化城附近草少，将余闲人等并羸瘦马匹遣往大同右卫等处养马听候。甚为有益，侍卫护军皆减少，带来不使遣往外，遣往大同右卫等处喂马。令八旗二十四员护军参领内，九员三旗亲近护军、九名内务府各项执事人内，三十六名其牵挽骆驼兵丁内，四十名马匹羸瘦亦令前往。牵挽骆驼令土默特兵丁代之，此遣往喂马共九十四人，所骑来官马内膘肥者拣留，将存此处官兵马匹羸瘦者补换遣往。令在大同监视养马之三旗内大臣，照前详察实数支给草料。若有逾数冒领者，察出严加治罪。其在此之大臣、侍卫、护军、兵丁、执事人等马匹，令在归化城附近择有草处牧放。其黑龙江将军萨布素所领兵百名已有旨，着往右卫喂马，应无庸议。

奉旨：此遣往人内膘肥马匹免其调换，尽着遣往，其存此处人等马匹，着内务府总管、上驷院总管、太仆寺会同验视。羸瘦马匹亦令遣往喂养，此遣往马匹照数拨给萨布素。所遣兵丁马匹，即着萨布素申饬伊属弁，监看其送此马匹，着派出新满洲护军三十名，并伊等所乘马前赴萨布素兵丁喂马处。着遣往喂马参领九员，监视喂养侍郎亦监察之。其所留萨布素兵丁二十名，着归于三旗护军一百八十名内，附在各人有亲戚旗分，入班当差。其牵挽骆驼着于土默特兵丁内，择其贫苦，善于步行者，令徒步牵挽，给以饮食。余依议。

是日，赐科尔沁之和硕达尔汉亲工、额驸班第、和硕土谢图亲王、额驸沙津，佛香被俘为奴之厄鲁特等，上皆赐其本主银两，使赎还之、进羊之，等俱赏赉白金。

——《清代历朝起居注合集》清圣祖卷三十四

康熙三十五年（1696）十月十五日

戊戌，上驻跸归化城。午时上御行宫门，左翼则科尔沁和硕达尔汉亲王、额驸班第、和硕土谢图亲王、额驸沙津、喀尔喀和硕亲王策旺查布、多罗郡王敦多布多尔，即内大臣科尔沁之一品台吉厄尔黑图等，及拖音库图克图等，来降之厄鲁特布尔扎等。右翼则内大臣等、锡勒土库图克图等，达赖喇嘛之使刚占阒布丹巴、囊素达赖汗之使朋楚克呼户诺尔、台吉扎锡等之使拉木占木巴等，其归化城、土默特、黑龙江察哈尔之官员、兵丁，俱列坐。左右两翼奏乐。筵宴毕，上回行宫。

大学士阿兰泰向批本存住转奏曰：臣往右卫，欲与学士倭伦同行，并请训旨奉。旨俱令进内。阿兰泰等入奏曰：蒙谕，遣臣等往右卫查阵亡兵相给以身价，兵丁所借官库银两停其扣取。臣等愚意，若有阵亡官员并祈给以身价，其未从军官兵人等所借银两亦祈停其扣取。请旨定夺。

奉旨：阵亡官兵厮役人等，俱行查出，给以身价银两。其未从军官兵，所借银两俱停扣取。

阿兰泰奏曰：闻阵亡人等，着属回京者，有之伊等，俱从京师颁与臣等，不给其所给银两。臣等俱亲身一一督发，上称善。

是日。赐科尔沁和硕达尔汉亲王、额驸班第等王、贝勒以及台吉等白金、有差。又赐进羊献釜人等白金、有差。

——《清代历朝起居注合集》清圣祖卷三十四

康熙三十五年（1696）十月十六日

己亥，上驻跸归化城。亲近侍卫关保传谕议政大臣等曰：顷见将军费扬古疏，称黑龙江官兵所领五十日粮米至九月初五日已满，因将喀伦所贮米筹，至十一月初五日给至两月，截留米一千石外，余米俱已赏给蒙古等，其所留米一千石亦尽给官兵。喀伦处令已无米等语。朕先曾谕，将喀伦所贮米酌量兵丁给发，其余散于七旗蒙古兵。令据与之太早，且属不宜。着移咨费扬古，今察哈尔兵已派五百名，给以两月口粮。令散秩大臣吴巴什统领，前往费扬古处。此兵一至，将黑龙江兵内拣选壮健，并视其马匹可用者留住，百名官员酌量兵丁留住。其留住一百兵，亦如给察哈尔兵口粮，将所送去五千两银两，计其可供两月口粮充粮与之。其余兵丁着撤回。

又谕：遣章京一员，同参将张文焕前往祖良璧处，将伊如何战败厄鲁特问明具奏。

是日，议政大臣等奏曰：员外郎色冷报称，我至安郡王住处即遣人二路侦探，前去并无踪迹音信。其与我同来苏尼特之多罗郡王萨玛渣之子协理台吉多尔儿斯喀布、多罗贝勒博木博之子协理台吉苏代、喀尔喀之辅国公车木楚克纳木渣尔、卫征诺颜阿玉玺等口称，我等先以为前往土喇地方，所以兵丁仅带八十日口粮，俱无冬衣而来。令军卒粮将告尽且无冬衣。将伊等或撤回、或不撤回，祈部代为请旨等语。查得厄鲁特噶尔丹已无归所，正系其极窘之时，探噶尔丹音信甚是紧要。大将军费扬古兵丁尚未撤回，其与员外郎色冷同住扎台吉等兵丁，暂且不宜撤回。相应移咨色冷，令伊等各旗内派出兵丁前来更换。或令伊遣兵预备衣服、口粮，仍留彼处探信等因，具题。奉旨：多尔儿斯喀布、苏代、车木楚喀纳木渣尔、卫征诺颜阿玉玺等，令其与色冷一同侦探信息，以待大将军撤兵。其余兵丁俱令撤回。

是日，赐喀尔喀和硕达尔汉亲王诺内、茂明安之多罗贝勒班第台吉讷尔布、喀尔喀之一品台吉额林厄、扎萨克台吉哈坦巴图尔、滚占吴尔占、喀木楚克、厄尔白赫吴尔臧等装服。赐喀尔喀伊达木墨尔根阿海之妻、札布台吉之母下布达西里等，晋巴台吉之母等，喀尔喀下垂冲等缎匹、白金、有差。又被俘为奴之厄鲁特等，上皆赐其本主银两，使赎还之进羊猪人等赏赉白金有差。

——《清代历朝起居注合集》清圣祖卷三十四

康熙三十五年（1696）十月十七日

庚子，上驻跸归化城。亲近侍卫关保传谕：内大臣吴巴什等曰，遣尔等率领察哈尔兵五百名，前往大将军伯费扬古处，并无急务，尔等可缓行，母疲敝马匹。尔至将军处，唯听将军指挥。尔等功罪，朕惟将军之言是凭。但尔为人平常，着与内大臣策旺诺尔布、一等侍卫俄齐尔杜拉尔同往相与、商议行，此二人俱系才能，不可以蒙古视之。

吴巴什等奏曰：仰遵皇上训旨，竭力报效。

又谕：吴巴什曰，尔至彼处传谕将军，朕往归化城来，兵役人等俱与上驷苑马乘骑，令大同马匹已令喂养肥壮，倘有紧要事务，着预先奏闻。

是日，以达赖喇嘛所进氆氇、库库香，赐内大臣、大学士、都统、尚书、护军统领等人，各氆氇二匹、库库香二包。喀尔喀厄尔白赫等蟒衣各一领。附居喀喇沁之厄鲁特四品台吉巴拜羊皮、锦衣、妆缎外，挂喀尔喀之台吉鄂木布等之妻银币，进献衣帽之锡勒土库图克图等喇嘛、进献鹰、黄羊、羊羔之齐七克等，喀尔喀兵丁雅麻的等白金有差。

——《清代历朝起居注合集》清圣祖卷三十四

康熙三十五年（1696）十月十八日

辛丑，上驻跸归化城。是日，议政大臣等奏曰：副都统阿南达疏称，臣所领来巴图尔额尔克济农兵丁，或遣回或留住甘肃等处，若遣回伊等则无容赘矣，倘仍留驻扎，则喀尔喀巴索特之扎萨克墨尔根济农、一品台吉索穆伊思扎布等，七台吉巴图尔额尔克济农之子于穆楚木等，四台吉共兵二百五十名，所携带两月口粮已完，骑来马驼俱皆疲瘦。令时值严寒，草已枯死，若不喂养其马匹，倘遇前进，则不堪用矣。应将给与伊等口粮，并马驼草料之处，祈该部转为请旨，施行等语。奉旨：着交议政大臣议奏。臣等遵旨会议，得噶尔丹穷困已极，各处逃窜，相应令阿南达带领巴图尔额尔克济农等兵丁，驻扎肃州。不时遣蒙古等侦探信息，倘有信息，可遵前旨，即行剿灭。伊等并其军士口粮马驼草料，即行给发。

奉旨：噶尔丹困迫已极，必奔哈密。可行文孙思克，领标下兵前往肃州，至阿南达处防备。将军博济选西安未发之兵壮健者二千，亦往阿南达处与孙思克会。倘噶尔丹有往哈密之信，即行剿灭。自朕十九起程以后，凡为厄鲁特奏报事件，俱抄录咨送阿南达，使彼知其中曲折可也。余俱依议。

议政大臣又奏曰：副都统阿南达疏称，探哨于布降吉尔都尔、白尔几塔尔、纳秦诸路人等，将噶尔丹多尔济探哨之名拜哥者，带至臣处。臣泛论之际曾语，拜哥云，尔可致言于噶尔丹多尔济，圣主正欲加爱于尔，尔乃遁去，可乎。尔等并无重罪，前曾遵旨与巴图尔额尔克济农同居一处，巴图尔额尔克济农混行游牧。尔等无知，亦混游牧。而去彼时，尔身尚幼，不能约束其下。圣主洞见，亦悉知之圣主爱惜。尔祖鄂齐尔图车陈汗谅亦抚育尔身，凡尔所至之处，人皆重汝，此系实然。尔可将我此言告于噶尔丹多尔济等，因语之遣去噶尔丹多尔济，亦曾遣纳木喀巴尔喀木扎巴等十人，来云皇上怜我祖与我兄，令我与巴图尔额尔克济农接坏居住，并无游牧好地而获安生，巴图尔额尔克济农混行游牧，我等毫不知悉，亦混游牧而去。前者圣谕到日，我年尚幼，我母系是妇人，未能回奏，每思何以方得具奏。今祈侍卫将我遣往奏事之人带领，一同前去等语。

臣答曰：尔等厄鲁特人不可蒙信，若果遣使，汝必令尔使于十月二十日至肃州。如此相约遣去。

奉旨着议政诸臣议奏，臣等钦遵会议，得噶尔丹多尔济之使副都统阿南达，既与彼相约于十月二十日至肃州相应后，噶尔丹多尔济奏事使者至日再议。奉旨依议。

是日，赐喀尔喀王沙木巴貂裘帽带、银鼠褂。公吴巴达王楚裘帽。台吉图萨尔齐等锦衣。台吉苏达尼等蟒衣。赐内大臣、尚书等野雉。

又被俘为奴之厄鲁特等，上皆赐其本主银两，使赎还之进羊猪狍人等。穷喇嘛等献平定噶尔丹颂之乌拉特蒙古波罗奇塔特俱赏赍白金有差。

——《清代历朝起居注合集》清圣祖卷三十四

康熙三十五年（1696）十月十九日

壬寅，上驻跸归化城。遣乾清门侍卫马武，迎接原在大将军处右卫官兵。

是日，上命议政大臣等草招安噶尔丹敕诏，议政大臣钦遵缮写奏览，上亲改正，命写真备用。

是日，上以喀尔喀兵布禄迈所俘厄鲁特寨桑之妻子系厄鲁特贵族之人。因欲使其父子夫妻完聚。乃命赐布禄迈银四十两赎还之。赐厄鲁特寨桑之妻裘帽，喀尔喀台吉巴里等妻室缎，匹台吉巴都里之妻等及进羊人等俱赐白金有差。

——《清代历朝起居注合集》清圣祖卷三十四

康熙三十五年（1696）十月二十日

癸卯，上驻跸归化城。先是命大学士阿兰泰、学士倭伦往右卫察阵亡官兵，至是将所查阵亡人等照例已给身价，并从军身故着伤官员、兵役数目，及官兵所借官库银具折请旨。

上曰：朕观阵亡人数，于心恻然，不胜痛惜，此事不可责。大将军费扬古彼因奉朕之命，刻期而来，以致如此。所以右卫官兵极其劳苦，令将满洲、蒙古、汉军官员、兵丁所借官库银两俱着蠲免。汉军扣取银两之例不同，自传谕以后，若汉军人等借银仍照常扣取。给与阵亡人等身价银两外，病故及着伤官员、兵丁、厮役人等，俱依所察数目，照例赐予。此系察明事件，大学士不必前去，着学士倭伦往监视，均行赐赍。倭伦至右卫将旨集众晓谕，此所察赐赍之处。遍谕议政大臣及诸大臣，并书明移咨知会大将军费扬古，出兵之右卫兵丁。到日，大学士阿兰泰，尔亦聚众谕之。大学士阿兰泰、学士倭伦出，即集聚议政大臣及诸大臣传上谕，并本章宣读毕，诸臣奏曰：皇上爱养兵丁至矣、尽矣。行阵效力官兵分所当然，右卫阵亡人等，皇上特遣大臣给与身价银两。令又将所借官库银数十万均行蠲免。被伤以及出兵病故官员、兵丁、厮役人等，亦俱现在赏赐银两。即此，不但众官员、兵丁生者、死者均沾厚赏。而臣等蒙皇上圣谕殊恩，亦俱感奋矣。臣等窃惟是举也，真非常之泽、异旧之恩也。往古东山杕杜之诗，劳军士之还归，叙其情以闵其勤。先儒谓上下之情意交孚，虽家人父子之相语，无以过此。然至于恤其死亡，而起其伤痍者无述焉，岂若我皇上仁同复载轸念，行间效命之人。或身殒疆场或亲罹锋刃，一一察明，优恤更不惜数十万府库之财，而大赉普于在亡。真所谓说以使民，民妄其死者使。作为雅诗，谱诸乐曲，以歌永圣。朝劳还帅役之仁心，实事万世，尤为感动，而况一时三军之士哉。

一等侍卫副都统阿南达疏称，十月十四日理藩院咨称阿南达尔所奏三事俱已奏闻。

奉旨：知道了。着将噶尔丹穷迫之状移咨阿南达，令其知悉，其预备事务仍行谨庆预备。臣钦遵于十月初二日自布隆吉尔地方令噶尔丹多尔济来使，持咨前往哈密回子首领达尔汉白额处。其咨云：闻得逃来人言丹津鄂木布与伊叔父互相残杀，叛而他往。阿喇布坦所领不及千人，由扎布堪地方寻往策旺拉布坦处。噶尔丹亲身率领不及千人，在图衣河驻扎，其牛羊、口粮、冬衣、帐房俱无。倘噶尔丹寻往尔处，尔急速遣人往告噶尔丹多尔济，令噶尔丹多尔济助尔等行事。夫噶尔丹多尔济者，系本朝之国，尔等不必狐疑等因移咨外。

又语其使云：噶尔丹多尔济若哈密有人往告尔处，尔即遣人来报，一面协助哈密共力行事，并派人于塔尔纳秦部尔白尔几诸路口，严设探哨提防语之遣去。臣阿南达十月十二日至肃州与提督李林隆计议，派出绿旗兵二千预备，其额济纳、昆都仑等处，仍设哨口侦探信息。提督李林隆亦令其于边塞地方各行防守等因具题。奉旨：知道了。着示议政大臣。阿南达各处设兵预备，朕甚欣悦。

又谕：议政诸大臣曰：厄鲁特桑扎布等于九月二十四日自库伦伯尔齐尔地方来归顺。问之，据云丹济喇回去会噶尔丹时，告之曰：欲掠喀伦地方，其喀伦诸处俱预设大兵邀截，惧不敢入，因遣察罕哈什汗去，假云投降我方。归来闻知翁金处有米，往彼夺掠。又为守米兵丁所败，噶尔丹深以为怨。云：惟恃尔等兵丁掳掠，今竟毫无所获，不得已前去哈密，以马易米为食，倘彼不纳，则决一死战。于是于二十二日自库伦伯尔齐尔地方起程，向哈密去矣。令噶尔丹既向哈密前去相应，乘此机会速行剿灭。大同现有马匹喂养预备，此兵即从内地前进。若马匹有瘦疲不堪者，即视其所至地方，以绿旗兵丁之马易之前行。凡所过地方逐站酌量派取草料喂养。学士朱都纳处速遣一章京前去，无论何处相遇，即令其将所赶来七千马匹停其前进。着学士朱都纳即于地方支取草料，尽心喂养。此去大兵何处相遇，即于何处骑此七千马匹前去。并速遣章京一员，与鄂欣一同往阿南达处。即令鄂欣驻扎阿南达处，噶尔丹若于我大兵未至之前先至哈密，令阿南达等乘机而行，不可失时。

议政大臣会议得：噶尔丹穷迫无归，寻往哈密而去。乘机剿灭，极为紧要。皇上筹划周到相应。钦遵圣谕而行，查得大同现有前锋八百名、鸟枪护军一千、每旗子母炮三位。令前往哈密剿灭噶尔丹相应。令此兵丁尽行前去，其领兵前去孰为将军？将军应给何印？并孰为参议大臣？请旨定夺。

其学士朱都纳处遣一章京，副都统阿南达处遣侍卫鄂欣、章京一员，俱钦遵圣谕而行。并知会陕西将军、总督、巡抚，其逐站放给草料。着户部派一司员前往。奏入奉旨。另有商酌处折子着暂留。

是日，赐喀尔喀王沙木巴银一千两。多罗郡王墨尔根济农之福晋缎匹。台吉隆华爱必达旗下佐领绰克图及进羊人等俱赏赉白金有差。被俘为奴之厄鲁特等，上皆赐其本主银两，使赎还之。又赐大学士张玉书雉。

——《清代历朝起居注合集》清圣祖卷三十四

康熙三十五年（1696）十月二十一日

甲辰，上驻跸归化城。是日，上谕曰：作速移文学士朱都纳，令伊将赶来七千马匹于闻命之处即行驻扎。即于所至地方支取草料，尽心喂养。赐喀尔喀多罗郡王昆都伦波硕克图滚布、扎萨克台吉丹津额尔德尼万舒克、旗分协理台吉齐八克额林辰、洪鄂尔沙都尔等，喀尔喀和硕亲王策旺扎布祖母并族中妇女、厄鲁特降人桑扎布等，进羊狍人等裘帽银币有差。被俘为奴之厄鲁特等，上皆赐其本主银，使赎还之。

又颁敕招安噶尔丹等。敕曰：皇帝谕噶尔丹波硕克图汗丹济喇等，曰：朕统御天下以中外一体为要，往者乌兰布通之役，尔等虽经败北。朕尚欲与尔等会兵，以定喀尔喀之事。使命屡颁，尔等乃违背誓言，抢掠纳木扎尔拖音至克鲁伦地方。朕因亲帅师旅与尔会同定议，遣使申谕，尔复狐疑不亲见朕使。及朕躬至克鲁伦尔，即望风奔溃。遇朕西路之兵，尔先犯我颜行，遂至丧兵败衄，尽弃驼马、牛羊、子女、帐房诸什物，窜逸星散。尔众寨桑台吉等，接踵来降。丹济喇并格累沽英车凌奔等寨桑十五人亦欲归服，遣察罕哈什汗来陈奏，悃诚朕已面谕遣还。令朕又亲率六师远莅于此，且各处调兵要遮。尔等子女、马畜诸物俱已散亡，衣食尽绝，势迫无归，况时渐严寒。朕不忍尔部落迫于穷困相，率奔散饥寒交切，至于死亡，已曾特颁明诏，命尔归诚，令复加敕谕。尔等若悔前愆，俯首向化。朕则一体加恩抚恤，俾各得所。尔部落亦获子女完聚，咸庆生全。尔之愆尤，朕断不介怀，况尔部落人内有为我军所获，其父母、妻子尚在尔处，不忍分离，欲归故处者，朕皆加恩赐之以食，乘之以骑。即令遣回，使其骨肉完聚。其欲内附不愿归者，朕尤皆豢养，且使富厚通显。尔部落满几被伤，为我军擒获，令满几云妻子尚在尔处，因欲告归，朕故给以糗粮、良马，恩赏遣回，付以敕谕。尔等试熟思可永远为生，并有能承养尔等之人，其将安在。令尔无所归矣，噶尔丹波硕克图汗丹济喇，尔等可速领余众，抒诚归顺。朕必令尔等家富身显，各得生养。惜厄鲁特生灵，为汝噶尔丹波硕克图汗倡率妄行，以致斯极，令若信谗，而尤不知悟，则后悔莫及矣。其勿疑勿惧，特谕。

——《清代历朝起居注合集》清圣祖卷三十四

康熙三十五年（1696）十月二十二日

乙巳，上驻跸归化城。

谕大学士阿兰泰曰：右卫军士俱已给恩赏，大同绿旗之兵亦从征数次，应照例将阵亡病故并受赏人等，遣学士倭伦监视赏赉。倘有无子嗣者，则有致祭之典，亦着照例致祭。

亲近侍卫关保传谕曰：喀尔喀和硕亲王策旺查布、公克色克等其家贫乏，策旺查布着照先赐王阿海之例赐之克色克，着赐马五十匹、牛羊百头。又遍赐随行商众牛羊，并归化城兵丁进羊人等，俱赏赉白金。

——《清代历朝起居注合集》清圣祖卷三十四

康熙三十五年（1696）十月二十三日

丙午，上驻跸归化城。谕领侍卫内大臣班第、索额图、马思喀，内大臣明珠曰：归化城应留一大臣，收录厄鲁特之归顺人等。令其夫妇完聚，料理其衣食。着散秩大臣宗室永纪、乾清门侍卫汉楮汉、员外郎董殿邦、副都统阿的等商酌而行。给以有面裘二百领、无面裘百领、银三百两，若有应赐给，即行支用仍籍记之。其归化城土默特蒙古不必收其贡赋，厄鲁特之归顺者，其上等以有面皮裘给之，其微贱者以无面皮裘给之。永纪、汉楮汉着随行至湖坦和朔回。归化城安郡王至归化城时，着同副都统雅图驻扎归化城，其所属人等出外日久，皆令还京。

又谕曰：将军萨布素病未愈，着免随朕前去。将伊所带来兵丁带往大同喂养马匹听候。其大将军费扬古处兵五百名到日，亦令往大同喂养马匹。倘大将军处有紧急事务，即令萨布素领其军士六百前往大将军处。

是日，谕领侍卫内大臣等曰：先曾以安郡王等出外日，又察哈尔兵前往更换黑龙江军士，即令一同回来，尔等想遗妄之。令安郡王至归化城，着安郡王同副都统雅图驻扎归化城，其在下人等，出役日久，着令回京。将此于移咨大将军费杨古之便，即行移咨。

是日。一等侍卫副都统吴达禅传谕领侍卫内大臣索额图等，曰：公西布退哈坦巴图尔之弟青台吉前来请安，奏云：襄昔会兵，臣未与焉，且无一次来请圣安。臣无品级名，亦不曾登注部籍。去岁，车凌查布台吉阿尔萨朗、卫寨桑往士喇处侦探噶尔丹信息时，臣部下人亦曾同往使，获厄鲁特人之名晋巴者，臣身亦曾同侍读，喇锡出征等语。着交内大臣索额图、尚书马齐、副都统吴达禅等，会同将封多尔济青台吉品级之处议全。伊等俱习居林木中，应仍令暂住林木内，伊等所住地方与俄罗斯相近，其俄罗斯人敬顺我朝，相应给以用印，部文禁之不得互相侵掠。其所给俄罗斯用，印部文即交多尔济青台吉，令付与伊附近居住俄罗斯人持去。索额图等会议：多尔济前来纳贡，参请圣安。询之，伊云：其所属有撒袋者一百五十人，乌朗海人一百五十，共三百人。其以无品级，并名未登部籍。虔请应封为扎萨克一品台吉，伊等俱系林木内住惯，亦相应令其于林木内暂住。伊所住地方与俄罗斯相近，俄罗斯系敬顺我朝，进表纳贡之人相应给以用印，部文禁之，不得互相侵掠。亦令移咨俄罗斯处，其所移咨文，着该部缮写，即交多尔济青台吉。令付伊附近居住俄罗斯人持往。奉旨依议。

又都御史于成龙等奏言：臣等庸劣，蒙圣主格外垂仁，并无纤毫仰报。又蒙特简，付以运米重事，应遵依圣训，将米运到军前。奈臣等庸劣，虽竭力挽运，竟不能接续大军粮饷，此系臣等死罪。而皇上不即重治臣等，又命效力赎罪。臣等虽粉身亦不能图报，令军饷纵不能远运，大将军费扬古现率兵驻扎喀拉木伦地方。臣等努力，情愿将湖坦河朔仓内米粮，运三千五百石，至喀拉木伦地方。

此米到日交与何处，臣等不敢擅专，谨奏请旨。亲近侍卫吴什批本存住传谕曰：如许米粮，亦无用处。尔等运往一千五百石，亦甚有益。将运到之米，即交将军费扬古。其运米骆驼若又带回，恐时值严寒，必致有损。可亦交将军费扬古，令于好草处牧养。令寒冷之时运米，亦系难事，此系朕所知者。尔等之事，即朕之事也。

是日，封多尔济青台吉为扎萨克一品台吉，赐以蟒袍。又赐多罗郡王昆都伦波硕克图滚布白金千两。锡勒土呼图克图等，扎牙班地达呼图克图之父诺颜格隆喇嘛、阿扎尔副都统阿的之妻喀尔喀之下，马尼达立进山羊诸物人等，并厄鲁特归顺人等，蟒衣、裘帽、白金有差。被俘为奴之厄鲁特人等，上皆赐其本主银，使赎还之。又遍赐内大臣、侍卫、护军以至绿旗兵丁牛羊。

——《清代历朝起居注合集》清圣祖卷三十四

康熙三十五年（1696）十月二十四日

丁未，上驻跸衣赫图尔根郭尔之南。赐黑龙江将军萨布素狐裘。是日，敦住传谕领侍卫内大臣等曰：右卫之兵明日到此，朕与尔等自起行至今，俱每日两餐，从容饱食。而来明日止，早食一餐，各停晚食，移食右卫劳苦军士。朕及皇子所进两餐之膳，俱移赐右卫兵丁，将此传谕大臣、官员，以至执事人等，并营中俱遍行晓。谕令各遵行。其赐饮之茶，着茶房预备。

又谕尚书马齐曰：右卫兵丁劳苦，曾遣侍卫马武赍赐牛羊，马武返时，朕询之，伊云：右卫从军士卒步行者多，粮亦缺乏等语。着每人赐银三两，其兵丁数目即行查明具奏。

蓝翎侍卫达喜又传谕议政大臣等曰：厄鲁特之罗布臧班珠尔，自称我系阿拉布坦之人，正黄旗察哈尔阿木胡朗佐领下拨什库克什图掠我等来此，给与锡勒土库图克图。我系喇嘛，并无与皇上出力之处，我母年已七十，又在都哈尔阿拉布坦处，皇上遣人同我前去招抚都哈尔阿拉布坦归顺，倘不能招抚都哈尔阿拉布坦归顺，将伊所属人等招抚归顺、前来等语。将此着议政大臣等会议具奏。

又谕内大臣明珠曰：令会议遣罗布臧班珠尔招抚都哈尔阿杜布坦，都哈尔阿拉布坦系各自驻扎，其亲王策旺查布昆都伦、波硕克图滚布墨尔根济农顾禄实希之人，亦应派出前往招抚。着一并会议。议政大臣会议：招抚都哈尔阿拉布坦遣罗布臧班珠尔前去，将伊即交付和硕亲王策旺查布之长史马尼图多罗郡王昆都伦、波硕克图滚布之吴勒木济、多罗郡王墨前根济农顾禄实希一同遣往。预备又遣理藩院拨什库一名。送往大将军伯费扬古处。令于噶尔丹相远不危险路径。遣之前去。奉旨依议。

又遣大学士阿兰泰、乾清门侍卫马武，至右卫兵丁凯旋驻扎处谕曰：尔等右卫官兵，自在右卫驻防以来，屡屡出师，极其劳苦。朕心甚加怜惜。因将尔等所借官库银两，尽行宽免。其阵亡官兵，以至厮役人等，俱给身价银两。从军病故，并受伤人等，俱有恩赐。谕毕，官兵俱欢呼、叩首。奏曰：圣上养育我等，厮隶从军效力，分所当然。乃圣主念我等劳苦，加以殊恩，宽免所借官库银两。又给阵亡身价，并军前病故、受伤者，俱沾恩赐。我等欲更奏一词，而不可得。自后惟誓死效力，以报皇上隆恩于万一。

被俘为奴之厄鲁特人等，上皆赐其本主银使赎还之。

——《清代历朝起居注合集》清圣祖卷三十四

康熙三十五年（1696）十月二十五日

戊申，上驻跸衣赫图尔根郭尔之南。是日，右卫兵至，上亲往赐食。八旗官兵整队迎接，驾至时，军士趋进欢呼，跪请圣安后。上下马升座，命官兵进前赐座，令大臣官员一一赐食，并茶以至于厮役人毕。上命领侍卫内大臣索额图、一等侍卫副都统吴达禅、上驷院侍卫黄海传谕曰：行间效力，我朝之常。朕欲剿灭厄鲁特噶尔丹，躬统大军，亲行进讨。噶尔丹力不能胜，望风逃窜。遇尔西路之兵，遂截击大败之，尔等俱绝粮步行，已极困乏，乃能奋勇破敌，甚属可嘉。故朕亲临赐食，尔等所借官库银两尽行宽免，其被伤阵亡人等，先已有旨，遍加赏，赐无烦另谕。上又顾护军统领宗室费扬古等曰：朕原欲于军中宴诸将士，前朕亲追噶尔丹至拖诺山，尚欲前进，因运粮者迟误未至，朕遂迎粮而回。是以今日，赐尔等饮食，尔诸军士亦甚劳苦矣。费扬古等奏曰：此军士，俱向蒙皇上抚恤，义当效力。圣主为天下计，筹划至周，然后出师，神威所震。贼即星散，狂奔穷迫已极，仅余残喘，至昭莫多地方，大将军伯费扬古恪遵庙筹，大败贼兵。是皆皇上不世之神功，与诸将士何有。屡蒙皇上厚，赐今又亲视赐食，此诚，旷古未有之盛典也。臣等此后，惟有遵谕勤勉，效死而已。时众军欢声震地，上徒步周阅八旗官兵，毕，回行宫。

是日，亲近侍卫关保传谕领侍卫内大臣等曰：现令信宿于此，将王以下并诸人骑来马匹数目，俱着查点，马多者至有数百，少者亦有之，此数查明记档。内厩马数，亦着查明，众人马匹内，其膘有不可乘十日者，另行查记。其所行路程辽远，此马既不能到彼，现有右卫无马兵丁拨给乘骑，将马主姓名书明拴系，伊等俱有官草料，令其秣养。倘有军务即令骑去，回军时，将此马匹各还原主。若有伤损者，朕给还之。

赐土默特绰尔吉等，茂明安台吉布达里之母并扎木苏等银两。

又被俘为奴之厄鲁特人等，上皆赐其本主银使赎还之。

——《清代历朝起居注合集》清圣祖卷三十四

康熙三十五年（1696）十月二十六日

己酉，上驻跸达尔汉拜尚。遣皇子等至右卫军中赐官兵食，并茶酒。又遣司膳章京莫洛浑移上用之膳，赐官兵食。又赐右卫护军统领宗室费扬古貂皮短褂。副都统党爱科尔对银鼠短褂。赏赉右卫兵二千五百名，银七千五百两，并赐以米粮，令食至杀虎口。

上又以马三百四十六匹与右卫兵丁，谕领侍卫内大臣班第公、福善、索额图、马思喀。大学士阿兰泰、尚书马齐曰：此俱系官马，亦有朕所乘内厩之马。因右卫兵无马步行，故行赏给，着均派与无马人等，令其乘骑前往右卫。至右卫时，其兵丁俱有草料，可将此马匹俱令喂养肥壮。若有军务令其乘行，无军务时，着后膘壮送回京师，此俱系官马，一匹勿得疲损。

又谕领侍卫内大臣班第公、福善、索额图、马思喀，大学士阿兰泰、尚书马齐曰：右卫军士所借官库银两虽经宽免，倘□辖之人，令其速行买马，势必又借官库以应。如此，则军士仍致困苦，其兵丁买办马匹，着暂行停止。令从容缓图，此骑去马匹，或送大同，或留右卫喂养，一任伊等着兵部即速移咨右卫护军统领。臣等钦惟我皇上之轸恤，右卫兵者至矣，既已免其官逋，给以身价，遍加恩赉，而于其将至，又赐以牛羊，且命尚食，止进一餐。而自皇子以下，俱减膳以食将士，及其至也。亲临燕劳，下逮厮养。次日，复遣皇子至军中饮食之，并撤御膳以赐。又虑其徒行，不能购马，给以天闲之乘不惜，而大同绿旗之从征者，亦得比例。蒙恩孙武所云；视卒如婴儿、如爱子，在为将者，尤难之。而九重之上，体恤周详。如此皆史策所未有也。

赐山西巡抚温保、布政使甘度、按察使巴锡兔，赐进羊豕雁黄羊人等，银两有差。

是日，遣和硕扎萨克图亲王之长史马尼图等来，敕招安厄鲁特阿拉布坦台吉丹津汪布敕曰：皇帝谕：台吉阿拉布坦丹津汪布曰：朕统御天下，抚恤黎元，务使人人得所，先是尔厄鲁特与喀尔喀互相仇怨。朕欲尔等和好，已颁敕谕。喀尔喀厄鲁特俱违朕谕，自起战争，喀尔喀既败来归，朕为天下元，后不忍坐视其灭亡。于是纳之，注其名籍，酌量加封为王、贝勒、贝子、公、扎萨克，予以厚禄，咸致富贵，俾各得所。噶尔丹波硕克图汗，乃不顾朕拯救天下之生灵，借喀尔喀为词兰，入乌兰布通之地，即为我兵所败，虽设誓逃遁。朕尤数遣使颁谕，令其会兵，以定喀尔喀之事。噶尔丹波硕克图汗，竟违背誓言，而掠纳木渣尔拖音，越克鲁伦而前。朕亲统大军，欲与观兵，特遣使宣告不讳。噶尔丹波硕克图汗狐疑不信，夺朕使马，不与一见。及朕亲至克鲁伦，即望风败遁。遇朕西路官兵，彼先逞攻击，遂致大败，子女牲畜尽被俘获。丹巴哈什哈等先来抒诚，后沙克朱马等接踵归附，俱予以官职，令其贵显。给以衣食，使之富有。固已各得其所，其来降之众，内有子女，为我兵所俘者，皆行察出，令其父子、兄弟、夫妇完聚。今朕又亲统六师，而出各路，皆已调兵阻截，噶尔丹波硕克图汗倘不来降，必穷其所归。尔阿拉布坦丹津汪布，前虽附噶尔丹，然皆非倡乱之人。今归降之人，皆云尔等与噶尔丹相去另住。朕嘉尔尤知天道，能自避迹。怜尔之马畜等物被俘，衣食已绝。特遣和硕扎萨克图亲王之长史马尼图、多罗郡王昆都伦、波硕克图之吴勒木济、多罗郡王墨尔根济农之阿玉玺，又尔属下之喇嘛罗布藏班珠尔，亦愿往招安尔等。令同持谕前往。其扎萨克图汗之子先经离散，朕已收留，觅尔岳母，令与相会，封为亲王，食以厚禄，频加抚恤，顷又赐以牛马羊群，择地令其游牧，使之得安生，业享有富贵，此显然之明验也。敕旨一到，着即率尔部落来降，尔前依附噶尔丹波硕克图汗之咎，朕概不介怀，必待尔以富贵显荣。尔之部落亦使各得牛业，妻子完聚，安逸度日。丹巴哈什哈等，朕尚怜恤，使之富贵，况尔等乎。若尔尚有疑惧，今春策旺拉布坦之使来时，称尔与策旺拉布坦甚善，皇上若灭噶尔丹，请勿讨阿拉布坦。令其与我等会合等语。且策旺拉布坦屡遣使纳贡，敬顺有加，故朕甚垂怜惜，尔若同丹津汪布往策旺拉布坦处，朕亦不穷诘，尔优礼朕使，明白回奏。倘于此二者不审一，自处侥幸于厄黑阿喇尔空屋赖齐斯远等险峻之处，栖记苟免，朕断不姑容，必会同策旺拉布坦根敦代青贝勒等刻期进讨，尔其早画良图。特谕。

　　　　　　　　　　——《清代历朝起居注合集》清圣祖卷三十四

康熙三十五年（1696）十月二十七日

上驻跸丽苏。是日，赏进鹿黄羊雁诸物人等，及穷蒙古银两有差。

——《清代历朝起居注合集》清圣祖卷三十四

康熙三十五年（1696）十月二十八日

上驻跸湖坦河朔。是日，观黄河毕，回行宫。赏喀喇沁和硕额驸噶尔藏马匹，进羊雁人等白金。

二十九日，壬子，上驻跸湖坦河朔。是日，赐鄂尔多斯多罗郡王董罗布、多罗贝勒宋喇布、贝子、公、台吉等。并来请安之俄尔多斯协理台吉达尔麻等蟒袍。又赐俄尔多斯王台吉等食。厄鲁特降人塞敦等裘帽。土默特兵丁并进羊豕人等白金。

——《清代历朝起居注合集》清圣祖卷三十四

康熙三十五年（1696）十一月十三日

上驻跸华拖罗海。抚远大将军领侍卫内大臣伯费扬古疏称：康熙三十五年十一月初四日所颁敕书，于初六日奉到。臣参接开读，谕曰：尔二十九日回奏本章，于初二日晓至，请调太原府与山西抚标兵共一千，大同府及杀虎口未出征之马兵共五百。但太原府兵久未从征，况至归化城地又千里乎，其绿旗兵止各乘一骑，值此严寒即至，彼处亦不堪用。若当要地必致有误，因将朕所领火器营护军一千、炮手二百四十、前锋二百六十，合计足尔所调一千五百之数，以备尔用。现今马既肥而衣亦甚暖，此系随朕亲兵，极其训练，早若闻令晚即可行也。朕暂驻此，急望噶尔丹之信，如有来降之人，即交善驰者，速送朕前。倘噶尔丹有投降信息，速将喀伦外居住之喀尔喀撤回，否则安居，以信其降，其误大事不浅矣。现有丹济喇遣人诈降，而又来袭粮饷，已为明验。岂可复误乎，当益详庆远虑，可也，特谕。

——《清代历朝起居注合集》清圣祖卷三十四

康熙三十五年（1696）十二月初三日

上驻跸湖坦和朔之南。是日，上以所佩撒袋、弓及诸食物，赐大将军伯费扬古遣领侍卫内大臣尚书班第。

颁赐驿站蒙古官兵白金。

赐进贡之归化城达赖绰尔吉喇嘛，并鄂尔多斯向导佐领巴特马、力士窦纳及献羊人等白金。

被俘为奴之厄鲁特人等，上皆赐其本主银使赎还之。

————《清代历朝起居注合集》清圣祖卷三十四

康熙三十六年（1697）三月初七日

抚远大将军领侍卫内大臣伯费扬古等疏称：参赞侍郎满丕移咨云：康熙三十六年二月初一日，据在吴纳黑特地方哨探之，喀尔喀扎萨克公吴巴达、旗分副都统迈达礼、扎萨克台吉丹津、厄尔德尼旗分副都统萨木檀等，所解厄鲁特达喇西等云：我等系都噶尔阿拉布坦属下人，今年正月初五日自扎巴喀察罕托会地方逃出，来投圣主。我等现在来降者，男三十一口、妇女幼稚七十八口，所带马一百三十七匹、骆驼五十四头、撒袋十七副、鸟枪八杆、刀四口。

因问达喇西等，尔等来时阿拉布坦所住何地，噶尔丹现在何处？阿拉布坦属下人有几何，自此遣往笔帖式黑色长史马尼图等曾到阿拉布坦处否？荅云：我等逃来时，闻得阿拉布坦在扎巴喀朱尔枯竹地方，噶尔丹在格格特哈浪古特地方。去岁秋间，噶尔丹属下齐林本木曾至阿拉布坦处而去，我不知其事。阿拉布坦属下约有七八百人，阿拉布坦及属下人等除马驼外，并无牛羊。笔帖式黑色马尼图等在我等未逃出之先，于十二月二十六日，曾于我等所住扎巴喀察罕托会地方经过。所离有五六日之程，曾拍路与黑色马尼图等前去。

又问阿拉布坦竟在朱尔枯竹地方住乎，或更往他处去乎？丹津鄂木布现在何地？云：我等未逃来之先，阿拉布坦属下寨桑等曾言，根敦代责在喀喇塔尔地方，谓朱尔枯竹地方不可居住。有向西去七日之程，哲尔格西喇呼鲁苏地方而去之议。又有噶尔丹之回子、阿拉布坦之回子，自俄罗斯贸易而来，适遇丹津鄂木布，将阿拉布坦回子放去，将噶尔丹回子俱拦截带往空俄罗地方而去。

又问尔等，曾见我遣往噶尔丹之使博施希与厄鲁特格累沾英杜拉？尔等否云：因路不同并未遇见。又问阿拉布坦曾遣人到噶尔丹处否？阿拉布坦属下更有来归者？否云：阿拉布坦并不曾遣人到噶尔丹处，我等因逃来，亦不敢向他人言之也。今先将达喇西多尔济解送，其余随到即交驿站解送等语。

达喇西多尔济送到后，问达喇西多尔济尔等曾闻噶尔丹之子塞布屯巴尔住尔，被朝廷使者擒获否？答云：我等所住地方相去辽远，但闻噶尔丹之子离噶尔丹去捕猎，不曾闻被擒。

又问尔厄鲁特等，每人皆有马匹否？肥瘦若何？云：虽人各有马，但因捕猎马匹甚瘦，若猎无所得，便互相偷盗杀而食之等语。其遵旨将达喇西随即解送行在外，后伊等妻子马匹送到之日，将多尔济一并送付归化城副都统阿迪等处，为此谨奏。

——《清代历朝起居注合集》清圣祖卷三十四

康熙三十六年（1697）闰三月初三日

谕领侍卫内大臣公福善、索额图、马思喀、大学士伊桑阿曰：黑龙江兵丁诚心效力，故萨布素自谓伊等马肥。朕今日绕城遍阅，见黑龙江兵丁马匹欠膘，若将此马乘用，则回去之时，力不能到。如伊等有行走之处，朕给与马匹。应将伊等马一千七百匹，令于察罕托海地方牧放，遣人送至归化城可也。后事毕日，伊等各乘其马，回本处甚易，矣如此，则草料既省马匹亦为有益，着同萨布素会议具奏。福善等同萨布素钦遵上谕，查得，黑龙江兵丁马匹疲瘦，若将此马来用，则回去之时力不能到。若调用伊等令骑官马，应将伊等马骡骆驼一千五百六十一匹在察罕托海地方牧放，以三百匹为一群，共计五群，每群用人十五名足矣。五群共用人七十五名，应派绿旗兵七十五名牧放，令总兵官王化行将伊标下才能参将游击等官派出二员领之。又令将军萨布素，每翼派章京一员，每旗派兵二名协同监牧。此马既赶送归化城，应移文归化城都统，令派副都统一员、参领二员并酌派防护驼马官兵，赶至归化城附近地方牧放。后事毕日，伊等骑此马归本处则甚易，矣如此，草料既省马匹亦为有益。其将军萨布素等，留于此处骑用之马五十匹，仍令支领草料喂养。后命下，将伊等马匹即送至察罕托海地方牧放可也。奉旨将此马送至察罕托海地方，着与达里善等马匹一处牧放。余依议。

——《清代历朝起居注合集》清圣祖卷三十五

康熙三十六年（1697）闰三月初四日

上驻跸宁夏。抚远大将军领侍卫内大臣伯费扬古等奏：参赞侍郎满丕咨称，三月二十四日自哨口送到厄鲁特降人额林陈哈什哈称，我乃噶尔丹属下人，系诺尔布寨桑族兄，于二月二十四日自台西勒地方，带领我妻并三男一女，及族伯台库伦之女，台吉达木林之妻布尼塔尔，又萨木坦格苏尔及其母，并沙里蒙克垂卓尔诺尔查木等十三口、马十二匹、骆驼五匹、鸟枪二杆、撒袋三副、腰刀两把，逃出归提。

——《清代历朝起居注合集》清圣祖卷三十四

康熙三十六年（1697）闰三月初四日

遵旨将额林陈哈什哈送赴行在，后其子女并达木林台吉之妻布尼塔尔等，及伊驼马至日，交归化城副都统阿第等解送。

——《清代历朝起居注合集》清圣祖卷三十五

康熙三十六年（1697）闰三月初五日

又查，前曾将支给遣回官兵之牛羊内，拨与存留黑龙江官兵，已足两月之粮。故牛羊不曾补买，今此处所有黑龙江兵及察哈尔兵，俱支给归化城粮米，则此项银两已无用处。应将此二千四百饷银交与驿站官员递送右卫，交西路同知唐凯收贮，乞为转奏。后命下以便遵行，奉旨，该部议奏，钦此。臣等议得：大将军既称伊处兵丁俱将归化城之米支给，无用银之处，应将余银二千四百两交驿站官员递送右卫，交西路同知唐凯收贮，奏入。奉旨将此银两，仍留大将军费扬古处，有应用之处，即行支用，着视便，移文知会。

——《清代历朝起居注合集》清圣祖卷三十五

康熙三十六年（1697）闰三月初十日

将恩克交与驿站送往皇上行在，其马与鸟枪到日，由驿站送往归化城交副都统阿的，令付格累沽英杜拉尔之妻外谨具奏闻。

费扬古等又奏云：参赞侍郎满丕咨据厄鲁特恩克口称伊拉古克三库图克图欲住于额济奈顾喇鼐地方，盗取沿黄河居住界上人之牲口，随遣人移文喀尔喀扎萨克公吴巴达万舒克、台吉图巴丹进额尔得尼等，令将伊等旗下人速行向内收集，其扎萨克并协理台吉、都统、副都统等，酌量带兵各在本旗分地方加意防备，将各旗探哨远行设立。

——《清代历朝起居注合集》清圣祖卷三十五

康熙三十六年（1697）闰三月初十日

费扬古移文行在，理藩院内开康熙三十六年三月二十八日参赞侍郎满丕送到来降格累沽英都拉尔之子女十口、满济之子弟四口、马五匹骆驼二只、鸟枪二杆、撒袋一副，已交驿站递送归化城副都统阿的处，为此知会。

——《清代历朝起居注合集》清圣祖卷三十五

康熙三十六年（1697）四月初二日

将达锡交与驿站，急速遵旨送至行在。其罗布臧葛素儿及达什之妻车林并马五匹、撒袋一副，到日交与归化城都统阿玉玺解送。

——《清代历朝起居注合集》清圣祖卷三十五

康熙三十六年（1697）四月初二日

因于康熙三十六年四月初一日奏，奉旨：且着伊等暂至归化城并会议具奏。钦此。臣等会议得：阿拉布坦使人诺颜格隆臧布等，喀伦外所留之人畜货物及进上之物，应俱令携至归化城，着侍郎满丕派出相近扎萨克之人，送至归化城交与都统副都统看管后，前去使人、到日将伊等作何安顿之处，再议。

——《清代历朝起居注合集》清圣祖卷三十五

康熙三十六年（1697）四月十六日

亲近侍卫关保吴什传谕，领侍卫内大臣公福善、内大臣明珠、大学士伊桑阿曰：着苏尼特萨玛渣王之和硕格格并哲布尊丹巴库图克图往张家口等候，着喀尔喀墨尔根济农王向归化城前来。

——《清代历朝起居注合集》清圣祖卷三十五

康熙三十六年（1697）四月二十九日

赐进厄鲁特男女，归化城阿必达旗下佐领鄂齐尔等白金。

——《清代历朝起居注合集》清圣祖卷三十五

康熙三十六年（1697）五月初二日

遵旨：精选士卒收抚丹济喇等余兵，已经遣回，应将都御史于成龙等所运米停，其尽运至郭多里巴尔哈孙之地，但运三分之一到彼，以备回兵及给厄鲁特之投诚者，其余二分即令留于现到地方。其发回一千一百余官兵人等持两月粮，可以到归化城等处。应撤去一月之粮，交与于成龙等，于郭多里巴尔哈孙地方收贮备用。除将此已移咨于成龙外，其黑龙江官兵已撤回一月之粮。后伊等到归化城时，以仓内米给与前往，为此奏闻。奏至侍郎哈雅尔图交批本存住，转奏奉旨，议政大臣议奏。

费杨古又奏曰：康熙三十六年四月二十四日，准行在兵部移咨内开康熙三十六年四月十五日上谕，着移文大将军伯费杨古斩噶尔丹之首，驰驿作速传，致其骸骨随后送来。并移会索额图，令行文迎催，作速传致噶尔丹之首。钦此。臣等会议应移文大将军伯费杨古，今枭噶尔丹首级作速腌送，尸骸随后送来。亦移文索额图，令其催促将噶尔丹首级作速驰驿递送。谨此请旨。奉旨依议。着作速行等因，到臣查康熙三十六年四月十六日大兵至郭多里巴尔哈孙之时，臣等公同会议已遣散秩大臣丹巴哈什哈、镶黄旗护军校署参领事顾叶里往厄鲁特之丹济喇诺颜格隆喇恩伦处，与丹济喇等移文。云：尔之使者齐奇尔寨桑等来言，噶尔丹到阿厘阿木塔台地方，于三月十三日亡故。丹济喇等携噶尔丹骸及女，并其属三百户来降来。但以其属三分之二并无牲口，率皆徒步，而又乏来粮以打牲延命。自巴颜恩都尔至此，山远无处打牲，以故暂驻巴颜恩都尔地方，休养马匹。候旨定夺，以便遵行等语。我等闻汝携噶尔丹骸骨及女并所属人众来归，圣化不胜欢喜，今我朝同为帝臣共事一国，已成僚友。因使散秩大臣丹巴哈什哈、署参领事顾叶里等，通问于汝，并查步行之人需骑几何？粮若干？一并详语使者，以便将我军前备用马匹、牛羊、米粮、食物，酌量所需遣人来送。又念我朝，今为一家，我以一言劝汝，既输诚向化来投圣主，汝当携噶尔丹骸骨并其女轻骑先乘，其属择可委之人，令其管辖，随后恔来。朕合圣主抚恤之意，我以朋情为汝计，汝宜熟思之等因，撰蒙古字用印，着丹巴哈什哈等带去，讫今渡遣人迫取噶尔丹骸骨，则丹济喇等或致疑惧，应待会见丹巴哈什哈之时，问明丹济喇轻骑前来，并携噶尔丹骸骨之处，另行奏开。奏至侍郎哈雅尔图交批本存住，传奏上谕。

议政大臣等曰：大将军伯费杨古军前原有发去戴罪效力之人，今进兵之路伊拉古克三库图克图之人，并散亡厄鲁特等所在多有差往丹济喇处，自应遣军前效力之人。乃遣散秩大臣丹巴殊为疏忽，着会议具奏，本日批本存住。

传谕大学士伊桑阿曰：前谕，将湖坦河朔米五十石尽行装载，一百一支船，内运至保德州。今据侍郎安布禄来奏，伊等尽量止装米三千三百六十石，令其运往到老牛弯，将船撤回。其所余一千六百四十石，作第二次载运。朕思两次载运，不但缓期，并若船夫况，现运到三千三百六十石亦可足用，着作速行文，停其二次转运。

——《清代历朝起居注合集》清圣祖卷三十五

康熙三十六年（1697）八月初三日

谕曰：古北口总兵官马进良前率兵往克鲁伦时，倒毙骆驼五百有余，至今尚有一百五十匹，未经抵偿。将此骆驼不谨庆收，养怠玩致毙，理应尽行偿补，但恐仍令补时，弁员必致科派累兵。今噶尔丹事已完毕，着免其抵偿。大学士阿兰泰，尔到古北口时，可召集官兵，将此遍行晓谕。

是日，古北口总兵官马进良率伊所属官军迎接，古北口防御孙保等，都司杨威等，同知陈九鹏、笔帖式舒书等来朝，大学士阿兰泰遵旨，召集官军遍宣上谕，官兵皆欢呼谢恩。

归化城进贡之内齐拖音库图克图遣扎萨克喇嘛库礼成规请安，进马一匹纳之。

——《清代历朝起居注合集》清圣祖卷三十六

康熙三十六年（1697）十月十九日

上御保和殿，赐请安进贡之阿巴嘎多罗卓礼克图、郡王达麻林查布等，喀尔喀扎萨克之伊尔登济农、多罗郡王朋苏克等，鄂尔多斯之多罗贝勒宋喇布等，敖汉之多罗郡王扎木素旗分原任一品台吉安达阿育锡之子多罗额驸扎木素等，科尔沁之和硕达尔汉亲王额驸班第旗分原任台吉马尼之子四品台吉大鄂齐尔，四子部落多罗达尔汉卓礼克图郡王三济查布旗分协理旗分事台吉蓬蒿齐特、多罗郡王雅木皮尔旗分协理旗分事台吉萨喇纳、苏尼特之多罗杜冷郡王达礼查布旗分协理旗分事台吉祁他、特翁牛特之郡王班第旗分台吉鄂齐尔等，克什克腾之扎萨克台吉齐巴克查布旗分协理台吉噶罗等，科尔沁王喇锡之子他布臧机礼地、哈密回子郭怕白克等，归化城扎萨克住持喇嘛内齐拖音库图克图等，喀尔喀扎萨克多罗贝勒诺尔布班第之叔厄尔德尼伊喇古克三喇木渣木巴库图克图、西勒图库伦之扎萨克住持喇嘛厄尔德尼喇木渣木巴、五台山居住扎萨克住持喇嘛丹巴等，盛京麻哈噶喇寺居住住持喇嘛西喇布鄂索尔等食。

——《清代历朝起居注合集》清圣祖卷三十六

康熙三十六年（1697）十一月十二日

上御保和殿，赐请安进贡喀尔喀扎萨克多罗郡王色稜阿海王朋楚克、喀尔喀扎萨克多罗贝勒诺尔布班第、固山贝子程本尔、旗分协理旗分事台吉喇布坦王朋楚克子额杂喇王色稜阿海长子台吉鄂布赖等，王侄贝都立等，贝勒巴图尔额尔克济农次子台吉阿保、贝子程本尔长子台吉车穆臣、居住归化城喀尔喀喇嘛达赖绰尔济、厄鲁特扎萨克多罗贝勒巴图尔额尔克济农、鄂尔多斯多罗郡王董罗布、多罗贝勒宋喇布、固山贝子根都锡夏布、护国公杜稜协理旗分事二品台吉达尔麻等，阿鲁科尔沁多罗郡王垂旗分四品台吉巴泰等，乌珠穆沁多罗额尔德尼贝勒博木布旗分四品台吉萨哈等食。

——《清代历朝起居注合集》清圣祖卷三十六

康熙三十六年（1697）十二月初九日

乙卯。未时，上御保和殿，赐请安进贡，科尔沁国和硕土谢图亲王额驸沙津……多罗郡王额驸敦多布多尔济……及来朝呼户诺尔之扎西巴图尔台吉、土谢图带青那木渣尔厄尔德尼台吉、阿齐滚布之子普恩苏克台吉等食。

——《清代历朝起居注合集》清圣祖卷三十六

康熙三十七年（1698）十二月三十日

庚午，午时以岁除，上御保和殿赐庆贺元旦，外藩蒙古左翼乌朱穆沁和硕亲王色登敦多布巴林、多罗郡王那木达格、鄂尔多斯多罗郡王董罗布蒿齐武、多罗额尔德尼郡王达尔麻吉礼廸、阿巴嘎多罗郡王吴尔占噶喇布、茂明安多罗贝敕班第苏尼时、多罗贝勒沙礼、巴林固山贝子吴尔占、鄂尔多斯固山贝子根敦西夏布、阿巴哈纳尔固山贝子厄林陈达什、喀喇沁和硕额驸噶尔臧、乌拉特辅国公鄂尔本、厄鲁特辅国公云春、喀尔喀一品台吉多尔吉额尔德尼阿海、茂明安扎萨克一品台吉诺尔布、郭尔罗斯扎萨克四品台吉吴尔图纳素图鄂齐尔、阿巴嘎扎鲁特协理旗分一品台吉巴禄等、蒿齐特土默特、克什克腾一品台吉汪渣尔等、科尔沁、苏尼特、奈曼、鄂尔多斯、乌珠穆沁、阿巴哈纳尔协理旗分二品台吉阿喇玺鄂齐尔等、苏尼特、阿巴嘎、喀尔喀、鄂尔多斯、扎鲁特、乌拉特二品台吉阿喇纳等、科尔沁、阿巴嘎三品台吉满金等、巴林、敖汉、翁牛特、四子部落、阿鲁科尔沁、鄂尔多斯、扎赖特、乌拉特、归化城、喀喇沁协理旗分四品台吉阿迪斯等、右翼和硕扎萨克图亲王策旺查布、和硕信顺亲王善巴、和硕达尔汉亲王诺内、多罗郡王额驸敦多布多尔吉、多罗郡王朋苏克喇布坦、多罗郡王朋苏克、喀尔喀多罗贝勒席迪西礼、多罗贝勒诺尔布班第、厄鲁特多罗贝勒巴图尔额尔克济农和罗礼、喀尔喀固山贝子丹津辅国公苏泰、辅国公万舒克、辅国公车凌达什、辅国公车布登、辅国公索诺木伊斯扎布、喀尔喀扎萨克一品台吉班珠尔多尔吉等、哈密回子扎萨克一品达尔汉伯克厄贝都喇、厄鲁特台吉阿保、喀尔喀二品台吉宁喀渣尔等、回子达尔汉伯克之子伊巴礼木伯克、喀尔喀台吉哈麻尔代青等，及内大臣侍卫、大学士、上三旗都统、副都统等宴。上进酒，作乐。进左右翼王以下公，等以上于御座前，上新赐酒。其余台吉等，俱令内大臣传饮，内大臣、大学士、都统、副都统等，俱令侍卫等传饮，宴毕，众谢恩。

——《清代历朝起居注合集》清圣祖卷三十七

康熙三十八年（1699）正月十四日

甲申，午时，上御畅春园内含淳堂，以上元节赐朝正蒙古王等宴。左翼喀尔喀折布尊丹巴库图克图、乌朱穆沁和硕亲王塞腾敦多布、巴林多罗郡王纳木达克、鄂尔多斯多罗郡王董罗布、嵩齐特多罗额尔德尼郡王达尔麻吉里地、阿巴嘎多罗郡王吴尔占噶喇布、喀尔喀达席垂水频托音、茂明安多罗贝勒班第、苏尼特多罗贝勒沙里、巴林固山贝子吴尔占、鄂尔多斯固山贝子根都什夏布、阿巴哈纳尔固山贝子额林臣达西、喀喇沁和硕额驸噶尔臧、乌拉特辅国公鄂尔布厄鱼特、辅国公豫木楚木、喀尔喀一品台吉多尔济额尔德尼阿海、茂明安扎萨克一品台吉诺尔布、郭尔罗斯扎萨克四品台吉吴尔图纳斯图鄂齐尔、阿巴嘎扎鲁特之协理旗分事一品台吉巴鲁等，蒿齐特、土默特、克什克腾一品台吉旺渣尔等，科尔沁、苏尼特、奈曼、鄂尔多斯、乌珠穆沁、阿巴哈纳尔之协理旗分事二品台吉阿拉锡鄂齐尔等，苏尼特、阿巴嘎、喀尔喀、鄂尔多斯、扎鲁特、乌拉特二品台吉阿尔纳等，科尔沁、阿巴嘎三品台吉吉满津等，巴林、敖汉、翁牛特、四子部落、阿鲁科尔沁、鄂尔多斯、扎赖特、乌拉特、归化城、喀喇沁之协理旗分事四品台吉阿地思等，右翼喀尔喀和硕扎萨克图亲王策旺扎布、和硕信顺亲王沙木巴、和硕达尔汉亲王诺纳、多罗郡王额驸董多布、多尔济多罗郡王朋苏克喇布坦、多罗郡王朋苏克、喀尔喀多罗贝勒席迪西里、多罗贝勒诺尔布班第、厄鲁特多罗贝勒巴图尔额尔克济农和罗里、喀尔喀旗分贝子丹津辅国公苏泰伊尔登万舒克、车陵达西车布腾索诺木伊恩扎布、喀尔喀扎萨克一品台吉班珠尔多尔济等，哈密回子扎萨克一品达尔汉白克额贝都拉、厄鲁特台吉阿保、喀尔喀二品台吉宁喀扎尔等，回子达尔汉白克之子伊巴里木白克、喀尔喀台吉哈米尔代青等，并内大臣、侍卫、大学士、上三旗都统、副都统宴。上进酒。毕。诸乐并作。两翼喀尔喀王以下一品台吉以上，俱召近御座，上亲赐酒。其余台吉等亦召近御座，命侍卫转赐。内大臣、大学士、都统、副都统等，亦俱命侍卫转赐。宴毕，谢恩。

——《清代历朝起居注合集》清圣祖卷三十八

康熙三十八年（1699）九月十九日

上曰：欲复蒙古生业，盗禁务须加严，不严断不能弭盗。朕于此番巡省，归化城副都统阿迪来朝，曾以彼处贼盗何如问之。阿迪云：归化城地方贼盗虽未尽息，然比前甚少。朕曾谕尔务严盗禁，此后倘有盗案，朕必将尔并议处断，不姑贷。向因蒙古地方盗案，朕尚欲诛贝勒厄尔德布尔首，岂反尊于贝勒之首乎。

——《清代历朝起居注合集》清圣祖卷三十八

康熙三十八年（1699）十月二十一日

大学士伊桑阿、王熙、吴琠，学士李录予、钱齐、保胡旨户部，复归化城将军费扬古，题将巴尔哈孙等处谷石收贮何处？部议：收贮归化城仓。上曰：

此米甚多，若止收贮归化城，则道里远近不一，难以转输彼处。亦有皇庄，著于皇庄近者，令其收贮皇庄。于归化城近者，令其收贮归化城。著移文该将军，令其详查分派，具奏。

——《清代历朝起居注合集》清圣祖卷三十九

康熙三十九年（1700）正月十四日

戊申。午时，上御畅春园内含淳堂，以上元节，赐朝正外藩蒙古。左翼科尔沁和硕卓礼克图亲王巴特麻……喀尔喀多罗郡王额驸敦多布多尔济……及内大臣、侍卫、大学士等宴。上进酒，诸乐并作。外藩左右两翼亲王以下。公以上，上俱亲赐酒。其余俱令侍卫赐饮。宴罢。众谢恩。

——《清代历朝起居注合集》清圣祖卷三十九

康熙四十年（1701）正月十四日

壬寅，午时，上御畅春园内含淳堂，以上元节赐朝正外藩。蒙古左翼乌珠穆沁和硕车臣亲王塞登敦多布、苏尼特多罗郡王垂几公苏隆、嵩齐特多罗额尔德尼郡王达尔麻吉里迪、鄂尔多斯多罗郡王董罗布、喀尔喀多罗郡王朋苏克、扎鲁特多罗达尔汉贝勒毕力克图等，鄂尔多斯固山贝子杜稜等，科尔沁和硕额驸班第、茂明安扎萨克一品台吉诺尔布、翁牛特杜稜郡王班第旗分协理二品台吉鄂齐尔等，科尔沁达尔汉亲王额驸班第旗分三品台吉乌勒木济等，科尔沁达尔汉亲王额驸班第旗分公主之孙四品台吉小鄂齐尔等，科尔沁秉图王达达布旗分协理四品台吉索诺木等，喀喇沁杜稜郡王扎西之子二品塔布襄色冷等，归化城土默特都统阿尔纳，厄鲁特喇嘛阿穆里班喇木扎木巴、呼户诺尔寨桑下右翼喀尔喀亲王策旺查布、扎萨克亲王沙木巴带青、喀喇沁郡王扎西、鄂尔多斯郡王宋喇布、喀尔喀郡王席迪西里、厄鲁特贝勒巴图尔额尔克济农、杜尔伯特贝子沙津等，喀喇沁和硕额驸噶尔臧、科尔沁公土努满等，敖汉和硕额驸齐伦巴图鲁、多罗额驸扎木苏等，公主之孙台吉吴巴锡等，阿巴嘎协理台吉德木楚克等，喀喇沁王扎西之子塔布襄色冷等，及内大臣、侍卫、大学士等宴。上进酒，诸乐并作。外藩蒙古左右两翼亲王以下公以上，上俱亲赐酒。其余俱令侍卫赐饮，宴罢，众谢恩。

——《清代历朝起居注合集》清圣祖卷四十

康熙四十年（1701）四月初七日

户部复归化城将军宗室费扬古，题右卫兵丁请如行军例，给三十日草料喂肥马匹备用，议准行。上曰：向者，朕率师至宁夏，时值二月，随行侍卫、执事人等及军卒马匹，并未支给草料。惟恃牧放往还，而马匹仍然肥壮。今正值青草茂盛之时，将军费扬古请给喂马草料，乃是縻费于无用之地，殊属不合。今西边绝无边警，相应将发往宁夏之右卫兵丁撤回。其往兰州之西安兵丁，今于兰州所属有粮及青草茂盛之处居住，牧放马匹着议政大臣会议具奏。

——《清代历朝起居注合集》清圣祖卷四十一

康熙四十年（1701）六月初九日

赐苏尼特多罗杜稜郡王达林扎布之母福晋及其庶母、喀尔喀达尔汉亲王诺纳之母福晋王妻福晋、四子部落王山吉扎布之母福晋、原系阿巴哈纳尔多罗卓里克图郡王崇之妻福晋、喀尔喀扎萨克图汗和硕亲王策旺扎布旗分公克塞克之母，及归化城原系土默特台吉诺尔布之妻等，缎匹等物。

是日，赐阿巴哈纳尔旗分贝子厄林陈达西旗分四品台吉塔尔堪等白金。

苏尼特多罗郡王达林扎布之母福晋、庶母福晋，原系协理旗分事台吉伊思达克等之妻、多罗贝勒沙里协理旗分事一品台吉图巴什希布等，都统扎尔布副都统阿穆呼朗等，附居正白旗察哈尔之厄鲁特阿思哈尼哈番台吉巴拜、喀尔喀多罗贝勒诺尔布班第之叔厄尔德尼伊喇古克三库图克图，苏尼特多罗郡王垂机公苏隆、和硕格格之义子台吉丹金彭楚克等，请安进贡来朝。

——《清代历朝起居注合集》清圣祖卷四十一

康熙四十年（1701）六月初十日

赐苏尼特多罗杜稜郡王达林扎布之母福晋，多罗郡王垂机公苏隆、喀尔喀多罗郡王昆都仑博硕克图顾穆布、和硕达尔汉亲王诺讷之母及妻福晋，昆都仑博硕克图顾穆布之孙台吉绰克图阿海纪纳米第、多罗郡王默尔根济农顾鲁什希之妻福晋，其子阿喇布坦多罗贝勒喇嘛札布、辅国公克塞克、护国公滚布喇布坦、四子部落多罗达尔汉郡王山吉扎布、归化城喇嘛班第首领席勒图库图克图等，及苏尼特多罗杜稜郡王达林扎布之协理旗分一品台吉巴什希布等，币帛等物。

又赐扎鲁特旗分多罗贝勒毕力克图等，牛羊谷米等物。

67

是日，原系二品台吉多尔儿斯希布之子无品台吉策布腾等，附住正红旗。察哈尔旗分茂明安四品台吉麻卖附住镶黄旗。察哈尔、喀尔喀台吉阿米喇等，请安进贡来朝。

——《清代历朝起居注合集》清圣祖卷四十一

康熙四十年（1701）九月二十二日

上曰：盛京丰收米价甚贱，宁夏等处亦好，惟有归化城地方稍旱。

——《清代历朝起居注合集》清圣祖卷四十一

康熙四十二年（1703）八月十一日

赐诸大臣、侍卫、护军参领、部院大臣、官员、内务府官弁护军等鹿。

是日，科尔沁和硕卓里克图亲王巴特玛、多罗秉图郡王达达布、多罗郡王代布、护国公布尼、一品台吉额尔黑图等，喀喇沁立克护国公车旺多尔济等，住居归化城之喀尔喀扎雅班第达库图克图、多伦诺尔庙副喇嘛巴尔藏噶布楚、喀喇沁护国公善巴喇锡、阿巴哈纳尔旗分贝子额林臣达、西土默特多罗达尔汉贝勒马尼、翁牛特多罗达尔汉代青、贝勒额尔德布鄂齐尔、苏尼特多罗郡王垂儿公苏隆之兄原系二品台吉多尔儿西希布之妻、阿巴嘎多罗卓里克图郡王秉阿巴哈纳尔多罗贝勒布诏等来朝。

——《清代历朝起居注合集》清圣祖卷四十三

康熙四十二年（1703）十一月二十四日

理藩院一本议奏蒿齐特王噶尔麻吉礼迪所进之台吉何惠等，今已有产业，请免其兼，并于土默特养赡。上曰：何惠等系无产业，进朕者，非与他贫，蒙古可比，今既有产业，将此二佐领，不必令兼，并养赡。着附于归化城土默特二旗分，各一佐领披甲。

——《清代历朝起居注合集》清圣祖卷四十三

康熙四十五年（1706）二月二十八日

归化城都统扎喇克图年老乞休。上曰：着行文右卫将军，验扎喇克图步履如何？

——《清代历朝起居注合集》清圣祖卷四十四

康熙四十五年（1706）三月初十日

马齐等奏曰：臣等遵旨，以归化城都统扎喇克图老病乞休事，行文问将军费扬古，据复，其病是实。上曰：扎喇克图准休致。

——《清代历朝起居注合集》清圣祖卷四十四

康熙四十五年（1706）七月十七日

是日，归化城都统吴赫来贡。

——《清代历朝起居注合集》清圣祖卷四十四

康熙五十年（1711）六月二十八日

赐大臣侍卫七省官兵瓜。扎鲁特护国公苏礼、归化城土默特都统丹津，来请安进贡。

——《清代历朝起居注合集》清圣祖卷四十六

康熙五十年（1711）七月初八日

理藩院等衙门所题，土默特都统丹津旗下小校沙木巴找寻所失马匹，到同旗沙克都尔家中。沙克都尔以酒劝饮，醉后彼此角口，沙克都尔将沙木巴踢打，以致殒命。沙木巴家噶尔麻来寻伊主，又被杀死，将尸投之于河内。应将沙克都尔照律立斩，为从加功之塞稜等，拟缴监候，秋后处决，以归化城都统倭赫等将此事不署名之土默特都统丹津等，即行将军缘由，俱拟各降一级、罚俸一年。以都统丹津等推委事体缘由，俱拟罚俸一年。以将军费扬古不行详查，咨文上但有都统倭赫之名，即行移咨缘由，拟罚俸一年一疏。上曰：此系年久之案，沙克都尔着改为，应斩监候，秋后处决。余依议。

——《清代历朝起居注合集》清圣祖卷四十六

康熙五十一年（1712）四月二十三日

刑部等衙门复审，得兵部尚书殷特布等审奏，土默特右翼旗下原任佐领鄂齐尔家人孤礼业等用药毒死伊主鄂齐尔，是实。应将孤礼业等交与该将军即行凌迟。都统倭赫、丹津等分别拟革职、降级、罚俸，准如所拟一疏。上曰：这案尚书殷特布所审甚明，着照所审，将孤礼业鄂尔多逊、查得胡郎俱行凌迟。雅图、倭赫、丹津、苏永祚俱着革职。孤业礼、惠宝俱着各降三级调用。费杨古既经自行检举，着从宽免罚俸。又谓温达等曰：苏永祚行事甚属不端，不可留在京师，故授归化城副都统。今虽革职，仍不可调回京师。公主在彼居住，将苏永祚留在彼处，着终身为公主守门。但非永行，给与公主者。公主有行走处，亦看出力跟随。

——《清代历朝起居注合集》清圣祖四十七

康熙五十一年（1712）五月初六日

兵部所题，归化城右翼都统倭赫员缺，以正黄旗护军统领、宗室萨三等职名开列一疏。上曰：着以辛泰补授。

又复请兵部所题右卫左翼副都统禅布员缺，以镶黄旗副都统寿智等职名开列一疏。上曰：着以赫雅图调补。

——《清代历朝起居注合集》清圣祖卷四十七

康熙五十一年（1712）八月十三日

理藩院所题，归化城都统丹津员缺，照例以其子弟骁骑校策汪多尔济等，及归化城左右两翼副都统延寿等职名开列一疏。上曰：丹津着革职留任，戴罪图功。

——《清代历朝起居注合集》清圣祖卷四十八

康熙五十一年（1712）八月二十五日

吏部所题，归化城副都统二等精奇尼哈番苏永祚缘事，革职苏永祚无亲兄弟，应将世龙档内名次注销一疏。

上曰：着查绥合之子后，回銮后引见。

又复请归化城副都统二等阿达哈哈番雅图缘事，革职雅图无亲兄弟，应将世袭档内名次注销一疏。

上曰：雅图并非在军阵得罪革职，乃系因公得罪者，后回銮后，着查雅图之子引见。

——《清代历朝起居注合集》清圣祖卷四十八

康熙五十五年（1716）七月十四日

归化城土默特旗下都统丹津来请安进贡。

——《清代历朝起居注合集》清圣祖卷五十二

康熙五十六年（1717）五月二十七日

右卫将军费扬古所题，将归化城等处所贮糜子变价买小米贮仓，此后应入仓之糜子折算小米收贮，议准行一疏。上曰：将军费扬古衰老愚昧，部议亦照所题，将糜子折算小米，口外地方并无小米，如允所请，糜子势必渐少。日后又至以无小米奏请，本发回户部会同理藩院确议具奏。

——《清代历朝起居注合集》清圣祖卷五十三

康熙五十六年（1717）六月十六日

户部复，右卫将军公费扬古所题将现贮归化城仓内糜子粜卖，仍籴小米入仓收贮，议准行。土默特六十二牛录，每年停其办交糜子改为小米，议不准行。又湖坦河所仓内所贮糜子，应否粜卖，仍籴小米之处，相应行文该将军巡抚议奏一疏。

上曰：朕先若将将军所请准行，沙漠地方并无小米，糜子又少，日后买小米不得，必求改折银两具奏。恐所收银两或致耗费，已曾有旨，此旨原并为归化城仓所贮糜子而言，并非仅为土默特所办糜子而言也。令部议分为两条，着问户部堂官具奏。

——《清代历朝起居注合集》清圣祖卷五十三

康熙五十六年（1717）七月十六日

户部议复右卫将军费扬古所题将归化城等处所收糜子换小米收贮议不准行一疏。上曰将军费扬古甚属糊涂将此事交议政大臣议奏。

——《清代历朝起居注合集》清圣祖卷五十三

康熙五十六年（1717）十一月二十四日

户部议复，右卫将军公费扬古所题山带等处种地，是年，霜早，所得糜子仓斛五百一石等语，行文于该将军运至脱脱城仓，加谨收贮一疏。上曰：依议，归化城地方，今年雨水调和，粮米大收。而费扬古衰老，听伊属之诳言，以谓粮米无甚收获，安奏。甚属不合。着兵部严察议奏。

——《清代历朝起居注合集》清圣祖卷五十四

康熙五十六年（1717）十一月二十四日

兵部所题，归化城都统辛太员缺，将正黄旗护军统领勒特浑等职名开列一疏。上曰：楚仲著补授归化城右翼都统。

又复请归化城副都统七格员缺，以前锋参领魏勒芬等职各开列一疏。上曰：尔等会同理藩院、议政大臣于应补官员，或将在京之人，或在彼处之人举出具奏。

——《清代历朝起居注合集》清圣祖卷五十四

雍 正（1723—1735）

雍正元年（1723）十二月十七日

上谕：归化城都统丹津等土默特二旗官兵，自皇考出师宁夏，巡行归化城时，见兵丁汉仗骑射甚劣，法亦渐弛。故将二旗都统革退，其都统、副都统、参领员缺，自京拣选。以往历年以来，训练骑射，严立法纪，渐觉整理，可观。故近年停止拣选以往。今尔丹津等所题官兵俱骑射熟练、人物整齐，凡行围出征与内地兵丁一体效力，皆皇考教育之所致也。归化城二旗之土默特，向在四十九旗之内。都统、副都统等官俱从土默特投诚功臣内拣补，令其世袭。今整理既好，仍宜照前补授。将吹宗补授京城额外，都统吹宗员缺着原任都统阿必达之子根敦补授。根敦副都统员缺，着丹津于二旗之曾任都统、副都统世家子孙内，有人去得汉仗好，能管理，堪授副都统者，再参领内有汉仗好，能管理，效力行间者，查明保题引见。朕将亲阅简用焉。

——《清代历朝起居注合集》清世宗卷一

雍正四年（1726）三月十二日

理藩院议复，归化城都统丹津等奏请引见官弁，不必拟正拟陪，每缺送三四五人引见之处，应毋庸议一疏。大学士马齐、张廷玉奉谕旨：此等人若系于佐领内推升者，着照尔等所议，送二人前来。若系于佐领及阖旗内拣选者，著照伊等所请，于送来人内引见，择其可用者，照缺补用。其余亦择其可者记名，后缺出录用。如此不至往逸劳苦，而伊等亦得瞻仰朕颜矣。

——《清代历朝起居注合集》清世宗卷一

雍正四年（1726）十二月三十日

上御保和殿，以岁暮，宴朝正外藩。左翼科尔沁和硕土谢图亲王阿喇布坦、和硕达尔汉亲王和硕额驸罗布臧滚布、多罗郡王诺门额尔赫图、多罗郡王罗布臧拉锡、翁牛特多罗杜楞郡王和硕额驸苍晋、敖汉多罗郡王鄂尔哲图、四子部落多罗达尔汉、卓里克图郡王阿喇布坦多尔济、土默特多罗达尔汉贝勒和硕额驸阿喇布坦、扎鲁特多罗达尔汉贝勒阿第沙、喀尔喀多罗贝勒嘎尔桑、鄂尔多斯固山贝子齐旺班珠尔、巴林固山贝子巴特玛、阿巴哈纳尔固山贝子班珠尔、喀尔喀固山贝子达济、科尔沁镇国公喇嘛扎布、扎鲁特镇国公察罕伶华、喀尔喀镇国公索诺木班珠尔、科尔沁辅国公乌尔呼玛尔、阿巴嘎辅国公达尔汉鄂尔哲图、科尔沁和硕额驸策旺多尔济和硕额驸达尔玛达都、郭尔罗斯扎萨克头等台吉察滚、茂明安扎萨克头等台吉齐旺西拉布克西、克腾扎萨克头等台吉齐巴克扎布、科尔沁和硕达尔汉亲王和硕额驸罗臧滚布、旗分公主之孙头等台吉阿旺臧布、协理四等台吉小鄂齐尔、沾亲之头等台吉毕禄扎纳、额尔赫图二等台吉纳木喀萨察、松兑素克三等台吉喇礼达、四等台吉拉锡阿尔坦桑乌里班第毕什勒尔图滚济扎下、苏尼特多罗杜楞郡土达里扎布、旗分协理头等台吉占巴喇、土默特固山贝子哈穆嘎巴雅斯、呼朗图旗分协理头等台吉丹晋、乌拉特镇国公西拉布旗分协理二等台吉阿尔塔、四子部落多罗达尔汉卓里克图郡王阿喇布坦多尔济、旗分协理二等台吉东洛布拉锡、扎赖特固山贝子特古斯、旗分协理二等台吉鄂诺尔图、鄂尔多斯固山贝子纳未扎尔色楞、旗分协理二等台吉额墨根、奈曼多罗达尔汉郡王阿匝喇、旗分协理二等台吉拉锡、科尔沁多罗扎萨克图郡王萨呼喇克、旗分协理二等台吉巴图、蒿齐特多罗郡王雅木丕尔、旗分协理二等台吉额林沁、阿鲁科尔沁原爵多罗贝勒旺扎尔、旗分协理二等台吉策旺敦多布、翁牛特多罗达尔汉岱青、贝勒额尔德布鄂齐尔、旗分二等台吉尼斯察尔、阿巴嘎多罗郡王索诺木喇布坦、旗分二等台吉云敦、鄂尔多斯多罗郡王拉锡班珠尔、旗分二等台吉劳章、苏尼特多罗郡王垂济贡素隆、旗分二等台吉乌墨克衣、喀喇沁扎萨克头等塔布囊喀宁阿、旗分二等塔布襄巴喇嘛、乌拉特镇国公达尔玛机尔第、旗分协理三等台吉巴达里、乌拉特辅国公垂扎木素、旗分协理四等台吉班第阿巴哈纳尔、多罗贝勒纳木扎、旗分协理四等台吉素珠克、扎鲁特多罗贝勒毕禄瓦、旗分协理四等台吉嘎什布、鄂尔多斯多罗贝勒达什喇布坦、旗分协理四等台吉乌巴什、喀喇沁固山贝子和硕额驸僧滚扎布、旗分四等塔布襄诺门桑、归化城左翼都统丹津、旗分四等台吉蒙克巴雅斯呼、郭尔罗斯镇国公巴图、旗分四等台吉阿里鲁克三、鄂尔多斯多罗贝勒馐洛布扎木素、旗分四等台吉纳木札尔、科尔沁多罗秉图郡王伊什班第、旗分四等台吉垂尔晋、鄂尔多斯固山贝子罗布臧、旗分四等台吉伦布、乌珠穆沁多罗厄尔得尼贝勒册布登、旗分四等台吉拉特纳巴礼、右翼乌珠穆沁和硕车臣亲王色登敦多布、喀尔喀扎萨克和硕亲王固伦额驸敦多布多尔济、阿巴嘎多罗卓里克图郡王占巴尔扎布、蒿齐特多罗厄尔得尼郡王阿噶尼斯达、厄鲁特扎萨克多罗郡王和硕额驸册伶旺布、青海扎萨克多罗郡王色布登扎尔、扎萨克多罗郡王彭素克旺扎尔、喀尔喀多罗达尔汉贝勒占达古密、茂明安多罗贝勒罗布臧西拉布、厄鲁特扎萨克多罗贝勒色布腾旺布、科尔沁固山贝勒回山额驸拉锡、杜尔伯牡固山贝子巴图、厄鲁特扎萨克固山贝子茂海、青海扎萨克固山贝子索诺木达什、苏尼特辅国公嘎尔玛孙多布、辅国公罗雷、喀尔喀扎萨克辅国公册伶巴尔和托辉特、辅国公图巴、青海扎萨克辅国公阿喇布坦、喀喇沁和硕额驸纳木赛、喀尔喀和硕额驸根扎布多尔济、巴林多罗郡王林布、旗分公主之孙协理四等台吉班珠尔、喀喇沁多罗杜楞郡王和硕额驸伊达木扎布、旗分公主之子头等塔布襄敏珠尔喇布坦、喀尔喀扎萨克头等台吉旺布温布济册伶旺舒克、青海扎萨克头等台吉济克济扎布根敦、喀尔喀土谢图汗旺扎尔多尔济之弟台吉巴尔珠尔多尔济、喀尔喀公主之子台吉林臣多尔济、敖汉多罗郡王垂木丕尔、旗分公主之孙协理头等台吉垂扎木素、四等台吉赛音乌玉图、达赖商图拉锡多尔济、达赖丹巴扎什多尔济巴特玛、布颜图敦多布色旺扎布、科尔沁和硕达尔汉亲王和硕额驸罗布臧滚布、旗分沾亲四等台吉多尔机虎拉锡、乌珠穆沁和硕车臣亲王色登敦多布之弟头等台吉德礼克万舒克、喀喇沁多罗杜楞郡王和硕额驸伊达木扎布之兄二等塔布襄罗布臧册布登、厄鲁特多罗郡玉和硕额驸阿保之子台吉滚布辉特、辅国公巴济之弟头等台吉阿海、喀尔喀台吉达木丕尔、雅木丕尔、达什珀尔萨木丕尔、万楚克三都布多尔济妾布齐毕尔、万楚克蒙克莽纪尔、协理台吉占巴喇彭楚克、塔尔纪扎木察尔辉特、台吉济克济扎布等，及内大臣、侍卫、大学士等宴，诸乐并作。上进酒。毕。令左翼科尔沁和硕土谢图亲王阿喇布坦、右翼乌珠穆沁和硕车臣亲王色登敦多布至御座前，上亲授饮。其余王、贝勒、贝子、公、额驸、台吉、塔布襄等俱令侍卫分觞授饮于坐次。宴毕，众谢恩。

——《清代历朝起居注合集》清世宗卷一

雍正五年（1727）正月十四日

午时，以上元令节，上御保和殿赐朝正外藩。左翼科尔沁和硕土谢图亲王阿喇布坦、和硕达尔汉亲王和硕额驸罗布臧滚布、多罗郡王诺门额尔赫图、多罗郡王罗布臧拉锡、翁牛特多罗杜楞郡王和硕额驸苍晋、敖汉多罗郡王鄂尔哲图、四子部落多罗达尔汉卓里克图、郡王阿喇布坦多尔济、土默特多罗达尔汉、贝勒和硕额驸阿喇布坦、扎鲁特多罗达尔汉贝勒阿第沙、喀尔喀多罗贝勒嘎尔桑、鄂尔多斯固山贝子齐旺班珠尔、巴林固山贝子巴特玛、阿巴哈纳尔固山贝子班珠尔、喀尔喀固山贝子达济、科尔沁镇国公喇嘛扎布、扎鲁特镇国公察罕伶华、喀尔喀镇国公索诺木班珠尔、科尔沁辅国公乌尔呼玛尔、阿巴嘎辅国公达尔汉鄂尔哲图、科尔沁和硕额驸策旺多尔济、和硕额驸达尔玛达都、郭尔罗斯扎萨克头等台吉察滚、茂明安扎萨克头等台吉齐旺西拉布、克什克腾扎萨克头等台吉齐巴克扎布、科尔沁和硕达尔汉亲王和硕额驸罗臧滚布、旗分公主之孙头等台吉阿旺臧布、协理四等台吉小鄂齐尔、沾亲之头等台吉毕禄扎纳、额尔赫图二等台吉纳木喀萨察、松兑素克三等台吉喇礼达、四等台吉拉锡阿尔坦桑乌里班第、毕什勒尔图滚济扎下、苏尼特多罗杜楞郡土达里扎布、旗分协理头等台吉占巴喇、土默特固山贝子哈穆嘎巴雅、斯呼朗图旗分协理头等台吉丹晋、乌拉特镇国公西拉布、旗分协理二等台吉阿尔塔、四子部落多罗达尔汉卓里克图、郡王阿喇布坦多尔济、旗分协理二等台吉东洛布拉锡、扎赖特固山贝子特古斯、旗分协理二等台吉鄂诺尔图、鄂尔多斯固山贝子纳未扎尔色楞、旗分协理二等台吉额墨根、奈曼多罗达尔汉郡王阿匝喇、旗分协理二等台吉拉锡、科尔沁多罗扎萨克图郡王萨呼喇克、旗分协理二等台吉巴图、蒿齐特多罗郡王雅木丕尔、旗分协理二等台吉额林沁、阿鲁科尔沁原爵多罗贝勒旺扎尔、旗分协理二等台吉策旺敦多布、翁牛特多罗达尔汉岱青、贝勒额尔德布鄂齐尔、旗分二等台吉尼斯察尔、阿巴嘎多罗郡王索诺木喇布坦、旗分二等台吉云敦、鄂尔多斯多罗郡王拉锡班珠尔、旗分二等台吉劳章、苏尼特多罗郡王垂济贡素隆、旗分二等台吉乌墨克衣、喀喇沁扎萨克头等塔布襄喀宁阿、旗分二等塔布襄巴喇嘛、乌拉特镇国公达尔玛机尔第、旗分协理三等台吉巴达里、乌拉特辅国公垂扎木素、旗分协理四等台吉班第阿巴哈纳尔、多罗贝勒纳木扎、旗分协理四等台吉素珠克、扎鲁特多罗贝勒毕禄瓦、旗分协理四等台吉嘎什布、鄂尔多斯多罗贝勒达什喇布坦、旗分协理四等台吉乌巴什、喀喇沁固山贝子和硕额驸僧滚扎布、旗分四等塔布襄诺门桑、归化城左翼都统丹津、旗分四等台吉蒙克巴雅斯呼、郭尔罗斯镇国公巴图、旗分四等台吉阿里鲁克三、鄂尔多斯多罗贝勒馁洛布扎木素、旗分四等台吉纳木札尔、科尔沁多罗秉图郡王伊什班第、旗分四等台吉垂尔晋、鄂尔多斯固山贝子罗布臧、旗分四等台吉伦布、乌珠穆沁多罗厄尔得尼贝勒册布登、旗分四等台吉拉特纳巴礼、右翼乌珠穆沁和硕车臣亲王色登敦多布、喀尔喀扎萨克和硕亲王固伦额驸敦多布多尔济、阿巴嘎多罗卓里克图郡王占巴尔扎布、嵩齐特多罗厄尔得尼郡王阿噶尼斯达、厄鲁特扎萨克多罗郡王和硕额驸册伶旺布、青海扎萨克多罗郡王色布登扎尔、扎萨克多罗郡王彭素克旺扎尔、喀尔喀多罗达尔汉贝勒占达古密、茂明安多罗贝勒罗布臧西拉布、厄鲁特扎萨克多罗贝勒色布腾旺布、科尔沁固山贝勒回山额驸拉锡、杜尔伯牡固山贝子巴图、厄鲁特扎萨克固山贝子茂海、青海扎萨克固山贝子索诺木达什、苏尼特辅国公嘎尔玛孙多布、辅国公罗雷、喀尔喀扎萨克辅国公册伶巴尔和托辉特、辅国公图巴、青海扎萨克辅国公阿喇布坦、喀喇沁和硕额驸纳木赛、喀尔喀和硕额驸根扎布多尔济、巴林多罗郡王林布、旗分公主之孙协理四等台吉班珠尔、喀喇沁多罗杜楞郡王和硕额驸伊达木扎布、旗分公主之子头等塔布襄敏珠尔喇布坦、喀尔喀扎萨克头等台吉旺布温布济册伶旺舒克、青海扎萨克头等台吉济克济扎布根敦、喀尔喀土谢图汗旺扎尔多尔济之弟台吉巴尔珠尔多尔济、喀尔喀公主之子台吉林臣多尔济、敖汉多罗郡王垂木丕尔、旗分公主之孙协理头等台吉垂扎木素、四等台吉赛音乌玉图、达赖商图拉锡多尔济、达赖丹巴扎什多尔济、巴特玛、布颜图、敦多布色妄扎布、科尔沁和硕达尔汉亲王和硕额驸罗布臧滚布、旗分沾亲四等台吉多尔机虎拉锡、乌珠穆沁和硕车臣亲王色登敦多布之弟头等台吉德礼克万舒克、喀喇沁多罗杜楞郡王和硕额驸伊达木扎布之兄二等塔布襄罗布臧册布登、厄鲁特多罗郡玉和硕额驸阿保之子台吉滚布辉特、辅国公巴济之弟头等台吉阿海、喀尔喀台吉达木丕尔、雅木丕尔、达什珀尔萨木丕尔、万楚克三都布多尔济、旺布齐毕尔、万楚克蒙克莽纪尔、协理台吉占巴喇彭楚克、塔尔纪扎木、察尔辉特台吉济克济扎布等，及内大臣、侍卫、大学士等宴，诸乐并作。上进酒毕。令左翼科尔行和硕土谢图亲王阿喇布坦、右翼乌珠穆沁和硕车臣亲王色登敦多布至御座前，上亲授饮。其余王、贝勒、贝子、公、额驸、台吉、塔布襄等俱令侍卫分觞授饮于坐次。宴毕，众谢恩。

——《清代历朝起居注合集》清世宗卷二

雍正五年（1727）五月初九日

刑部议，山西巡抚德明奏右玉县褫革武生王肇基，因在归化城赌博欠钱，口角扎伤李生旺，至四十日保辜限外殒命。王肇基应拟缴监候，其失察之，归绥县理事同知多尔济应罚俸一疏。

奉谕旨：王肇基扎伤李生旺至保辜限外身死，王肇基着从宽免死，照例减等发落。余依议。

——《清代历朝起居注合集》清世宗卷二

雍正六年（1728）三月二十三日

理藩院折奏，雍正六年外藩蒙古阅兵，奉旨即令，蒙古王等会阅考察其内地之扎萨克与喀尔喀之扎萨克等，每处应各委以一头目。奉谕旨：内地之扎萨克及喀尔喀之扎萨克等，操练军马每处各以一头目，再以一副头目协理办事。如此方有裨益，卓尔图地方操练军马，将贝勒阿喇布坦派为头目，贝子僧滚扎布派为副头目。昭乌达地方操练军马，将郡王鄂齐里派为头目，郡王垂木丕尔派为副头目。哲里木地方操练军马，将达尔汉亲王罗布藏滚布派为头目，土谢图亲王阿喇布坦派为副头目。锡林郭勒地方操练军马，将车臣亲王色登敦多布派为头目，郡王垂济贡案隆派为副头目。乌兰察布地方操练军马，将贝勒占达古密派为头目，公垂扎木素派为副头目。伊克召地方操练军马，将贝勒达锡喇布坦派为头目，贝子齐妄班珠尔派为副头目。归化城地方操练军马，都统丹津率领兵马，着根敦协理事务。喀尔喀克鲁伦巴尔城地方操练军马，将车臣汗滚臣派为头目，郡王厄尔达尼济农达玛林多尔济派为副头目、鄂尔昆图拉白尔齐尔地方操练军马，将土谢图汗妄扎尔多尔济派为头目，郡王丹津多尔济派为副头目。翁金伊克哈布齐海地方操练军马，将亲王喇嘛扎布派为头目，贝子策妄诺尔布派为副头目。推河博尔干和硕地方操练军马，将扎萨克图汗亲王策妄扎布派为头目，贝勒宝贝派为副头目。此后再遇操练军马，俱着照此派出。

——《清代历朝起居注合集》清世宗卷三

雍正六年（1728）五月初七日

理藩院折奏，归化城都统丹津请于托克拖城内修仓房十五间应如何，请行。

奉谕旨：依议，侍卫保柱现在彼处，监修格格房屋。将此仓亦交与保柱监修。

——《清代历朝起居注合集》清世宗卷三

雍正六年（1728）十二月二十九日

乙巳，午时，上御保和殿，以岁暮宴朝正外藩。左翼科尔沁和硕达尔汉亲王和硕额驸罗布藏滚布、翁牛特多罗杜楞郡王鄂齐尔、四子部落多罗达尔汉卓礼克图、郡王阿拉布坦多尔济、鄂尔多斯多罗郡王扎木养、扎鲁特多罗贝勒毕禄瓦、喀尔喀多罗达尔汉贝勒嘎尔桑、科尔沁固山贝子固山额驸拉锡、阿巴嘎固山达尔汉贝子齐妄、阿巴哈纳尔固山贝子班珠尔、科尔沁和硕额驸观音保、扎鲁特镇国公察罕伶华、喀尔喀镇国公索诺木班珠尔、科尔沁辅国公乌尔呼玛尔、阿巴嘎辅国公鄂尔哲图、科尔沁和硕额驸策妄多尔济达尔玛达都、敖汉多罗额驸扎木素、固山额驸罗布藏、茂明安扎萨克头等台吉齐妄西拉布、克什克腾扎萨克头等台吉齐巴克扎布、科尔沁上谢图亲王阿喇布坦、旗分公主之孙协理头等台吉索诺木旺扎尔、头等台吉拉锡、四等台吉毕礼滚、达赖杜噶第阿穆尔伶贵乌勒木济、科尔沁和硕达尔汉亲王和硕额驸罗布藏滚布、旗分公主之孙二等台吉阿安藏布、三等台吉噶拉巴、四等台吉根敦扎布阿里玛、敖汉多罗郡王垂木丕尔、旗分公年之孙头等台吉达赖、四等台吉纳本扎巴雅尔图达什德寿、巴林多罗郡王林布、旗分公主之孙二等台吉林赞、协理四等台吉班珠尔、科尔沁和硕达尔汉亲王和硕额驸罗布藏滚布、旗分沾亲头等台吉毕禄扎纳、三等台吉察甘达拉、亲随台吉喇礼达、亲随四等台吉滚齐扎布、台吉罗布藏沙沙孟克鄂尔翟、阿巴嘎多罗郡王索诺木喇布坦、旗分协理二等台吉旺布、蒿齐特多罗厄尔得尼郡王阿噶尼斯达、旗分协理二等台吉萨嘛第、科尔沁多罗扎萨克图郡王萨呼喇克、旗分协理四等台吉克什克阿巴哈纳尔、多罗贝勒纳木扎、旗分协理四等台吉素珠克、杜尔伯特固山贝子巴图、旗分协理四等台吉更古鲁克齐、科尔沁多罗秉图郡王伊锡班第、旗分协理三等台吉苏玛第、蒿齐特多罗郡王雅木丕尔、旗分协理三等台吉额林沁萨木都布、乌拉特镇国公达尔玛机里第、旗分协理三等台吉巴达里、阿鲁科尔沁多罗达尔汉贝勒达克丹、旗分协理二等台吉策妄敦多布、扎鲁特多罗达尔汉贝勒阿第沙、旗分协理二等台吉乌尔图纳素图、归化城都统丹津、旗分二等台吉根都拉锡、科尔沁多罗郡王罗布藏拉锡、旗分协理四等台吉伶华、乌拉特辅国公垂扎木素、旗分协理四等台吉济尔噶朗、翁牛特多罗达尔汉岱青、贝勒额尔得布鄂齐尔、旗分协理四等台吉阿敏达瓦、喀喇沁扎萨克头等塔布襄喀宁嘎、旗分协理四等塔布襄丹巴、土默特多罗达尔汉贝勒和硕额驸阿喇布坦、旗分协理四等塔布襄阿拉善土默特固山贝子哈穆噶巴雅斯呼朗图、旗分协理四等台吉色楞拉锡、右翼喀尔喀协理□军扎萨克多罗郡王和硕额驸策伶、喀喇沁多罗杜楞郡王和硕额驸伊达木扎布、阿巴嘎多罗郡王索诺木喇布坦、喀尔喀扎萨克多罗郡王旺扎尔、茂明安多罗贝勒罗布藏西拉布、厄鲁特扎萨克多罗贝勒和硕额驸色布腾旺布、喀尔喀扎萨克固山贝子阿喇布坦、巴林固山贝子巴特玛、喀尔喀固山贝子巴特玛旺扎尔、土尔扈特固山贝子丹钟、乌拉特镇国公西拉布、青海扎萨克镇国公然尔根岱青喇察布、喀尔喀辅国公旺扎尔嘎尔桑萨旺、苏尼特辅国公嘎尔玛孙多布罗雷、鄂尔多斯辅国公色布腾诺尔布耀特、辅国公达什达尔、扎喀喇沁和硕额驸纳木赛、敖汉和硕额驸多尔济拉锡、科尔沁固山额驸多尔机虎、喀喇沁固山额驸罗布藏敦多尔、喀尔喀扎萨克头等台吉拉布坦格木丕尔、齐旺旺扎尔伊达木、扎布策旺敦多布、青海扎萨克头等台吉伊克喇布坦色布腾、博硕克图诺尔布、图尔古特扎萨克头等台吉克禄布、科尔沁和硕达尔汉亲王和硕额驸罗布藏滚布、旗分公主之孙四等台吉特古斯、沾亲台吉万楚克、敖汉多罗郡王垂木丕尔、旗分公主之孙二等台吉拉锡多尔济、四等台吉达什扎什毕里滚拉锡、乌珠穆沁和硕车臣亲王色登敦多布、旗分协理头等台吉德礼克万舒克、喀喇沁固山贝子和硕额驸僧滚扎布、旗分协理头等塔布襄滚楚克拉锡、鄂尔多斯多罗贝勒达什喇布坦、旗分协理四等台吉乌巴什、阿巴哈纳尔多罗贝勒纳木扎、旗分协理四等台吉素珠克、喀尔喀扎萨克和硕亲王喇嘛扎布、旗分协理台吉万楚克、扎萨克固山贝子喇布坦旗分协理台吉旺扎尔扎萨克镇国公图巴旗分协理台吉占巴喇、扎萨克辅国公沙克都尔扎布、旗分协理台吉格木丕尔、扎萨克头等台吉伊达木扎布、旗分协理台吉根敦、扎萨克头等台吉齐旺多尔济、旗分协理台吉齐巴尔、扎萨克头等台吉齐旺扎布、旗分协理台吉滚布册伶扎、萨克头等台吉成滚扎布、旗分协理治吉齐旺、扎萨克辅国公旺扎尔、旗分协理台吉沙克都尔、扎萨克头等台吉齐巴克扎布、旗分协理台吉旺扎尔扎布、青海扎萨克头等台吉索诺木达尔济、旗分协理台吉洞、扎萨克多罗贝勒达什册凌、旗分协理台吉巴桑、哈密回子管旗副都统阿毕布等，及内大臣、侍卫、大学士等宴，诸乐并作。上进酒。毕。王、贝勒、贝子、公、额驸、台吉、塔布襄等，俱令侍卫分觞授饮于坐次。宴毕，众谢恩。

——《清代历朝起居注合集》清世宗卷三

雍正七年（1729）正月十四日

己未，午时，以上元令节，上御正大光明殿，赐朝正外藩。左翼科尔沁和硕达尔汉亲王和硕额驸罗布藏滚、布翁午特多罗杜楞郡王鄂齐尔、四子部落多罗达尔汉卓礼克图、郡王阿拉布坦多尔济、鄂尔多斯多罗郡王扎木养、扎鲁特多罗贝勒毕禄瓦、喀喇喀多罗达尔汉贝勒嘎尔桑、科尔沁固山贝子固山额驸拉锡、阿巴嘎固山达尔汉贝子齐旺、阿巴哈纳尔固山贝子班珠尔、科尔沁和硕额驸观音保、扎鲁特镇国公察罕伶华、喀尔喀镇国公索诺木班珠尔、科尔沁辅国公乌尔呼玛尔、阿巴嘎辅国公鄂尔哲图、科尔沁和硕额驸策旺多尔济达尔玛达都、敖汉多罗额驸扎木素、固山额驸罗布藏、茂明安扎萨克头等台吉齐旺西拉布、克什克腾扎萨克头等台吉齐巴克扎布、科尔沁和硕土谢图亲王阿拉布坦、旗分公主之孙协理头等台吉索诺木旺扎尔、头等台吉拉锡、四等台吉毕礼滚、达赖杜噶第阿穆尔伶贵乌勒木济、科尔沁和硕达尔汉亲王和硕额驸罗布藏滚布、旗分公主之孙二等台吉阿旺藏布、旗分沾亲头等台吉毕禄扎纳、三等台吉察甘达拉、亲随台吉喇礼达、亲随四等台吉滚齐扎布、四等台吉根敦扎布阿里玛、敖汉多罗郡王垂木丕尔、旗分公主之孙头等台吉达赖、四等台吉达什德寿、巴林多罗郡王林布、旗分公主之孙二等台吉林赞、协理四等台吉班珠尔、科尔沁多罗秉图郡王伊锡班第、旗分协理三等台吉苏玛第、蒿齐特多罗郡王雅木丕尔、旗分协理二等台吉额林沁萨木都布、乌拉特镇国公达尔玛机里第、旗分协理三等台吉巴达里、阿鲁科尔沁多罗达尔汉贝勒达克丹、旗分协理二等台吉策旺敦多布、扎鲁特多罗达尔汉贝勒阿第沙、旗分协理二等台吉乌尔图纳素图、归化城都统丹津、旗分二等台吉根都拉锡、翁牛特多罗达尔汉岱青、贝勒额尔得布鄂齐尔、旗分协理四等台吉阿敏达瓦、喀喇沁扎萨克头等塔布襄喀宁嘎、旗分协理四等塔布襄丹巴、土默特多罗达尔汉贝勒和硕额驸阿拉布坦、阿拉善土默特固山贝子哈穆嘎巴雅斯呼朗图、旗分协理四等台吉色楞拉锡、扎萨克多罗郡王和硕额驸策伶、喀喇沁多罗杜楞郡王和硕额驸伊达木札布、阿巴嘎多罗郡王索诺木拉布坦、喀尔喀扎萨克多罗郡王旺扎尔、茂明安多罗贝勒罗布藏西拉布、厄鲁特扎萨克多罗贝勒和硕额驸色布腾旺布、喀喇喀扎萨克固山贝子阿拉布坦、巴林固山贝子巴特玛、喀喇喀固山贝子巴特玛旺扎尔、土尔扈特固山贝子丹钟、乌拉特镇国公西拉布、青海扎萨克镇国公默尔根岱青拉察布、喀尔喀辅国公旺扎尔嘎尔桑萨旺、苏尼特辅国公嘎尔玛孙多布罗雷、鄂尔多斯辅国公色布腾诺尔布辉特、辅国公达什达尔扎、喀喇沁和硕额驸纳木赛、敖汉和硕额驸多尔济拉锡、科尔沁固山额驸多尔机虎、喀喇沁固山额驸罗布藏敦多布、喀尔喀扎萨克头等台吉拉布坦格木丕尔、齐旺旺扎尔、伊达木扎布、策旺敦多布、青海扎萨克头等台吉伊克喇布坦、色布腾博硕克图、诺尔布土尔古特、扎萨克头等台吉克禄布、科尔沁和硕达尔汉亲王和硕额驸罗布藏滚布、旗分沾亲四等台吉罗布藏沙沙、万楚克孟可鄂尔仄、乌珠穆沁和硕车臣亲王色登敦多布、旗分协理头等台吉德礼克万舒克、喀喇沁固山贝子和硕额驸僧滚扎布、旗分协理头等塔布襄滚楚克拉锡、阿巴嘎多罗郡王索诺木拉布坦、旗分协理二等台吉旺布、蒿齐特多罗厄尔得尼郡王阿噶尼斯达、旗分协理二等台吉萨玛第、科尔沁多罗扎萨克图郡王萨呼喇克、旗分协理四等台吉克什克、阿巴哈纳尔多罗贝勒纳木扎、旗分协理四等台吉素珠克、杜尔伯特固山贝子巴图、旗分协理四等台吉更古鲁克齐、科尔沁多罗郡王罗布藏拉锡、旗分协理四等台吉伶华、乌拉特辅国公垂扎木素、旗分协理四等台吉几尔哈朗、鄂尔多斯多罗贝勒达锡拉布坦、旗分协理四等台吉乌巴锡、喀尔喀扎萨克和硕亲王喇嘛扎布、旗分协理台吉万楚克、扎萨克固山贝子拉布坦、旗分协理台吉妄扎尔、扎萨克镇国公图巴、旗分协理台吉扎穆巴喇、扎萨克辅国公沙克都尔扎布、旗分协理台吉格木丕尔、扎萨克辅国公旺扎尔、旗分协理台吉沙克都尔、扎萨克头等台吉伊达木扎布、旗分协理台吉根敦、扎萨克头等台吉齐旺多尔济、旗分协理台吉齐巴尔、扎萨克头等台吉齐旺扎布、旗分协理台吉滚布册伶、扎萨克头等台吉成滚扎布、旗分协理台吉齐旺、扎萨克头等台吉齐巴克扎布、旗分协理台吉旺扎尔扎布、青海扎萨克多罗贝勒达什册伶、旗分协理台吉巴桑、扎萨克头等台吉冬、哈密回子副都统阿毕布等，及内大臣、侍卫、大学士等宴，诸乐并作。上进酒。毕。令科尔沁和硕达尔汉亲王和硕额驸罗布藏滚布、翁牛特多罗杜楞郡王鄂齐尔、喀喇沁多罗杜楞郡王和硕额驸伊达木扎布、四子部落多罗达尔汉卓礼克图、郡王阿拉布坦多尔济、喀尔喀协理□军扎萨克多罗郡王和硕额驸策伶、扎萨克多罗郡王旺扎尔、茂明安多罗贝勒罗布藏西拉布、喀尔喀多罗贝勒嘎尔桑、厄鲁特扎萨克多罗贝勒和硕额驸色布腾旺布、科尔沁固山贝子固山额驸拉锡、土尔扈特固山贝子丹钟、科尔沁和硕额驸观音保、科尔沁辅国公乌尔呼玛尔、喀喇沁和硕额驸纳木赛、敖汉和硕额驸多尔济拉锡、科尔沁和硕额驸达尔玛达都策妄多尔济、敖汉多罗额驸扎木素、固山额驸罗布藏、科尔沁固山额驸多尔机虎、喀喇沁固山额驸罗布藏敦多布、克什克腾扎萨克头等台吉齐巴克扎布、喀尔喀扎萨克头等台吉格木丕尔、伊达木札布、滚布册伶至御座前，上亲授饮，其余王、贝勒、贝子、公、额驸、台吉、塔布襄等，俱令侍卫分觥授饮于坐次，宴毕，众谢恩。

——《清代历朝起居注合集》清世宗卷四

雍正七年（1729）四月十八日

上谕：据川陕总督岳钟琪折奏，此次领兵进剿准噶尔，若得通晓蒙古事情之大臣官员等，同行协赞，于军务有益。理藩院侍郎顾鲁，谨庆老成，诸事谙练，目今在归化城办驼之事亦竣，应否垦恩敕令同往，以资协赞等语。前因定例，随大将军印用内阁学士一员，已将学士德新派出，今览岳钟琪所奏，着将侍郎顾鲁兼内阁学士衔，随大将军印务前往。再于司官内，熟悉蒙古情形，通晓语言者，拣选数人，带领引见，候朕酌量，命往岳钟琪处。

——《清代历朝起居注合集》清世宗卷四

雍正七年（1729）十二月初一日

山西巡抚觉罗石麟奏：晋省绅士庶民等感戴皇恩，愿将军需所用驼屉等项，自备车骡运送归化城。踊跃争先，不约而同，仰请睿鉴俞允一疏。奉谕旨：据山西巡抚石麟奏称，所属绅士庶民等愿将军需所用驼屉等项，自备车骡运送归化城，踊跃争先，不约而司等语。前因军前需用骆驼鞍屉，令晋省制办三万副，晋省人民急公趋事，将鞍屉绳索二十余万件之多，于一月之内制造完备。朕已降旨，蠲免晋地方辛卯年额征银二十万两，以示嘉奖。今因运送鞍屉，晋省士民等，又复欢欣效力，甚属可嘉。着晋抚等传旨：奖谕，仍令各领应得之脚价，不必固辞。

——《清代历朝起居注合集》清世宗卷四

雍正七年（1729）十二月十一日辛亥

上以和硕公主指与固伦额驸敦多布多尔济之子多尔吉塞布腾，行初定礼。

御保和殿升座，赐诸王、贝勒、贝子、公、满大臣及外藩蒙古王、台吉，并哈密贝子鄂敏等宴。和硕额驸多尔吉塞布腾阖族行礼毕，作蒙古乐。固伦额驸敦多布多尔济至御座前，跪献酒。上进酒毕。随亲授敦多布多尔济酒。又命蒙古王及哈密贝子鄂敏等，至御座前，上皆亲授以酒。其余令侍卫分觞，授饮于坐次。又命撤御前肴馔分赐。宴毕。众谢恩。

——《清代历朝起居注合集》清世宗卷四

雍正八年（1730）正月初八日

归化城副都统西札保，沉湎于酒，甚属不堪。着革去副都统，其员缺，着白都讷副都统塔尔马善调补。

——《清代历朝起居注合集》清世宗卷五

雍正八年（1730）正月十五日

甲申，午时，以上元令节，上御正大光明殿，赐朝正外藩。左翼科尔沁和硕土谢图亲王阿喇布坦、多罗秉图郡王伊什班第、多罗郡王罗布藏拉锡、敖汉多罗郡王鄂尔哲图、蒿齐特多罗厄尔得尼郡王阿噶尼斯达、扎鲁特多罗达尔汉贝勒阿第沙、土默特多罗达尔汉贝勒和硕额驸阿拉布坦、喀尔喀多罗达尔汉贝勒喇妄多尔济、翁牛特固山贝子罗布藏、鄂尔多斯固山贝子纳木扎尔色楞、阿巴嘎固山达尔汉贝子齐妄、科尔沁和硕额驸观音保、土默特多尔济喀尔喀镇国公索诺木班珠尔、乌拉特镇国公达尔玛机里第、科尔沁真国公喇嘛扎布、扎鲁特镇国公察罕伶华、乌珠穆沁镇国公彭素克拉布坦、苏尼特辅国公罗雷、阿巴嘎辅国公鄂尔哲图、科尔沁辅国公拉锡色翁、敖汉辅国公固山额驸罗布藏、克什克腾扎萨克头等台吉齐巴克扎布、敖汉多罗额驸德寿、科尔沁固山额驸多尔机虎、喀喇沁公主之子塔布襄明珠尔拉布坦、敖汉公主之孙台吉绰音纪拉锡、特古斯彭素克、乌尔图纳素图、扎锡巴特玛、达赖旺苏克、巴达朗桂他尔、扎章三托布齐木布、布燕图多尔济拉锡、五格彰三、科尔沁和硕达尔汉亲王和硕额驸罗布藏滚布、旗分公主之孙台吉阿聚格鄂齐尔、阿里巴乌巴什、和硕土谢图亲王阿喇布坦、旗分公主之孙台吉索诺木旺扎尔、得尔格勒库齐尔、阿里拉干齐多尔济拉锡、吴羽图明珠尔多尔济、巴林多罗郡王林布、旗分公主之孙台吉额尔赫图达尔、扎乌巴什、科尔沁和硕达尔汉亲王和硕额驸罗布藏滚布、旗分沽亲台吉罗布藏滚布、宗兖色布腾毕西瓦拉锡、特古斯阿穆尔、伶贵罗布藏阿穆噶、鄂尔多斯多罗郡王扎木养、旗分协理台吉丹津、多罗贝勒达萨拉布坦、旗分协理台吉定杂拉锡、固山贝子罗布藏、旗分协理台吉华星、四子部落多罗达尔汉卓礼克图、郡王阿拉布坦多尔济、旗分协理台吉敦多布达锡、苏尼特多罗杜楞郡王旺青齐斯隆、旗分协理台吉策布腾拉锡、阿巴嘎多罗郡王索诺木拉布坦、旗分协理台吉雨木楚克、巴林多罗郡王林布、旗分协理台吉达色、右翼喀尔喀扎萨克和硕亲王喇嘛扎布、厄鲁特多罗郡王和硕额驸色布腾旺布、喀尔喀多罗贝勒车木楚克纳木扎尔、厄鲁特固山贝子毛海、喀尔喀扎萨克固山贝子策妄诺尔布、喀尔喀和硕额驸多尔济色布腾、扎萨克辅国公噶尔桑萨妄巴苏根敦、青海辅国公公格拉布坦、土尔扈特扎萨克头等台吉察罕拉布坦、喀尔喀扎萨克头等台吉达什丕尔、丹津旺布、特克什成滚扎布、查旺班珠尔、青海扎萨克头等台吉哈尔噶斯、科尔沁和硕土谢图亲王阿喇布坦、旗分公主之孙台吉厄勒太什、和硕达尔汉亲王和硕额驸罗布藏滚布、旗分公主之孙台吉那孙特古斯、扎雅噶尔弼多尔济、色楞南第得尔格尔、敖汉多罗郡王垂木丕尔、旗分公主之孙台吉毕里克图三吉扎布、巴林多罗郡王林布、旗分公主之孙台吉阿木呼朗、喀尔喀公主之子格雅多尔济、科尔沁和硕达尔汉亲王和硕额驸罗布藏滚布、旗分沾亲台吉旺布多尔济、乌巴什达木、巴林泰、阿穆尔、巴扎尔布、特格克齐拉特、那纪里第格、衣古鲁克齐塞布阿里尔虎、罗布藏班达拉锡、鄂尔哲图、鄂尔哲通、诺虎拉布坦、巴图、鄂尔哲绰克图、乌巴什诺木、齐格木尔、喀喇沁多罗杜楞郡王和硕额驸伊达木扎布、旗分协理塔布襄策妄、鄂尔多斯多罗贝勒诺罗布扎木素、旗分协理台吉齐安多尔济、土默特固山贝子哈穆噶巴雅斯呼朗图、旗分协理台吉丹津、科尔沁多罗扎萨克图郡王萨呼朗喀、旗分协理台吉经岱、蒿齐特多罗郡王雅木丕尔、旗分协理台吉额林沁萨木都布、奈曼多罗达尔汉郡王阿杂拉、翁牛特多罗杜楞郡王鄂齐尔、旗分协理台吉厄尔得尼、多罗达尔汉岱青贝勒额尔得布鄂济尔、旗分协理台吉罗布藏、喀尔喀多罗贝勒噶尔桑、旗分协理台吉扎木沁、扎鲁特多罗贝勒毕禄瓦、旗分协理台吉图尔巴、扎赖特固山贝子特古斯、旗分协理台吉鄂诺尔图、茂明安扎萨克头等台吉齐妄锡拉布、旗分协理台古布木巴、巴林固山贝子巴特玛、旗分协理台吉赛音鄂玉图、乌拉特镇国公锡拉布、旗分协理台吉根都拉锡、乌珠穆沁多罗厄尔得尼贝勒车布登、旗分协理台吉齐妄彭素克、阿鲁科尔沁多罗贝勒达克旦、旗分协理台吉垂木丕尔拉布坦、阿巴哈纳尔多罗贝勒纳木扎尔、旗分协理台吉齐妄舒克、杜尔伯特固山贝子班珠尔、旗分协理台吉阿尔毕特虎、阿巴哈纳尔固山贝子班珠尔、旗分协理台吉诺尔布、喀喇沁固山贝子和硕额驸僧滚扎布、旗分协理塔布襄罗布藏、郭尔罗斯镇国公巴图、旗分协理台吉克尔得尼、扎萨克头等台吉查滚、旗分协理台吉萨拉布林沁、乌拉特辅国公垂扎木素、旗分协理台吉班第、喀喇沁扎萨克头等塔布襄喀宁河、旗分协理塔布襄巴岱、归化城都统丹津、旗分台吉颜鲁札布、喀尔喀扎萨克多罗郡王丹津多尔濟、旗分协理台吉雅木至尔多尔济、扎萨克多罗郡王明珠尔多尔济、旗分协理台吉孙多布、扎萨克多罗贝勒车木楚克纳木扎尔、旗分协理台吉彭苏克拉布坦、扎萨克辅国公通莫克、旗分协理台吉巴尔喀穆、扎萨克头等台吉巴朗、旗分协理台吉白都布、青海扎萨克多罗郡王厄尔得尼厄尔克、托克托鼐之子台吉索诺木丹津等，及内大臣、侍卫、大学士等宴，诸乐并作，上进酒毕。令科尔沁和硕土谢图亲王阿喇布坦、多罗秉图郡王伊什班第、多罗那王罗布拉锡、敖汉多罗郡王鄂尔哲图、翁牛特固山贝子罗布藏、鄂尔多斯固山贝子纳木扎尔色楞、喀尔喀扎萨克和硕亲王喇嘛扎布、厄鲁特多罗郡王和硕额驸色布腾旺布、喀尔喀多罗贝勒车木楚克纳木、扎尔扎萨克固山贝子策妄诺尔布、扎萨克辅国公巴苏至御座前，上亲授饮。其余王、贝勒、贝子、公、额驸、台吉、塔布襄等，俱令侍卫分觞授饮，于坐次。宴毕，众谢恩。

——《清代历朝起居注合集》清世宗卷五

雍正八年（1730）二月初四日

吏部带领各部院，保送巡察之塞楞等四弁引见。奉谕旨：游牧巡察官着明禄去。归化城巡察官着塞楞去。

——《清代历朝起居注合集》清世宗卷五

雍正八年（1730）五月二十八日

上谕：往岳钟琪处，阿保带领蒙旗兵五百名，目今行至何处？着行文阿保，即于彼处驻扎候旨。绰般带领鄂尔多斯兵五百名，亦着行文。绰般就近拣水草佳处，驻扎候旨。此一千兵，着行文询问大将军岳钟琪，或今年调往巴尔库尔，或后明年进兵之前调往，二者孰为有益？并添此兵丁钱粮足与不足，俱着大将军岳钟琪定议，具奏。再派往噶斯之京城兵、归化城兵共五百名，此时将及到彼。着格穆尔带领在噶斯驻扎，富宁亦着前往噶斯与格穆尔一并管理。达鼐着来西宁，仍与鼐满岱办理事务。所有扎萨克蒙古等兵，着交与达鼐管理，或在西喇他拉地方，或在从前额驸阿保奏请驻扎之乌兰穆伦等处，相视形情驻扎，后明年文到之日前往。噶斯其青海之千五百兵，相近噶斯。今年只在各游牧处预备，亦后明年文到之日前往噶斯，达鼐既到噶斯管理之后，富宁着回西宁办理事务。

——《清代历朝起居注合集》清世宗卷五

雍正十二年（1734）正月初五日

大学士鄂尔泰等奏：办理军需事务光禄寺卿王棠呈称。承办北路军需之口北道白石请调补山西雁平道移驻朔平府，离归化城二百里，就近办理军需，实有裨益。似应如王棠所请。其口北道弁缺，应否即将雁平道汤豫诚调补，一并请旨。再王棠呈请回京赴光禄寺任，听军机大人指教，参酌办理。军需遇有应往归化城稽察督催之处，仍亲往料理，可否准其所请。参候钦定一折。大学士鄂尔泰奉谕旨：依议，白石着调补雁平道，汤豫诚着调补口北道，王棠系总办军需之员，且伊光禄寺任内并无应办事件，着仍驻宣化府总理军需。如有应往归化城办理事件，即前赴料理。内阁别记档补载。

——《清代历朝起居注合集》清世宗卷五

雍正十二年（1734）三月初七日

理藩院带领拟补归化城各官之正陪人引见。奉谕旨：参领弁缺着拟正之乌巴锡扎木扬、吴巴什达尔玛补授。拟陪之二等台吉拉锡巴雅尔、图人明白尔等行文与丹津。世管佐领弁缺着拟正之伊苏德齐旺、宗对齐望补授。公中佐领弁缺着拟正之格根补授。把守黄河渡口之防御弁缺着拟正之索诺穆达锡补授。骁骑校弁缺着拟正之洪郭礼胡毕图、多尔吉丹巴补授。此次送来引见人内，除从前得遇赏，赐及未曾出征人等外，其本身前来，及在军前者俱着照从之例，每人赏缎一匹。理藩院档。

——《清代历朝起居注合集》清世宗卷五

雍正十二年（1734）四月二十一日

都察院奏请：钦点稽查归化城、张家口二处官员，带领拣选科道引见。奉谕旨：稽查归化城着奚德庆去稽查。张家口着尚德去。都察院档。

——《清代历朝起居注合集》清世宗卷五

雍正十二年（1734）八月二十日

工部议山西盂县民人在归化城贩卖硝磺，已交与地方官严审定罪，其守口官弁并经过地方文武各员，漫无觉察，甚属疏忽，应令山西巡抚石麟将失察之员查明补一疏。奉谕旨：依议，石麟亦着察详具奏。

——《清代历朝起居注合集》清世宗卷五

雍正十二年（1734）九月十九日

理藩院带领拟补归化城官员引见。奉谕旨：世袭佐领员缺着拟正之台吉班第、军前之班第达锡拜杂补授。公中佐领员缺着拟正之班齐布乌萨齐补授。拟陪之鄂钦人去得着记名。再有佐领缺出，即着补授。骁骑校员缺着拟正之班第班珠尔、班第巴苏泰补授。此次送来引见人内，仍著照前，将曾在军前行走者查出，赏给官缎一匹。其现在军前者，将所赏缎匹交与来京之官员等。持往归化城都统丹津等，看视赏给伊等家属。理藩院档。

——《清代历朝起居注合集》清世宗卷五

雍正十二年（1734）九月二十二日

大学士鄂尔泰、张廷玉奉谕旨：归化城都统丹津已经赐医遣治，归化城事务紧要，现今丹津调理病症。著侍郎通智赴归化城，协同丹津办事。其重大之事与丹津商酌办理，寻常事件即与副都统等商酌办理。俾丹津得以闲暇调摄。

——《清代历朝起居注合集》清世宗卷五

雍正十二年（1734）十月十七日

奉谕旨：祥泰人甚不及石文耀，佐领弁缺着石鼐补授。祥泰佐领弁缺着石勇补授，石鼐现任归化城办理军需，尔等于伊族内，拣选应行署理人弁，引见署理。

——《清代历朝起居注合集》清世宗卷五

雍正十二年（1734）十月二十日

吏部奏请，钦点归化城巡察官弁，带领各部拣选人弁引见。奉谕旨：巡察归化城著观音保去。

——《清代历朝起居注合集》清世宗卷五

雍正十二年（1734）十一月初二日

奉谕旨：原任总兵官孙弘本之子孙灿，著兵部随便带来引见。又办理军机大臣奉谕旨：归化城副都统伊世泰，人原甚是平常，汉仗还去得。因归化城副都统事务不多，故容留多年，近闻伊世泰年老衰败，无又耳聋。将一应事务不以为事，一味推诿，不肯出力，伊世泰著革退。副都统从彼处发往兵台效力，行走员缺着该部另行奏请补授。俱内阁上谕簿。

——《清代历朝起居注合集》清世宗卷五

雍正十二年（1734）十二月二十一日

办理军机大臣奉谕旨：据王棠奏称都统祖秉衡到口，告称伊带领汉军兵丁，途间车牛损伤，行粮断绝。有冻馁不能行走者，欲携带银米前往迎接。是以同知处，借给银四百两。又为兵丁整理衣帽等项，欲借银一千五百两，未敢应付等语。朕屡次施恩，将祖秉衡用至大臣，伊并未曾尽心办理一事。此次派往出征者，亦因伊等跪称，汉军大臣、官员、兵丁俱情愿照满洲、蒙古一体，前往军营效力。朕始行派往，祖秉衡领兵去时，自京师以至归化城，伤损马匹牲口甚多，且至军营一味附合马尔赛，毫无效力之处。今领兵回来，又不加谨照看，兵丁爱惜马匹牲口，樽节行粮，留心经理。以致多伤牲畜，俾兵丁苦累。如此有是理乎，深负朕恩，此俱皆祖秉衡之罪，与官员兵丁无涉。祖秉衡到京之日，着革职，拿交该部严审，定拟具奏。所借银两着落祖秉衡赔补还。兵部档。

——《清代历朝起居注合集》清世宗卷五

乾 隆（1736—1795）

乾隆元年（1736）二月二十五日

吏部奏请：钦点归化城巡察、游牧巡察各官。带领拣选正陪人员引见。奉谕旨：归化城巡察着温保去。游牧巡察着兆明去。

——《清代历朝起居注合集》清高宗卷一

乾隆元年（1736）四月初十日

总理事务王大臣议奏：归化城附近之伊克图尔根，地方建立城垣。盖造衙署、营房，开垦地亩，移驻兵丁各项一折。奉谕旨：依议其筑城、开垦事件，着交通智总管办理。右卫兵丁暂行停止迁移，后城工告竣之时，另降谕旨。工部档。

——《清代历朝起居注合集》清高宗卷一

乾隆元年（1736）四月十三日

奉谕旨：各省郡县州邑，皆有养济院，以收养贫民。此即古帝王哀矜茕独之意，朕闻归化城地方接环边关，人烟汇集，其中多有疲癃残疾之人，无栖身之所。日则乞食街衢，夜则露宿荒野，甚可悯恻。查，彼地旧有把总官房三十余间，可以改为收养贫民之所。每年于牛羊税内，拨银二三百两，粟米百余石，为馆粥寒衣之费。著该处同知通判，拣选诚实乡者经理其事，仍不时稽查，以杜侵蚀之弊。倘地方有乐善好施者，听其捐助，共成善举。但不得稍涉勉强，著该都统，会同该同知、通判妥帖办理，务令穷民均沾实惠。特谕。

——《清代历朝起居注合集》清高宗卷一

乾隆元年（1736）四月二十二日

总理事务王大臣议奏：营大兵已经撤回，应于边疆各酌留大臣一人，带领章京、笔帖式等，驻札办理。查巡抚德龄、散秩大臣塞楞、郎中三达里等，现驻西宁。学士岱奇、侍读学士阿兰泰，现驻肃州。应令何人留驻，请旨遵行。至兵部尚书通智，现驻归化城后，修城驻兵事竣之日，再令撤回。西宁驻札一折。奉谕旨：西宁着德龄存留。肃州着阿兰泰存留。通智将伊应办修城驻兵等事，悉行办完，再行具奏请旨。余依议。兵部档。

——《清代历朝起居注合集》清高宗卷一

乾隆元年（1736）五月十七日

总理事务王大臣议：总理军需光禄寺卿刘吴龙，奏张家口运送军需事件，请仍令口北道就近承办。再归化城、张家口添设稽查御史各一员，现无可查之事，请一并撤回，应如所请一折。奉谕旨：依议归化城现有筑城、垦种等事，稽察归化城之御史暂停撤回。内阁别记档。

——《清代历朝起居注合集》清高宗卷一

乾隆元年（1736）六月初一日

今闻通智令归化城理事同知勒限严追，众怨沸腾，深为苦累。数年以来，归化城商人糊口裕如，家资殷富，全赖军营贸易生理。又全借驼只牛马脚力，即为商人营运之资本。今闻各商，以追迫运价无偿，将驼只牛马尽行变弃，抵补营运。既属艰难，则所欠运价愈难清缴。通智办理此事，甚不妥协，大非朕体恤商贾之意。此项银两，著通智将商人领去若干，今已追缴若干，数目据实奏明存贮外，共未经完缴若干两，著宽其限期，令商人徐徐还缴。庶贸易有资帑项，亦不致终于无著，公私皆便矣。特谕。

——《清代历朝起居注合集》清高宗卷一

乾隆元年（1736）七月初七日

稽察归化城军需、工科、掌印给事中永泰患病，奏请解任调理一折。奉谕旨：稽察归化城之御史，著停止发往永泰，既经告病，著解任，病痊时，带领引见候旨。该部知道。内阁别记档。

——《清代历朝起居注合集》清高宗卷一

乾隆元年（1736）十月初五日

吏部议侍郎那延泰等，参奏通智一折。查尚书通智，系协办归化城事务之大员，乃将从前已经奏准，归化城喇嘛之事任意更改，多端寻衅。又将土默特官员，无故上锁掌嘴，恣意妄为。殊属不职，应照溺职例革职一疏。大学士鄂尔泰、张廷玉奉谕旨：通智着革职。

——《清代历朝起居注合集》清高宗卷一

乾隆元年（1736）十一月三十日

理藩院带领，拟补归化城参领等人员引见。奉谕旨：归化城参领员缺，著佐领老占多尔济补授。佐领班达里锡著于参领上记名。土默特世袭佐领员缺，著前锋章佳补授。蒿荇特世袭佐领员缺，著台吉齐七克图补授。公中佐领员缺，著骁骑校塞音察浑，哈巴护军校哈拉科勤补授。塞音察浑著于参领上记名。骁骑校老占，著于佐领上记名。防御员缺著骁骑校万舒克补授。理藩院档。

——《清代历朝起居注合集》清高宗卷一

乾隆元年（1736）十二月二十八日

兵部奉谕旨：江宁将军吴那哈员缺，着岱林布补授。岱林布员缺着王常补授，即由彼处赴归化城，会同胆岱办理备城造房事务。不必来京，王常员缺着副都统雅尔图授，为参赞前赴军营。兵部档。

——《清代历朝起居注合集》清高宗卷一

乾隆二年（1737）二月二十二日

奉谕旨：刘于义已奉旨来京，甘肃巡抚员缺著古北口提督德沛补授。古北口提督员缺著副都统瞻岱补授。瞻岱所管归化城工程，着王山前往管理。俱内阁上谕簿。

——《清代历朝起居注合集》清高宗卷二

乾隆二年（1737）三月二十二日

总理事务王大臣议奏，归化城盖造新城，去右卫仅二百里，无庸添设将军，请将右卫将军王常移驻新城。止添副都统二员，其右卫之副都统二员，仍留原处，亦归并将军管辖。所有家选兵二千名，热河兵一千名，着该处照原议办理。后新城房屋工竣日，先令前往驻札。其管此三千兵丁之官员，应令将军王常等，会同八旗大臣拣选京城应升官员，请旨补放。至京城应派官兵三千名，遵旨暂停，后归化城附近地亩，开垦足数呈报，到日再议一折。奉谕旨：这所奏是，着准行。工部档。

——《清代历朝起居注合集》清高宗卷二

乾隆二年（1737）四月初十日

归化城都统丹津病故遗本。

奉谕旨：归化城都统丹津勤于公事，效力年久，令闻溘逝，深为悯恻。据伊奏称，所赏物件俱各收贮，伊又无子，此所立房、地、人口、马匹，俱愿恭进等语。伊之物件，岂有收受之理，将此交与将军王常，将所赏物件，查明送来。其房产等项或养伊家口，或办伊丧事之处酌量办理。

再丹津骨样若欲进京，令其进京。该部知道。礼部档。

——《清代历朝起居注合集》清高宗卷二

乾隆二年（1737）四月二十九日

奏请钦点归化城巡察、游牧巡察各官，带领拟正拟陪人员引见。

奉谕旨：归化城巡察著拟正之苏彰阿去。游牧巡察著拟陪之拔查尔去。

——《清代历朝起居注合集》清高宗卷二

乾隆二年（1737）五月初六日

兵部奏请补授归化城左翼副都统员缺一疏。上曰：黑星补授归化城左翼副都统。又复请兵部奏请补授归化城右翼副都统员缺一疏。

上曰：达奎补授归化城右翼副都统。

——《清代历朝起居注合集》/ 清高宗 / 卷二

乾隆二年（1737）六月二十六日

礼部奏，归化城都统丹津病故，应照例给与葬祭应否与谥，伏候钦定一疏。

上曰：依议，还与他谥。

——《清代历朝起居注合集》清高宗卷二

乾隆二年（1737）六月二十六日

兵部奏请，补授归化城左翼副都统弁缺一疏。

上曰：甘国璧补授归化城左翼副都统。

——《清代历朝起居注合集》清高宗卷二

乾隆二年（1737）九月初三日

镶黄旗满洲都统奏请，补授归化城新设协领一缺、佐领三缺、防御三缺，带领拣选人员引见。

奉谕旨：五兰泰着补授归化城协领。克升、岳岱、雅进泰俱着补授归化城佐领。黑达色、勒贝额尔、博尔图俱着补授归化城防御。

又镶黄旗汉军都统奏请，补授归化城新设协领、佐领、防御各员缺，带领拣选人员引见。

奉谕旨：闫廷弼着补授归化城协领。应凤生着补授归化城佐领。徐乙午着补授归化城防御。

又正白旗满洲都统奏请，补授归化城新设协领一缺、佐领三缺、防御二缺，带领拣选人员引见。

奉谕旨：巴泰着补授归化城协领。柯衣保、呼什巴、苏尔方阿俱着补授归化城佐领。海兰泰、萨拉图俱着补授归化城防御。

又正白旗蒙古都统奏请，补授归化城新设佐领、防御各员缺，带领拣选人员引见。

奉谕旨：黑雅图着补授归化城佐领。巴雅尔图着补授归化城防御。

又正白旗汉军都统奏请，补授归化城新设佐领、防御各员缺，带领拣选人员引见。

奉谕旨：刘汉升着补授归化城佐领。安义乾着补授归化城防御。

又镶白旗满洲都统奏请，补授归化城新设协领一缺、佐领二缺、防御二缺，带领拣选人员引见。

奉谕旨：柴色着补授归化城协领。九格、色尔虎岱俱着补授归化城佐领。巴里、来贵俱着补授归化城防御。

又镶白旗蒙古都统奏请，补授新设归化城防御员缺，带领拣选人员引见。

奉谕旨：黑达色着补授归化城防御。

又镶红旗汉军都统奏请补授归化城新设佐领、防御各员缺，带领拣选人员引见。

奉谕旨：张恒道着补授归化城佐领。王廷着补授归化城防御。

又正蓝旗满洲都统奏请，补授新设归化城协领一缺、佐领二缺、防御二缺，带领拣选人员引见。

奉谕旨：三官保着补授归化城协领。星明、图克善俱着补授归化城佐领。达布库、纳丁柱俱着补授归化城防御。

又正蓝旗蒙古都统奏请，补授归化城新设防御员缺，带领拣选人员引见。

奉谕旨：噶尔马着补授归化城防御。

又正蓝旗汉军都统奏请，补授归化城新设佐领、防御各员缺，带颂拣选人员引见。

奉谕旨：陈良夫着补授归化城佐领。宜廷用着补授归化城防御。俱旗档。

——《清代历朝起居注合集》清高宗卷二

乾隆二年（1737）九月初四日

正黄旗蒙古都统奏请，补授归化城新设协领员缺，带领拣选人员引见。

奉谕旨：常德着补授归化城协领。

又正红旗汉军都统奏请，补授归化城新设佐领、防御各员缺，带领拣选人员引见。

奉谕旨：阎国相着补授归化城佐领。王文焕着补授归化城防御。

又镶蓝旗满洲都统奏请，补授归化城新设协领佐领、防御各员缺，带领拣选人员引见。

奉谕旨：哈尔赛着补授归化城协领。乌黑着补授归化城佐领。八十着补授归化城防御。

又镶蓝旗蒙古都统奏请，补授归化城新设佐领、防御各员缺，带领拣选人员引见。

奉谕旨：多尔济札布着补授归化城佐领。齐秦着补授归化城防御。

又镶蓝旗汉军都统奏请，补授归化城新设佐领、防御各员缺，带领拣选人员引见。

奉谕旨：柳德增着补授归化城佐领。张志进着补授归化城防御。俱旗档。

——《清代历朝起居注合集》清高宗卷二

乾隆二年（1737）闰九月十六日

兵部奏请，补授归化城左翼副都统员缺一疏。

上曰：四十六补授归化城左翼副都统。

——《清代历朝起居注合集》清高宗卷二

乾隆二年十月初二日

理藩院奏，据归化城都统根敦等称，今年归化城等处地方亢旱，收成欠薄，我等两旗六十二个佐领及众喇嘛，请借二仓谷子，于明岁收成之时，照数完仓。谨此具奏。

奉谕旨：今年归化城地方田禾被旱，收成欠薄，伊等所借米谷着赏给。理藩院档。

——《清代历朝起居注合集》清高宗卷二

乾隆二年（1737）十一月二十六日

户部奏，归化城都统塔尔马善呈请照例支给随甲钱粮，查前任归化城都统根敦、丹津，因系土默特蒙古，向不支领。塔尔马善本系满洲驻防之员，例应拨给。

又塔尔马善前任归化城副都统时，曾支给随甲二十名，今升补都统，可否量加十名，以资养赡。恭候钦定一折。

奉谕旨：著增给随甲十名，此后如放本地蒙古，仍照根敦、丹津不必给与随甲，若将满大臣补放，照塔尔马善之例，给与随甲。户部档。

——《清代历朝起居注合集》清高宗卷二

乾隆三年（1738）正月十五日

戊辰，上奉皇太后到同乐园进膳，午时，以上元令节，上御正大光明殿，赐朝正外藩。左翼科尔沁和硕土谢图亲王阿喇布坦、乌珠穆沁和硕车臣亲王阿喇布坦纳木札尔、喀尔喀和硕亲王固伦额驸策凌、科尔沁多罗扎萨克图郡王沙津德尔格尔、敖汉多罗郡王垂木丕尔、巴林多罗郡王桑礼达、敖汉多罗郡王鄂尔哲图、喀喇沁多罗杜楞郡王伊达穆扎布、科尔沁多罗贝勒多尔济、苏尼特多罗贝勒席里、乌珠穆沁多罗厄尔德尼贝勒册布登、喀喇沁多罗贝勒和硕额驸僧滚扎布、敖汉固山贝子固山额驸罗布藏、巴林固山贝子扎西那木达尔、土默特固山贝子哈穆嘎巴雅斯呼朗图、科尔沁和硕额驸齐黙特多尔济、科尔沁镇国公额驸达尔玛达都、扎鲁特镇国公察罕伶华、翁牛特镇国公索诺穆、乌珠穆沁镇国公彭苏克喇布坦、阿巴嘎辅国公鄂尔哲图、喀喇沁辅国公罗布藏册布登丹津、喀喇沁和硕额驸纳穆赛、科尔沁和硕额驸色布腾多尔济、喀喇沁扎萨克塔布襄和硕额驸喀宁阿郭尔、罗斯扎萨克头等台吉察滚、敖汉多罗额驸得木楚克齐旺多尔济、科尔沁固山额驸拉礼达色楞那穆扎尔、多尔吉虎滚穆、敖汉固山额驸旺扎尔罗布藏西喇布、奈曼固山额驸郭多布、喀喇沁公主之子头等塔布襄敏珠尔喇布坦、敖汉公主之孙头等台吉垂齐拉锡、科尔沁头等台吉索诺木旺扎阿玉尔布尼拉锡、敖汉头等台吉垂扎穆苏宾音鄂岳图、喀喇沁头等塔布襄旺扎尔、科尔沁二等台吉阿旺藏布吉尔图堪、巴林二等台吉旺扎尔、苏尼特二等台吉彭苏克林沁、茂明安二等台吉得穆楚克拉旺、科尔沁三等台吉策旺扎布、敖汉四等台吉诺们、巴林四等台吉策凌达尔扎、科尔沁四等台吉毕礼滚达赖古木扎布、扎鲁特四等台吉彭苏克、克什克腾四等台吉囊扎特扎布、科尔沁头等台吉吴勒木济扎木苏多尔济扎布、巴林头等台吉林沁丹津、科尔沁二等台吉多尔济松兊僧格、敖汉二等台吉扎锡桑图扎木巴拉锡、阿巴嘎二等台吉彭苏克拉布坦、乌珠穆沁二等台吉达锡得礼充、科尔沁三等台吉根敦扎布布颜图、敖汉三等台吉桑济拉锡阿旺拉锡、巴林三等台吉班珠尔毕木巴喇、郭尔罗斯三等台吉吴尔虎满、阿巴嘎三等台吉罗布藏达锡、科尔沁四等台吉阿羽尔布尼、色楞扎木苏、阿羽锡巴克、拉虎特古斯、布颜图、那孙鄂尔哲、阿毕达违尔、马达都丹津、满秦、保扎木养、特古斯毕西勒尔图、锡拉布丹津、他毕图巴什、阿穆胡朗吴巴锡、旺舒克根敦扎布、乌尔衮他旺扎木苏、伊斯贵色楞巴尔、珠尔拉锡、索诺穆垂扎布、敖汉四等台吉多尔济绰克图扎木、巴拉苏马第多尔济、那苏图嘎尔、当鄂尔哲达、木巴喇嘛扎布、兑桑策旺札布、旺扎尔僧格、顾布得鄂尔哲图、苏尔特马巴特、马拉锡旺扎、他尔济杨三、巴林四等台吉索诺木伊鲁尔图、那孙额尔黑图、喀喇沁头等塔布襄齐黙特多尔济、翁牛特四等台吉诺罗布扎木苏、右冀喀尔喀土谢图汗敦丹多尔、扎萨克图汗葛勒克雅木丕尔、和硕亲王丹津多尔济、阿巴嘎多罗郡王索诺木拉布坦、苏尼特多罗杜楞郡王旺青齐思、喀尔喀多罗郡王得木楚克、乌拉特多罗郡王和硕额驸色布腾旺布、喀尔喀多罗贝勒策布登、阿鲁科尔沁多罗贝勒达克丹、喀尔喀多罗贝勒嘎尔桑、鄂尔多斯贝勒诺罗布扎木苏、翁牛特多罗达尔汉岱青、贝勒彭苏克、阿巴哈纳尔多罗贝勒违锡敏珠尔、阿巴嘎固山达尔汉贝子齐旺、喀尔喀固山贝子旺扎尔、乌拉特固山贝子三多布、乌拉特辅国公阿木尔凌桂、苏尼特辅国公嘎尔马逊多布、鄂尔多斯辅国公色布腾诺尔布、喀尔喀辅国公敏珠尔策布登扎布、齐旺米西克、克木布、策凌米瓦扎布、土尔番辅国公阿敏和绰、喀尔喀扎萨克头等台吉博罗尔里木丕尔、多尔济布达扎布、乌木市济旺布、多尔济孙多布、齐巴格扎布、格勒克三敦克、多尔济旺扎尔、青海扎萨克头等台吉额尔得尼济农丹钟济克济扎布、喀尔喀头等台吉厄黙根拜多布、乌米穆泰头等台吉得礼克旺舒克、苏尼特头等台吉达锡、喀尔喀头等台吉林亲多尔济、三达克多尔济、奈曼协理头等台吉毕都里雅、阿巴嘎协理头等台吉嘎凌札拉、喀尔喀协理头等台吉根敦、鄂尔多斯协理头等台吉扎布、喀喇沁协理头等台吉韦尔札、喀尔喀头等台吉图巴三多布、凌丹多尔济、旺兑多尔济、三济扎布、罗布藏达锡西拉布、科尔沁协理二等台吉泽旺达木巴鲁、鄂尔多斯根敦、翁牛特萨木鲁布、阿鲁科尔沁泽旺敦多布、鄂尔多斯索诺木位锡、乌拉特阿尔塔、阿巴嘎阿拉布坦、喀尔喀旺舒克、扎赖特协理三等台吉拉锡阿巴哈纳尔莽衣柴、鄂尔多斯扎木养、乌拉特西拉布、鄂尔多斯罗布藏拉锡、茂明安额尔木齐、郭尔罗斯图萨图、归化城土黙特伊米第、喀尔喀公格程衮扎布、班殊尔那旺程滚、四子部落协理四等台吉敦多布喀尔喀西拉布、蒿齐特车木楚克、阿巴哈纳尔苏曾克、巴林旺舒克、鄂尔多斯吴巴锡、杜尔伯特阿尔毕机虎、土默特垂扎布、克什克腾齐旺多尔济、科尔沁沙津得尔格尔、札鲁特嘎西巴齐默特多尔济、喀尔喀格木丕尔牟兑舒伦布达扎布、每珠尔旺青多尔济、孙多布达苏隆多尔济、额林沁达锡旺舒克、扎米禅敦多布、林亲万楚克班珠尔、蒙古车凌旺布齐旺那木壋衮楚克、多乐待齐巴格扎布、青海古木布塔尔、喀尔喀四等台吉多乐特扎木苏、达锡根扎布旺扎尔、巴尔虎囊多尔济、巴林塔楚克苏木扎布、阿拉布坦旺布、达锡彭苏克、阿毕达等，及内大臣、侍卫、大学士等宴，诸乐并作。上进酒。毕。令科尔沁和硕土谢图亲王阿拉布坦、乌珠穆沁和硕车臣亲王阿拉布坦纳木扎尔、喀尔喀和硕亲王固伦额驸策凌、科尔沁扎萨克图郡王沙津德尔格尔、敖汉多罗郡王鄂尔哲图、科尔沁多罗贝勒多尔济、苏尼特多罗贝勒席里、乌珠穆沁多罗贝勒册布登、喀喇沁多罗贝勒和硕额驸僧衮扎布、喀尔喀土谢图汗敦丹多尔济、喀尔喀扎萨克图汗葛勒克雅木丕尔、喀尔喀和硕亲王丹津多尔济、苏尼特多罗杜楞郡王旺青齐思隆、喀尔喀多罗郡王得木楚克、喀尔喀多罗贝勒嘎尔桑、翁牛特多罗贝勒彭苏克、鄂尔多斯多罗贝勒诺罗布扎木苏，至御座前上亲授饮。其余王、贝勒、贝子、公额驸台吉塔布囊等，俱令侍卫分觞授饮，于坐次。宴毕，众谢恩。

——《清代历朝起居注合集》清高宗卷三

乾隆三年（1738）二月二十八日

镶红旗蒙古都统奏请补授绥远城防御二缺，带领拟正拟陪人员引见。

奉谕旨：保住班第俱著补授绥远城防御。

——《清代历朝起居注合集》清高宗卷三

乾隆三年（1738）四月初四日

户部议奏，绥远城建威将军王常咨请，照例支领养廉银两，可否照归化城都统塔尔马善之例，给与三十名随甲空粮，或照各省驻防将军例，酌给养廉。恭候钦定一折。

奉谕旨：著照塔尔马善之例赏给。户部档。

——《清代历朝起居注合集》清高宗卷三

乾隆三年（1738）六月初六日

带领拣选归化城等处巡察官、太仆寺员外郎、色楞等四员引见。

奉谕旨：巡察归化城着色楞去。巡察游牧着五十六去。

——《清代历朝起居注合集》清高宗卷三

乾隆三年（1738）七月二十六日

各部院保送协办，归化城理事同知之常保等五员引见。

奉谕旨：七十一著协办归化城理事同知。

——《清代历朝起居注合集》清高宗卷三

乾隆三年（1738）九月十五日

正黄旗蒙古都统奏请补授绥远城佐领员缺，带领拟正拟陪人员引见。

奉谕旨：班第著补授绥远城佐领。

——《清代历朝起居注合集》清高宗卷三

乾隆三年（1738）九月十七日

奏请补授绥远城防御员缺，带领拟正拟陪人员引见。奉谕旨：勒克著补授绥远城防御（旗档）。

——《清代历朝起居注合集》清高宗卷三

乾隆三年（1738）十月二十四日

正红旗汉军都统奏请补授绥远城佐领员缺，带领拟正拟陪人员引见。

奉谕旨：王文焕著补授绥远城佐领。

——《清代历朝起居注合集》清高宗卷三

乾隆三年（1738）十二月二十九日

丁未，上旨皇太后宫请安。上御保和殿，筵宴朝正外藩。左翼科尔沁达尔汉亲王和硕额驸罗布藏衮布、多罗郡王和硕额驸齐默特多尔济、多罗郡王诺们厄尔和图、多罗秉图郡王伊什班第、科尔沁多罗贝勒和硕额驸僧衮扎布、乌珠穆沁多罗贝勒策布登、茂明安多罗贝勒罗布藏西拉布、科尔沁固山贝子拉锡、喀尔喀固山贝子巴特马旺扎尔、阿巴哈纳尔固山贝子班珠尔、敖汉固山贝子罪布藏、科尔沁镇国公和硕额驸达尔马达都、辅国公马哈马羽尔查干达拉拉锡色汤、阿巴嘎辅国公达尔汉鄂尔哲图、喀喇沁辅国公罗布藏策布登、苏尼特辅国公罗累、乌珠穆沁辅国公得里克旺舒克、敖汉和硕额驸彭素克拉锡多尔济拉饧、科尔沁固山额驸多尔机虎拉黑达济里第索诺木、奈曼固山额驸敦多布土黩特固山额驸策旺拉锡、敖汉固山额驸罗布藏敦多布、郭尔罗斯固山额驸苏马第、翁牛特固山额驸策布登、科尔沁公主之孙头等台吉拉锡、喀喇沁公主之子头等塔布襄敏珠尔拉布坦、科尔沁公主之孙头等台吉阿羽尔布尼、敖汉公主之孙头等台吉垂济拉锡、巴林公主之孙头等台吉凌瞻、敖汉公主之孙头等台吉垂扎木苏、苏尼特头等台吉达锡吉垂查尔、乌珠穆沁三等台吉那苏图、科尔沁三等台吉巴图吴拉特三等台吉根都拉锡郭罗洛斯三等台吉乌尔胡满科尔沁四等台吉鄂礼克齐、阿巴嘎四等台吉阿穆勒锡克、科尔沁四等台吉照那苏图、阿巴嘎四等台吉库鲁札布、科尔沁四等台吉凌华、乌珠穆沁四等台吉敦多布塞冷、喀喇沁四等台吉塔布襄噶尔弼、喀尔喀四等台吉齐旺札布、扎赖特四等台吉杜尔巴、土黩特四等台吉厄黩克图、乌拉特四等台吉僧格拉布坦齐旺、克什克腾四等台吉齐旺多尔吉喀喇沁四等塔布襄衣拉固克散青海四等台吉巴桑喀尔喀四等台吉瓦秦札布那穆礼尔策苏隆科尔沁公主之县台吉贺吉格尔科尔沁公主之孙头等台吉拉锡那木扎尔色旺诺尔布色布腾巴尔珠尔、科尔沁头等塔布襄胡图灵阿协理、喀喇沁头等塔布襄阿奇、图苏尼特头等台吉哲波勒、鄂尔多斯头等台吉索诺木、蒿齐特头等台吉顾鲁扎布、鄂尔多斯头等台吉扎布伊特伦、奈曼二等台吉阿尔善、蒿齐特二等台吉萨玛第、喀尔喀二等台吉归勒葛、鄂尔多斯二等台吉拉锡巴尔丹阿鲁科尔沁二等台吉垂木丕尔拉布坦阿巴哈纳尔二等台吉冲忠土黩特二等塔布襄多尔济扎布翁牛特二等台吉罗布藏扎鲁特二等台吉吴尔图那苏图鄂尔多斯二等台吉喇嘛扎布、杜尔伯特二等台吉阿齐克、归化城二等台吉拉锡巴雅勒图、翁牛特三等台吉垂查尔、乌朱穆沁三等台吉那苏图、科尔沁三等台吉巴图、乌拉特三等台吉根都拉锡、郭罗洛斯三等台吉乌尔胡蒲、科尔沁四等台吉鄂礼克齐、阿巴嘎四等台吉阿穆勒锡克、科尔沁四等台吉照那苏图、阿巴嘎四等台吉库鲁札布、科尔沁四等台吉凌华、乌珠穆沁四等台吉敦多布塞冷、喀喇沁四等台吉塔布襄噶尔弼、喀尔喀四等台吉齐旺札布、扎赖特四等台吉杜尔巴、土黩特四等台吉厄黩克图、乌拉特四等台吉僧格拉布坦齐旺、克什克腾四等台吉齐旺多尔吉、喀喇沁四等塔布襄衣拉固克散、青海四等台吉巴桑、喀尔喀四等台吉瓦秦扎布、那穆扎尔策苏隆、科尔沁公主之孙台吉贺吉格尔毕什勒尔图、克什克图图伦岱昆楚克乌勒、黙吉达尔札多尔济、巴林公主之孙台吉班珠尔常明、格们噶尔玛礼、萨嘛达达木、巴固鲁格、沙金达赉达瞻厄药图、科尔沁沾亲台吉萨木丕尔巴图查干、达拉阿穆胡朗多尔济札布、僧格济克济札布、阿齐图衮朱布、查木苏丹津、苏珠克图拉锡、罗布藏固木布查布、赛音楚克图、布图伊齐塞楞扎布、乌巴什阿敏达尔、右翼喀尔喀卓尔和罗科、巴图鲁亲王固伦额驸策凌亲王和硕额驸敦多布多尔济、多罗卓里克国王功格萨穆丕尔、四子部落多罗卓里克图郡王阿拉布坦多尔济、札鲁特多罗贝勒索诺木阿第沙、鄂尔多斯固山贝子拉锡塞楞、巴林固山贝子诺们鄂尔和图、科尔沁固山贝子色布腾多尔济、喀尔喀固山贝子颜楚布、多尔济程衮札布、沙克都尔札布、镇国公札木禅旺札尔、辅国公策凌旺布诺尔布、札布札木泰、青海辅国公罗布藏查罕、鄂尔多斯查萨克头等台吉丁策拉锡、茂明安查萨克头等台吉齐旺西拉布、喀尔喀查萨克头等台吉拉布坦、旺舒克达尔札米、羽特多尔济齐胡拉阿保、罗布藏敦多布赉卫扎布垂木丕儿、青海扎萨克头等台吉策凌多尔济、达奇达马麟、萨布腾色特尔布母、喀尔喀头等台吉额黙根三达克、多尔济拜都布、科尔沁公主之孙头等台吉乌勒木济和、济格尔、索诺木旺札尔、扎雅喀尔弼、喀尔喀头等台吉多尔济旺舒克旺雅尔札布、翁牛特二等台吉伊什札尔秦达玛尼、科尔沁二等台吉乌尔衮吉尔图堪、敖汉四等台吉拉锡札木雅尔、科尔沁四等台吉固穆札布固木布札布、札鲁特四等台吉彭苏克、奈曼二等台吉那木钟、茂明安二等台吉得木楚克拉旺、科尔沁沾亲台吉巴锡德勒克、布达塞旺札布、巴林公主之孙台吉常保、科尔沁公主之孙台吉达琳多尔济、沾亲台吉苏马第布颜图、关保塔尔玛、济恩格吉库、旺舒克丹达尔、孙衮木布札布、垂札布弼舒洼布、图根松兑洪、乌泰席拉布、根杜札布巴札尔、那木札尔苏、赛拖克济毕木巴、色勒特古斯、毕什勒尔图、塞楞杜噶尔札布、罗布藏玛羽礼、阿克舒弼乌、巴什阿羽尔布尼、塞旺衮布、那孙厄尔翟、阿毕达达尔玛、丹巴扎木苏、乌巴什阿里雅、巴鲁玛什丹晋札木苏、温杜尔虎布达札布、敖汉公主之孙台吉布颜图拉锡、敦多布巴雅尔、图拉锡、楚木普尔、巴里米特诺尔、布桑多尔济扎布、济雅图大达、什拉锡僧格札布、巴特玛阿拉布坦、拉锡多尔济查史、巴雅尔图、彭苏克那木札尔等，及内大臣、侍卫、大学士等宴。诸乐并作，上进酒。毕。令科尔沁和硕亲王和硕额驸罗布藏衮布、喀尔喀和硕亲王固伦额驸策棱、科尔沁多罗郡王和硕额驸齐黙特多尔济、四子部落郡王阿拉布坦多尔济、喀喇沁多罗贝勒和硕额驸僧衮扎布、扎鲁特多罗贝勒索诺木、乌珠穆沁多罗贝勒策布登、科尔沁固山贝子额驸拉锡、喀尔喀固山贝子颜楚布多尔济、敖汉固山贝子额驸罗布藏、喀尔喀固山贝子程衮扎布、科尔沁镇国公额驸达尔马达都、喀尔喀辅国公策凌旺布，至御座前上亲授饮。其余王、贝勒、贝子、公、额驸、台吉、塔布囊等，俱令侍卫等各分觞，授饮于坐次。众饮毕，谢恩。

——《清代历朝起居注合集》清高宗卷三

乾隆四年（1739）正月十五日

上御正大光明殿，赐朝正外藩。左翼科尔沁和硕达尔汉亲王和硕额驸罗布藏固木布、乌朱穆沁和硕车臣亲王阿拉布坦纳木扎尔、科尔沁多罗郡王诺们儿额尔和图、四子部落多罗达尔汉卓里克图郡王阿拉布坦多尔济、科尔沁多罗贝勒僧衮扎布扎鲁特多罗贝勒索诺木、科尔沁固山贝子和硕额驸色布腾多尔济、鄂尔多斯固山贝子拉锡色楞、喀尔喀图山贝子巴特马旺扎尔、阿巴哈纳尔固山贝子班珠尔、科尔沁镇国公和硕额驸达尔马达都、科尔沁辅国公马哈马羽尔察汉达喇拉锡色旺、科尔沁辅国公罗布藏策布登、乌朱穆沁辅国公得里克旺舒克、苏尼特辅国公罗累、阿巴嘎辅国公达尔汉鄂尔哲图、敖汉和硕额彭素克拉锡多尔济拉锡、科尔沁固山额驸拉里达多尔吉虎济礼第索诺木、土默特固山额驸策旺拉锡、奈曼固山额驸敦多布、敦尔罗斯固山额驸苏马第、科尔沁固山额驸罗布藏敦多布、翁牛特固山额驸车布登、科尔沁头等塔布襄敏珠尔拉布坦、科尔沁公主之孙头等台吉拉锡阿羽尔布尼、敖汉公主之孙头等台吉垂济拉锡、巴林公主之孙头等台吉林瞻、敖汉公主之孙头等台吉垂扎木素、苏尼特头等台吉达锡、科尔沁公主之孙头等台吉拉锡那木扎尔、色旺诺尔布色布腾巴尔珠尔、科尔沁头等塔布襄胡图凌阿阿齐图、苏尼特头等台吉扎木巴喇、鄂尔多斯头等台吉索诺木、蒿齐特头等台吉顾鲁扎布、鄂尔多斯头等台吉扎布济楞特、奈曼二等台吉阿拉善、蒿齐特二等台吉萨马第、喀尔喀二等台吉归勒格、鄂尔多斯二等台吉拉锡巴尔丹、阿鲁科尔沁二等台吉垂木丕尔拉布坦、阿巴哈纳尔二等台吉垂钟、土默特二等塔布襄多尔济扎布、翁牛特二等台吉罗布藏、扎鲁特二等台吉吴尔上那苏图、鄂尔多斯二等台吉喇嘛扎布、杜尔伯特二等台吉阿齐克、归化城二等台吉拉锡巴雅尔图、翁牛特三等台吉垂扎尔、乌珠穆沁三等台吉那苏图、科尔沁三等台吉巴图、乌拉特三等台吉根都拉锡、郭尔罗斯三等台吉吴尔胡马

103

尔、科尔沁四等台吉鄂里克齐、阿巴嘎四等台吉阿穆尔西克、科尔沁四等台吉照那苏图、阿巴嘎四等台吉顾鲁扎布、科尔沁四等台吉凌华、乌珠穆沁四等台吉敦多布色楞、科尔沁四等塔布襄噶尔弼、喀尔喀四等台吉齐旺扎布、扎赖特四等台吉杜尔巴、土默特四等台吉鄂木克图、乌拉特四等台吉僧根拉布坦齐旺、克什克腾四等台吉齐旺多尔济、科尔沁四等塔布襄伊兰困克散、青海四等台吉巴桑、喀尔喀四等台吉瓦青扎布、那木扎儿策苏隆、科尔沁公主之孙四等台吉胡济格尔毕西勒尔图、克西克图图楞岱、衮楚克吴勒木济达尔扎多尔济、巴林公主之孙四等台吉班珠尔常明、格木尔噶尔、马礼萨嘛达丹、木巴固鲁格沙泮、达赖第燕鄂岳图、科尔沁沾亲四等台吉萨木丕尔、巴图查干达拉、阿穆胡朗多尔济扎布、僧格济克济扎布、阿齐图固木布扎、木素丹津、苏珠克图拉锡、罗布藏固木布扎布、塞音绰克图、布图格克齐、色楞扎布、吴巴锡阿敏达尔、右翼喀尔喀和硕绰尔郭罗科、巴图鲁亲王固伦额驸策凌、科尔沁多罗郡王和硕额驸齐黙特多尔济、多罗秉图郡王伊什班第、扎鲁特多罗贝勒阿第沙、乌朱穆沁多罗贝勒车布登、科尔沁固山贝子固山额驸拉锡、敖汉固山贝子固山额驸罗布藏、喀尔喀固山贝子燕楚布多尔济、喀尔喀固山贝子程衮扎布、沙克都尔扎布、巴林固山贝子诺们厄尔河图、喀尔喀镇国公扎木禅旺扎尔、辅国公扎木禅诺尔布扎布策伶旺布、青海辅国公罗布藏查干、鄂尔多斯扎萨克头等台吉顶杂拉什、茂明安扎萨克头等台吉齐旺西拉布、喀尔喀扎萨克头等台吉拉布坦齐胡喇米羽特多尔济、阿保垂木丕尔赉卫扎布、旺舒克达尔扎、罗布藏敦多布、青海扎萨克头等台吉达马林色布腾、色特尔布木达奇、车凌多尔济、喀尔喀头等台吉额黙根散达克多尔济拜图布、科尔沁公主之孙头等台吉吴尔木济河济格尔、索诺木索诺、木旺扎尔扎雅噶尔弼、喀尔喀头等台吉多尔济旺舒克旺扎尔扎布、翁牛特二等台吉伊什扎尔泰达马尼、科尔沁二等台吉吴尔衮济尔图堪、奈曼二等台吉那木钟、茂明安二等台吉得木楚克拉旺、敖汉四等台吉拉什那木扎尔、科尔沁四等台吉固木扎布固木扎布、扎鲁特四等台吉彭苏克、科尔沁沾亲四等台吉巴什得勒克、布达色旺扎布、巴林公主之孙四等台吉常保、科尔沁公主之孙四等台吉达林多尔济、科尔沁沾亲四等台吉苏马第布燕图、官保塔拉木济恩奇、济胡旺舒克丹达尔、逊固木布扎布、垂扎布毕刷布、图格尔松兑、洪古泰西拉布、根敦扎布巴雅尔、那木扎尔苏塞、多克济毕本、巴色楞特古斯、毕西勒尔图、色楞杜噶尔扎布、罗布藏马羽里、阿克书弼乌巴锡、阿羽尔布尼、色旺固木布、那逊鄂尔翟、阿毕达达尔马、达木巴扎木素、吴巴锡阿里雅、巴鲁马西丹津、扎木素温都尔胡布达扎布、敖汉公主之孙四等台吉布颜图拉锡、敦多布巴雅尔、图拉锡楚木布尔、巴尔米特诺尔、布桑多尔济扎布、伊雅图达史拉锡僧根扎布、巴特马阿拉布坦、拉史多尔济查史、巴雅尔图、彭苏克那木扎尔等，及内大臣、侍卫、大学士等宴，诸乐并作，上进酒毕。令科尔沁和硕达尔汉亲王和硕额驸罗布藏固木布、乌珠穆沁和硕车臣亲王阿拉布坦纳木扎尔、科尔沁多罗郡王诺们额尔和图、四子部落多罗达尔汉卓里克图郡王阿拉布坦多尔济、科尔沁多罗贝勒和硕额驸僧衮扎布、扎鲁特多罗贝勒索诺木、科尔沁固山贝子和硕额驸色布腾多尔济、鄂尔多斯固山贝子拉锡色楞、喀尔喀和硕绰尔郭罗科巴图鲁、亲王固伦额驸策凌、科尔沁多罗郡王和硕额驸齐黙特多尔济、多罗秉图郡王伊什班第、扎鲁特多罗贝勒阿第沙、乌珠穆沁多罗贝勒车布登、科尔沁固山贝子固山额驸拉锡、敖汉固山贝子固山额驸罗布藏、喀尔喀固山贝子燕楚布多尔济，至御座前，上亲授饮。其余王、贝勒、贝子、公、额驸、台吉、塔布襄等，俱令侍卫分觞授饮于坐次。宴毕，众谢恩。

——《清代历朝起居注合集》清高宗卷四

乾隆四年（1739）七月十五日

奏请补授游牧等处巡察官员缺，带领拟正拟陪人员引见。

奉谕旨：游牧处巡察官著拟正之兵部员外郎廷柱去。归化城巡察官著拟陪之。

——《清代历朝起居注合集》清高宗卷四

乾隆四年（1739）十一月二十日

镶黄旗汉军都统奏请补授绥远城防御员缺，带领拟正拟陪人员引见。

奉谕旨：李秉恭著补授绥远城防御。

——《清代历朝起居注合集》清高宗卷四

乾隆五年（1740）二月，乙亥

命额驸策凌等定各部落接准噶尔游牧边界。哈柳归。召入，赐茶。以和议成 嘉奖之。辛巳，以伊勒慎为绥远城将军。

——《清史稿》本纪十·高宗本纪一

乾隆五年（1740）七月

丁丑，以补熙为绥远城将军。

——《清史稿》本纪十·高宗本纪一

乾隆六年（1741）二月

庚申，增设山西归化城分巡道。

——《清史稿》本纪十·高宗本纪一

乾隆七年（1742）正月十五日

上御正大光明殿，赐朝正外藩筵宴。左翼章嘉胡土克图、乌珠穆沁和硕车臣亲王阿拉布坦那木扎尔、科尔沁多罗郡王和硕额驸齐默特多尔济、鄂尔多斯多罗郡王扎木养、四子部落多罗达尔汉卓里克图郡王阿拉布坦多尔济、喀喇沁多罗贝勒和硕额驸僧衮扎布、敖汉固山贝子固山额驸罗布藏、鄂尔多斯固山贝子拉锡色楞那木扎尔多尔济、乌珠穆沁辅国公德里克旺舒克、喀尔喀辅国公米西克、敖汉和硕额驸多尔济拉锡、鄂尔多斯扎萨克头等台吉顶杂拉锡、喀喇喀扎萨克头等台吉布达扎布、里木丕尔多尔济、兖楚克扎布、科尔沁多罗额驸多尔济、喀喇沁多罗额驸胡图凌阿、科尔沁固山额驸拉里达索诺木、敖汉固山额驸罗布藏西拉布、喀喇沁头等塔布囊米珠尔拉布坦、科尔沁公主之孙头等台吉拉锡、巴林头等台吉凌秦、苏尼特头等台吉达史、喀喇沁头等塔布囊旺扎尔、翁牛特二等台吉伊西扎尔、扎鲁特四等台吉彭苏克、喀喇沁头等塔布囊扎拉封阿、科尔沁公主之孙头等台吉诺尔布桑、色布登巴尔珠尔索诺木、科尔沁公主之孙四等台吉阿拉布坦运敦萨木钵尔、拉锡赛图科罗西、鄂拉朔河衮楚克、色旺扎布多尔济特古楚克图、巴雅尔阿林湖达赖、色楞阿羽尔布尼、色楞离雅格尔、毕巴尔多尔济、萨木丕尔萨木擅、德尔格尔、巴林公主之孙二等台吉常明常保、巴林公主之孙三等台吉萨满塔格默尔、巴林公主之孙四等台吉鄂岳图达燕、丹巴毕西勒尔图、格默尔巴拉米特特古斯、科尔沁沾亲头等台吉阿羽齐布燕、图布达扎布、科尔沁沾亲二等台吉纳木扎尔、科尔沁沾亲三等台吉得尔格楞贵西科尔、图萨图固木布、嵩齐特头等台吉顾鲁扎布、喀尔喀头等台吉丹巴、喀喇沁头等塔布囊达林、鄂多斯头等台吉巴尔珠尔、苏尼特二等台吉齐布登拉锡、科尔沁二等台吉敬德、默特二等塔布囊厄尔格图、阿鲁科尔沁二等台吉齐木伯尔拉布坦、杜尔伯特二等台吉齐齐格、扎鲁特二等台吉吴尔图那苏图、乌拉特二等台吉阿尔塔、鄂尔多斯二等台吉托音、科尔沁二等台吉拉特那扎木素、翁牛特二等台吉僧格、喀尔喀二等台吉奇旺、土默特三等台吉拜虎、乌拉特三等台吉奇旺西拉布、科尔沁三等台吉巴图、乌珠穆沁三等台吉敦多布色楞、奈曼四等台吉伊西扎木素、阿巴嘎四等台吉顾鲁扎布、科尔沁四等台吉凌华、鄂尔多斯四等台吉垂多尔济、阿巴哈纳尔四等台吉厄林秦汉都、克什克腾四等台吉齐旺多尔济、翁牛特四等台吉三扎布、扎鲁特四等台吉噶西布、扎赖特四等台吉都尔巴、科尔沁四等台吉鄂岳、乌珠穆沁四等台吉齐旺彭苏克、科尔沁四等塔布囊罗布藏伊拉古克散、阿巴嘎四等台吉阿穆尔西克、嵩齐特四等台吉得木楚克扎布、郭尔罗斯四等台吉阿里鲁克散、阿巴哈纳尔四等台吉顾鲁扎布、归化城四等台吉欣第、右翼噶尔旦西勒图胡土克图、喀尔喀车臣汗达马林、喀尔喀多罗郡王得木楚克、喀尔喀多罗郡王巴尔达厄勒特、多罗郡王和硕额驸塞布登旺布、翁牛特多罗达尔汉岱青、贝勒彭苏克、喀尔喀固山贝子旺扎尔、固山贝子多尔济旺舒克、固山贝子沙克都尔扎布、喀尔喀辅国公齐旺、阿巴嘎辅国公达尔汉鄂尔翟图、喀尔喀辅国公弥凹扎布、喀尔喀和硕额驸根扎布多尔济、喀尔喀扎萨克头等台吉鄂木伯济策凌旺舒克、伯罗尔齐巴格扎布、青海扎萨克头等台吉荆克扎布、敖汉多罗额驸齐旺多尔济、敖汉固山额驸旺扎尔、奈曼固山额驸敦多布、喀喇沁固山额驸罗布藏敦多布、郭尔罗斯固山额驸苏马第、喀尔喀二等台吉翰都布拜都布、厄林秦齐巴格扎布、克什克腾四等台吉囊雅特扎布、敖汉公主之孙头等台吉拉锡多尔济查史、三等台吉阿旺拉史、四等台吉那木扎尔拉史垂木丕尔、拉锡多尔济扎布、诺尔布桑纪牙图毕西勒尔图、巴雅尔图扎木、米燕敦多布阿齐图、巴拉米特巴雅尔、图彭舒克那木扎尔、萨米第阿拉布坦、达史拉锡僧衮扎布、伊拉古克散巴特马、公桑巴特马哈第、科尔沁沾亲四等台吉吴巴什罗宾、吴巴什赛音绰克图、索诺木丹达里、孙扎木素扎牙勒尔毕、萨拉布丹巴扎木素、阿木胡朗阿羽尔、丹津布海岱、色旺布达噶尔、桑苏马第、索诺木札木素、图满厄尔得木图、阿羽锡苏鲁木、西拉布沙里保、图萨图萨里、萨木丕尔、蒙古尔翟彭苏克拉布坦、吴巴什委达、根敦彭苏克拉布坦、胡土克厄尔、翟图多尔济、拉胡通努哈异、巴什蒙古尔翟得尔、格尔毕图里牙、威隆苦沙木丕尔、阿里牙巴鲁、布里胡土克那木杂尔色楞扎布、颇罗沁沙克济、鄂岳图那苏图、杜里达礼赛库岳图、素岳克图桑济扎布等，及领侍卫内大、臣大学士等宴，诸乐并作。上进酒。毕。召乌珠穆沁和硕车臣亲王阿拉布担那木扎尔、喀尔喀车臣汗达马林、科尔沁多罗郡王和硕额驸齐默特多尔济、鄂尔多斯多罗郡王扎木养、四子部落多罗达尔汉卓里克图郡王阿拉布坦多尔济、喀尔喀多罗郡王得木楚克厄勒特、多罗郡王和硕额驸塞布登旺布、喀喇沁多罗贝勒和硕额驸僧衮扎布、翁牛特多罗达尔汉岱青贝勒彭苏克、敖汉固山贝子固山额驸罗布藏、阿巴嘎辅国公达尔汉鄂尔翟图、喀尔喀和硕额驸根扎布多尔济等，至御座前，上亲授饮。其余王、贝勒、贝子、公、额驸、台吉、塔布囊等，俱令侍卫等，各分觞授饮于坐次。众饮毕，谢恩。

——《清代历朝起居注合集》清高宗卷四

乾隆七年（1742）正月，庚午

定绥远城、右卫归化城土默特、察哈尔共挑兵四千名，内扎萨克首队兵四千五百名，二队兵六千五百名，援应北路军营。并于额尔德尼昭沿途置驼马备用。

——《清史稿》本纪十·高宗本纪一

乾隆七年（1742）二月

乙卯，以吉党阿为归化城都统。

——《清史稿》本纪十·高宗本纪一

乾隆七年（1742）三月初一日

刑部议副都统塞楞额泰遵旨，查审归绥道六格揭报，归化城理事同知广收霉烂仓谷不后，巡抚参奏，檄委摘印，竟将该同知印信摘取，看守兵格应革职一疏。

上曰：六格著送部引见。余依议。

——《清代历朝起居注合集》清高宗卷四

乾隆七年（1742）三月初八

奏请补授绥远城防御员缺，带领拟正拟陪人员引见。

奉谕旨：观音保著补授绥远城防御。

——《清代历朝起居注合集》清高宗卷四

乾隆七年（1742）十二月十九日

兵部奏请，补授归化城右翼副都统员缺一疏。

上曰：白吉补授归化城右翼副都统。

——《清代历朝起居注合集》清高宗卷四

乾隆十年（1745）二月初六日

正黄旗蒙古都统奏请，署理巡察归化城等处佐领员缺，带领拟正拟陪人员引见。

奉谕旨：著诺尔孙署理。旗档。

——《清代历朝起居注合集》清高宗卷四

乾隆十年（1745）五月十七日

奏请补授绥远城防御并本旗印务参领及炮营参领各员缺，带领拟正拟陪人员引见。

奉谕旨：绥远城防御员缺著陈文瑞补授印务参领员缺著靳光岳补授炮营参领员缺著王国麟补授旗档。

——《清代历朝起居注合集》清高宗卷四

乾隆十年（1745）七月初一日

兵部议，混行陈奏之归化城副都统白吉，应照例降二级调用一疏。

上曰：白吉著来京候旨。

——《清代历朝起居汪合集》清高宗卷四

乾隆十年（1745）七月十七日

兵部奏请，补授归化城右翼副都统员缺一疏。

奉谕旨：黄尔浑补授归化城右翼副都统。

——《清代历朝起居注合集》清高宗卷四

乾隆十年（1745）十月二十七日

奏请补授绥远城佐领员缺，带领拟正拟陪人员引见。

奉谕旨：绥远城佐领员缺著五什泰补授。

奏请补授绥远城防御员缺，带领拟正拟陪人员引见。

奉谕旨：绥远城防御员缺著代禄补授。

——《清代历朝起居注合集》清高宗卷四

乾隆十年（1745）十二月十七日

奏请补授绥远城防御员缺，带领拟正拟陪人员引见。

奉谕旨：绥远城防御员缺著那尔善补授。

——《清代历朝起居注合集》清高宗卷四

乾隆十一年（1746）正月十二日

大学士讷亲、张廷玉奉谕旨：向来归化城都统、副都统到任之后，俱赁民房居住，未曾设有官署。著交与巡抚阿里衮，会同绥远城将军补熙定议，酌量建造。

——《清代历朝起居注合集》清高宗卷五

乾隆十一年（1746）三月二十日

镶红旗蒙古都统奏请补授绥远城防御员缺，带领拟正拟陪人员引见。

奉谕旨：绥远城防御员缺著耿尔都士补授。

——《清代历朝起居注合集》清高宗卷五

乾隆十一年（1746）闰三月初十日

镶白旗汉军都统奏请补授绥远城协领员缺，带领拟正拟陪人员引见。

奉谕旨：张恒道著补授绥远城协领。

——《清代历朝起居注合集》清高宗卷五

乾隆十一年（1746）十一月二十一日

奏请补授绥远城佐领员缺，带领拟正拟陪人员引见。

奉谕旨：绥远城佐领员缺著拟正之拉史吞补授。

——《清代历朝起居注合集》清高宗卷五

乾隆十一年（1746）十二月初四

大学士讷亲议将军补熙奏，绥远城驻防之家选兵丁内现有骁骑校二十七员，其品级与汉官千总相等。查定例，千总历俸六年为满，此项骁骑校等改补千总，既无升转之阶未便，令其久占千总员缺，将来六年俸满，作何甄别办理？应令该督抚悉心定议具奏一折。

奉谕旨：所议千总不准升用一条，此内如有材技，可观实心效力者。令该管大臣预行奏明，准其升用。余依议。

——《清代历朝起居注合集》清高宗卷五

乾隆十二年（1747）正月初四日

幸瀛台紫光阁，幄次赐蒙古诸王筵宴。

是日，大学士讷亲、张廷玉奉谕旨：朕嘉惠黎元以次轮，免天下正供，山西通省地丁，应于戊辰年全免。但该省太原、平阳、潞安、宁武、泽州、蒲州六府，辽、沁、平、沂、代、保、解、绛八州及归化城各协理通判，所属有额征本色米豆谷麦一项，以供满汉官兵粮饷，例不蠲免。其实计田纳赋本色，即与地丁无异。今应纳地丁者，均已蠲免。其供输本色者，虽系支给兵饷未便，概予蠲除。但此次特沛恩施，亦应量加恺泽，俾伊等得以均沾。著将太原等府州县应征本色，酌免十分之三。其大同、朔平二府地处边瘠，频年歉收，著全行蠲免。该部即遵谕行。

——《清代历朝起居注合集》清高宗卷六

乾隆十二年（1747）六月十二日

正蓝旗蒙古都统奏请补授绥远城防御员缺，带领拟正拟陪人员引见。

奉谕旨：著察安冠补授。

——《清代历朝起居注合集》清高宗卷六

乾隆十二年（1747）十二月十八日

奏请补授绥远城防御员缺，带领拟正拟陪人员引见。

奉谕旨：绥远城防御员缺著布占补授。

——《清代历朝起居注合集》清高宗卷六

乾隆十三年（1748）十月二十二日

绥远城协领三缺带领拟正拟陪人员引见。

奉谕旨：协领员缺著巴岱补授绥远城协领员缺著多尔济补授。

——《清代历朝起居注合集》清高宗卷七

乾隆十三年（1748）十二月十七日

镶红旗满洲都统奏请补授宁古塔乌拉协领、宁夏防御、绥远城防御三缺，带领拟正拟陪人员引见。

奉谕旨：苏扎虎著补授宁古塔乌拉协领，黑包著补授宁夏防御，章韶著补授绥远城防御。

——《清代历朝起居注合集》清高宗卷七

乾隆十四年六月初二

奏请补授绥远城佐领员缺，带领拟正拟陪人员引见。奉谕旨：著拟正之戴禄补授。

——《清代历朝起居注合集》清高宗卷七

乾隆十四年（1749）六月十六日

绥远城防御员缺著拟正之白达色补授。

——《清代历朝起居注合集》清高宗卷八

乾隆十四年（1749）冬十月

丁酉，召八十五来京，以卓鼐为归化城都统。

——《清史稿》本纪十一·高宗本纪二

乾隆十四年（1749）十一月初八日

刑部议，山西巡抚阿里衮参奏，善岱协理笔帖式成泰擅用非刑，纵役索诈并七协事件迟延，应罚俸一年。查事在恩诏以前，应请宽免一疏。

奉谕旨：此案情节，明系成泰擅用非刑、纵役索诈。福增阿妄加鞭责，滥行羁禁，不能整理地方，徒多扰累。该抚但据卓尔岱呈详即为题结，不知伊等皆系卓尔岱属员，乃据一面之词，为之开脱，岂可任其蒙混。从前伊等联衔直揭都统八十五，虽八十五在归化城办理诸务，原不妥协，而成泰等如此任意，苛虐纵容勒索，则其互相朋比，四行无忌。可知此风断不可长，该部但照该抚所请，拟以罚俸，更为援赦，何以示惩。且累年悬案不结，延玩已极，尚谓其俱属有因，并非无故迟延，岂有十余年积案至二百余件。经该都统噶尔锡具奏之后，至今犹存九十余件不为完结，尚得谓之迟延，并非无故乎。该笔帖式等肆意妄行，疲玩相习，不可不严行整顿。著将七协笔帖式成泰等，俱行革职，该部即速另行拣选，带领引见，候朕简补。所有未经完结之案，令其作速审结。如再迟延，即严查参，处卓尔岱祖护属员，亦著交部察议。

——《清代历朝起居注合集》清高宗卷八

乾隆十四年（1749）十二月初十日

兵部议，归化城副都统卓鼐奏，正白旗满洲佐领偏图、蒙古佐领星绍、正黄旗满洲防御西札布，俱年老请休，应准其休致。查偏图、星绍曾经出兵打仗，得有功牌，可否给与全俸？西札布曾经出兵，可否给与半俸，出自圣恩一疏。

奉谕旨：偏图等曾经效力行间，著以原品休致。偏图、星绍给与全俸，西札布给与半俸，以养余年。

——《清代历朝起居注合集》清高宗卷八

乾隆十五年（1750）四月十三日

奏请补授绥远城防御员缺。

——《清代历朝起居注合集》清高宗卷九

乾隆十五年（1750）五月

甲寅，召新柱来京，以卓鼐为吉林将军，众佛保为归化城都统。

——《清史稿》本纪十一·高宗本纪二

乾隆十五年（1750）七月十九日

正黄旗蒙古都统奏请补授绥远城协领员缺，带领拟正拟陪人员引见。

奉谕旨：著班第补授。

——《清代历朝起居注合集》清高宗卷九

乾隆十五年（1750）七月二十二日

镶黄旗满洲都统奏请补授绥远城佐领员缺，带领拟正拟陪人员引见。

奉谕旨：著白达色补授。

——《清代历朝起居注合集》清高宗卷九

乾隆十五年（1750）七月三十日

正红旗汉军都统奏请补授绥远城佐领员缺，带领拟正拟陪人员引见。

奉谕旨：著赵之璵补授。

——《清代历朝起居注合集》清高宗卷九

乾隆十五年（1750）十月十六日

议右卫将军富昌奏绥远城正黄旗蒙古佐领员缺，准以裁缺之。

——《清代历朝起居注合集》清高宗卷九

乾隆十六年（1751）五月初九

绥远城佐领员缺著边塔哈补授。

——《清代历朝起居注合集》清高宗卷十

乾隆十六年（1751）闰五月初二

刘元惠补授绥远城佐领。

——《清代历朝起居注合集》清高宗卷十

乾隆十六年（1751）闰五月十一日

带领绥远城左右两翼期满教习七十一等引见。

奉谕旨：七十一祝致需俱著照例用。

——《清代历朝起居注合集》清高宗卷十

乾隆十六年（1751）闰五月十四日

刑部议，归化城建威将军富森奏，民人尼毛杂儿殴伤伊妻都尔马，身死，应拟缴监候。查尼毛杂儿之父已故，家无次丁，可否援例承祀，恭候钦定一疏。

奉谕旨：尼毛杂儿从宽免死，照例发落，准留承祀。

——《清代历朝起居注合集》清高宗卷十

乾隆十六年（1751）七月十二日

巡察归化城御史塞尔钦奏绥远城等处各衙门办理兵丁钱粮并船只等项一折。

大学士傅恒协办，大学士梁诗正奉谕旨：知道了。缺少船只理应补造，著父与该抚，即照数补造备用。再此项船只自何年损坏、缘何未曾修造之处，著阿思哈查明具奏。

——《清代历朝起居注合集》清高宗卷十

乾隆十六年（1751）九月初二

正蓝旗汉军都统奏请补授绥远城防御员缺，带领拟正拟陪人员引见。奉谕旨：

115

著孙良柱补授。

——《清代历朝起居注合集》清高宗卷十

乾隆十七年（1752）三月二十五日

兵部议绥远城将军富昌奏，镶红旗蒙古佐领员缺，准以古卫镶蓝蒙古旗分应裁佐领扎什调补一疏。

奉谕旨：扎什依议调补。余依议。

——《清代历朝起居注合集》清高宗卷十一

乾隆十七年（1752）三月

壬申，以莫尔欢为归化城都统。

——《清史稿》本纪十一·高宗本纪二

乾隆十七年（1752）三月二十八日

复请补授归化城右翼副都统员缺一疏。

上曰：法起著补授归化城右翼副都统。

——《清代历朝起居注合集》清高宗卷十一

乾隆十七年（1752）五月十六日

奏请补授绥远城佐领员缺，带领拟正拟陪人员引见。

奉谕旨：著萨桑阿补授。

——《清代历朝起居注合集》清高宗卷十一

乾隆十八年（1753）三月初七

奏请补授绥远城佐领员缺，带领拟正拟陪人员引见。

奉谕旨：著庞德补授。

——《清代历朝起居注合集》清高宗卷十二

乾隆十八年（1753）三月十六日

大学士傅恒、史贻直奉谕旨：山西归化城口外善岱等处，各协理通判所管招民垦种荒熟地亩，历年应征租粮草，折自乾隆二年至乾隆八年，积欠未完银两甚多，若一时新旧并征，民力未免拮据。且该处情形与内地不同，应加恩分别带征。着将善岱旧欠，自乾隆十八年起分限二年，昆都仑旧欠分限四年，和林格尔旧欠分限五年，托克托城旧欠分限八年，清水河旧欠分限十年，该承追督催各官，照依分定年限，如数带征。俾渐次清完，以纾民力。该部即遵谕行。

——《清代历朝起居注合集》清高宗卷十二

乾隆十八年（1753）四月初四

奏请补授绥远城佐领员缺，带领拟正拟陪人员引见。

奉谕旨：著木隆阿补授。

——《清代历朝起居注合集》清高宗卷十二

乾隆十八年（1753）四月十七日

带领署山西巡抚胡宝瑔保荐堪胜知府之绥远城理事同知勒尔金等二员引见。

奉谕旨：勒尔金李由中俱著回原任。

——《清代历朝起居注合集》清高宗卷十二

乾隆十八年（1753）五月二十日

镶蓝旗汉军都统奏请补授绥远城协领员缺，带领拟正拟陪人员引见。

奉谕旨：著汪灏补授。

——《清代历朝起居注合集》清高宗卷十二

乾隆十八年（1753）六月十九日

正黄旗满州都统奏请补授绥远城防御员缺，带领拟正拟陪人员引见。

奉谕旨：著特升格补授。

——《清代历朝起居注合集》清高宗卷十二

乾隆十八年（1753）七月十一日

复请吏部议，署山西巡抚胡宝瑔奏绥远城同知员缺，请以归化城协理通判齐赉升补与例不符，应毋庸议一疏。

上曰：齐赉著照该署抚所请行。

——《清代历朝起居注合集》清高宗卷十二

乾隆十八年（1753）七月二十九日

镶黄旗满洲都统奏请补授佐领等员缺，带领拟正拟陪人员引见。

奉谕旨：和升额著补授江要佐领伍德著补授绥远城佐领。

——《清代历朝起居注合集》清高宗卷十二

乾隆十八年（1753）十月十八日

镶白旗满洲都统奏，请补授郑家庄佐领等员缺，带领拟正拟陪人员引见。

奉谕旨：德克即讷补授郑家庄佐领，西凌阿补授绥远城防御。

——《清代历朝起居注合集》清高宗卷十二

乾隆十八年（1753）十月二十三日

奏请补授绥远城防御员缺，带领拟正拟陪人员引见。

奉谕旨：著张来袭补授。

——《清代历朝起居注合集》清高宗卷十二

乾隆十八年（1753）十二月三十日

皇上御极以来，仁育义正，经纬咸昭，既已天人协和，朝野宁谧而尤凛乎。维几维康之训，酌乎，不竞不绒之宜。是故轸民瘼，则有陕晋安徽之赈恤，豫省东省之缓征，归化城垦地之分年带征，截留二十万以贮天津，复留四十万以资江左，又仿汉时下巴蜀之粟，协济江淮所以备豫者。如此，庆刑章则缓决，三次者减等，徒杖以下者宽释。

——《清代历朝起居注合集》清高宗卷十二

乾隆十九年（1754）三月初四

镶蓝旗满洲都统奏请补授绥远城佐领员缺，带领拟正拟陪人员引见。

奉谕旨：着松禄补授（八旗档）。

——《清代历朝起居注合集》清高宗卷十三

乾隆十九年（1754）三月初十日

镶白旗满洲都统奏绥远城佐领哈达海年老，请休应准其休致。查哈达海曾经出兵，并应否给半俸，出自圣恩一折。

奉谕旨：赏给半奉。

——《清代历朝起居注合集》清高宗卷十三

乾隆十九年（1754）四月十一日

镶白旗蒙古都统奏请补授绥远城协领员缺，带领拟正拟陪人员引见。

奉谕旨：著黑达色补授。

——《清代历朝起居注合集》清高宗卷十三

乾隆十九年（1754）闰四月初八

镶黄旗满洲都统奏请补授绥远城防御员缺，带领拟正拟陪人员引见。

奉谕旨：著明生补授。

——《清代历朝起居注合集》清高宗卷十三

乾隆十九年（1754）闰四月十七日

厢黄旗满州都统奏补授绥远城佐领员缺，带领拟正拟陪人员引见。

奉谕旨：著佛保住补授。

——《清代历朝起居注合集》清高宗卷十三

乾隆十九年（1754）闰四月二十九日

镶白旗蒙古都统奏请补授绥远城佐领员缺，带领拟正拟陪人员引见。

奉谕旨：著根敦补授。

——《清代历朝起居注合集》清高宗卷十三

乾隆十九年（1754）五月初四

带领绥远城教习期满之戴际昌引见。

奉谕旨：戴际昌著照例用工。

——《清代历朝起居注合集》清高宗卷十三

乾隆十九年（1754）六月十二日

兵部议建威将军富昌奏，右卫镶黄旗满洲协领员缺，准以绥远城正白旗满洲佐领苏尔方阿补授一疏。

奉谕旨：苏尔方阿依议用余依议。

——《清代历朝起居注合集》清高宗卷十三

乾隆十九年（1754）七月十七日

大学士傅恒、协办大学士尚书蒋溥，奉谕旨：山西朔平府知府员缺，著克尔图补授。所遗归化城同知员缺，著托克托城通判格图肯补授。

——《清代历朝起居注合集》清高宗卷十三

乾隆十九年（1754）十月十四日

奏请补授绥远城防御员缺，带领拟正拟陪人员引见。

奉谕旨：著金保补授。

——《清代历朝起居注合集》清高宗卷十三

乾隆十九年（1754）十月十六日

奏请补授绥远城防御员缺，带领拟正拟陪人员引见。

奉谕旨：著官住补授。

——《清代历朝起居注合集》清高宗卷十三

乾隆二十年（1755）三月十三日

礼部奏，原任归化城都统班达尔使病故，照例给与全葬致祭，应否与谥，恭候钦定一疏。

奉谕旨：依议，不必与谥。

——《清代历朝起居注合集》清高宗卷十四

乾隆二十年三月二十一日

奏请补授绥远城防御员缺，带领拟正拟陪人员引见。

奉谕旨：著官住补授。

——《清代历朝起居注合集》清高宗卷十四

乾隆二十年（1755）十二月初九日

奉谕旨：阿睦尔撒纳本一奸诡狡恶之人，因数年来，准噶尔部落篡夺相寻，希图吞噬。而准噶尔台吉乃绰罗斯世传，伊系辉持势不能据行，窃踞遂以达瓦齐为奇货，诱助攻杀。伊得从中取事，及达瓦齐即为台吉，不遂所欲，乃率众来降。彼时策楞舒赫德义留其丁，壮于军营，而老幼妇女，悉于归化城安置。朕为天下共主，彼以穷蹙来归，而转令其妻子离散，实所不忍。且伊拥众数千户，同来，亦断不肯听其离折。势必四出劫掠，其为害于喀尔喀者甚大。是以治策楞舒赫德之罪，而召见阿睦尔撒纳于热河行在。锡之封赏，伊即面陈平定准噶尔方略，准噶尔一事，乃我皇祖皇考屡申挞伐，未竟之绪。本所当办，今既机有可乘，自不容已。而以夷攻夷，非即用伊为先导不可，是以即用伊为将军，然朕已早烛其，未可深信故。令额驸色布腾巴尔珠尔与之同行，密降谕旨，阿睦尔撒纳若实心出力可与之事权，以诚感之。若有反叛之状，则汝收将军印，便宜行事。伊既向化而来，朕惟开诚布公，实心相待，加以厚恩。伊亦人类，宁不知感此，上苍所鉴，临初非术驭之利，结之逆诈，而预图之也。迨伊犁既定，朕降旨封四卫拉特为四汗，伊遂潜怀逆谋，欲并踞准噶尔遣人至哈萨克，扬言伊领兵平定伊犁，而不云天朝大兵。又托言哈萨克人众，谓非伊为总台吉不可，私调兵数千，置将军印不用，用准噶尔台吉私印。植党修怨残杀，自恣六月内，班第等具以奏以闻，朕即降旨，令其即军中拿问治罪。班第等旋奏，伊将遵旨入境。朕召军机大臣示以所奏机宜，皆谓阿睦尔撒纳自必前来胆仰，或虑其回巢后，滋生事端耳。而朕即预料其必不前来，是以复令班第等，即于彼中相机从事。若已起身，在旬日内亦当追回，迅速拿问。盖伊既怀叵测，即诈称入觐，亦必于途次迁延。若不早为完结，必致生变。与其后，伊交结煽动变迟而费大。何如及时乘机办理之，为得也。乃班第等奏称，已遵旨遣人追取，适有哈萨克使者同行，恐其惊疑，复将追取之人撤回。独不思哈萨克，自大兵平定伊犁，即屡次遣使至营，本极恭顺。且深悉阿睦尔撒纳之反复狡诈，果正其罪，亦何妨明切晓谕，示以天讨。彼何惊疑之有，此班第等不能遵旨办理，自失机宜之大端也。朕见班第等不能在外完结，即料其至伊游牧地方，必且窜匿，必且潜取家属。因降旨乌里雅苏台军营大臣等，令于撤回满洲索伦兵内，截留一千名往御。而阿睦尔撒纳果密使心腹，邀其妻子剋期奔会。幸其所使班殊尔后期。而我满洲索伦兵已诘朝毕集，遮留其妻子，部众无一人拦出者，班珠尔等伎俩既穷，始束身入觐。仍计回时劫之以去。此朕于热河亲讯时，据班珠尔等一一供吐者，若朕不预为部署，彼之家属人众将安然远扬，岂不增其羽翼耶。额林沁多尔济、我之扎萨克亲王班第等，以其老成可任。令与阿睦尔撒纳同行，乃齐木库尔既密告其弟逆谋，已著速当擒戮。而恬不知警，但答以我军亲王。彼双亲王不敢便宜从事，夫既为国家叛贼，尚何双亲王之足论，及阿睦尔撒纳缴授将军印信，令伊先行尚不觉悟，逾日乃知。其遁去，始以兵追捕，而已无及矣。此又自失机宜之一大端也，班第、鄂容安、萨拉尔驻札伊犁，受心膂之寄，当联为一体，乃班第为人过于谨庆，气局狭小，好亲细事。鄂容安虽尚知大体，而不能通蒙古语，一应机密筹划，未能洞悉，颇有汉人习气。至萨拉尔之在准噶尔，譬之如内地王府长史、护卫者流耳，今虽授以显秩，被众原所不服，而伊复粗率、自大。三人者性习各殊，安望其能和衷共济，重以阿睦尔撒纳之奸，其所不悦，尽遣入朝。三臣之左右皆其党，与三臣深信不疑，疏于自卫。兵散处，马远牧，缓急无应。而军营金帛茶布以赏赉者，颇充裕，夷众耽耽以视，而班第等初不介意，即如敦多克曼集、乃阿睦尔撒纳所信用。班第等一闻抢掠台站之信，即应立为擒戮，以剪其牙爪。乃转遣令，传谕喇嘛，安抚夷众。郭多克曼集因得招集群凶，操戈相向，三臣仓卒卫突，贼众大集，势不能支，班第、鄂容安捐躯以殉，萨拉尔被执令。班第、鄂容安见机明决，早为之，所安得至此。此二臣之殒命，种种皆由自误，无所归咎。而朕用人失当之误，亦无可辞也。所可异者阿睦尔撒纳之狂悖情形，色布腾巴尔珠尔在军营时，皆所深悉，且曾受朕密旨防范者。乃毫不加察，反为其所愚。与班第等如水火。朕是以令其来京，乃在朕前仍无一言奏。及伊亲为额驸，位列藩王，岂其与逆坚同谋，实可信其必无是理，侍年少无知，初不料其至此也。至永常以领兵大臣，驻守乌鲁木齐，闻台站被掠。初以为穷夷自相攻劫，奏请带兵追逐，意尚近乎勇往，即加内大臣衔，以示鼓励。及闻阿睦尔撒纳逃叛，辄畏葸乖张，甘心偾事，退回巴里坤。而置伊犁于度外，设令永常当伊。克明安、宰桑查木恭等，叩辕请告之时，厉兵迅往诸部，得所依倚，协力搜捕阿睦尔撒纳，孑身逋轶，可计日就擒。西陲己早安贴无事。如北路之歼灭包沁，是其明验也。若以为台站已断，难于前进，则现在策楞与噶尔藏多尔济之子诺尔布林沁，又何以能偏师采入，振我军威。而伊犁之喇嘛宰桑等，皆闻风内向，悔惧自新。愿率众追捕叛逆，以赎其罪耶。策楞既能奋勉，以盖前愆，爰授以定西将军。而永常之罪不容诛，今虽死于道路，亦当明正典刑。总之此事，诸臣昧于机宜，节节贻误，然其中盖有天意，何则。朕思阿睦尔撒纳虽倾险反测，但当伊犁甫定，众或以其为国宣劳，而一切罪状，惟军营大臣见之。朕及军机大臣等，知之天下，后世不尽知之也。又设使其遵旨入觐，朕为久远计，本欲宣播其奸，拿问治罪。然无知者，尤将鸟尽弓藏之议。是今日之逆迹显露，使人人知，其必不可不诛，未必非上苍之默启之也。人情乐于观成，难与谋。始上年定议用兵，举朝率多疑议，及伊犁平定，则以为事出意外。闻阿睦尔撒纳负恩逃叛，又以为究不当办，且以为此固当然。今闻伊犁宰桑悔罪擒贼，或又以为恐未必然，人心风俗，一何怯懦至此。此朕所以愧且惧也，班第、鄂容安见危授命，固为可悯然，于事无补。迥非传清拉布敦之殒身西藏，为国除凶者，可同年而语，然一死已足自赎。班第城勇，公爵仍著加恩，令伊子巴禄承袭。鄂容安襄勤伯爵，著该旗带领伊子引见，令其承袭。朕于军国重务，一本大公，随机顺应顺者嘉。与之逆者，诛讨之。奋勇者，奖励之。怯懦者，罚殛之，惟准乎。事理之至，当初非穷兵勤远，亦不致耗财重资，合计现在军需，较之雍正年间，所费不及六之一。而偏灾赈恤，与夫中外，赏赉初末。因军兴稍有裁损，此王公大臣等所共知者，彼安生异议者，诚何心耶。用将此事颠末并在事。诸臣功罪，宣谕中外，知之前后。谕旨及军营奏报、诸折并摘发。钦此。上谕簿。

————《清代历朝起居注合集》清高宗卷十四

乾隆二十一（1756）年二月十一日

正白旗满洲都统奏请补授绥远城佐领员缺，带领拟正拟陪人员引见。

奉谕旨：著七十一补授。

——《清代历朝起居注合集》清高宗卷十五

乾隆二十一年（1756）四月十一日

绥远城右卫防御春夏防御员缺，带领拟正拟陪人员引见。

奉谕旨：补授中和朔佐领，九格补授绥远城右卫防御。

——《清代历朝起居注合集》清高宗卷十五

乾隆二十一年（1756）四月二十日

镶红旗满洲都统奏请补授绥远城佐领员缺，带领拟正拟陪人员引见。

奉谕旨：马礼补授绥远城佐领。

——《清代历朝起居注合集》清高宗卷十五

乾隆二十一年（1756）四月二十六日

镶黄旗满洲都统奏请补授绥远城佐领各员缺，带领拟正拟陪人员引见。

奉谕旨：著张泰补授绥远城防御。

——《清代历朝起居注合集》清高宗卷十五

乾隆二十一年（1756）五月

壬子，以莽阿纳为归化城都统。

——《清史稿》本纪卷十二·高宗本纪三

乾隆二十一年（1756）六月初八

复请兵部议建威将军富昌等奏，绥远城佐领弥萨纳年老，请休应准其休致。查弥萨纳曾经出兵打仗，应否赏给全俸，出自圣恩一疏。

上曰：弥萨纳曾经效力行间，着以原品休致。给与全俸以养余年。

——《清代历朝起居注合集》清高宗卷十五

乾隆二十一年（1756）六月初十日

正红旗满洲都统奏请补授绥远城防御员缺，带领拟正拟陪人员引见。

奉谕旨：著德明补授（旗档）。

——《清代历朝起居注合集》清高宗卷十五

乾隆二十一年（1756）七月初七

镶黄旗满洲都统奏请补授绥远城协领、凉州佐领等员缺，带领拟正拟陪人员引见。

奉谕旨：石达色补授绥远城协领。

——《清代历朝起居注合集》清高宗卷十五

乾隆二十一年七月三十日

正红旗满洲都统奏请补授绥远城佐领员缺，带领保送人员引见。

奉谕旨：著多福泰补授。

——《清代历朝起居注合集》清高宗卷十五

乾隆二十一年（1756）八月，辛亥

命纳木扎布、德木楚克为参赞大臣。以保德署绥远城将军。癸丑，上奉皇太后秋狝木兰，碟阿巴嘎斯等于市。戊午，赈车臣汗部落扎萨克辅国公成衮等六旗旱灾。额鲁特达玛琳来降。庚申，上奉皇太后巡幸木兰行围，授胡图灵阿、富昌、保德、哲库纳、阿尔宾为参赞大臣，随成衮扎布办事。以保云署绥远城将军。

——《清史稿》本纪十二·高宗本纪三

乾隆二十一年（1756）十一月十六日

礼部奏，归化城都统模尔浑病故，应照例给与祭葬银两，可否与谥恭，候钦定一疏。

奉谕旨：依议，不必与谥。

——《清代历朝起居注合集》清高宗卷十五

乾隆二十一年（1756）十一月三十日

正白旗汉军都统奏请补授绥远城右卫防御员缺，带领应补人员引见。

奉谕旨：著黄拣补授。

——《清代历朝起居注合集》清高宗卷十五

乾隆二十一年（1756）十二月初五

奏请补授绥远城防御员缺，带领拟人员引见。

奉谕旨：著伍伦泰补授。

——《清代历朝起居注合集》清高宗卷十五

乾隆二十一年（1756）十二月初九日

庐焯能知大体，实属可嘉，至所奏粮饷，即就陕省现在贮仓谷内动拨。无庸归化城等处运补，既省脚费，且于晋省边储有益。亦得缓急轻重之宜，庐焯以京卿署理，抚篆至陕后，未见有所作为，因军需事重，恐不胜任。故改调湖北，今以办理此事观之，尚克副委任，著加恩实授湖北巡抚。

——《清代历朝起居注合集》清高宗卷十五

乾隆二十二年（1757）四月

庚午，以松阿里为绥远城将军。乙亥，改松阿里为凉州将军。以保德为绥远城将军。

——《清史稿》本纪十二·高宗本纪三

乾隆二十二年（1757）九月二十七日

正红旗满洲都统奏请补授绥远城佐领员缺，带领保送人员引见。

奉谕旨：著常青补授。

——《清代历朝起居注合集》清高宗卷十六

乾隆二十二年（1757）十二月初四

奏请补授绥远城防御员缺，带领保送人员引见。

奉谕旨：著克兴额补授（旗档）。

——《清代历朝起居注合集》清高宗卷十六

乾隆二十三年（1758）二月二十九日

镶红旗汉军都统奏请补授绥远城右卫防御凉州步军章京各员缺，带领保送人员引见。

奉谕旨：著万福补授绥远城右卫防御。

——《清代历朝起居注合集》清高宗卷十七

乾隆二十三年（1758）九月二十八日

奏请补授宁夏防御、绥远城防御各员缺，带领保送人员引见。

奉谕旨：著常青补授宁夏防御。沙隆阿补授绥远城防御。

——《清代历朝起居注合集》清高宗卷十七

乾隆二十三年（1758）十二月初一

奏请补授绥远城协领员缺，带领保送人员引见。

奉谕旨：着穆隆阿补授。

——《清代历朝起居注合集》清高宗卷十七

乾隆二十三年（1758）十二月初六

奏请补授绥远城防御员缺，带领保送人员引见。

奉谕旨：著李藏阿补授

——《清代历朝起居注合集》清高宗卷十七

乾隆二十四年（1759）三月十四日

镶红旗满洲都统奏请补授副参领世管佐领、绥远城佐领各员缺，带领拟正拟陪人员引见。

奉谕旨：着木克登布补授副参领。伍尔登补授世管佐领。富章补授绥远城佐领（旗档）。

——《清代历朝起居注合集》清高宗卷十八

乾隆二十四年（1759）六月

甲寅，以恒禄为绥远城将军。

——《清史稿》本纪十二·高宗本纪三

乾隆二十四年（1759）八月三十日

署理正黄旗满洲都统事务镶蓝旗汉军都统鄂弥达咨称，太仆寺乡国柱、绥远城副都统兴常系三品以上大臣，伊等兄弟之子考试并不奏，闻庶子国栋，兵部郎中兴海将伊子弟蒙混送试，均属违制。除国柱已经革职，在批本处行走毋庸议外，应将绥远城副都统与常詹事府左庶子国栋、兵部郎中兴海，均照遣例革职。

——《清代历朝起居注合集》清高宗卷十八

乾隆二十五年（1760）七月二十七日

奏请补授绥远城防御员缺，带领保送人员引见。
奉谕旨：著西里补授绥远城防御（正黄旗档）。

——《清代历朝起居注合集》清高宗卷十九

乾隆二十五年（1760）九月

乙卯，喀尔喀车臣汗札萨克旺沁扎布以不能约束属人，革札萨克，降贝子为镇国公。丙辰，恒春引见，以舒明署绥远城将军。

——《清史稿》本纪十二·高宗本纪三

乾隆二十五年（1760）十月

戊寅，以恒禄为吉林将军。如松为绥远城将军。

——《清史稿》本纪十二·高宗本纪三

乾隆二十五年（1760）十二月三十日

上御保和殿，赐朝正外藩筵宴。左翼科尔沁和硕亲王推札布、乌朱穆亲和硕亲王彭舒克拉布坦、科尔沁多罗郡王和硕额驸齐黙特多尔济、科尔沁多罗郡王拉特那扎木苏、敖汉多罗郡王拉餳拉布坦、土黙特多罗达尔汉贝勒索诺木班朱尔、喀尔喀多罗达尔汉贝勒拉旺多尔济、喀尔喀多罗贝勒滚布多尔济、科尔沁固山贝子多罗额驸胡图灵阿、科尔沁固山贝子多罗额驸扎拉丰阿、喀尔喀固山贝子阿拉布坦、科尔沁护国公索诺木色楞、喀尔喀护国公公格拉布坦、科尔沁辅国公和硕额驸拉锡那木扎尔、敖汉辅国公固山额驸罗布藏锡拉布、巴林辅国公和硕额驸德勒克、敖汉辅国公桑济扎尔、归化城土黙特辅国公拉穆扎布、科尔沁辅国公拉锡色旺、科尔沁和硕额驸那穆扎布、巴林多罗额驸丹津、科尔沁多罗额驸多尔济、科尔沁固山额驸索诺木、翁牛特一等台吉诺尔布札木苏、科尔沁一等塔布襄格勒克萨穆鲁布、扎鲁特二等台吉彭苏克、翁牛特二等台吉巴颜巴图尔、翁牛特二等台吉三济扎布、科尔沁三等台吉积克积扎布、右翼科尔沁和硕亲王额驸色布腾班朱尔、喀尔喀和硕亲王成滚扎布、阿巴垓多罗郡王策灵旺布卓罗思、多罗郡王罗布扎、回子郡王品级贝勒和济思、喀尔喀郡王品级贝子达什品尔、阿鲁科尔沁多罗贝勒达克丹、扎鲁特多罗达尔汉贝勒阿的奢、喀尔喀多罗贝勒丹津、翁牛特固山贝子巴尔丹、喀尔喀贝子品级辅国公厄尔克奢尔、喀尔喀护国公公格敦丹、科尔沁辅国公固山额驸拉里达、土尔扈特辅国公多尔济策滕、阿巴垓辅国公旺亲扎布、苏尼特辅国公罗累、喀尔喀辅国公蒙古和硕特辅国公色布腾、回子辅国公和什克、回子辅国公厄色尹、回子公品级台吉黙杂丕尔、喀尔喀扎萨克一等台吉策登旺扎尔、胡胡诺尔扎萨克一等台吉他尔济色布腾、和硕特扎萨克一等台吉特墨齐、回子扎萨克一等台吉都尔图、回子扎萨克一等台吉马穆特、科尔沁三等台吉敏朱尔多尔济、科尔沁三等台吉色楞达木巴、敖汉四等台吉色布腾多尔济等，及领侍卫内大臣、大学士等，依次就坐，诸乐并作。上进酒。毕。召科尔沁和硕亲王推札布、乌朱穆亲和硕亲王彭苏克拉布坦、科尔沁多罗郡王和硕额驸齐黙特多尔济、科尔沁多罗郡王拉特那扎木苏、敖汉多罗郡王拉锡拉布坦、喀尔喀多罗达尔汉贝勒拉旺多尔济、喀尔喀多罗贝勒滚布多尔济、科尔沁固山贝子多罗额驸扎拉丰阿、科尔沁辅国公和硕额驸拉锡那木札尔、敖汉辅国公固山额驸罗布藏锡拉布、科尔沁和硕亲王额驸色布腾等，至御座前，上亲赐酒。余俱令侍卫等，分觞授饮于坐次。饮毕，众谢恩。

——《清代历朝起居注合集》清高宗卷十九

乾隆二十六年（1761）正月十五日

上御正大光明殿，升座赐朝正外藩宴。左翼章嘉胡图克图、科尔沁和硕图谢图亲王推扎布、乌珠穆沁和硕车臣亲王彭苏克拉布坦、科尔沁多罗郡王和硕额驸齐默特多尔济、科尔沁多罗郡王拉特那扎木苏、敖汉多罗郡王拉锡拉布坦、土默特多罗达尔汉贝勒索诺木巴尔朱尔、喀尔喀多罗达尔汉贝勒拉旺多尔济、喀尔喀多罗贝勒衮布多尔济、科尔沁固山贝子多罗额驸胡图灵阿、科尔沁固山贝子多罗额驸扎拉丰阿、喀尔喀固山贝子阿拉布坦、科尔沁镇国公固山额驸索诺木色楞、喀尔喀镇国公恭额拉布坦、科尔沁辅国公和硕额驸拉什那木札尔、敖汉辅国公固山额驸罗布藏锡拉布、巴林辅国公和硕额驸德勒克、敖汉辅国公多罗额驸桑济扎尔、归化城土默特辅国公拉嘛扎布、科尔沁辅国公拉什色旺、科尔沁和硕额驸那木扎布、巴林多罗额驸丹津、科尔沁多罗额驸多尔济、科尔沁固山额驸索诺木、翁牛特一等台吉诺尔布扎木苏、科尔沁一等塔布襄葛勒克萨木鲁布、扎鲁特二等台吉彭苏克、翁牛特二等台吉巴彦巴图尔、翁牛特二等台吉三济扎布、科尔沁三等台吉济克济扎布、右翼噶尔旦西拉图胡图克图、科尔沁和硕亲王固伦额驸色布腾巴尔朱尔、喀尔喀亲王诚衮扎布、阿巴嘎多罗卓里克图郡王车灵旺布、绰罗斯多罗郡王罗布扎、回子郡王品级贝勒和济斯、喀尔喀郡王品级贝子达什品尔、阿鲁科尔沁多罗贝勒达克丹、扎鲁特多罗达尔汉贝勒阿第沙、喀尔喀多罗贝勒丹津、翁牛特固山贝子巴尔丹、喀尔喀贝子品级辅国公额尔克沙拉、喀尔喀镇国公恭额多丹、科尔沁辅国公固山额驸拉里达、土尔扈特辅国公多尔济车登、阿巴嘎辅国公旺勤扎布、苏尼特辅国公罗累、喀尔喀辅国公孟固、和硕特辅国公色布腾、回子辅国公和西克、回子辅国公额色因、回子公品级台吉黙扎品尔、喀尔喀扎萨克一等台吉车登旺扎尔、胡胡诺尔扎萨克一等台吉塔尔济色布腾、和硕特扎萨克一等台吉特黙齐、回子扎萨克一等台吉都尔图、回子扎萨克一等台吉马木特、科尔沁三等台吉敏朱尔多尔济、科尔沁三等台吉色楞丹巴、敖汉四等台吉色布腾多尔济等，依次就坐，诸乐并作。上进酒。毕。召左翼科尔沁和硕图谢图亲王推扎布、乌珠穆沁和硕车臣亲王彭苏克拉布坦、科尔沁多罗郡王和硕额驸齐黙特多尔济、科尔沁多罗兵图郡王拉持那扎木苏、敖汉多罗郡王拉什拉布坦、喀尔喀多罗达尔汉贝勒拉旺多尔济、喀尔喀多罗贝勒衮布多尔、济科尔沁固山贝子多罗额驸胡图灵阿、科尔沁固山贝子多罗额驸扎拉丰阿、科尔沁辅国公和硕额驸拉什那木扎尔、敖汉辅国公固山额驸罗布藏锡拉布、右翼科尔沁和硕亲王固伦额驸色布腾巴尔朱尔、喀尔喀和硕亲王诚衮扎布、阿巴嘎多罗卓里克图郡王车灵旺布、回子郡王品级贝勒和济斯、喀尔喀郡王品级贝子达什品尔、喀尔喀多罗贝勒丹津、翁牛特固山贝子巴尔丹、喀尔喀贝子品级辅国公额尔克沙拉、喀尔喀镇国公恭额多丹、科尔沁辅国公固山额驸拉里达、土尔扈特辅国公多尔济车登等，至御座前，上亲赐酒。余俱令侍卫等，分觞授饮于坐次。饮毕，众谢恩。

——《清代历朝起居注合集》清高宗卷二十

乾隆二十六年（1761）三月，丁卯

授阿桂内大臣。改绥远城建威将军曰绥远城将军。

——《清史稿》本纪十二·高宗本纪三

乾隆二十六年（1761）八月初八

议复绥远城将军如松奏佐领等员缺，准以裁汰佐领五合讷调补正黄旗满洲佐领。乌什哈调补正蓝旗满洲佐领。张永治调补镶蓝旗汉军佐领一疏。

奉谕旨：五合讷等依议调补，余依议（丝纶簿）。

——《清代历朝起居注合集》清高宗卷二十

乾隆二十六年（1761）十月初九

正白旗汉军都统奏请补授西安协领等员缺，带领保送人员引见。

奉谕旨：著传培勋补授西安协领。著王甫兴补授西安防御。著闫良补授绥远城右卫防御。

——《清代历朝起居注合集》清高宗卷二十

乾隆二十六年（1761）十月初十日

议绥远城将军如松奏绥远城镶红旗满洲防御等员缺，准以右卫应裁之防御阿保等调补一疏。

奉谕旨：依议。

——《清代历朝起居注合集》清高宗卷二十

乾隆二十六年（1761）十月二十四日

正蓝旗军汉军都统奏请补授勋旧佐领、绥远城佐领参领各员缺，带领拟正拟陪人员引见。

奉谕旨：著李侍尧补授勋旧佐领。王国宪补授绥远城佐领。张鹏鸣补授参领。

——《清代历朝起居注合集》清高宗卷二十

乾隆二十六年（1761）十一月十四日

贵州巡抚周人骥奏，归化城通判刘观佩试俸期满，应准其实授一疏。

奉谕旨：刘观佩依议用，余依议。

——《清代历朝起居注合集》清高宗卷二十

乾隆二十六年（1761）十一月，辛丑

调嵩椿为察哈尔都统。以舒明为绥远城将军。

——《清史稿》本纪十二·高宗本纪三

乾隆二十六（1761）年十二月三十日

上御保和殿，赐朝正外藩筵宴。左翼科尔沁和硕亲王固伦额驸色布腾巴尔朱尔、阿巴嘎亲王品级多罗郡王索诺木拉布坦、科尔沁多罗扎萨克图郡王那旺色布腾、敖汉多罗郡王推济拉什、翁牛特多罗达尔汉大清贝勒彭苏克拉什、乌珠穆沁多罗额尔德尼贝勒达什衮布、阿巴哈那尔多罗贝勒达什敏朱尔、苏尼特多罗贝勒甘朱尔、科尔沁固山贝子多罗额驸扎拉丰阿、科尔沁固山贝子多罗额驸班朱尔、科尔沁镇国公固山额驸索诺木色楞、科尔沁镇国公丹臻达尔扎、扎鲁特镇国公那孙额尔克图、科尔沁辅国公固山额驸拉里达、巴林辅国公和硕额驸德勒克、科尔沁辅国公农文达尔扎、敖汉辅国公多罗额驸桑济扎尔、乌珠穆沁辅国公敦多罗布色楞、科尔沁辅国公温都尔胡、归化城土默特辅国公拉马扎布、科尔沁扎萨克公品级一等塔布襄齐齐克、科尔沁和硕额驸敏朱尔多尔济、土默特和硕额驸那孙特古期、翁牛特多罗额驸班朱尔、科尔沁固山额驸鄂尔吉那、敖汉固山额驸旺扎尔、翁牛特固山额驸车布登、奈曼固山额驸敦多布、科尔沁一等台吉拉特那、科尔沁二等台吉巴尔珠尔、科尔沁三等台吉济克济扎布、右翼喀尔喀和硕亲王多罗额驸桑寨多尔济、喀尔喀亲达品级多罗郡王车布登扎布、鄂勒特多罗郡王罗布多尔济、绰罗斯多罗郡王罗布扎、回子郡王品级贝勒霍集斯、土尔扈特多罗贝勒罗布藏达尔扎、土默特固山贝子哈木哈巴牙斯胡郎、图郡勒特镇国公衮楚克、喀尔喀辅国公米西克、和硕特辅国公色布腾、回子辅国公和锡克、回子辅国公额色因、回子辅国公都尔图、鄂勒特公品级台吉达木拜、喀尔喀公品级台吉佛保、回子公品级台吉墨萨吕尔、喀扎萨克一等台吉达马里扎布、喀尔喀扎萨克一等台吉达尔布都、喀尔喀扎萨克一等台吉恩克、胡胡诺尔扎萨克一等台吉旺舒克拉布坦、回子扎萨克一等台吉马木特、和硕特扎萨克一等台吉特默齐、喀尔喀扎萨克一等台吉海都布、土鲁番郡王何敏和卓之子鄂罗木萨布等，以次就座，诸乐并作。上进酒。毕。召左翼科尔沁和硕亲王固伦额驸色布腾巴尔朱尔、阿巴嘎亲王品级多罗郡王索诺木拉布坦、科尔沁多罗扎萨克图郡王那旺色布腾、敖汉多罗郡王推济拉什、乌珠穆沁多罗额尔德尼贝勒达什衮布、科尔沁固山贝子多罗额驸扎拉丰阿、科尔沁固山贝子多罗额驸班朱尔、右翼喀尔喀扎萨克图罕多罗额驸桑郡王巴尔达尔、喀尔喀和硕亲王多罗额卯桑寨多尔、前喀尔喀亲王品级多罗郡王车布登扎布、都勒特多罗郡王罗布藏多尔清、绰罗斯郡王罗布扎、回子郡王品级贝勒霍集斯、土尔扈特多罗贝勒罗布藏达尔扎、土默特固山贝子哈木哈巴牙斯胡即图等，至御座前，上赐酒。余俱令侍卫等，分觞授饮于座次。饮毕，众谢恩。

——《清代历朝起居注合集》清高宗卷二十

乾隆二十七年（1762）正月，丁巳

绥远城将军舒明卒，调蕴著代之。

——《清史稿》本纪十二·高宗本纪三

乾隆二十七年（1762）三月，丙辰

移山西归绥道驻绥远城。

——《清史稿》本纪十二·高宗本纪三

乾隆二十七年（1762）十月初九

户部议绥远城将军宗室蕴著奏驻马口外保安拒门等处庄头地亩被霜成灾，应按被灾分数，照例分别减免差务并给口粮一疏。

奉谕旨：依议速行。

——《清代历朝起居注合集》清高宗卷二十一

乾隆二十七年（1762）十月十三日

兵部议绥远城将军宗室蕴著奏镶红旗满洲佐领员缺，准以右卫裁汰之正红旗满洲佐领达色调补一疏。

奉谕旨：达色依议调补余依议。

——《清代历朝起居注合集》清高宗卷二十一

乾隆二十七年（1762）十一月十四日

兵部议绥远城将军蕴著奏镶蓝旗满州防御员缺，准以右卫裁汰防御玛拉调补一疏。

奉谕旨：依议。

——《清代历朝起居注合集》清高宗卷二十一

乾隆二十七年（1762）十二月三十日

上御保和殿，赐朝正外藩筵宴。左翼科尔沁和硕达尔汉亲王多罗额驸色旺诺尔布、科尔沁和硕亲王固伦额驸色布腾巴尔朱尔、喀喇沁多罗都楞郡王拉特那什第、翁牛特多罗都楞郡王布达扎布、扎鲁特多罗贝勒锡尔他拉、喀尔喀多罗贝勒阿王尔、科尔沁固山贝子多罗额驸班朱尔、敖汉固山贝子固山额驸推济扎尔、鄂尔多斯固山贝子那木扎尔多尔济、喀尔喀固山贝子车木本尔、喀喇沁镇国公丹曾达尔扎尔、扎鲁特镇国公那孙额尔克图、翁牛特镇国公共格拉布坦、科尔沁辅国公和硕额驸拉西那木扎尔、巴林辅国公和硕额驸德勒克、科尔沁辅国公马哈马玉尔、科尔沁辅国公哈达、敖汉辅国公多罗额驸桑济扎尔、归化城土默特辅国公拉马扎布、敖汉和硕额驸米扎特多尔济、喀喇沁和硕额驸那木扎布、土默特和硕额驸那孙特古斯、科尔沁固山额驸索诺木、科尔沁固山额驸多尔济胡、敖汉固山额驸山津阿拉必特胡、科尔沁一等台吉拉特那、喀尔喀一等台吉桑寨林素、翁牛特一等台吉诺尔布扎木苏、喀尔喀一等台吉端多布多尔济、喀喇沁一等塔布襄葛勒克萨木鲁布、喀尔喀一等台吉萨木皮尔多尔济、喀尔喀一等台吉固木札木、翁牛特二等台吉三济扎布、翁牛特二等台吉巴彦巴图尔、扎鲁特二等台吉彭苏克、喀尔喀二等台吉班丹多尔济、科尔沁三等台吉色楞达木巴、敖汉三等台吉色布登多尔济、归化城土默特四等台吉巴尔丹多尔济、右翼喀尔喀和硕亲王齐巴克扎拉木品尔、喀尔喀亲王品级郡王车布登扎布、喀尔喀多罗郡王多罗额驸罗布臧多尔济、绰罗斯多罗郡王罗布扎、回子郡王品级多罗贝勒和济斯、茂明安多罗达尔汉贝勒玉木崇、胡胡诺尔固山贝子沙克都尔扎布、喀尔喀贝子品级额尔克沙拉、喀尔喀镇国公扎木禅、回子辅国公和什克、回子辅国公额色因、回子辅国公都尔图、回子辅国公色布腾、喀尔喀公品级台吉诚衮扎布、喀尔喀扎萨克一等台吉那旺车灵、回子扎萨克一等台吉马大特、和硕特扎萨克一等台吉特黙齐等，以次就坐，诸乐并作。上进酒。毕。召左翼科尔沁和硕达尔汉亲王多罗额驸色旺诺尔布、科尔沁和硕亲王固伦额驸色布腾巴尔朱尔、喀喇沁多罗都楞郡王拉特那什第、翁牛特多罗都楞郡王布达扎布、扎鲁特多罗贝勒锡拉他拉、喀尔喀多罗贝勒阿玉尔、科尔沁固山贝子多罗额驸班朱尔、敖汉固山贝子因山额驸推济札尔、右翼喀尔和硕亲王齐巴克扎拉木品尔、喀尔喀亲王品级郡王车布登扎布、喀尔喀多罗郡王多罗额驸罗布臧多尔济、绰罗斯多罗郡王罗布扎、回子郡王品级多罗贝勒和济斯、茂明安多罗达尔汉贝勒玉木崇、胡胡诺尔固山贝子沙克都尔扎布、喀尔喀贝子品级额尔克沙等，至御座前，上亲赐酒。余俱令侍卫等，分觞授饮于座次。饮毕，众谢恩。

——《清代历朝起居注合集》清高宗卷二十一

乾隆二十八年（1763）三月二十七日

议绥远城将军宗室蕴著奏绥远城佐领员缺，准以候补佐领诺木齐补授一疏。

奉谕旨：诺木齐依议调补，余依议。

——《清代历朝起居注合集》清高宗卷二十二

乾隆二十八年（1763）四月初七

议绥远城将军蕴著奏正蓝旗防御员缺，准以右卫裁汰之防御赛尚阿调补一疏。

奉谕旨：依议（丝纶簿）。

——《清代历朝起居注合集》清高宗卷二十二

乾隆二十八年（1763）四月十一日

兵部议绥远城将军蕴著奏绥远城镶红旗防御员缺，准以右卫裁汰之防御九格调补一疏。

奉谕旨：依议。

——《清代历朝起居注合集》清高宗卷二十二

乾隆二十八年（1763）夏四月

戊申，法起以赃免。以傅良为归化城都统。甲寅，裁归化城都统。

——《清史稿》本纪卷十二·高宗本纪三

乾隆二十八年（1763）五月初四

镶红旗满洲都统奏请补授船厂佐领等缺，带领保送人员引见。

奉谕旨：著图尔噶纳厄尔何德补授船厂佐领。德保补授绥远城防御。

——《清代历朝起居注合集》清高宗卷二十二

乾隆二十八年（1763）五月二十五日

兵部议绥远城将军蕴著奏绥远城正红旗防御员缺，准以右卫裁汰之正红旗防御珠郎阿补授一疏。

奉谕旨：依议。

——《清代历朝起居注合集》清高宗卷二十二

乾隆二十八年（1763）六月二十四日

议绥远城将军蕴著奏绥远城正蓝旗防御员缺，准以右卫裁汰之留任防御观保补授一疏。

奉谕旨：依议。

——《清代历朝起居注合集》清高宗卷二十二

乾隆二十八年（1763）八月十一日

大学士傅恒等议，绥远城将军蕴著奏请，将绥远城内所裁副都统衙署，移建归化城内，作归化城副都统衙署。其归化城外所遗都统衙署四所，酌留一所为都司把总衙署，其余三所添改驻札营兵房屋，应如所请一折。

奉谕旨：依议。外纪档。

——《清代历朝起居注合集》清高宗卷二十二

乾隆二十八年（1763）十月十五日

正红旗汉军都统奏请补授绥远城佐领员缺，带领保送人员引见。

奉谕旨：著李克龙补授绥远城佐领（八旗档）。

——《清代历朝起居注合集》清高宗卷二十二

乾隆二十八年（1763）十二月初六

正白旗汉军刘氏一口、又杭州将军册送富察氏一口、绥远城将军册送王氏一口、福州将军册送方氏等二口、打牲乌拉总管册送常氏一口，以上共六口，守节俱符年例，准给匾嘉奖一疏。

奉谕旨：依议。

——《清代历朝起居注合集》清高宗卷二十二

乾隆二十八年（1763）十二月三十日

上御保和殿，赐朝正外藩筵宴。左翼科尔沁和硕亲王固伦额驸色布腾巴尔朱尔、乌珠穆沁和硕车臣亲王朋苏克拉布坦、科尔沁多罗郡王和硕额驸齐黙特多尔济、科尔沁多罗必里克图郡王拉特那扎木苏、喀喇沁多罗都楞郡王拉特那什第、敖汉多罗郡王拉什拉布坦、扎鲁特多罗达尔汉贝勒阿第、沙喀尔喀多罗达尔汉贝勒拉汪多尔济、阿鲁科尔沁多罗贝勒达克丹、喀喇沁固山贝子多罗额驸胡图灵阿、喀喇沁固山贝子多罗额驸扎拉丰阿、科尔沁固山贝子多罗额驸班朱尔、翁牛特固山贝子巴尔丹、扎鲁特镇国公那逊额尔克图、科尔沁镇国公丹赞达尔扎、巴林辅国公和硕额驸德乐克、敖汉辅国公固山额驸罗布藏什拉布、科尔沁辅国公和硕额驸拉什那木扎尔、科尔沁辅国公拉什色汪、科尔沁辅国公哈达、科尔沁和硕额驸敏朱尔多尔济、土默特和硕额驸那逊特古斯、巴林多罗额驸丹津、敖汉固山额驸汪扎尔、郭尔罗斯固山额驸苏马第、奈曼固山额驸敦多布、科尔沁一等台吉拉特那、科尔沁二等台吉班朱尔、科尔沁三等台吉济克济扎布、右翼喀尔喀和硕亲王齐巴克扎拉木品尔、阿巴嘎多罗绰里克图郡王策灵汪布、呼呼诺尔多罗郡王色布腾多尔济、绰罗斯多罗郡王罗布扎、回子郡王品级贝勒霍集斯、喀尔喀多罗贝勒衮布多尔济、喀尔喀固山贝子敦多布多尔济、喀尔喀固山贝子车布腾多尔济、呼呼诺尔固山贝子那木扎尔车灵、喀尔喀贝子品级扎萨克台吉齐汪多尔济、苏尼特辅国公罗雷、归化城土默特辅国公拉水扎布、阿巴嘎辅国公汪沁扎布、喀尔喀辅国公佛保、喀尔喀辅国公策灵多约特、回子辅图公和什克、回子辅国公厄色音、回子辅国公都尔图、和硕特辅国公色布腾、喀尔喀扎萨克一等台吉噶拉马扎布、喀尔喀扎萨克一等台吉策当敦多布、喀尔喀扎萨克一等台吉车登、呼呼诺尔扎萨克一等台吉那木什里策汪、回子扎萨克一等台吉玛木特和硕特扎萨克一等台吉特模齐等，以次就座，诸乐并作。上进酒。毕。召左翼科尔沁和硕亲王固伦额驸色布腾巴尔尔朱尔、乌珠穆沁和硕车臣亲王朋苏克拉布坦、科尔沁多罗郡王和硕额驸齐默特多尔济、科尔沁多罗必里克图郡王拉特那扎木苏、喀喇沁多罗都楞郡王拉特那什第、敖汉多罗郡王拉什拉布坦、喀喇沁固山贝子多罗额驸胡图灵阿、喀喇沁固山贝子多罗额驸扎拉丰阿、巴林辅国公和硕额驸德乐克、敖汉辅国公固山额驸罗布藏什拉布、右翼喀尔喀和硕亲王齐巴克扎拉木品尔、阿巴嘎多罗绰里克图郡王策灵汪布、呼呼诺尔多罗郡王色布腾多尔济、回子郡王品级贝勒霍集斯、回子辅国公和什克、回子辅国公都尔图等，至御座前，上亲赐酒。余俱令侍卫等，分觞授饮于座次。饮毕，众谢恩。

——《清代历朝起居注合集》清高宗卷二十二

乾隆二十九年（1764）正月十五日

上御正大光明殿，升座，赐朝正外藩筵宴。左翼图官胡图克图科尔沁和硕亲王固伦额驸色布腾巴尔朱尔、乌珠穆沁和硕车臣亲王朋苏克拉布坦、科尔沁多罗兵图郡王拉特那扎木苏、科尔沁多罗郡王和硕额驸齐默特多尔济、喀喇沁多罗都楞郡王拉特那什第、敖汉多罗郡王拉什拉布坦、扎鲁特多罗达尔汉贝勒阿第沙、喀尔喀多罗达尔汉贝勒拉汪多尔济、阿鲁科尔沁多罗贝勒达克丹、喀喇沁固山贝子多罗额驸胡图灵阿、科尔沁固山贝子多罗额驸扎拉丰阿、科尔沁固山贝子多罗额驸班朱尔、翁牛特固山贝子巴尔丹、科尔沁镇国公丹赞达尔扎、扎鲁特镇国公那逊额尔克图、巴林辅国公和硕额驸德勒克、敖汉辅国公固山额驸罗布藏什拉布、科尔沁辅国公和硕额驸拉什那木扎尔、科尔沁辅国公哈达、科尔沁辅国公拉什色汪、科尔沁和硕额驸敏朱尔多尔济、土默特和硕额驸那逊特古斯、巴林多罗额驸丹津、敖汉固山额驸汪扎尔、郭尔罗斯固山额驸苏马第、奈曼固山额驸敦多布、科尔沁一等台吉拉特那、科尔沁二等台吉班朱尔、科尔沁三等台吉济克济扎布、右翼阿家胡图克图、喀尔喀和硕亲王齐巴克扎拉木品尔、阿巴嘎多罗绰里克图郡王策灵汪布、呼呼诺尔多罗郡三色布腾多尔济、绰罗斯多罗郡王罗布扎、回子郡王品级贝勒霍集斯、喀尔喀多罗贝勒衮布多尔济、喀尔喀固山贝子敦多布多尔济、喀尔喀固山贝子车布腾多尔济、呼呼诺尔固山贝子那木扎车灵、喀尔喀贝子品级扎萨克台吉齐汪多尔济、乌拉特镇国公达尔马里第、苏尼特辅国公罗雪、归化城土默特辅国公拉马扎布、阿巴嘎辅国公汪沁扎布、喀尔喀辅国公佛保、喀尔喀辅国公策灵多约特、回子辅国公和什克、回子辅国公图尔都、回子辅国公厄色音、和硕特辅国公色布腾、喀尔喀扎萨克一等台吉噶拉马扎布、喀尔喀扎萨克一等台吉策当敦多布、喀尔喀扎萨克一等台吉车登、呼呼诺尔扎萨克一等台吉那木什里色汪、回子扎六克一等台吉玛木特、和硕特扎萨克一等台吉特模齐等，以次就座，诸乐并作。上进酒。毕。召左翼科尔沁和硕亲王固伦额驸色布腾巴尔朱尔、乌珠穆沁和硕车臣亲王朋苏克拉布坦、科尔沁多罗兵图郡王拉特那扎木苏、科尔沁多罗郡王和硕额驸齐默特多尔济、喀喇沁多罗都楞郡王拉特那什第、敖汉多罗郡王拉什拉布坦、科尔沁固山贝子多罗额驸胡图灵阿、喀喇沁固山贝子多罗额驸扎拉丰阿、巴林辅国公和硕额驸德勒克、敖汉辅国公固山额驸罗布藏什拉布右翼、喀尔喀和硕亲王齐巴克扎拉木品尔、阿巴嘎多罗绰里克图郡王策灵汪布、呼呼诺尔多罗郡王色布腾多尔济、回子郡王品级贝勒霍集斯、回子辅国公和硕克、回子辅国公都尔图等，至御座前，上亲赐酒。余俱令侍卫等，分觞授饮于坐次。饮毕，众谢恩。

——《清代历朝起居注合集》清高宗卷二十三

乾隆二十九年（1764）二月二十日

山西绥远城理事同知铠宜禄引见。

奉谕旨：史锦、李瀚、铠宜禄俱着回任。

——《清代历朝起居注合集》清高宗卷二十三

乾隆二十九年（1764）二月二十二日

复请兵部议，绥远城将军宗室蕴著等奏，右卫汉军协领何天爵老病乞休，应准其休致。查何天爵曾经出兵，应否给俸，出自圣恩一疏。

上曰：何天爵曾经效力行间，著以原品休致，给与半俸以养余年。

——《清代历朝起居注合集》清高宗卷二十三

乾隆二十九年（1764）二月二十五日

镶蓝旗满洲都统奏请补授荆州协领等缺，带领保送人员引见。

奉谕旨：着德尔赛补授荆州协领。六十八补授绥远城佐领。色克补授凉州防御。和升厄补授荆州防御（旗档）。

——《清代历朝起居注合集》清高宗卷二十三

乾隆二十九年（1764）三月十四日

正白旗满洲都统奏请补授绥远城防御员缺，带领保送人员引见。

奉谕旨：著富僧阿补授绥远城防御。

——《清代历朝起居注合集》清高宗卷二十三

乾隆二十九年（1764）四月十五日

复请兵部议，绥远城将军宗室蕴著奏，右卫镶白旗满洲协领爱隆阿老病乞休，应准其休致。查爱隆阿曾经出兵打仗，应否给俸，出自圣恩一疏。

上曰：爱隆阿曾经效力行间，著以原品休致。给与全俸以养余年。

——《清代历朝起居注合集》清高宗卷二十三

乾隆二十九年（1764）四月十八日

正红旗满洲都统奏请补授绥远城防御员缺，带领保送人员引见。

奉谕旨：著棍布补授绥远城防御。

——《清代历朝起居注合集》清高宗卷二十三

乾隆二十九年（1764）五月初六

镶蓝旗汉军都统奏请补授绥远城协领员缺，带领保送人员引见。

奉谕旨：著张永智补授绥远城协领（旗档）。

——《清代历朝起居注合集》清高宗卷二十三

乾隆二十九年（1764）五月初十日

正黄旗蒙古都统奏请补授绥远城防御员缺，带领保送人员引见。

奉谕旨：著德灵阿补授绥远城防御（旗档）。

——《清代历朝起居注合集》清高宗卷二十三

乾隆二十九年（1764）五月二十三日

奏请补授绥远城佐领员缺，带领保送人员引见。

奉谕旨：著观云保补授绥远城佐领。

——《清代历朝起居注合集》清高宗卷二十三

乾隆二十九年（1764）五月二十七日

吏部奏请补授山西绥远城理事，吏部奏请补授山西绥远城理事同知员缺，带领候补人员引见。

奉谕旨：著和顺补授山西绥远城理事同知。

——《清代历朝起居注合集》清高宗卷二十三

乾隆二十九年（1764）十二月二十一日

节妇：镶黄旗汉军杨氏等二口、正白旗满洲杨氏一口、汉军聂氏一口、镶红旗汉军时氏等二口、镶蓝旗满洲何舍里氏等二口、绥远城将军册送他他拉氏一口、杭州将军册送张氏一口，以上共十口，俱符年例，并准给匾旌奖一疏。

奉谕旨：依议。

——《清代历朝起居注合集》清高宗卷二十三

乾隆二十九年（1764）十二月二十九

上御保和殿，赐朝正外藩筵宴。左翼科尔沁和硕亲王固伦额驸色布腾巴尔朱尔、科尔沁多罗都楞郡王拉特那什第、科尔沁多罗扎萨克图郡王那汪色布腾、敖汉多罗郡王吹集拉使、翁牛特多罗达拉汉大清贝勒朋苏克、乌珠穆沁多罗额尔德尼贝勒达什衮布、鄂尔多斯多罗贝勒敦罗布扎马苏、科尔沁固山贝子多罗额驸扎拉丰阿、土默特固山贝子哈木喀巴雅斯呼郎图、敖汉固山贝子固山额驸吹集扎尔、科尔沁镇国公当曾达尔扎、科尔沁辅国公和硕额驸拉什那木扎尔、敖汉辅国公多罗额驸桑集扎尔、乌珠穆沁辅国公敦多布色楞喀、喇沁辅国公温都拉虎、科尔沁辅国公西罗布扎、回子郡王品级贝勒霍集斯、科尔沁多罗贝勒库木扎布、阿巴嘎那尔多罗贝勒达什敏朱尔、喀尔喀多罗贝勒起模特多尔济、巴林辅国公和硕额驸德乐克、敖汉辅国公固山额驸罗布藏什拉布霍拕、郭依特辅国公多尔济车登、喀尔喀辅国公巴图集尔汉、喀尔喀辅国公德勒克多尔济、回子辅国公图尔图、回子辅国公霍什克、回子辅国公厄色殷、喀尔喀公品级扎萨克一等台吉个宅多尔济、喀尔喀公品级扎萨克一等台吉成衮扎布、喀尔喀扎萨克一等台吉车鲁布多尔济、喀尔喀扎萨克一等台吉车登汪扎尔、回子扎萨克一等台吉马水特、科尔沁固山额驸多尔记虎、敖汉固山额驸汪扎尔、科尔沁一等台吉乌尔者尔、扎鲁特二等台吉朋苏克、翁牛特二等台吉散集扎布、归化城土默特四等台吉巴尔丹多尔济、翁牛特四等台吉衮布车布登等，以次就座，诸乐并作。上进酒。毕。左翼科尔沁多罗都楞郡王拉特那什第、科尔沁多罗扎萨克郡王那汪色布腾、乌珠穆沁多罗额尔德尼贝勒达什衮布、鄂尔多斯多罗贝勒敦罗布扎马苏、科尔沁固山贝子多罗额驸扎拉丰阿、土默特固山贝子哈木喀巴雅斯呼郎图、敖汉固山贝子固山额驸吹集扎尔、右翼喀尔喀和硕亲王诺拉布扎布、俄勒特多罗郡王多罗额骑罗布藏多尔济、喀尔喀多罗郡王车木楚克扎布、吐鲁番多罗郡王厄敏霍绰、回子郡王品级贝勒霍集斯、喀尔喀多罗贝勒土默特多尔济、巴林辅国公和硕额驸德乐克、敖汉辅国公固山额驸罗布藏什拉布等，至御座前，召左翼科尔沁和硕亲王固伦额驸色布腾巴尔，上亲赐酒。余俱令侍卫等，分觞授饮于座次。饮毕，众谢恩。

——《清代历朝起居注合集》清高宗卷二十三

乾隆三十年（1765）正月十五日

赐朝正外藩筵宴，章嘉胡图克图、左翼科尔沁和硕亲王国伦额驸色布腾巴尔朱尔、喀喇沁多罗都楞郡王拉特那什第、科尔沁多罗扎萨克图郡王那旺色布腾、敖汉多罗郡王吹集拉什、翁牛特多罗达尔汉戴青贝勒朋苏克、乌珠穆沁多罗额尔德尼贝勒达什衮布、鄂尔多斯多罗贝勒敦罗布扎木苏、喀喇沁固山贝子多罗额驸扎拉丰阿、科尔沁固山贝子多罗额驸班朱尔、土默特固山贝子哈木汉巴雅斯胡朗图、敖汉固山贝子固山额驸吹集扎尔、喀喇沁镇国公丹赞达尔扎、科尔沁辅国公和硕额驸拉什那穆扎尔、巴林辅国公和硕额驸德勒克、乌珠穆沁辅国公数多布色楞、喀喇沁辅国公温都尔虎、科尔沁辅国公诺衮达拉、敖汉辅国公固山额驸罗布藏什拉布、郭尔罗斯扎萨克一等台吉阿拉布坦、敖汉和硕额驸朋苏克拉什、喀喇沁和硕额驸那木扎布、土默特和硕额驸那逊特古斯、巴林多罗额驸丹津、翁牛特多罗额驸班朱尔、科尔沁固山额驸索诺木、翁牛特固山额驸车布登、郭尔罗斯固山额驸苏玛第、奈曼固山额驸敦多布、喀喇沁一等塔布囊格勒克萨克鲁布、科尔沁一等台吉拉特那、翁牛特一等台吉诺尔布扎木苏、翁牛特二等台吉巴彦巴图里、敖汉二等台吉色布登多尔济、章嘉胡图克图、右翼科尔沁和硕达拉汉亲王多罗额驸色旺诺尔布、喀尔喀和硕亲王诺拉布扎布、厄鲁特多罗郡王多罗额驸罗布藏多尔济、喀尔喀多罗郡王车水楚克扎布、绰罗斯多罗郡王罗布扎、土鲁番多罗郡王额敏和卓、回子郡王品级多罗贝勒霍集斯、科尔沁多罗贝勒库木扎布、阿巴嘎那尔多罗贝勒达什敏朱尔、喀尔喀多罗贝勒阿雨尔、喀尔喀多罗贝勒起模特多尔济、扎鲁特镇国公那逊额尔克图、敖汉辅国公多罗额驸桑集扎尔、归化城土默特辅国公拉玛扎布、喀尔喀辅国公多尔济车登、喀尔喀辅国公巴图集尔、哈喀尔喀辅国公德勒克多尔济、回子辅国公图尔都、回子辅国公霍什克、回子埔国公厄色殷、喀尔喀公品级扎萨克一等台吉故寨多尔济、喀尔喀公品级扎萨克一等台吉成衮扎布、喀尔喀扎萨克一等台吉车鲁布多尔济、喀尔喀扎萨克一等台吉车登汪扎尔、回子扎萨克一等台吉玛木特、科尔沁固山额驸多尔吉虎、敖汉固山额驸旺扎尔、科尔沁一等台吉乌尔殷、扎鲁特二等台吉朋苏克、翁牛特二等台吉三集扎布、归化城土默特四等台吉巴尔旦多尔济、翁牛特四等台吉古木布车布登等，以次就座，诸乐并作。上进酒。毕。召左翼科尔沁和硕亲王固伦额驸色布腾巴尔朱尔、喀喇沁多罗都楞郡王拉特那什第、科尔沁多罗扎萨克图郡王那旺色布腾、乌珠穆沁多罗额尔德尼贝勒达什衮布、鄂尔多斯多罗贝勒敦罗布扎木苏、喀喇沁固山贝子多罗额驸扎拉丰阿、科尔沁固山贝子多罗额驸班朱尔、喀喇沁镇国公丹赞达尔扎、右翼科尔沁和硕达拉汉亲王多罗额驸色旺诺尔布、喀尔喀和硕亲王诺尔布拉布、厄鲁特多罗郡王多罗额驸罗布藏多尔济、喀尔喀多罗郡王车木楚克扎布、土鲁番多罗郡王厄敏和卓、回子郡王品级多罗贝勒霍集斯、阿巴嘎那尔多罗贝勒达什敏朱尔、回子辅国公图尔都等，至御座前，上亲赐酒余。俱令侍卫等，分觞授饮于坐次。饮毕，众谢恩。

——《清代历朝起居注合集》清高宗卷二十四

乾隆三十年（1765）四月二十八日

复请兵部议，绥远城将军宗室蕴著奏，右卫正红旗蒙古步军协尉德柱、正白旗满洲防御调补右翼汉军步军尉富兴年老请休，均应准其休致，查富兴曾经出兵，可否给俸，出自圣恩一疏。

上曰：依议。富兴曾经效力行间，著以原品休致。给与半俸以养余年。

——《清代历朝起居注合集》清高宗卷二十四

乾隆三十年（1765）七月初六

镶白旗蒙古都统奏请补授绥远城协领员缺，带领保送人员引见。
奉谕旨：著根敦补授绥远城协领。

——《清代历朝起居注合集》清高宗卷二十四

乾隆三十年（1765）九月二十四日

奏请补授绥远城佐领员缺，带领保送人员引见。

奉谕旨：著白旗图补授绥远城佐领。

——《清代历朝起居注合集》清高宗卷二十四

乾隆三十年（1765）十月十九日

奏请补授绥远城佐领员缺，带领保送人员引见。

奉谕旨：著玛拉补授绥远城佐领。

——《清代历朝起居注合集》清高宗卷二十四

乾隆三十年（1765）十一月初八

镶白旗满洲都统奏请补授天津府满洲水师营佐领等缺，带领保送人员引见。

奉谕旨：著长少补授天津佐领。海松阿、阿拉萨赖补授绥远城防御。

——《清代历朝起居注合集》清高宗卷二十四

乾隆三十年（1765）十一月，丁未

解阿桂工部尚书，以蕴著代之。以嵩椿为绥远城将军。

——《清史稿》本纪十二·高宗本纪三

乾隆三十年（1765）十一月三十日

镶红旗满洲都统奏请绥远城防御二缺，带领保送人员引见。

奉谕旨：著牙蓝太、图塔布补授防御。

——《清代历朝起居注合集》清高宗卷二十四

乾隆三十年（1765）十二月十四日

镶黄旗蒙古都统奏请补授绥远城防御员缺，带领保送人员引见。

奉谕旨：著四十八补授绥远城防御。

——《清代历朝起居注合集》清高宗卷二十四

乾隆三十年（1765）十二月十八日

奏请补授绥远城协领员缺，带领保送人员引见。

奉谕旨：著窝冷额补授绥远城协领。

——《清代历朝起居注合集》清高宗卷二十四

乾隆三十年（1765）十二月二十日

议绥远城将军苏著奏，右卫镶黄旗在领禄增老病请休，应准其休致。查禄增曾经出兵打仗，应否给俸，出自圣恩一疏。

奉谕旨：禄增曾经效力行间，著以原品休致，给与全俸以养余年。

——《清代历朝起居注合集》清高宗卷二十四

乾隆三十年（1765）十二月二十九日

上御保和殿，赐朝正外藩筵宴。左翼科尔沁和硕达尔汉亲王多罗额驸色旺诺尔布、科尔沁和硕亲王固伦额驸色布腾巴尔珠尔、乌珠穆沁和硕车臣亲王朋苏尧拉布坦、喀喇沁多罗郡楞郡王拉特那什第、翁牛特多罗都楞郡王布达扎布、乌珠穆沁多罗额尔德尼贝勒达什衮布、阿巴嘎纳尔多罗贝勒达什敏朱尔、扎鲁特多罗贝勒什拉塔拉、茂明安多罗达尔汉贝勒玉本重、喀喇沁固山贝子多罗额驸扎拉丰阿、科尔沁固山贝子多罗额驸班珠尔、敖汉固山贝子固山额驸吹集扎尔、鄂尔多斯固山贝子拉什色楞、鄂尔多斯固山贝子那木扎尔多尔济、科尔沁镇国公索诺木色楞、喀喇沁镇国公旦臻达尔扎、扎鲁特镇国公那逊额尔克图、巴林辅国公和硕额驸德勒克、敖汉辅国公多罗额驸桑集扎尔、科尔沁辅国公哈达、科尔沁和硕额驸敏珠尔多尔济、敖汉和硕额驸米扎特多尔济、土默特和硕额驸那苏特固斯、科尔沁固山额驸多尔吉虎、科尔沁固山额驸固穆、敖汉固山额驸沙津阿拉笔特虎、科尔沁一等台吉拉特那、喀喇沁一等塔布囊达克旦、喀喇沁一等塔布囊敦珠布色布腾、科尔沁二等台吉巴尔珠尔、敖汉二等台吉巴尔珠拉布坦、科尔沁三等台吉集克集扎布、归化城土默特四等台吉巴尔旦多尔济、巴林四等台吉汪纾克、右翼喀尔喀扎萨克图汗巴尔达尔、喀尔喀和硕亲王多罗额驸罗布藏多尔济、喀尔喀亲王品级多罗郡王车布登扎布、阿巴嘎多罗卓里克图郡王车灵汪布、苏尼特多罗都楞郡王车灵多尔济、绰罗斯多罗郡王罗布扎、回子郡王品级贝勒霍集斯、喀尔喀多罗贝勒阿玉尔、土尔扈特多罗贝勒罗布藏达尔扎、喀尔喀固山贝子车水本、喀尔喀固山贝子敦多布多尔济、厄鲁特固山贝子衮楚克巴克、喀尔喀贝子品级扎萨克台吉齐旺多尔济、乌拉特镇国公台诺木拉布坦、翁牛特镇国公工哥拉布坦、科尔沁辅国公玛哈玛于尔、喀尔喀辅国公德勒克多尔济、回子辅国公图尔都、回子辅国公霍什可、回子辅国公额色殷、杜尔伯特辅国公扎那巴克、和硕特辅国公色布腾、喀尔喀扎萨克一等台吉恩暎、喀尔喀扎萨克一等台吉达玛林扎布、喀尔喀扎萨克一等台吉工楚克扎布、和硕特扎萨克一等台吉特默齐、回子扎萨克一等台吉玛木特、喀尔喀二等台吉班旦多尔济等，年班回部叶尔羌四品商伯尧、托克托和卓等十人，以次就座，诸乐并作。上进酒。毕。召左翼科尔沁和硕达尔汉亲王多罗额驸色旺诺尔布、科尔沁和硕亲王图伦额驸色布腾巴尔珠尔、乌珠穆沁和硕车臣亲王朋苏克拉布坦、喀喇沁多罗都楞郡王拉特那什第、翁牛特多罗都楞郡王布达扎布、乌珠穆沁多罗额尔德尼贝勒达什衮布、阿巴嘎纳尔多罗贝勒达什敏朱尔、喀喇沁固山贝子多罗额驸扎拉丰阿、右翼喀尔喀扎萨克图汗巴尔达尔、喀尔喀亲王品级多罗郡王车布登扎布、阿巴嘎多罗卓里克图郡王车灵班布、绰罗斯多罗郡王罗布扎、回子郡王品级贝勒霍集斯、土尔扈特多罗贝勒罗布藏达尔扎、回子辅国公国尔都等，至御座前，上亲赐酒。余俱令侍卫等，分觞授饮于座次。饮毕，众谢恩。

——《清代历朝起居注合集》清高宗卷二十四

乾隆三十一年（1766）三月初六

奏请补授绥远城佐领员缺，带领保送人员引见。

奉谕旨：着德灵阿补授绥远城佐领。

——《清代历朝起居注合集》清高宗卷二十五

乾隆三十一年（1766）五月二十六日

奏请补授绥远城防御员缺，带领保送人员引见。

奉谕旨：著沙克沙巴特补授绥远城防御（旗档）。

——《清代历朝起居注合集》清高宗卷二十五

乾隆三十一年（1766）六月十六日

复请兵部议，绥远城将军公嵩椿奏，镶白旗满洲佐领福禄老病乞休，应准其休致。查福禄曾经出兵打仗，可否给俸，出自圣恩一疏。

上曰：福禄曾经效力行间，著以原品休致。给与全俸以养余年。

——《清代历朝起居注合集》清高宗卷二十五

乾隆三十一年（1766）十二月十四日

大学士傅恒等奏，本年八月分推升孝贤皇后陵寝员外郎之山西归化城理事同知珠隆阿允不赴部，应领该抚，速催交代事竣，送部引见。其报部迟延，并违例，咨请开缺之山西巡抚彰宝，请交部照例察议一疏。

奉谕旨：彰宝办理此事实属苟庇，著交部严加议处。外纪。

——《清代历朝起居注合集》清高宗卷二十五

乾隆三十一年（1766）十二月二十日

绥远城将军册送节妇金氏一口、西安将军册送节妇王佳氏等四口、凉州统册送赵氏等二口、宁夏将军册送节妇那木都鲁氏等四口、河南巡抚册送节妇张氏一口、太原城守尉册送节妇伊拉里氏一口、古北口防守尉册送节妇瓜尔佳氏等二口，以上共节妇二百三十六口，均属孝义兼全厄穷堪悯，准其照例旌表，给银建坊。

绥远城将军册送万氏一口、广州将军册送刘氏等四口、天津都统册送觉罗氏一口、杭州将军册送传察氏一口、山海关副都统册送李氏等二口、青州副都统册送李车氏一口、成都副都统册送拜玉克氏一口，以上共一百四十七口，俱符年例并准给匾嘉奖一疏。

奉谕旨：依议。

议绥远城将军公嵩椿等未经裁汰轿役钱粮及奉查询仍不实奏，应照例降调一疏。

奉谕旨：嵩椿不胜将军之任，著彻回其降调之处，抵罚公俸十年。纬和诺著降三级从宽留任。彰武泰著降顶带三级。余依议。

——《清代历朝起居注合集》清高宗卷二十五

乾隆三十一年（1766）十二月，癸丑

以巴禄为绥远城将军。

——《清史稿》本纪十三·高宗本纪四

乾隆三十一年（1766）十二月二十九日

上御保和殿，升座，赐朝正外藩筵宴。左翼科尔沁和硕亲王固伦额驸色布登巴尔朱尔、乌朱穆沁和硕车臣亲王彭苏克拉布坦、科尔沁多罗郡王和硕额驸齐默特多尔济、科尔沁多罗宾图郡王拉特那札木苏、敖汉多罗郡王拉什拉布坦、阿巴嘎多罗卓量克图郡王车凌汪布、鄂尔多斯郡王品级多罗贝勒栋罗布扎木苏、鄂尔多斯多罗贝勒齐汪班朱尔、土默特多罗达尔汉贝勒索诺木巴尔朱尔、喀尔喀多罗达尔汉贝勒喇汪多尔济、阿鲁科尔沁多罗贝勒达克丹、喀尔喀多罗贝勒衮布多尔济、扎鲁特多罗达尔汉贝勒固鲁扎布、科尔沁固山贝子多罗额驸班朱尔、敖汉固山贝子固山额驸吹集扎尔、杜尔伯特固山贝子博第、喀尔喀镇国公恭格拉布坦、科尔沁辅国公和硕额驸拉什那木扎尔、巴林辅国公和硕额驸德勒克、苏尼特辅国公扎什拉布坦、阿巴嘎辅国公汪亲扎布、敖汉和硕额驸彭苏克拉什、喀喇沁和硕额驸那木扎布、巴林多罗额驸丹津、科尔沁一等台吉拉特那、科尔沁一等台吉鄂尔泽、喀喇沁一等塔布襄格勒克萨木鲁布、翁牛特二等台吉巴彦巴图尔、翁牛特二等台吉三吉扎布、扎鲁特二等台吉彭苏克、敖汉二等台吉色布腾多尔济、归化城土默特四等台吉巴尔丹多尔济、右翼喀尔喀和硕亲王成衮扎布、喀尔喀和硕亲王诺尔布扎布、厄鲁特和硕亲王多罗额驸罗布藏多尔济、喀尔喀多罗郡王德木楚克、喀尔喀多罗郡王多罗额驸桑寨多尔济、绰罗斯多罗郡王罗布扎、回子郡王品级多罗贝勒霍集斯、回子贝勒品级阿起术博克鄂对、鄂尔多斯固山贝子达木巴达尔济、喀尔喀固山贝子巴尔准多尔济、乌拉特镇国公喀尔桑车凌、喀尔喀镇国公车腾扎布、喀尔喀镇国公扎木詹、敖汉辅国公固山额驸罗布藏什拉布、喀尔喀辅国公汪琴扎布、喀尔喀辅国公德勒克多尔济、和硕特辅国公巴尔集、回子辅国公图尔都、回子辅国公霍什克、回子辅国公厄巴因、喀尔喀公品级一等台吉扎木产多尔济、喀尔喀扎萨克一等台吉多尔济起巴克、哈尔喀扎萨克一等台吉桑寨行秦、回子扎萨克一等台吉玛穆特等，及领侍卫内大臣、大学士等，以次就座，诸乐并作。上进酒。毕。召左翼科尔沁和硕亲王固伦额驸色布登巴尔朱尔、乌珠穆沁和硕车陈亲王彭苏克拉布坦、科尔沁多罗郡王和硕额驸齐默特多济、科尔沁多罗宾图郡王拉特那扎木苏、敖汉多罗郡王拉什拉布坦、鄂尔多斯郡王品级多罗贝勒栋罗布扎木苏、敖汉固山贝子固山额驸吹集扎尔等，至御座前，上亲赐酒。余俱令侍卫等，分觞授饮于座次。饮毕，众谢恩。

——《清代历朝起居注合集》清高宗卷二十五

乾隆三十二年（1767）正月十五日

上御正大光明殿，升座，赐朝正外藩筵宴。章嘉胡图克图、左翼科尔沁和硕亲王固伦额驸色布腾巴尔朱尔、乌朱穆沁和硕车臣亲王朋苏克拉布坦、科尔沁多罗郡王和硕额驸齐默特多尔济、科尔沁多罗宾图郡王拉什拉布坦、阿巴嘎多罗绰里克图郡王车领汪布、鄂尔多斯郡王品级多罗贝勒董罗布札木苏、鄂尔多斯贝勒齐旺班朱尔、土默特多罗达尔汉贝勒索诺木巴尔朱尔、喀尔喀多罗达尔汉贝勒喇汪多尔济、阿鲁科尔沁多罗贝勒达克丹、喀尔喀多罗贝勒衮木布多尔济、札鲁特多罗达尔汉贝勒固鲁扎布、科尔沁固山贝于多罗额驸班朱尔、敖汉贝子固山额驸吹集扎尔、杜尔伯特固山贝子伯第、喀尔喀护国公恭额拉布坦、科尔沁辅国公和硕额驸拉什那木扎尔、巴林辅国公和硕额驸德勒克、苏尼特辅国公扎什拉布坦、阿巴嘎辅国公汪钦扎布、敖汉和硕额驸朋苏克拉什、喀喇沁那木扎布、巴林多罗额驸丹锦、科尔沁一等台吉拉特那、科尔沁一等台吉乌尔哲、喀喇沁一等塔布囊各勒克萨木鲁布、翁牛特二等台吉巴严巴图尔、翁牛特二等台吉萨集扎布、扎鲁特二等台吉朋苏克、敖汉二等台吉色布腾多尔济、归化城土默特四等台吉巴尔丹多尔济、右翼阿佳胡图克图、喀尔喀和硕亲王诚衮扎布、喀尔喀和硕亲王诺尔布札布、厄鲁特和硕亲王多罗额驸罗布藏多尔济、喀尔喀多罗郡王木楚克、喀尔喀多罗郡王多罗额驸桑寨多尔济、绰尔罗斯多罗郡王罗布札、回子郡王品级贝子霍集斯、回子贝勒品级阿起玛伯克鄂对、鄂尔多斯固山贝子丹木巴达尔济、喀尔喀固山贝子巴尔朱尔多尔济、乌拉特护国公喀尔桑车楞、喀尔喀护国公车腾扎布、喀尔喀护国公札木鲇、敖汉辅国公固山额驸罗布藏什拉布、喀尔喀辅国公汪钦扎布、喀尔喀辅国公德勒克多尔济、和硕特辅国公巴尔济、回子辅国公都尔图、回子辅国公霍什可、回子辅国公厄巴殷、喀尔喀公爵一等台吉扎木鲇多尔济、喀尔喀扎萨克一等台吉多尔济起巴克、喀尔喀扎萨克一等台吉桑案林钦、回子扎萨克一等台吉玛默特，及领侍卫内大臣、大学士等，以次就座，诸乐并作。上进酒。毕。召左翼科尔沁和硕亲王固伦额驸色布腾巴尔朱尔、乌珠穆沁和硕车证亲王朋苏克拉布坦、科尔沁多罗郡王和硕额驸齐默特多尔济、科尔沁多罗宾图郡王拉特那札木苏、敖汉多罗郡王拉什拉布坦、鄂尔多斯郡王品级多罗贝勒董罗布札木苏、敖汉固山贝子固山额驸吹集扎尔、巴林辅国公和硕额驸德勒克、喀尔喀和硕亲王诚衮扎布、喀尔喀和硕亲王诺尔布札布特、和硕亲王多罗额驸罗布藏多尔济、喀尔喀多罗郡王德木楚克、绰罗斯多罗郡王罗布扎、回子贝勒品级阿起玛伯克鄂对、鄂尔多斯固山贝子丹木巴达尔济等，至御座前，上亲赐酒。余俱令侍卫等，分觞授饮于坐次。饮毕，众谢恩。

——《清代历朝起居注合集》清高宗卷二十六

乾隆三十二年（1767）七月十六日

镶红旗蒙古都统奏请补授绥远城佐领员缺，带领保送人员引见。

奉谕旨：著保达尔补授绥远城佐领（旗档）。

——《清代历朝起居注合集》清高宗卷二十六

乾隆三十二年（1767）八月二十九日

绥远城将军公巴禄奏，拒门保安二处口外庄头地亩六百零二顷二十四亩秋禾被雹，成灾四分至八分不等。查勘确实，应照例蠲免，并给口粮一疏。

奉谕旨：该部速议具奏（丝纶簿）。

——《清代历朝起居注合集》清高宗卷二十六

乾隆三十二年（1767）九月初九

户部议，绥远城将军公巴禄奏，助马口外拒门保安等处庄头被雹成灾，地亩应照例免其钱粮差务一疏。

奉谕旨：依议速行。

——《清代历朝起居注合集》清高宗卷二十六

乾隆三十二年（1767）十二月十六日

兵部等衙门议，本年军政内查：吉林正蓝旗满洲佐领福里善、骁骑校珠尔坎，黑龙江正红旗满洲佐领恩格尔图，各省勒令休致。正蓝旗满洲骁骑校鄂木多奈、绥远城右翼蒙古协领根敦、镶黄旗蒙古四等台吉佐领万舒克、正蓝旗满

151

洲防御三达色、宁夏镶蓝旗满洲佐领达西哈那斯图、察哈尔正白旗护军校达西、镶红旗护军校五巴西等十一员，曾经出兵打仗。又绥远城正白旗满洲佐领胡保住、宁夏镶蓝旗满洲佐领保准、正蓝旗蒙古佐领黑色、江宁镶蓝旗满洲协领海秀、正黄旗满洲防御常禄、正红旗满洲骁骑校克蒙额、察哈尔正黄旗骁骑校蒙科庄、浪城守尉八十等八员，曾经出兵。应否分别给俸，出自圣恩一疏。

奉谕旨：依议。

——《清代历朝起居注合集》清高宗卷二十六

乾隆三十二年（1767）十二月二十九日

上御保和殿，升座赐朝正外藩筵宴。左翼科尔沁多罗扎萨克图郡王那王色布腾、阿巴嘎多罗郡王奈布坦粘中、和硕特多罗郡王达什拉布坦、苏尼特多罗都楞郡王车林多尔济、鄂尔多斯郡王品级多罗贝勒董罗布扎木苏、科尔沁多罗贝勒衮木扎布、翁牛特多罗达尔汉大清贝勒诺尔布扎木苏、阿巴哈那尔多罗贝勒达什敏朱尔、喀喇沁固山贝子多罗额驸扎拉丰阿、阿巴嘎固山贝子朋楚克、科尔沁护国公索诺木色杨、扎鲁特穆国公那逊额尔克图、敖汉辅国公罗布藏什拉布、巴林辅国公和硕额驸德勒克、敖汉辅国公多罗额驸桑集扎尔、科尔沁辅国公诺衮达拉、乌珠穆沁辅国公敦多布色楞、喀喇沁辅国公拉扎布、喀喇沁辅国公温都尔虎、乌拉特辅国公额拉布坦、科尔沁和硕额驸敏朱尔多尔济、土默特和硕额驸那逊特古斯、翁牛特额驸班朱尔、科尔沁固山额驸多尔、喀喇沁固山额驸敦朱布色布腾、奈曼额驸敦多布、科尔沁一等台吉拉特那特、一等台吉朋苏克、喀喇沁一等塔布囊达克旦、科尔沁二等台吉巴尔朱尔、敖汉二等台吉班尔朱拉布坦、翁牛特二等台吉衮木克布车布腾、科尔沁三等台吉巴克巴扎布、右翼喀尔喀车陈汉车布腾扎布、喀喇沁多罗都楞郡王拉特那什第、喀尔喀多罗郡王多罗额驸桑寨多尔济、绰罗斯多罗郡王罗布扎、回子郡王品级贝勒霍集斯、喀尔喀多罗贝勒达克丹多尔济、归化城多罗贝勒车木本、喀尔喀固山贝子敦多布多尔济、喀尔喀固山贝子车布腾多尔济、归化城固山贝子罗布藏色布、厄鲁特固山贝子明楚克、喀尔喀贝子品级扎萨克一等台吉齐往多尔济、喀尔喀护国公云丹、喀尔喀辅国公德勒克多尔济、喀尔喀辅国公佛保、喀尔喀辅国公车领多药特、喀尔喀辅国公拉往多尔济、喀尔喀辅国公公楚克达什、回子辅国公图尔都、回子辅国公额色殷、和硕特辅国公色布腾、喀尔喀扎萨克一等台吉班第、喀尔喀扎萨克一等台吉那往尹什、喀尔喀扎萨克一等台吉巴殷朱尔、喀尔喀扎萨克一等台吉车等、喀尔喀扎萨克一等台吉敢拉穆扎布、归化城扎萨克一等台吉吹中扎布、归化城扎萨克一等台吉巴尔巴特、和硕特扎萨克一等台吉特黙起、回子扎萨克一等台吉玛穆特、喀尔喀一等台吉萨木批尔多尔济等，以次就座诸乐并作。上进酒。毕。召左翼科尔沁多罗扎萨克图郡王那旺色布腾、阿巴嘎多罗郡王奈布坦鼇中、鄂尔多斯郡王品级多罗贝勒董罗布扎木苏、翁牛特多罗达尔汉大清贝勒诺尔布扎木苏、喀喇沁固山贝子多罗额驸扎拉丰阿、敖汉辅国公罗藏什拉布、巴林辅国公和硕额驸德勒克、敖汉辅国公多罗额驸桑集扎尔、右翼喀尔喀车臣罕车布腾扎布、喀喇沁多罗都楞郡王拉特那什第、绰罗斯多罗郡王罗布扎、回子郡王品级贝勒霍集斯、喀尔喀多罗贝勒达克丹多尔济、归化城多罗贝勒车木本等，至御座前，上亲赐酒。余俱令侍卫等，分觞授饮于坐次。饮毕，众谢恩。

——《清代历朝起居注合集》清高宗卷二十六

乾隆三十三年（1768）二月二十四日

刑部侍郎四达会同巡抚彰宝等，遵旨查审，复奏山西归化城关口征收税银，需索钱文，分治其罪，并监督税务章程，公同酌议另缮一折。

奉朱批：如所议行，该部知道。部档。

——《清代历朝起居注合集》清高宗卷二十七

乾隆三十三年（1768）三月十九日

议绥远城将军巴禄奏，右卫左翼正白旗满洲佐领员缺，准以右卫裁汰四品步军翼长济兰泰调补一疏。

奉谕旨：济兰泰依议调补，余依议。

——《清代历朝起居注合集》清高宗卷二十七

乾隆三十三年（1768）四月十六日

奉谕旨：山西归化城营都司法丰阿、江南泗州卫后帮领运千总周奎引见。

奉谕旨：耀成额、敦柱、德舒玛尔、清阿植璋、法丰阿、周奎，俱准其卓异注册。

——《清代历朝起居注合集》清高宗卷二十七

乾隆三十三年（1768）三月

乙巳，调鄂宝为广西巡抚。钟音为福建巡抚。良乡为广东巡抚。钱度为贵州巡抚。巴禄为察哈尔都统。传良为绥远城将军。

——《清史稿》本纪十三·高宗本纪四

乾隆三十四年（1769）正月十五日

上御正大光明殿，升座，赐朝正外藩筵宴。章嘉胡图克图、左翼科尔沁和硕达尔汉亲王多罗额驸色旺诺尔布、科尔沁和硕亲王固伦额驸色布腾巴尔朱尔、巴林多罗郡王巴图、喀喇沁多罗都楞郡王拉特那什第、阿巴嘎多罗郡王奈布坦禅忠、翁牛特多罗都楞郡王布达札布、鄂尔多斯多罗郡王车凌多尔济、翁牛特多罗达尔汉贝勒诺尔布札木苏、乌珠穆沁多罗贝勒达什衮布、扎鲁特多罗贝勒西尔搭拉、茂明安多罗贝勒羽木崇、喀尔喀多罗贝勒阿羽尔、喀喇沁固山贝子多罗额驸札拉丰阿、敖汉固贝子固山额驸吹集札尔、巴林固山贝子萨木丕尔多尔济、鄂尔多斯固山贝子那木札尔多尔济、阿巴哈那尔固山贝子达克丹彭楚克、敖汉镇国公固山额驸罗布藏锡拉布、扎鲁特镇国公那逊厄尔克图、翁牛特镇国公恭额拉布坦、巴林辅国公和硕额驸德勒克、科尔沁辅国公哈达、郭尔罗斯辅国公恭额拉布坦、敖汉和硕额驸彭苏克拉什、敖汉和硕额驸密札特多尔济、喀喇沁和硕额驸那木札布、土默特和硕额驸那逊特古斯、巴林多罗额驸丹津、鄂尔多斯札萨克一等台吉旺札尔车布腾多尔济、科尔沁固山额驸索诺木、喀喇沁固山额驸端朱布色布腾、敖汉固山额驸沙津阿尔弼特虎、科尔沁固山额驸谷穆、喀喇沁一等塔布襄格勒克萨木鲁布、札鲁特一等台吉彭苏克、敖汉二等台吉巴尔朱拉布坦、翁牛特二等台吉衮布车布腾、科尔沁三等台吉济克济札布、右翼敏朱尔胡图克图、科尔沁和硕卓里克图亲王恭额拉布坦、喀尔喀亲王品级郡王车布腾扎布、敖汉多罗郡王巴特玛拉什、篙齐特多罗郡王齐苏隆多尔济、喀尔喀多罗郡王桑寨多尔济、绰尔罗斯多罗郡王罗布札哈萨克阿比尔比斯之子卓尔齐、鄂尔多斯郡王品级贝勒东罗布札木苏、回部郡王品级贝勒霍集斯、扎赉特多罗贝勒罗布藏锡拉布、喀尔喀多罗贝勒丹津、巴林固山贝子多尔济拉布坦、喀尔喀固山贝子车木本尔、喀喇沁镇国公丹赞达尔札、乌拉特镇国公索诺木拉布坦、喀尔喀辅国公德勒克多尔济、喀尔喀辅国公拉秦苏隆、和硕特辅国公巴尔济、回部辅国公图尔杜、回部辅国公霍什克、回部辅国公额色音、喀尔喀公品级札萨克一等台吉成衮札布、喀尔喀札萨克一等台吉三都布多尔济、喀尔喀札萨克一等台吉乌巴什、喀尔喀札萨克一等台吉车登旺札尔、喀尔喀札萨克一等台吉索诺木端多布、呼呼诺尔札萨克一等台吉纳罕达尔济、回部札萨克一等台吉玛穆特、杜尔伯特札萨克一等台吉布达锡里、喀尔喀一等台吉齐旺多尔济、翁牛特二等台吉巴彦巴图尔、敖汉二等台吉色布腾多尔济、巴林二等台吉索诺木、科尔沁三等台吉色楞达木巴、归化城土黙特四等台吉巴尔丹多尔济，及领侍卫内大臣、大学士等，以次就坐，诸乐并作。上进酒。毕。召左翼科尔沁和硕达尔汉亲王多罗额驸色旺诺尔布、科尔沁和硕亲王固伦额驸色布腾巴尔朱尔、巴林多罗郡王巴图、喀喇沁多罗都楞郡王拉特那什第、翁牛特多罗都楞郡王布达札布、鄂尔多斯多罗郡王车凌多尔济、喀喇沁固山贝子多罗额驸扎位丰阿、敖汉固山贝子固山额驸吹集札尔、敖汉镇国公固山额驸罗布藏锡拉布、巴林辅国公和硕额驸德勤勒克、右翼喀尔喀亲王品级郡王车布腾札布、敖汉多罗郡王巴特玛拉什、蒿齐特多罗郡王齐苏隆多尔济、绰罗斯多罗郡王罗布札哈萨克阿布尔比斯之子卓尔齐、鄂尔多斯郡王品级贝勒东罗布札尔苏、回部郡王品级贝勒霍集斯、喀尔喀多罗贝勒丹津、喀喇沁镇国公丹赞达尔札、回部辅国公图尔、杜回部辅国公霍什克等，至御座前，上亲赐酒。余俱令侍卫等，分觞授饮于坐次。饮毕，众谢恩。

——《清代历朝起居注合集》清高宗卷二十八

乾隆三十四年（1769）正月，乙未

调恒禄为盛京将军。傅良为吉林将军。常在为绥远城将军。

辛丑，傅恒赴云南。命官保署户部尚书。裁宁夏右翼副都统。吉林拉林副都统。命常青署绥远城将军。

——《清史稿》本纪十三·高宗本纪四

乾隆三十四年（1769）二月

癸未，命傅恒整饬云南马政。以诺伦为绥远城将军。

——《清史稿》本纪卷十三·高宗本纪四

乾隆三十七年（1772）五月，癸卯

命海兰察等赴四川西路军营，鄂兰等赴四川南路军营。调容保为绥远城将军。桂林以隐匿挫衄，褫职逮问。以阿尔泰署四川总督。

——《清史稿》本纪十三·高宗本纪四

乾隆四十一年（1776）十月，己亥

命丰升额为步军统领，福隆安仍兼管。壬寅，绥远城将军容保罢，以五弥泰代之。

——《清史稿》本纪十四·高宗五

乾隆四十一年（1776）十二月，丙午

命明亮军机处行走。五弥泰迁西安将军。博成署绥远城将军。戊申，以雅朗阿为绥远城将军。

——《清史稿》本纪十四·高宗五

乾隆四十四年（1779）十月二十九日

奉谕旨：庄浪佐领明泰，不恤所属兵丁，擅行种种不法之事，常额理并未亲身前往审办，以致属员通同隐匿，已交部严加议处矣。看来，常额理不能办理专城事务，著解退凉州副都统任，来京候旨。所遗凉州副都统员缺，著博成调补。博成所遗归化城副都统员缺，著积善补授。

——《清代历朝起居注合集》清高宗卷二十九

乾隆四十四年（1779）十二月二十一日

奏补绥远城云骑尉员缺，带领正陪人员引见。

奉谕旨：著五十九承袭。

又奏补云骑尉员缺，带领闲散明良引见。

奉谕旨：著明良承袭。

又奏补云骑尉二员缺，带领各正陪人员引见。

奉谕旨：著富协赫巴哈布承袭。

——《清代历朝起居注合集》清高宗卷二十九

乾隆四十五年（1780）四月

奉谕旨：户部奏复山西巡抚雅德咨请，将例不应蠲之太原、辽州等府、厅、州，应征本色。及清水河、丰宁等厅，和林格尔等处，改征折色地租银两。仍全行征收一折，固系照例核议第。念该省本年轮应普免地丁钱粮，而此项应征本折银两，独令供输，未免向隅可悯。所有太原、辽州等十六府州并归化城，应征本色及清水河等厅，并太仆寺牧厂地亩，征折色银两。仍著加恩，照上届蠲免十分之三，其应征本色之大同、朔平二府地处边瘠。又和林格尔等处新垦地亩，应输折色，并庄头退出招种，地租银两及丰宁二厅地亩折色租银，按田纳赋，与内地地丁无异。均著加恩一体全行蠲免，俾得普沾，恺泽益裕，盈宁之庆。该部即遵谕行。余依议。

——《清代历朝起居注合集》清高宗卷三十

乾隆四十五年（1780）四月二十五日

兵部议土默特地亩被水冲没，承办错误之绥远城将军弘晌降级抵销一疏。

奉谕旨：弘晌著销去加一级免其降调。

——《清代历朝起居注合集》清高宗卷三十

乾隆四十五年（1780）十二月二十九日

上御保和殿，升座，赐朝正外藩筵宴。左翼科尔沁亲王恭格喇布坦、科尔沁亲王旺济尔多尔济、喀尔喀亲王固伦额驸拉旺多尔济、科尔沁郡王齐默特多尔济、科尔沁郡工谔尔哲依特穆尔额尔克巴拜、科尔沁郡王桑都依扎布、科尔沁郡王喇什嘎尔当、喀喇沁郡王喇特纳锡第、奈曼郡王拉旺喇布坦、科尔沁贝勒赛音察衮、喀喇沁贝勒扎拉丰阿、科尔沁贝子班珠尔、翁牛特贝子图们巴延、科尔沁护国公萨木丕尔扎木苏、巴林辅国公德勒克、科尔沁辅国公色当嘎玛尔、苏尼特辅国公罗布藏车凌、科尔沁公品级一等台吉拉旺、敖汉和硕额驸彭苏克喇什、喀喇沁和硕额驸纳木扎布、克什克腾扎萨克一等台吉囊济特扎布、巴林多罗额驸丹津、喀喇沁一等塔布囊丹巴多尔济、科尔沁一等台吉色楞丹木巴、

157

科尔沁一等台吉敏珠尔多尔济、扎鲁特一等台吉彭苏克、克什克腾一等台吉根敦达尔扎、奈曼一等台吉素弥喇、巴林一等台吉索特纳木多尔济、巴林二等台吉索诺木、翁牛特二等台吉三济扎布、翁牛特二等台吉巴延巴图尔、翁牛特二等台吉哈斯巴图尔、敖汉固山额驸巴延巴图尔、科尔沁四等台吉端多布、右翼乌珠穆沁亲王玛哈索哈、敖汉郡王齐黙特鲁斡、阿巴嘎郡王喇特纳锡第、喀尔喀郡王车布登扎布、喀尔喀郡王蕴端多尔济、喀尔喀郡王齐旺多尔济、回部郡王品级贝勒霍集斯、土默特贝勒索木巴尔珠尔、喀尔喀贝勒拉旺多尔济、喀尔喀贝勒衮布多尔济、绰罗斯贝勒富塔喜敖汉贝子垂济扎尔、杜尔伯特贝子博第、鄂尔多斯贝子丹巴达尔济、鄂尔多斯贝子喇什达尔济、青海贝子罗布藏色布腾、绰罗斯贝子纳木扎尔、乌拉特护国公吉克黙特多尔济、阿巴嘎辅国公齐巴克扎布、喀尔喀辅国公德勒克多尔济、喀尔喀辅国公车登扎布、喀尔喀辅国公达什彭楚克、喀尔喀辅国公拉沁苏隆、杜尔伯特辅国公扎纳巴克、回部辅国公霍什克、回部辅国公额色音、喀喇沁和硕额驸衮楚克扎木苏、喀喇沁和硕额驸垂巴尔斡尔、喀尔喀扎萨克一等台吉扎木巴尔多尔济、喀尔喀札萨克一等台吉萨木丕尔多尔济、敖汉二等台吉色布腾多尔济、绰罗斯三等台吉三达克、归化城土默特四等台吉巴尔丹多尔济、绰罗斯四等台吉胡尔哈齐、绰罗斯四等台吉垦则，及领侍卫大臣、大学士等，以次就坐，诸乐并作。上进酒。毕。召左翼科尔沁亲王恭格喇布坦、科尔沁亲王旺济尔多尔济、喀尔喀亲王固伦额驸拉旺多尔济、科尔沁郡王齐黙特多尔济、科尔沁郡王桑都依扎布、科尔沁郡王喇什嘎尔当、喀喇沁郡王喇特纳锡第、奈曼郡王拉旺喇布坦、喀喇沁贝勒扎拉丰阿、科尔沁贝子班珠尔翁、巴林辅国公德勒克、右翼乌珠穆沁亲王玛哈索哈、敖汉郡王齐黙特鲁斡、阿巴嘎郡王喇特纳锡第、喀尔喀郡王车布登扎布、喀尔喀郡王齐旺多尔济、回部郡王品级贝勒霍集斯、土默特贝勒索诺木巴尔珠尔、喀尔喀贝勒拉旺多尔济、敖汉贝子垂济扎尔、青海贝子罗布藏色布腾、杜尔伯特辅国公扎纳巴克等，至御座前，上亲赐酒。余俱令侍卫等，分觞授饮于坐次。饮毕，谢恩。

——《清代历朝起居注合集》清高宗卷三十

乾隆四十六年（1781）正月十五日

御正大光明殿，升座，赐朝正外藩筵宴。左翼乌珠穆沁和硕车臣亲王玛哈索哈、科尔沁多罗郡王固山额驸谔尔哲依特穆尔额尔克巴拜、科尔沁多罗郡王桑对扎布、科尔沁多罗郡王喇什嘎尔当、奈曼多罗郡王拉旺喇布坦、阿巴嘎多罗郡王喇特纳锡第、科尔沁多罗贝勒赛音察衮、喀喇沁多罗贝勒多罗额驸扎拉丰阿、科尔沁固山贝子多罗额驸班珠尔、鄂尔多斯固山贝子图们巴延、科尔沁镇国公萨木丕尔扎木苏、巴林辅国公和硕额驸德勒克、敖汉辅国公多罗额驸桑济扎尔、喀喇沁辅国公拉扎布、科尔沁辅国公色当嘎玛尔、苏尼特辅国公罗布藏车凌、科尔沁公品给一等台吉拉旺、敖汉和硕额驸彭苏克喇什、喀喇沁和硕额驸纳木札布、克什克腾扎萨克一等台吉襄济特扎布、喀喇沁一等塔布囊固山额驸达木巴多尔济、科尔沁一等台吉色楞达木巴、科尔沁一等台吉敏珠尔多尔济、扎鲁特一等台吉彭苏克、克什克腾一等台吉艮敦达尔扎、巴林多罗额驸丹津、巴林二等台吉索诺木、翁牛特二等台吉三济札布、翁牛特二等台吉巴延巴图尔、翁牛特二等台吉哈思巴图尔、敖汉固山额驸巴延巴图尔、科尔沁四等台吉端多布、右翼喀尔喀和硕亲王固伦额驸拉旺多尔济、喀喇沁多罗郡王喇特纳锡第、敖汉多罗郡王齐默特鲁斡、喀尔喀多罗郡王蕴端多尔济、回部郡王品级贝勒霍集斯、土默特多罗贝勒索诺木巴尔珠尔、喀尔喀多罗贝勒拉旺多尔济、喀尔喀多罗贝勒衮布多尔济、绰罗斯多罗贝勒富塔喜、敖汉固山贝子固山额驸垂济扎尔、杜尔伯特固山贝子博第、鄂尔多斯固山贝子喇什达尔济、青海固山贝子罗布藏色布腾、绰罗斯固山贝子纳木扎尔、乌拉特镇国公济克默特多尔济、阿巴嘎辅国公齐巴克扎布、杜尔伯特辅国公扎纳巴克、喀尔喀辅国公车登扎布、喀尔喀辅国公德勒克多尔济、喀尔喀辅国公达什彭苏克、喀尔喀辅国公拉沁苏隆、回部辅国公霍什克、回部辅国公额色音、喀喇沁和硕额驸衮楚克扎木苏、喀尔喀扎萨克一等台吉扎木巴尔多尔济、敖汉二等台吉邑布腾多尔济、杜尔伯特协理旗务台吉鄂美、绰罗斯三等台吉三达克、归化城土默特四等台吉巴尔丹多尔济、绰罗斯四等台吉胡尔哈齐、绰罗斯四等台吉垦则等，及领侍卫内大臣、大学士等，以次就坐，诸乐并作。上进酒。毕。召左翼乌珠穆沁和硕车臣亲王玛哈索哈、科尔沁多罗郡王喇什嘎尔当、奈曼多罗郡王拉旺喇布坦、阿巴嘎多罗郡王喇特纳锡第、喀喇沁多罗贝勒多罗额驸扎拉丰阿、科尔沁固山贝子多罗额驸班珠尔、巴林辅国公和硕额驸德勒克、敖汉辅国公多罗额驸桑济扎尔、右翼喀尔喀和额亲王固伦额驸拉旺多尔济、喀喇沁多罗郡王喇特纳锡第、敖汉多罗郡王齐默特鲁干、回部郡王品级贝勒霍集斯、土默特多罗贝勒索诺木巴尔珠尔、喀尔喀多罗贝勒拉旺多尔济、敖汉固山贝子固山额驸垂济扎尔、青海固山贝子罗布藏则布腾、杜尔伯特辅国公扎纳巴克等，至御座前，上亲赐酒。余俱令侍卫等，分觞授饮于坐次。饮毕，众谢恩。

——《清代历朝起居注合集》清高宗卷三十一

乾隆四十六年（1781）三月，甲午

以宗室嵩椿为绥远城将军。

——《清史稿》本纪十四·高宗五

乾隆四十六年（1781）七月初五

正红旗满洲都统奏补绥远城佐领员缺，带领正陪人员引见。

奉谕旨：喀尔仕著补授绥远城佐领。

镶红旗蒙古都统奏补佐领等缺，带领正陪人员引见。

奉谕旨：代明阿著补授公中佐领。德克精额著补授绥远城佐领。

——《清代历朝起居注合集》清高宗卷三十一

乾隆四十六年（1781）九月二十五日

奏补绥远城防御员缺，带领正陪人员引见。

奉谕旨：坤笃着补授绥远城防御。

——《清代历朝起居注合集》清高宗卷三十一

乾隆四十六年（1781）九月二十九日

镶白旗蒙古都统奏补绥远城防御员缺，带领正陪人员引见。

奉谕旨：巴达郎贵着补授绥远城防御。

——《清代历朝起居注合集》清高宗卷三十一

乾隆四十六年（1781）十二月二十九

上御保和殿，升座，赐朝正外藩筵宴。左翼科尔沁和硕卓里克图亲王恭格喇布坦、科尔沁多罗郡王固山额驸谔尔哲依特穆尔额尔克巴拜、科尔沁多罗郡王和硕额驸齐黙特多尔济、科尔沁多罗郡王纳旺色布腾、喀喇沁多罗郡王喇特

160

纳锡第、敖汉多罗郡王巴尔丹、敖汉多罗郡王齐黙特鲁幹、奈曼多罗郡王拉旺喇布坦、阿巴嘎多罗郡王萧布坦禅忠、苏尼特多罗郡王车凌衮布、喀喇沁多罗贝勒多罗额驸扎拉丰阿、科尔沁多罗贝勒固穆扎布、乌珠穆沁多罗贝勒达什衮布、翁牛特多罗贝勒济克济扎布、苏尼特多罗贝勒恭桑扎尔、科尔沁固山贝子多罗额驸班珠尔、巴林固山贝子多尔济喇布坦、阿巴嘎固山达尔汉贝子彭楚克、巴林辅国公和硕额驸德勒克、科尔沁辅国公诺衮达喇、科尔沁辅国公纳逊巴图、敖汉辅国公多罗额驸桑济扎尔、喀喇沁辅国公拉扎布、喀喇沁辅国公温都尔胡、乌珠穆沁辅国公玛哈布尔尼雅、乌拉特辅国公恭格喇布坦、鄂尔多斯辅国公丹津多尔济、归化城土黙特辅国公索诺木旺扎尔、科尔沁和硕额驸敏珠尔多尔济、敖汉和硕额驸彭苏克喇什喀、喇沁和硕额驸永库尔忠、喀喇沁和硕额驸扎密杨多布丹、郭尔罗斯扎萨克一等台吉阿喇布坦、喀喇沁一等塔布襄固山额驸丹巴多尔济、科尔沁一等台吉敏珠尔多尔济、巴林一等台吉索特纳木多尔济、喀喇沁一等塔布囊固山额驸端珠布色布腾、奈曼一等台吉索密喇、阿鲁科尔沁一等台吉阿尔达锡第、喀喇沁多罗额驸包珠巴咱尔、敖汉多罗额驸巴尔丹、科尔沁和硕达尔汉亲王旺扎尔多尔济、右翼喀尔喀和硕亲王固伦额驸拉旺多尔济、厄鲁特和硕亲王多罗额驸罗布藏多尔济、巴林多罗郡王巴图、嵩齐特多罗郡王敏珠尔多尔济、喀尔喀多罗郡王多罗额驸蕴端多尔济、回部郡王品级贝勒哈第尔、阿巴哈纳尔多罗贝勒玛哈巴拉、鄂尔多斯多罗贝勒东罗布色楞、青海多罗贝勒济克黙特依什、土黙特固山贝子色布腾东啰布、绰罗斯固山贝子纳木扎尔、喀尔喀固山贝子端多布多尔济、厄鲁特护国公多尔济色布腾、喀尔喀辅国公沙克尔扎布、回部辅国公额色音、回部辅国公托克托、厄鲁特公品级一等台吉旺沁巴木巴尔、喀尔喀公品级一等台吉纳逊多尔济、喀尔喀扎萨克一等台吉旺扎尔萨木丕尔、喀尔喀扎萨克一等台吉乌尔展扎布、青海扎萨克一等台吉巴尔珠尔、杜尔伯特扎萨克一等台吉布达锡哩、喀尔喀一等台吉固穆扎布、科尔沁二等台吉巴尔珠尔、科尔沁二等台吉锡第、敖汉二等台吉巴尔珠喇布坦、敖汉二等台吉济克济扎布、杜尔伯特二等台吉车伯克、敖汉固山额驸扎尔干，及大学士、领侍卫内大臣等。以次就坐，诸乐并作。上进酒。毕。召左翼科尔沁和硕卓里克图亲王恭格喇布坦、科尔沁多罗郡王齐黙特多尔济、科尔沁多罗郡王纳旺色布腾、喀喇沁多罗郡王喇特纳锡第、奈曼多罗郡王拉旺喇布坦、阿巴嘎多罗郡王萧布坦禅忠、敖汉多罗郡王巴尔丹、敖汉多罗郡王齐黙特鲁幹、苏尼特多罗郡王车凌衮布、乌珠穆沁多罗贝勒达什衮布、翁牛特多罗贝勒济克济扎布、科尔沁固山贝子班珠尔、敖汉辅国公多罗额驸桑济扎尔、右翼科尔沁和硕达尔汉亲王旺扎尔多尔济、喀尔喀和硕亲王固伦额驸拉旺多尔济、厄鲁特和硕亲王罗布藏多尔济、巴林多罗郡王巴图、蒿齐特多罗郡王敏珠尔多尔济、鄂尔多斯多罗贝勒东罗布色楞、阿巴哈纳尔多罗贝勒玛哈巴拉、青海多罗贝勒济克默特伊什、回部郡王品级贝勒哈第尔、土默特固山贝子色布腾东罗布、喀尔喀固山贝子多克多布多尔济、鄂勒特护国公多尔济色布腾、喀尔喀辅国公沙克杜尔扎布等，至御座前，上亲赐酒。余俱令侍卫等，分觞授饮于坐次。饮毕，众谢恩。

——《清代历朝起居注合集》清高宗卷三十一

乾隆四十七年（1782）正月十五日

上御正大光明殿，升座，赐朝正外藩筵宴。左翼科尔沁和硕卓里克图亲王恭格喇布坦、科尔沁多罗郡王齐默特多尔济、科尔沁多罗郡王纳旺色布腾、喀喇沁多罗郡王喇特纳锡第、奈曼多罗郡王拉旺喇布坦、阿巴嘎多罗郡王萧布坦禅忠、敖汉多罗郡王巴尔丹、敖汉多罗郡王齐默特鲁斡、苏尼特多罗郡王车凌衮布、科尔沁多罗贝勒固穆札布、乌珠穆沁多罗贝勒达什衮布、翁牛特多罗贝勒济克济扎布、苏尼特多罗贝勒恭桑扎尔、科尔沁固山贝子班珠尔、巴林固山贝子多尔济喇布坦、阿巴嘎固山贝子彭楚克、敖汉辅国公多罗额驸桑济扎尔、科尔沁辅国公诺衮达喇、科尔沁辅国公纳逊巴图、喀喇沁辅国公拉扎布、喀喇沁辅国公温都尔胡、乌珠穆沁辅国公玛哈布尔尼雅、乌拉特辅国公恭格喇布坦、鄂尔多斯辅国公丹津多尔济、归化城土默特辅国公索诺木旺扎尔、科尔沁和硕额驸敏珠尔多尔济、敖汉和硕额驸彭素克喇什、喀喇沁和硕额驸永库尔忠、喀喇沁和硕额驸扎密扬多布丹、郭尔罗斯扎萨克一等台吉阿喇布坦、喀喇沁一等塔布襄固山额驸丹巴多尔济、科尔沁一等台吉敏珠尔多尔济、巴林一等台古索特纳木多尔济、喀喇沁多罗额驸满珠巴咱尔、敖汉多罗额驸巴尔丹、右翼科尔沁和硕达尔汉亲王旺扎尔多尔济、喀尔喀和硕亲王固伦额驸拉旺多尔济、厄鲁特和硕亲王罗布藏多尔济、巴林多罗郡王巴图、蒿齐特多罗郡王敏珠多尔济、喀尔喀多罗郡王蕴端多尔济、鄂尔多斯多罗贝勒东罗布色楞、阿巴哈纳尔多罗贝勒玛哈巴拉、青海多罗贝勒济克默特伊什、回部郡王品级贝勒哈第尔、土默特固山贝子色布腾东罗布、喀尔喀固山贝子多克多布多尔济、鄂勒特护国公多尔济色布腾、喀尔喀辅国公沙克杜尔扎布、回部辅国公托克托、鄂勒特公品级一等台吉旺沁巴木巴尔、喀尔喀公品级一等台吉纳逊多尔济、喀尔喀扎萨克一等台吉旺扎尔萨木丕尔、喀尔喀扎萨克一等台吉乌尔展扎布、杜尔伯特扎萨克一等台吉布达锡哩、青海扎萨克一等台吉巴尔珠尔、喀喇沁一等塔布囊端珠布色布腾、奈曼一等台吉素密喇、阿鲁科尔沁一等台吉阿尔达锡第、喀尔喀一等台吉固穆扎布、科尔沁二等台吉巴尔珠尔、科尔沁二等台吉锡第、敖汉二等台吉巴尔珠喇布坦、敖汉二等台吉济克济扎布、杜尔伯特副二等台吉车伯克、敖汉固山额驸扎尔斡等，及领侍卫内大臣、大学士等，以次就坐，诸乐并作。上进酒。毕。召左翼科尔沁和硕卓里克图亲王恭格喇布坦、科尔沁多罗郡王齐黙特多尔济、科尔沁多罗郡王纳旺色布腾、喀喇沁多罗郡王喇特纳锡第、奈曼多罗郡王拉旺喇布坦、阿巴嘎多罗郡王鼐布坦禅忠、敖汉多罗郡王巴尔丹、敖汉多罗郡王齐黙特鲁斡、苏尼特多罗郡王车凌衮布、乌珠穆沁多罗贝勒达什衮布、翁牛特多罗贝勒济克济扎布、科尔沁固山贝子班珠尔、敖汉辅国公多罗额驸桑济扎尔、右翼科尔沁和硕达尔汉亲王旺扎尔多尔济、喀尔喀和硕亲王固伦额驸拉旺多尔济、厄鲁特和硕亲王罗布藏多尔济、巴林多罗郡王巴图、嵩齐特多罗郡王敏珠尔多尔济、鄂尔多斯多罗贝勒东罗布色楞、阿巴哈纳尔多罗贝勒玛哈巴拉、青海多罗贝勒济克黙特伊什、回部郡王品级贝勒哈第尔、土黙特固山贝子色布腾东罗布、喀尔喀固山贝子多克多布多尔济、鄂勒特护国公多尔济色布腾、喀尔喀辅国公沙克、杜尔扎布等，至御座前，上亲赐酒。余俱令侍卫等，分觞授饮于坐次。饮毕，众谢恩。

——《清代历朝起居注合集》清高宗卷三十二

乾隆四十七年（1782）三月二十一日

奏补绥远城防御员缺，带领正陪人员引见。

奉谕旨：拟正伍格著补授防御。

——《清代历朝起居注合集》清高宗卷三十二

乾隆四十七年（1782）四月十六日

奏补绥远城防御员缺，带领保送人员引见。

奉谕旨：拟正齐克庆著补授绥远城防御。拟陪倭兴额著记名。

——《清代历朝起居注合集》清高宗卷三十二

乾隆四十七年（1782）十月初四

奏补授绥远城佐领员缺，带领正陪人员引见。

奉谕旨：额尔登额著补授绥远城佐领。

——《清代历朝起居注合集》清高宗卷三十二

乾隆四十七年（1782）十月十九日

都察院奏请，钦点巡视归化城游牧，带领科道各员引见。

奉谕旨：巡视归化城著齐里克图去。巡视游牧著安泰去。

——《清代历朝起居注合集》清高宗卷三十二

乾隆四十七年（1782）十二月三十日

上御保和殿，升座，赐朝正久藩筵宴。左翼科尔沁和硕卓里克图亲王恭格喇布坦、科尔沁多罗郡王固山额驸谔尔哲依特穆尔额尔克巴拜、科尔沁多罗郡王巴尔珠尔、科尔沁多罗郡王喇锡嘎尔当、巴林多罗郡王巴图、喀喇沁多罗郡王喇特纳锡第、奈曼多罗郡王拉旺喇布坦、翁牛特多罗郡王旺淑克、鄂尔多斯多罗郡王达尔玛锡第、喀喇沁多罗贝勒多罗额驸扎拉丰阿、扎赉特多罗贝勒阿穆胡郎、科尔沁固山贝子班珠尔、巴林固山贝子萨木丕尔多尔济、敖汉固山贝子德伟多尔济、阿巴哈纳尔固山贝子达充丹彭楚克、巴林补国公和硕额驸德勒克、科尔沁辅国公哈达、敖汉辅国公多罗额驸桑济扎尔、科尔沁公品级一等台吉拉旺、敖汉和硕额驸密扎特多尔济、巴林和硕额驸布彦图、喀喇沁和硕纳木扎布、喀喇沁和硕额驸索纳木巴尔丹、喀喇沁多罗额驸满珠巴咱尔、敖汉固山额驸沙津阿尔弼特胡、喀喇沁固山额驸端珠布色布腾、喀喇沁固山额驸达木巴多尔济、科尔沁一等台吉敏穆尔多尔济、巴林一等台吉索特纳木多尔济、奈曼一等台吉素密喇、扎鲁特一等台吉彭素克、科尔沁二等台吉锡第、巴林二等台吉索纳木、敖汉二等台吉巴尔珠喇布坦、敖汉二等台吉色布腾多尔济、翁牛特二等台吉三济扎布、翁牛特二等台吉巴彦巴图尔、翁牛特二等台吉哈斯巴图尔、科尔沁四等台吉端多布、归化城土默特四等台吉巴尔丹多尔济、右翼科尔沁和硕达尔汉亲王旺扎尔多尔济、喀尔喀扎萨克图汉齐旺巴尔齐、喀尔喀和硕亲王固伦额驸拉旺多尔济、厄鲁特和硕亲王罗布藏多尔济、杜尔伯特和硕亲王车凌五巴什、苏尼特多罗郡王额呼克津、喀尔喀多罗郡王蕴端多尔济、喀尔喀多罗郡王萨木丕尔多尔济、回子郡王品级贝勒哈第尔、扎鲁特多罗贝勒固木布扎布、喀尔喀多罗贝勒阿玉尔、茂明安多罗贝勒珠克都尔扎布、喀尔喀固山贝子车登多尔济、喀尔喀固山贝子逊都布多尔济、绰罗斯固山贝子纳木扎尔、绰罗斯固山贝子福尔纳、扎鲁特护国公色楞扎布、乌拉特护国公车布登东罗布、乌拉特辅国公恭格喇布坦、喀尔喀辅国公德勒克多尔济、喀尔喀辅国公拉素隆多尔济、喀尔喀辅国公车布登多尔济、青海辅国公艮敦瑞多布、和硕特辅国公巴尔济、回子辅国公托克托、回子辅国公额色音、回子辅国公伊巴赖木、鄂尔多斯公品级二等台吉衮扎布多尔济、厄鲁特公品级一等台吉旺沁巴木巴尔喀尔喀扎萨克一等台吉玛哈巴达、喀尔喀扎萨克一等台吉巴尔桑敏珠尔喀尔喀扎萨克一等台吉达什璘沁喀尔喀扎萨克一等台吉齐苏隆多尔济、喀尔喀扎萨克一等台吉僧格喇布坦、青海扎萨克一等台吉扎萨都布扎木素、青海扎萨克一等台吉班第、喀尔喀二等台吉巴尔当多尔济、和硕特二等台吉五勒木济、杜尔伯特四等台吉嘎斡，及领侍卫内大臣、大学士等，以次就坐，诸乐并作。上进酒。毕。召左翼科尔沁和硕卓里克图亲王恭格喇布坦、科尔沁多罗郡王固山额驸谔尔哲依特穆尔额尔克巴拜、科尔沁多罗郡王喇锡嘎尔当、巴林多罗郡王巴图、喀喇沁多罗郡王喇特纳锡第、奈曼多罗郡王拉旺喇布坦、翁牛特多罗郡王旺淑克、鄂尔多斯多罗郡王达尔玛锡第、扎赉特多罗贝勒阿穆胡郎、科尔沁固山贝子班珠尔、巴林固山贝子萨木丕尔多尔济、阿巴哈纳尔固山贝子达克丹彭楚克、敖汉辅国公多罗额驸桑济扎尔、右翼科尔沁和硕达尔汉亲王旺扎尔多尔济、喀尔喀扎萨克图汉齐旺巴尔齐、喀尔喀和硕新王固伦额驸拉旺多尔济、厄鲁特和硕亲王罗布藏多尔济、杜尔伯特和硕亲王车凌五巴竹、苏尼特多罗郡王额哷克津、喀尔喀多罗郡王萨木丕尔多尔济、回子郡王品级贝勒哈第尔、茂明安多罗贝勒珠克都尔扎布、喀尔喀固山贝子车登多尔济、喀尔喀固山贝子逊都布多尔济、青海辅国公艮敦瑞多布、回子辅国公额色音等，至御座前，上亲赐酒。余俱令侍卫等，分觞授饮于坐次。饮毕，谢恩。

——《清代历朝起居注合集》清高宗卷三十二

乾隆四十八年（1783）正月十五日

上御正大光明殿，升座，赐朝正外藩筵宴。左翼科尔沁多罗郡王固山额驸谔尔哲依特穆尔额尔克巴拜、科尔沁多罗郡王巴尔珠尔、巴林多罗郡王巴图、喀喇沁多罗郡王喇特纳锡第、奈曼多罗郡王拉旺喇布坦、翁牛特多罗郡王旺淑克、鄂尔多斯多罗郡王达尔玛锡第、喀喇沁多罗贝勒扎拉丰阿、扎赉特多罗贝勒阿穆胡朗、巴林固山贝子萨木丕尔多尔济、敖汉固山贝子德伟多尔济、阿巴哈纳尔固山贝子达克丹彭楚克、巴林辅国公和硕额驸德勒克、敖汉辅国公多罗额驸桑济扎尔科尔沁公品级一等台吉拉旺、敖汉和硕额驸密扎特多尔济、巴林和硕额驸布彦图、喀喇沁和硕额驸纳木扎布、喀喇沁和硕额驸索纳木巴尔丹、喀喇沁多罗额驸满珠巴咱尔、敖汉固山额驸津阿尔弼特胡、喀喇沁固山额驸端珠布色布腾、喀喇沁固山额驸达木巴多尔济、科尔沁一等台吉敏珠称多尔济、巴林一等台吉索特纳木多尔济、奈曼一等台吉素密喇、扎鲁特一等台吉彭素克、科尔沁二等台吉锡第、巴林二等台吉索纳木、敖汉二等台吉巴尔珠喇布坦、敖汉二等台吉色布腾多尔济、翁牛特二等台吉三济扎布、翁牛特二等台吉巴彦巴图尔、翁牛特二等台吉哈思巴图尔、科尔沁四等台吉端多布、归化城土默特四等台吉巴尔丹多尔济、右翼喀尔喀扎萨克图汉齐旺巴尔齐、喀尔喀和硕亲王固伦额驸拉旺多尔济、厄鲁特亲王罗布藏多尔济、杜尔伯特亲王车凌五巴什、苏尼特多罗郡王额呼克津、喀尔喀多罗郡王蕴端多尔济、喀尔喀多罗郡王萨木丕尔多尔济、回部郡王品级贝勒哈第尔、扎鲁特多罗贝勒固木布扎布、喀尔喀多罗贝勒阿玉尔、茂明安多罗贝勒珠克都尔扎布、喀尔喀固山贝子车登多尔济、喀尔喀固山贝子逊都布多尔济、厄鲁特固山贝子纳木扎尔、绰罗斯固山贝子福尔纳、扎鲁特护国公色楞扎布、乌拉特护国公车布登东罗布、乌拉特辅国公恭格喇布坦、喀尔喀辅国公德勒克多尔济、喀尔喀辅国公拉苏隆多尔济、喀尔喀辅国公车布登多尔济、青海辅国公良敦端多布、察哈尔兼旗分和硕特辅国公巴尔济、回部辅国公额色音、厄鲁特公品级一等台吉旺沁巴木巴尔、鄂尔多斯公品级二等台吉衮扎布多尔济、喀尔喀扎萨克一等台吉玛哈巴达、喀尔喀扎萨克一等台吉巴尔桑敏珠尔、喀尔喀扎萨克一等台吉达什林沁、喀尔喀扎萨克一等台吉齐苏隆多尔济、喀尔喀扎萨克一等台吉僧格喇布坦、青海扎萨克一等台吉萨木都布扎木素、青海扎萨克一等台吉巴尔第、喀尔喀扎萨克一等台吉巴尔丹多尔济、和硕特二等台吉五勒木济、杜尔伯特四等台吉嘎斡。又霍罕伯克那尔巴图之来使鄂布尔克色木，并年班回部阿哩雅斯等十一人。又朝鲜国使臣郑宗源等二人，及领侍卫内大臣、大学士等，以次就坐，诸乐并作。上进酒。毕。召左翼科尔沁多罗郡王固山额驸谔尔哲依特穆尔额尔克巴拜、巴林多罗郡王巴图、喀喇沁多罗郡王喇特纳锡第、奈曼多罗郡王拉旺喇布坦、翁牛特多罗郡王旺淑克、鄂尔多斯多罗郡王达尔玛锡第、扎赉特多罗贝勒阿穆胡朗、巴林固山贝子萨木丕尔多尔济、阿巴哈纳尔固山贝子达克丹彭楚克、敖汉辅国公多罗额驸桑济扎尔、右翼喀尔喀扎萨克图汉齐旺巴尔齐、喀尔喀和硕亲王固伦额驸拉旺多尔济、厄鲁特亲王罗布藏多尔济、杜尔伯特亲王车凌五巴什、苏尼特多罗郡王额呼克津、喀尔喀多罗郡王萨木丕尔多尔济、回部郡王品级贝勒哈第尔、茂明安多罗贝勒珠克都尔扎布、喀尔喀固山贝子车登多尔济、喀尔喀固山贝子逊都布多尔济、青海辅国公艮敦端多布等，至御座前，上亲赐酒。余俱令侍卫等，分觞授饮于坐次。饮毕，众谢恩。

——《清代历朝起居注合集》清高宗卷三十三

乾隆四十八年（1783）八月二十九日

议复山西巡抚农起奏，归化城理事同知一缺，卫繁疲难，准改为调缺，可否照热河等厅属办理一疏。奉谕旨：依议，准其照从前热河等厅之例办理。

——《清代历朝起居注合集》清高宗卷三十三

乾隆四十八年（1783）十月二十日

蒙古都统奏补绥远城防御员缺，带领正陪人员引见。
奉谕旨：拟正之齐齐克特伊著补授防御。

——《清代历朝起居注合集》清高宗卷三十三

乾隆四十八年（1783）十一月初十日

镶白旗满洲都统奏补绥远城防御员缺，带领正陪人员引见。
奉谕旨：拟正之色勒恩补授防御。

——《清代历朝起居注合集》清高宗卷三十三

乾隆四十八年（1783）十二月初七

绥远城将军册送正蓝旗满洲骁骑校色尔泰之妻胡氏、正红旗满洲马甲桧格之妻张佳氏，又青州副都统册送镶红旗满洲前锋素明额之妻郭罗洛氏，又乍浦副都统册送镶蓝旗满洲马甲常明之妻周佳氏，共节妇十一口，年例已符，准其给匾嘉奖一疏。

奉谕旨：依议。

——《清代历朝起居注合集》清高宗卷三十三

乾隆四十九年（1784）九月

调乌尔图纳逊为察哈尔都统，积福为绥远城将军。

——《清史稿》本纪十四·高宗本纪五

乾隆四十九年（1784）十二月十二日

镶白旗满洲都统奏补绥远城协领员缺，带领正陪人员引见。

奉谕旨：赫成著补授协领。

——《清代历朝起居注合集》清高宗卷三十四

乾隆四十九年（1784）十二月二十九日

上御保和殿，升座，赐朝正外藩筵宴。左翼科尔沁亲王恭格喇布坦、喀喇沁亲王衔郡王喇特纳锡第、巴林亲王衔郡王巴图、科尔沁郡王鄂尔哲依特穆尔额尔克巴拜、科尔沁郡王喇什嘎尔当、奈曼郡王拉旺喇布坦、苏尼特郡王车凌衮布、敖汉郡王齐默特鲁斡、科尔沁贝勒固木扎布、乌珠穆沁贝勒达什衮布、土默特贝勒索诺木巴尔珠尔、苏尼特贝勒恭桑扎尔、阿巴哈纳尔贝勒玛哈巴拉、科尔沁贝子班珠尔、巴林贝子德勒克、喀喇沁贝子达木巴多尔济、敖汉贝子桑济扎尔、敖汉贝子德伟多尔济、巴林贝子多尔济喇布坦、土默特贝子色布腾束罗布、翁牛特贝子图们巴延、科尔沁辅国公纳逊巴图、科尔沁辅国公诺衮达、喇喀喇沁辅国公温都尔胡、扎鲁特辅国公彭素克、科尔沁公衔一等台吉拉旺、科尔沁公衔一等塔布囊玛哈巴拉、科尔沁和硕额驸雅哩木丕尔、克什克腾扎萨克一等台吉艮敦达尔扎、科尔沁一等台吉色楞达木巴、科尔沁一等台吉敏珠尔多尔济、科尔沁一等台吉堪沁多尔济、巴林一等台吉索特纳木多尔济、奈曼一等台吉巴尔楚克、喀喇沁一等塔布囊固山额驸端珠布色布腾、巴林多罗额驸丹津、喀喇沁多罗额驸扎良多布丹、巴林二等台吉索诺木、翁牛特二等台吉三济扎布、翁牛特二等台吉巴彦巴图尔、翁牛特二等台吉哈思巴图尔、敖汉固山额驸扎尔干、右翼科尔沁亲王旺扎尔多尔济、喀尔喀亲王固伦额驸拉旺多尔济、喀尔喀扎萨克图汉齐旺巴尔齐、乌珠木穆沁亲王玛哈索哈、科尔沁郡王喇什端罗布、阿巴嘎郡王喇特纳锡第、阿巴嘎郡王衮布扎布、蒿齐特郡王敏珠尔多尔济、喀尔喀郡王桑齐多尔济、吐鲁番郡王伊思堪达尔、哈密郡王衔贝勒额尔德锡尔、回部郡王衔贝勒哈第尔、翁牛特贝勒济克济扎布、喀尔喀贝勒阿玉尔、喀尔喀贝勒达克丹多尔济、喀尔喀贝勒德木楚克扎布阿巴克、贝子彭楚克、杜尔伯特贝子博第、喀尔喀贝子逊都布多尔济、青海贝子罗布藏色布腾、青海贝子齐默特达巴、乌珠穆沁辅国公玛哈布尔尼吻、归化城土默特辅国公索诺木旺扎尔、鄂尔多斯辅国公丹津多尔济、喀尔喀辅国公德勒克多尔济、喀尔喀辅国公车登多尔济、喀尔喀辅国公巴图济尔噶尔、回部辅国公额色音、回部公衔阿奇木伯克迈玛第敏、郭尔罗斯扎萨克一等台吉阿喇布坦、喀尔喀扎萨克一等台吉达什璘沁、喀尔喀扎萨克一等台吉恭格喇什、喀尔喀扎萨克一等台吉衮布多尔济、喀尔喀扎萨克一等台吉衮楚克、杜尔伯特扎萨克一等台吉布达锡哩、喀尔喀一等台吉固穆扎布、敖汉多罗额驸巴尔丹、翁牛特多罗额驸班珠尔、喀喇沁多罗额驸满珠巴咱尔、敖汉二等台吉色布腾多尔济、归化城土默特二等台吉巴尔丹多尔济、吐鲁番协办旗务伯克拜喇木、杜尔伯特三等台吉额尔克巴图尔、杜尔伯特四等台吉尼苏海及蒙古王公、贝勒、额驸、台吉，并年班回部阿克素四品伯克迈玛第敏等十二人。又穆坪宣慰司甲勒参纳木喀，及各土司土舍头目等三十一人，及大学士、领侍卫内大臣等，以次就坐。诸乐并作，上进酒，卑召左翼科尔沁亲王恭格喇布坦、喀喇沁亲王衔郡王喇特纳锡第、巴林亲王衔郡王巴图、科尔沁郡王喇什嘎尔当、奈曼郡王拉旺喇布坦、苏尼特郡王车凌衮布、乌珠穆沁贝勒达什衮布、土默特贝勒索诺木巴尔珠尔、敖汉贝子桑济扎尔、土默特贝子色布腾东罗布、右翼科尔沁亲王旺扎尔多尔济、喀尔喀扎萨克图汉齐旺巴尔齐、科尔沁郡王喇什端罗布、阿巴嘎郡王喇特纳锡第、阿巴嘎郡王衮布扎布、喀尔喀郡王桑齐多尔济、吐鲁番郡王伊思堪达尔、哈密郡王衔贝勒额尔德锡尔、翁牛特贝勒济克济扎布、青海贝子罗布藏色布腾等至御座前，上亲赐酒。余俱令侍卫等，分觞授余于坐次，饮毕。众谢恩。

——《清代历朝起居注合集》清高宗卷三十四

乾隆五十年（1785）正月十五日

上御正大光明殿，升座，赐朝正外藩筵宴。左翼章嘉胡土克图、科尔沁亲王旺札尔多尔济、喀喇沁亲王职衔郡王喇特纳锡第、巴林亲王职衔郡王巴图、科尔沁郡王鄂尔哲依特穆尔额尔克巴拜、科尔沁郡王喇什嘎尔当、奈曼郡王拉旺喇布坦、苏尼特郡王车凌衮布、敖汉郡王齐默特鲁幹、科尔沁贝勒固穆札布、乌珠穆沁贝勒达什衮布、土默特贝勒索诺木巴尔珠尔、苏尼特贝勒恭桑札尔、阿巴哈纳尔贝勒玛哈巴拉、科尔沁贝子班珠尔、巴林贝子和硕额驸德勒克、喀喇沁贝子达木巴多尔济敖汉贝子桑济札尔土默特贝子色布腾东罗布巴林贝子多尔济喇布坦、敖汉贝子德伟多尔济、翁牛特贝子图们巴延、科尔沁辅国公纳逊巴图、科尔沁辅国公诺衮达喇、喀喇沁辅国公温都尔胡、札鲁特辅国公彭素克、科尔沁公职衔一等台吉拉旺、喀喇沁公职衔一等塔布囊玛哈巴拉、科尔沁和硕额驸雅哩木丕尔、克什克腾札萨克一等台吉艮敦达尔扎、科尔沁一等台吉色鄂巴木巴、科尔沁一等台吉敏珠尔多尔济、科尔沁一等台吉堪沁多尔济、巴林一等台吉索特纳木多尔济、奈曼一等台吉巴尔楚克、喀喇沁一等塔布襄固山额驸端珠布色布腾、巴林多罗额驸丹津、喀喇沁多罗额驸札良多布丹、巴林二等台吉索诺木翁牛特二等台吉三济札布、翁牛特二等台吉巴彦已图尔、翁牛特二等台吉哈思已图尔、敖汉固山额驸札尔幹、右翼敏珠尔胡土克图、喀尔喀亲王固伦额驸拉旺多尔济、喀尔喀札萨克图汗齐旺巴尔齐、乌珠沁穆亲王玛哈索哈、科尔沁郡王喇什端罗、阿巴嘎郡王喇特纳锡第、阿巴嘎郡王衮布札布、蒿齐特郡王敏珠尔多尔济、喀尔喀郡王桑齐多尔济、回子郡王伊思堪达尔、回子郡王职衔贝勒额尔德锡尔、回子郡王职衔贝勒哈第尔、翁牛特贝勒济克济札布、喀尔喀贝勒阿玉尔、喀尔喀贝勒达克丹多尔济、喀尔喀贝勒德木楚克札布、阿巴嘎贝子彭楚克、杜尔伯特贝子博第、喀尔喀贝子逊都布多尔济、青海贝子罗布藏色布腾、青海贝子齐默特达巴、乌珠穆沁辅国公玛哈布尔尼呀、归化城土默特辅国公索诺木旺札尔、鄂尔多斯辅国公丹津多尔济、喀尔喀辅国公车登多尔济、喀尔喀辅国公巴图济尔噶尔、回子辅国公额色音、回子公职衔阿奇木伯克迈玛第敏、郭尔罗斯札萨克一等台吉阿喇布坦、喀尔喀札萨克一等台吉达什璘沁、喀尔喀札萨克一等台吉恭格喇什、喀尔喀札萨克一等台吉衮布多尔济、喀尔喀札萨克一等台吉衮楚克、杜尔伯特札萨克一等台吉布达锡尔、喀尔喀一等台吉固穆扎布、敖汉多罗额驸巴尔丹、翁牛特多罗额驸班珠尔、喀喇沁多罗额驸满珠巴咱尔、敖汉二等台吉色布腾多尔济、归化城土默特二等台吉巴尔丹多尔济、吐鲁番协办旗务伯克拜喇木、杜尔伯特三等台吉额尔克巴图尔、杜尔伯特四等台吉尼苏海。又年班回部阿克素四品伯克迈玛第敏等十二人。又朝鲜国使臣李徽之等二人，并暹罗国使臣滑里那突四人。又穆坪宣慰司甲勒参纳本喀，及各土司土舍头目等三十一人。及领侍卫内大臣、大学士，以次就坐。诸乐并作，上进酒毕。召左翼科尔沁亲王恭格喇布坦、科尔沁亲王旺札尔多尔济、喀喇沁亲王职衔郡王喇特纳锡第、巴林亲王职衔郡王巴图、科尔沁郡王喇什嘎尔当、奈曼郡王拉旺喇布坦、苏尼特郡王车凌衮布、乌珠穆沁贝勒达什衮布、土默特贝勒索诺木巴尔珠尔、敖汉贝子桑济札尔、土默特贝子色布腾东罗布、右翼喀尔喀札萨克图汗齐旺巴尔齐、科尔沁郡王喇什端罗布、阿巴嘎郡王喇特纳锡第、阿巴嘎郡王衮布札布、喀尔喀郡王桑齐多尔济、回子郡王伊思堪达尔、回子郡王职衔贝勒额尔德锡尔、翁牛特贝勒济克济札布、青海贝子罗布藏色布腾等，至御座前，上亲赐酒。余俱令侍卫授觞于座次，饮毕。众谢恩。

——《清代历朝起居注合集》清高宗卷三十五

乾隆五十年（1785）五月十一日

镶黄旗满洲都统奏补绥远城防御员缺，带领保送人员引见。

奉谕旨：增保著补授绥远城防御。

——《清代历朝起居注合集》清高宗卷三十五

乾隆五十年（1785）十一月二十八日

补理藩院蒙古员外郎员缺，拟以俸深应升之山西归化城理事同知常明引见。

奉谕旨：常明依拟用。

——《清代历朝起居注合集》清高宗卷三十五

乾隆五十年（1785）十二月十一日

奉谕旨：著七十五补授归化城副都统。所遗署理员缺，著积善调署正红旗蒙古副都统。

——《清代历朝起居注合集》清高宗卷三十五

乾隆五十一（1786）年八月，庚申

调嵩椿为绥远城将军。积福为宁夏将军。

——《清史稿》本纪十五·高宗六

乾隆五十一年（1786）十一月十二日

带领失察厅役滋事之前任，山西归化城同知升任理藩院员外郎，照例降调之常明引见。奉谕旨：常明着仍以理藩院员外郎用，其降级之案带于新任。

——《清代历朝起居注合集》清高宗卷三十六

乾隆五十二年（1787）正月十五日

上御正大光明殿，升座，赐朝正外藩筵宴。左翼敏卓尔胡图克图、科尔沁亲王贡格喇布坦、科尔沁亲王旺扎勒多尔济、乌珠穆沁亲王玛哈索哈、喀喇沁亲王品级郡王喇特纳锡第、巴林亲王品级郡王巴图、科尔沁郡王鄂勒哲特穆尔额尔克巴拜、科尔沁郡王罗布桑占三、科尔沁郡王喇什嘎勒珰、奈曼郡王拉旺喇布坦、翁牛特贝勒济克济扎布、阿鲁科尔沁贝勒阿尔达锡第、巴林贝子德勒克、喀喇沁贝子丹巴多尔济、科尔沁贝子锡第、敖汉贝子桑济扎勒、敖汉贝子德威多尔济、喀喇沁贝子品级头等塔布囊端珠布色布腾、科尔沁镇国公萨本丕勒扎木苏、敖汉镇国公纳木扎勒多尔济、扎鲁特辅国公彭素克、科尔沁辅国公色珰嘎玛勒、科尔沁公品级头等台吉拉旺、喀喇沁公品级头等塔布囊玛哈巴拉、喀喇沁和硕额驸索诺木巴勒丹、克什克腾扎萨克头等台吉根敦达尔扎、科尔沁头等台吉色楞丹巴、科尔沁头等台吉林钦多尔济、科尔沁头等台吉敏珠尔多尔济、巴林头等台吉固山额驸赛尚阿、科尔沁多罗额驸索诺木雅木丕勒、巴林多罗额驸丹津、敖汉多罗额驸伊拉胡、喀喇沁多罗额驸垂巴勒瓦尔、喀喇沁多罗额驸满珠巴咱尔、敖汉固山额驸巴彦巴图尔、敖汉二等台吉色布腾多尔济、翁牛特二等台吉三济扎布、翁牛特二等台吉巴彦巴图尔、翁牛特二等台吉哈斯巴图尔、敖汉二等台吉济克济扎布、归化城土默特二等台吉巴勒丹多尔济、右翼扎萨克达喇嘛阿旺错尔提穆、喀尔喀亲王固伦额驸拉旺多尔济、喀尔喀亲王车登扎布、敖汉郡王齐默特鲁瓦、阿巴嘎郡王喇特纳锡第、回子郡王品级贝勒哈第尔、科尔沁贝勒三音察衮、土默特贝勒索诺木巴勒珠尔、喀尔喀贝勒车布登纳木扎勒、喀尔喀贝勒衮布多尔济、杜尔伯特贝子博第、翁牛特贝子图们巴彦、喀尔喀贝子巴勒准多尔济、鄂尔多斯贝子丹巴达尔济、鄂尔多斯贝子喇什达尔济、喀喇沁镇国公济克默特多尔济、喀尔喀镇国公丹津多尔济、喀尔喀镇国公额林钦多尔济、喀尔喀镇国公衮楚克多尔济、苏尼特辅国公罗布桑车灵、喀尔喀辅国公德勒克多尔济、喀尔喀辅国公丹巴锦尊、喀尔喀辅国公达什彭楚克、喀尔喀辅国公拉亲素隆、喀尔喀辅国公车登扎布、喀尔喀辅国公纳木扎勒多尔济，附在察哈尔旗下额鲁特辅国公巴勒济、回子辅国公托克托、回子辅国公伊巴拉伊木、回子辅国公额色音、青海土尔扈特扎萨克头等台吉三笃布托木素、喀尔喀扎萨克头等台吉班第、喀尔喀扎萨克头等台吉扎木巴勒多尔济，附在察哈尔旗下额鲁特三等台吉达什纳木扎勒、杜尔伯特三等台吉察克都尔、鄂尔多斯四等台吉拉旺多尔济，附在察哈尔旗下额鲁特四等台吉达什沙木巴勒，附在察哈尔旗下额鲁特四等台吉达玛林扎布、土尔扈特四等台吉桑嘎巴拉等，及喀尔喀亲王徹德恩扎布等十一人。并杜尔伯特台吉鄂迈等二人，及土尔扈特台吉桑阿巴拉一人。又哈萨克汗和卓之弟阿哈岱等十人，及年班回部阿克伯克等十三人，土司鲁璠一人并暹罗国正副使丕雅史滑里逊通那突等四人，及领侍卫内大臣、大学士等，以次就坐，诸乐并作，上进酒毕。召科尔沁亲王贡格喇布坦、科尔沁亲王旺扎勒多尔济、乌珠穆沁亲王玛哈索哈、喀喇沁亲王品级郡王喇特纳锡第、巴林亲王品级郡王巴图、科尔沁郡王鄂勒哲特穆尔额尔克巴拜、科尔沁郡王喇什嘎勒珰、奈曼郡王拉旺喇布坦、翁牛特贝勒济克济扎布、阿鲁科尔沁贝勒阿尔达锡第、巴林贝子德勒克、敖汉贝子桑济扎勒、喀尔喀亲王固伦额驸拉旺多尔济、喀尔喀亲王车登扎布、敖汉郡王齐黙特鲁瓦、阿巴嘎郡王喇特纳锡第、科尔沁贝勒三音察衮、土默特贝勒索诺木巴勒珠尔、翁牛特贝子图们巴彦、鄂尔多斯贝子丹巴达尔济等，至御座前，上亲赐酒。余俱令侍卫等分觞，授饮于坐次，饮毕。众谢恩。

——《清代历朝起居注合集》清高宗卷三十六

乾隆五十二年（1787）十二月三十日

上御保和殿，升座赐朝正外藩筵宴。左翼科尔沁亲王贡格喇布坦、巴林亲王品级郡王巴图、科尔沁郡王鄂勒哲特穆尔额尔克巴拜、科尔沁郡王喇什端罗布、奈曼郡王拉旺喇布坦、喀喇沁郡王满珠巴咱尔、科尔沁贝勒固穆扎布、土默特贝勒索诺本巴勒珠尔、巴林贝子德勒克、喀喇沁贝子丹巴多尔济、敖汉贝子桑济扎勒、敖汉贝子德威多尔济、土默特贝子色布腾喇什、敖汉镇国公纳木扎勒多尔济……科尔沁和硕额驸毓珠尔多尔、济科尔沁和硕额驸雅里木丕勒、喀喇沁和硕额驸永库尔忠、喀喇沁和硕额驸索诺木巴勒丹、科尔沁头等台吉敏珠尔多尔济、科尔沁头等台吉林钦多尔济、巴林头等台吉赛尚阿、奈曼头等台吉巴勒楚克、喀喇沁头等塔布囊品级二等塔布襄格勒克萨木鲁布、喀喇沁多罗额驸扎密扬多布丹、敖汉多罗额驸巴勒丹、翁牛特多罗额驸班珠尔、敖汉二等台吉巴勒珠喇布坦、敖汉二等台吉济克济扎布、敖汉固山额驸扎勒瓦、喀喇沁固山额驸扎南吉尔第、右翼科尔沁视王旺扎勒多尔济……回子郡王品级贝勒哈第尔、翁牛特贝勒济克济扎布、乌珠穆沁贝勒旺楚克、阿巴哈纳尔贝勒玛哈巴拉、苏尼特贝勒贡桑扎勒、喀尔喀贝勒齐黙特多尔济、巴林贝子多尔济喇布坦、阿巴哈纳尔贝子达克丹彭楚克、阿巴嘎贝子彭楚克、土尔扈特贝子沙喇扣肯、喀什噶尔三品阿奇木伯克贝子、鄂斯满乌拉特辅国公贡格喇布坦、喀喇沁辅国公温笃尔胡、乌珠穆沁辅国公玛哈布尔尼雅、鄂尔多斯辅国公丹津多尔济……青海扎萨克头等台吉吹忠扎布、青海扎萨克头等台吉衮楚克,附在察哈尔旗下额鲁特三等台吉胡尔哈齐,附在察哈尔旗下额鲁特四等台吉则,附在察哈尔旗下额鲁特四等台吉尼勒库,附在察哈尔旗下额鲁特四等台吉讷木库,及土尔扈特贝子沙拉扣肯、杜尔伯特亲王策凌乌巴什、嵩齐特郡王敏珠尔多尔济等二十二人,喀尔喀贝勒齐黙特多尔济等七人,又朝鲜国正使俞彦镐等六人,琉球国正使翁秉仪等四人,及领侍卫内大臣、大学士等,以次就坐,诸乐并作,上进酒毕。召科尔沁亲王贡格喇布坦、巴林亲王品级郡王巴图、科尔沁郡王鄂勒哲特穆尔额尔克巴拜、科尔沁郡王喇什端罗布、奈曼郡王拉旺喇布垣、喀喇沁郡王满珠巴咱尔、土黙特贝勒索诺本巴勒珠尔、巴林贝子德勒克、敖汉贝子桑济扎勒、科尔沁亲王旺扎勒多尔济、杜尔伯特亲王徹灵五巴什、敖汉郡王齐黙特鲁克……阿巴哈纳尔贝子达先丹彭楚克、土尔扈特贝子沙喇扣肯、喀什噶尔三品阿奇木伯克月子鄂斯满等,至御座前,上亲赐酒。余俱令侍卫分觞,授饮于坐次,饮毕。众谢恩。

——《清代历朝起居注合集》清高宗卷三十六

乾隆五十三年（1788）冬十月

癸卯，调舒濂为驻藏大臣，以恒瑞为伊犁参赞大臣。调都尔嘉为盛京将军，恒秀为吉林将军。改嵩椿为西安将军，以兴兆代之。

——《清史稿》本纪十五·高宗本纪六

乾隆五十四年（1789）四月，辛亥

赐胡长龄等九十八人进士及第，出身有差。调都尔嘉为黑龙江将军。嵩椿

为盛京将军。恒秀为绥远城将军。琳宁为吉林将军。

——《清史稿》本纪十五·高宗六

乾隆五十六年（1791）九月二十四日

带领大计卓异之山西归化城理事同知智常，赵城县知县姜起漾，河南彰德府通判汤康业，鲁山县知县沈诗李，山东临邑县知县乌于宣，引见。奉谕旨：智常、汤康业、沈诗李、乌于宣、姜起漾，俱准其卓异，加一级，仍注册回任，候升。

——《清代历朝起居注合集》清高宗卷三十八

乾隆五十六年（1791）十二月二十一日

杜尔伯特汗玛克苏尔扎布、杜尔伯特扎萨克台吉布达锡哩、土尔扈特台吉策伯克扎布并行人等二十一人，及回部穆拉特伯克伊斯拉木等十五人，喀尔喀纳鲁班臣呼图克图，归化城扎萨克喇嘛那逊格尔格图，伯克巴拉呼图克图正副使占巴勒、嘉木瑳二人，又琉球国正副使马继谟、陈天龙二人，安南国正副使阮文琠、阮琎二人，缅甸国正副使哑扎觉、苏得满觉等六人，入觐于西苑门外，跪迎圣驾。上温语慰问，命随至瀛台，阅冰技。

——《清代历朝起居注合集》清高宗卷三十八

乾隆五十六年（1791）十二月二十三日

上御抚辰殿大餪，次赐蒙古王、贝勒、贝子、公、额驸、台吉等，及杜尔伯特汗玛克苏尔扎布、杜尔伯特扎萨克台吉布达锡哩、土尔扈特台吉策伯克扎布并行人等二十一人，及回部穆拉特伯克伊斯拉木等十五人，喀尔喀纳鲁班臣呼图兑图、归化城扎萨克喇嘛那逊格尔格图、伯克巴拉呼图克图正副使占巴勒、嘉木瑳二人，又琉球国正副使马继谟、陈天龙二人，安南国正副使阮文琠、阮琎二人缅甸国正副使哑扎觉、苏得满觉等六人宴。

——《清代历朝起居注合集》清高宗卷三十八

乾隆五十七（1792）年正月初五日

上御紫光阁，赐蒙古王、贝勒、贝子、额驸、台吉，文武大臣等，及杜尔

175

伯特扎萨克台吉布达锡哩、土尔扈特台吉策伯克扎布杜尔伯特汗玛克苏尔扎布
并行人等二十一人及回部穆拉特伯克伊斯拉木等十五人、喀尔喀纳鲁班禅呼图
克图、归化城扎萨克喇嘛那逊额尔格图、帕克巴拉呼图克图正副使占巴勒、嘉
木错二人，又朝鲜国正使金履素、副使李祖源等六人，琉球国正副使马继谟、
陈天龙二人，安南国正副使阮文瑛、阮进二人，缅甸国正副使哑扎觉、苏得满
觉等六人宴。并赏赉有差。

——《清代历朝起居注合集》清高宗卷三十九

乾隆五十七年（1792）十月初二日

都察院奏请更巡察归化城等缺，带领保送人员引见。奉谕旨：巡察归化城
著常安去。巡察游牧著常明去。

——《清代历朝起居注合集》清高宗卷三十九

乾隆五十七年（1792）十月二十七日

刑部等衙门议，护理山西巡抚蒋兆奎奏，归化城民赵得荣扎伤大功服兄赵
得成身死。查赵得荣虽是误伤，尚在保辜限内，依律拟斩立决一疏。

上曰，九卿议奏。

——《清代历朝起居注合集》清高宗卷三十九

乾隆五十七年（1792）十月二十八日

奉谕旨：据兴兆等奏将旗人药神保等与同知衙门家人盗窃银两一案，审讯
分别拟定充徒发遣等语，旗人行窃实于满洲颜面有玷，应将情重者加倍拟缴，始
足以示警戒。乃牵强援例从轻定拟是何取意，况所窃银两系同往更依纳家中分赃，
是更依纳，即与窝主无异。乃兴兆等谓更依纳并未得赃，仅拟发遣，亦属从轻
开脱。且折内清文亦甚生疏，其之字殊不成话应用方是。从前兴兆在西安将军
任内，因不能办事，始将伊调任绥远城将军，令该管兵丁竟至行窃，复又从轻
定拟发遣充徒，实属有玷，职任兴兆七十五及失察之领等，均著交部分别严加
议处。兴兆即著解任，来京听候部议。所遗员缺著图桑阿调补。其宁夏将军员
缺著隆兴补授至。旗人行窃实属无耻之极，朕甚愧之，似此等人自应拟以死罪，

又何必论其首从乎。今为首之家人张连升尚拟缴罪，药神保等仅拟发遣充徒，殊觉从轻，著交刑部加重定拟具奏。

——《清代历朝起居注合集》清高宗卷三十九

乾隆五十七年（1792）冬十月

癸巳，调图桑阿为绥远城将军。

——《清史稿》本纪十五·高宗本纪六

乾隆五十七年（1792）十月三十日

奉谕旨：昨因绥远城旗人药神保等行窃一案，业经降旨交部另行从重治罪矣。但以旗人行窃殊属不肖，无耻之极，实伤满洲颜面。此后，如遇旗人行窃，除将该犯照例治罪外，其子孙俱著削去旗档为民。著为例并令晓谕八旗及各处驻防，一体遵照。如此，则满洲人等，各知顾颜守法，其行窃之事可以自止。该管大臣等务须将所属人等，善为训迪，严加管束，以期不为不肖之事。

——《清代历朝起居注合集》清高宗卷三十九

乾隆五十七年（1792）十二月初五

奏补世管佐领各缺，带领正陪人员引见。奉谕旨：雅图之世管佐领，著柱水管绥远城佐领。员缺著达尔布补授。

——《清代历朝起居注合集》清高宗卷三十九

乾隆五十八年（1793）三月二十八日

带领前在归化城理事同知，任内失察逃入在境，议以降调之盛京工部员外郎智常见。

奉谕旨：智常著以主事用。

——《清代历朝起居注合集》清高宗卷四十

乾隆五十八年（1793）十二月初二

正蓝旗满洲都统奏补绥远城佐领员缺，带领正陪人员引见。

177

奉谕旨：著拟正之索住补授

——《清代历朝起居注合集》清高宗卷四十

乾隆五十八年（1793）十二月十一日

正蓝旗满洲都统奏补绥远城佐领各员缺，带领正陪人员引见。

奉谕旨：苏德著补授佐领。圣保著补授防御。

——《清代历朝起居注合集》清高宗卷四十

乾隆五十八年（1793）十二月二十九日

上御保和殿，赐朝正外藩筵宴。左翼科尔沁亲王贡格喇布坦、巴林亲王品级郡王巴图、科尔沁郡王喇什端罗布、奈曼郡王拉旺喇布坦、敖汉郡王德亲、土默特贝勒索詰木班珠尔、科尔沁贝勒固穆扎布、翁牛特贝勒济克济扎布、阿巴哈纳尔贝勒玛哈巴拉、乌珠穆沁贝勒旺楚克、巴林贝子德勒克、土默特贝子彭素克林钦、巴林贝子多尔济拉布坦、科尔沁辅国公诺衮达赉、科尔沁辅国公纳逊巴图、喀喇沁辅国公玛哈巴喇、喀喇沁辅国公永库尔忠、喀喇沁辅国公温笃尔呼、科尔沁公品级头等台吉林钦多尔济、巴林公品级头等台吉索特纳木多尔济、巴林公品级头等台吉赛尚阿、喀喇沁公品级丹巴多尔济、科尔沁和硕额骑雅林丕勒、喀喇沁和硕额驸索诺木巴勒丹、阿巴嘎扎萨克头等台吉巴勒丹色楞、奈曼头等台吉巴勒楚克、喀喇沁多罗额驸扎密扬多布丹、敖汉二等台吉巴勒珠喇布坦、巴林四等台吉布彦济尔噶勒、右翼喀尔喀亲王固伦额驸拉旺多尔齐、阿拉善亲王多罗额驸旺亲班巴尔、喀喇沁亲王品级郡王满珠巴咱尔、蒿齐特郡王敏珠尔多尔济、土尔扈特郡王策伯克扎布、回子郡王品级贝勒哈第尔、鄂尔多斯贝勒东罗布色楞、苏尼特贝勒贡桑扎勒、青海贝勒济克默特伊什、喀尔喀贝勒德楞彭楚克、阿巴嘎贝子彭楚克、喀尔喀贝子逊都布多尔济、喀尔喀贝子端多布多尔济、绰罗斯贝子福尔纳、阿拉善镇国公多尔济色布腾、回子镇国公喀申霍卓、乌珠穆沁辅国公玛哈布尔尼雅、乌拉特辅国公多尔济帕拉木、归化城土默特辅国公索诺木旺扎勒、喀尔喀辅国公沙克都尔扎布、察哈尔乌拉特辅国公达什拉布坦、回子辅国公伊巴拉伊木、喀尔喀公品级扎萨克头等台吉贡僧班巴尔、喀尔喀公品级头等台吉兼头等侍卫罗布藏尼玛、喀尔喀扎萨克头等台吉德木楚克、喀尔喀扎萨克头等台吉旺扎尔萨木丕尔、喀尔喀扎萨克头等台吉德木楚克、杜尔伯特扎萨克头等台吉普尔普达拉、察哈尔厄鲁特扎萨克头等台吉达什、萨木丕尔四等台吉们图斯、四等台吉那旺措勒提穆、四等台吉达什达尔扎等，以及文武大臣等，依次就坐，诸乐并作，上进酒毕。召左翼科尔沁亲王贡格喇布坦、巴林亲王品级郡王巴图、奈曼郡王拉旺喇布坦、土默特贝勒索诺木班珠尔等，至御坐前，上亲赐酒。余俱令侍卫等分觞，授饮于坐次。饭毕。众谢恩。

——《清代历朝起居注合集》清高宗卷四十

乾隆五十九年（1794）正月十五日

上御正大光明殿，赐朝正外藩筵宴。左翼科尔沁亲正贡格喇布坦、巴林亲王品级郡王巴图、科尔沁郡王拉什端罗布、奈曼郡王拉旺喇布坦、敖汉郡王德亲、土默特贝勒索诺木班珠尔、科尔沁贝勒固穆扎布、翁牛特贝勒济克济扎布、阿巴哈纳尔贝勒玛哈巴喇、乌珠穆沁贝勒旺楚克、巴林贝子理藩院额外侍郎德勒克、土默特贝子彭素克林钦、巴林贝子多尔济拉布坦、科尔沁辅国公诺衮达赖、科尔沁辅国公纳逊巴图、喀喇沁辅国公玛哈巴、喇喀喇沁辅国公永库尔忠、喀喇沁辅国公温笃尔琥、科尔沁公品级头等台吉林钦多尔济、巴林公品级头等台吉索特纳木多尔济、巴林公品级头等台吉赛尚阿、喀喇沁公品级固山额驸丹巴多尔济、科尔沁和硕额驸雅里不丕勒、喀喇沁和硕额驸索诺木巴勒丹、阿巴嘎扎萨克头等台吉巴勒丹色楞、奈曼头等台吉巴勒楚克、喀喇沁多罗额驸扎密扬多布丹、敖汉二等台吉巴勒珠喇布坦、巴林四等台吉布彦济尔嘎勒、右翼喀尔喀亲王固伦额驸拉旺多尔济、阿拉善亲王旺亲班巴尔、喀喇沁亲王品级郡王满珠巴咱尔、苏尼特郡王车聆昆布、蒿齐特郡王敏珠尔多尔济、土尔扈特郡王策巴克扎布、回子郡王品级贝勒哈第尔、鄂尔多斯贝勒东罗布色楞、苏尼特贝勒贡桑扎勒、青海贝勒济克黙特伊什、喀尔喀贝勒德勒克彭楚克、阿巴嘎贝子彭楚克、喀尔喀贝子逊都布多尔济、喀尔喀贝子端多布多尔济、阿拉善镇国公多尔济色布腾、乌珠穆沁辅国公玛哈布尔尼雅、乌拉特辅国公多尔济帕拉木、归化城辅国公索诺木旺扎勒、喀尔喀辅国公沙克都尔扎布、附察哈尔旗下额鲁特辅国公达什喇布坦、喀尔喀公品级扎萨克头等台吉贡森班巴尔、喀尔喀公品级台吉兼侍卫罗布藏尼玛、喀尔喀扎萨克头等台吉德木楚克、喀尔喀扎萨克头等台吉晤尔占扎布、喀尔喀扎萨克头等台吉旺扎勒三丕勒、喀尔喀扎萨克头等台吉德木

179

楚克、土尔扈特扎萨克头等台吉普尔普达尔扎、附察哈尔旗下额鲁特扎萨克头等台吉达什善丕勒、附察哈尔旗下额鲁特四等台吉们笃斯、附察哈尔旗下额鲁特四等台吉纳旺楚勒第木、附察哈尔旗下额鲁特四等台吉达什达尔扎，又朝鲜国正使黄仁点、副使李在学等，琉球国正使毛国栋、副使毛廷柱等，及大学士、领侍卫大臣，以次就坐，诸乐并作，上进酒。毕。召左翼科尔沁亲王贡格喇布坦、巴林亲王品级郡王巴图、奈曼郡王拉旺喇布坦、土默特贝勒索诺木班珠尔、右翼喀尔喀亲王固伦额驸拉旺多尔济、喀喇沁亲王品级郡王满珠巴咱尔、土尔扈特郡王策巴克扎布、青海贝勒济克黙特伊什，至御座前，上亲赐酒、余俱令侍卫等分赐。毕。众谢恩。退。酉刻，上御山高水长，赐蒙古王公等，及外藩各陪臣，茶食观火戏。

——《清代历朝起居注合集》清高宗卷四十一

乾隆五十九年（1794）十二月二十七日

内阁奉谕旨：据图桑阿等奏，请改铸归化城副都统印信及官员关防字样等语。库库字样自应缮写"库可"，此皆从前不晓蒙古语之所致。将此除晓谕图桑阿等外，并著交该将应行，改铸印信关防之清文，俱著改铸库可城字样。再青海译写清文，亦著改写库可诺尔。

——《清代历朝起居注合集》清高宗卷四十一

乾隆五十九年（1794）十二月，戊寅

命舒亮为黑龙江将军。改绥远城将军图桑阿为西安将军。以永琨代之。

——《清史稿》本纪十五·高宗六

乾隆六十年（1795）闰二月二十五日

议调任绥远城将军图桑阿于应行解京，庄头准其赎身，仍留新平口外居住冒昧具奏一案议以降调一疏。

奉谕旨：此案图桑阿既已调任，乃受庄头等怂恿赎身，仍留口外居住。自不免有请托情事，辄于路过太原冒昧会衔，违例具奏。本应照部议降调，姑念其尚无实迹，着加恩改为革职从宽留任，仍罚世职半俸九年。蒋兆奎未经详查，

率行听信会奏，春咎尚轻。但该抚本系革职留任之员，无级可降，亦着从宽免其革任，仍注册，余依议。

——《清代历朝起居注合集》清高宗卷四十二

乾隆六十年（1795）三月初八

奉谕旨：据永琨奏绥远城历年应交大青山鹰鹞，今已年久，旁近处所捕获较难。若于远处寻觅，每年需用银八九百余两。此后，如遇不进哨之年，请停止捕交等语。绥远城捕交鹰鹞一事，本无关紧要，亦属无用，且每年糜费许多银两，甚属不值。前任将军等俱未奏及，故相延至今。永琨此奏，虽属留心，但伊叙折不甚明晰，著饬行。此后，即进哨之年，亦不必交此项鹰鹞。

——《清代历朝起居注合集》清高宗卷四十二

乾隆六十年（1795）三月十二日

兵部议，绥远城防御阿木呼郎梁患痰症呈请告休，查该员曾经出兵得功牌，可否给俸一疏。

奉谕旨：阿木呼即曾经出征得有功牌，兹因病告休。著给与半俸，以养余年。

——《清代历朝起居注合集》清高宗卷四十二

乾隆六十年（1795）五月初三日

镶白旗满洲都统奏补绥远城防御京城公中佐领各员缺，带领正陪人员引见。
奉谕旨：乌林保著补放绥远城防御。

——《清代历朝起居注合集》清高宗卷四十二

乾隆六十年（1795）八月，壬午

调永琨为乌里雅苏台将军。恒瑞为绥远城将军。

——《清史稿》本纪十五·高宗本纪六

乾隆六十年（1795）九月十七日

奉谕旨：黑经江将军员缺著永琨调补。图桑阿著授为正白旗汉军都统。调

补乌里雅苏台将军图桑阿接奉谕旨，将军印信交副都统署理，由彼驰驿赴乌里雅苏台任。永琨交代图桑阿后亦即由彼驰驿赴黑龙江任，俱不必来京请训。西安将军员缺著恒瑞调补，所遗绥远城将军员缺著乌尔图那逊补授，其察哈尔都统员缺著博兴补授，博兴遗缺著特克庆调往库伦住札办事，特克庆遗缺著策巴克调往西宁住札办事，策巴克现在出差，后伊回至西宁，特克庆交代后，再赴库伦更换博兴。博兴至张家口乌尔图那逊交代后，再赴绥远城将军任。永琨系朕之侄，最近宗室想应顾惜体面，至黑龙江时务须痛惩陋习，实心办事。

——《清代历朝起居注合集》清高宗卷四十二

乾隆六十年（1795）九月二十日

奉谕旨：据庆怡奏，归化城蒙古佐领拉什巴勒朱尔将逃奴温济巴依凌迟身死，现将拉什巴勒朱尔等，拟罪具奏等语。拉什巴勒朱尔拿获逃奴，并不报官，按例治罪。私行捆缚凌迟，残暴已极。若仅照庆怡所请，将拉什巴勒朱尔革职，鞭责一百，不足蔽辜拉什巴勒朱尔。著革职，交庆怡重责八十板，即由彼带锁，发往广东给满洲兵丁为奴，以昭炯戒。余照所奏行。

——《清代历朝起居注合集》清高宗卷四十二

乾隆六十一年（1796）十二月三十日

太上皇帝同皇帝御保和殿，升座，赐朝正外藩筵宴。左翼科尔沁亲王拉旺、巴林亲王品级郡王巴图、喀喇沁亲王品级郡王和硕额驸满珠巴咱尔、科尔沁郡王喇什栋罗布、郡王索特纳木多尔济、郡王喇什嘎勒珰、奈曼郡王拉旺喇布坦、敖汉郡王和硕额驸德亲、科尔沁贝勒固穆扎布、土默特贝勒理藩院额外侍郎索诺木巴勒珠尔、乌珠穆沁贝勒旺楚克、阿巴哈纳尔贝勒玛哈巴拉、土默特贝子彭素克林亲、敖汉镇国公固山额驸纳木扎勒多尔济、喀喇沁辅国公玛哈巴拉、科尔沁辅国公诺衮达喇辅国公纳逊巴图、喀喇沁辅国公拉扎布辅国公温笃尔胡、巴林公品级头等台吉索特纳木多尔济、科尔沁公品级头等台吉林亲多尔济、喀喇沁公品级固山额驸丹巴多尔济、科尔沁头等台吉敏珠尔多尔济、奈曼头等台吉巴勒楚克、喀喇沁多罗额驸扎密扬多布坦、翁牛特二等台吉巴彦巴图尔、二等台吉哈斯巴图尔、敖汉固山额驸扎勒瓦、喀喇沁多罗额驸喇特纳巴拉、喀喇沁固山额驸扎南吉尔第、巴林四等台吉布彦济尔嘎尔、右翼、喀尔喀亲王固伦

182

额驸拉旺多尔济、苏尼特郡王车聆衮布、蒿齐特郡王敏珠尔多尔济、喀什噶尔阿奇木伯克、回子郡王伊斯堪达尔、郡王品级贝勒回子哈第尔、翁牛特贝勒济克济扎布、苏尼特贝勒贡桑扎尔、喀尔喀贝勒纳木萨勒扎布、喀尔喀贝勒玛哈锡里、贝勒贡布车林、青海贝勒特里巴珠尔、阿巴嘎贝子巴雅尔锡第、喀尔喀贝子逊都布多尔济、贝子班珠尔逊多布、镇国公达什格勒克、乌珠穆沁辅国公玛哈布尔尼雅、鄂尔多斯辅国公丹津多尔济、归化城土默特辅国公索诺木旺扎勒、喀尔喀辅国公索诺木扎布、青海辅国公拉特那锡第、喀尔喀公品级甘殊尔扎布、阿巴嘎扎萨克头等台吉巴勒丹色楞、喀尔喀扎萨克头等台吉绰克素木扎布、喀尔喀扎萨克头等台吉贡楚克、头等台吉贡格拉什，附在察哈尔旗下绰罗斯三等台吉呼尔哈齐，附在察哈尔旗下绰罗斯四等台吉肯则，附在察哈尔旗下绰罗斯四等台吉尼勒古，附在察哈尔旗下绰罗斯四等台吉纳木枯，附在察哈尔旗下绰罗斯四等台吉达玛林扎布。又霍罕伯克那尔巴图来使博巴占、锡哩布等二人，朝鲜国正使判中枢府事金思穆、副使礼曹判书柳煝等八人，暹罗国正使呸雅梭挖粒巡吞握派劳喇突、副使廓窝们苏泥霞握巴突等，随文武大臣依次就坐，诸乐并作，上进酒。召左翼科尔沁亲王拉旺、巴林亲王品级郡王巴图、喀喇沁亲王品级郡王和硕额驸满珠巴咱尔、奈曼郡王拉旺喇布坦、土默特贝勒索诺木巴勒珠尔、右翼喀尔喀亲王固伦额驸拉旺多尔济、喀什噶尔阿奇木伯克、回子郡王伊斯堪达尔、郡王品级贝勒回子哈第尔、翁牛特贝勒济克济扎布等，至御座前，上亲赐卮酒。余俱令侍卫等，授饮于坐次，众谢恩。

——《清代历朝起居注合集》清高宗卷四十二

乾隆六十二年（1797）正月十五日

太上皇帝同皇帝御正大光明殿，赐朝正外藩筵宴。左翼科尔沁亲王拉旺、巴林亲土品级郡土巴图、科尔沁郡土喇什端罗布、郡土和硕额驸索特纳木多布齐、郡王喇什嘎勒珰、奈曼郡王拉旺喇布坦、敖汉郡王和硕额驸德亲、科尔沁贝勒固穆扎布、土默特贝勒理藩院额外侍郎索诺木巴勒珠尔、翁牛特贝勒济克济扎布、乌珠穆沁贝勒旺楚克、阿巴塔纳尔贝勒玛哈巴拉、土默特贝子彭素克林亲、敖汉镇国公固山额驸纳木扎勒多尔济、喀喇沁辅国公玛哈巴拉、科尔沁辅国公诺衮达喇、辅国公纳逊巴图、喀喇沁辅国公拉扎布、辅国公温笃尔胡、巴林公品级头等台吉索特纳木多尔济、科尔沁公品级头等台吉林亲多尔济、喀喇沁公品级固山额驸丹巴多尔济、科尔沁头等台吉敏珠尔多尔济、奈曼头等台吉巴勒楚克、喀喇沁多罗额驸扎密扬多布丹、翁牛特二等台吉巴彦巴图尔、二等台吉哈斯巴图尔、敖汉固山额驸扎勒瓦、喀喇沁多罗额驸喇特纳巴拉、喀喇沁固山额驸扎南吉尔第、巴林四等台吉布彦济尔嘎勒、右翼喀尔喀亲王固伦额驸拉旺多尔济、喀喇沁亲王品级郡王和硕额驸满珠巴咱尔、苏尼特郡王车聆袞布、蒿齐特郡王敏珠尔多尔济、喀什噶尔阿奇木伯克、回子郡王伊斯堪达尔、郡王品级贝勒回子哈第尔、苏尼特贝勒贡桑札勒、喀尔喀贝勒纳木萨赍扎布、喀尔喀贝勒玛哈锡里、贝勒贡布车林、青海贝勒特里巴勒珠尔、阿巴嘎贝子巴稚尔锡第、喀尔喀贝子逊都布多尔济、贝子班珠尔逊多布、镇国公达什格勒克、乌珠穆沁辅国公玛哈布尔尼雅、鄂尔多斯辅国公丹津多尔济、归化城土默特辅国公索诺木旺札勒、喀尔喀辅国公索诺木扎布、青海辅国公拉特那锡第、喀尔喀公品级甘珠尔扎布、阿巴嘎扎萨克头等台吉巴勒丹色楞、喀尔喀扎萨克头等台吉绰克素木扎布、喀尔喀扎萨克头等台吉贡楚克、头等台吉贡格拉什、附察哈尔旗下绰罗斯三等台吉呼尔哈齐、附察哈尔旗下绰罗斯四等台吉肯则、附察哈尔旗下绰罗斯四等台吉尼勒库、附察哈尔旗下绰罗斯四等台吉讷穆库、附察哈尔旗下绰罗斯四等台吉达玛林扎布,又霍罕伯克那尔巴图来使博巴占锡哩布等,朝鲜国正使判中枢府事金思穆、副使礼曹判书柳烱等,暹罗国正使吓雅梭挖粒巡吞握派劳喇突、副使廊窝们苏泥霞握巴突等,随大学士、领侍卫内大臣,以次就坐,诸乐并作,上进酒。召左翼科尔沁亲王拉旺、巴林亲王品级郡王巴图、奈曼郡王拉旺喇布坦、默特贝勒理藩院额外侍郎索诺木勒珠尔、翁牛特贝勒济克济扎布、右翼喀尔喀亲王固伦额驸拉旺多尔济、喀喇沁亲王品级郡王和硕额驸满珠巴、喀尔喀什噶尔阿奇木伯克、回子郡王伊斯堪达尔、郡王品级贝勒回子哈第尔,并各国正副使臣,至御座前,上亲赐卮酒。余俱令侍卫等授饮。众谢恩。退。酉刻,御山高水长观火戏。并赐王公、大臣、蒙古王公、额驸、台吉等,及各外藩陪臣等茶食。

——《清代历朝起居注合集》清高宗卷四十二

乾隆六十二年（1797）正月十六日

丁巳,未刻。太上皇帝同皇帝御正大光明殿,赐廷臣等宴。酉刻,御山高水长,观火戏。并赐王公、大臣、蒙古王公、额驸、台吉等。及各外藩陪臣等茶食。

——《清代历朝起居注合集》清高宗卷四十二

乾隆六十二年（1797）正月十九日

庚申，酉刻。太上皇帝同皇帝御山高水长，观火戏。并赐王公、大臣、蒙古王公、额驸、台吉等，及各外藩陪臣等茶食。是晚，太上皇帝同皇帝御同乐园，赐王公、大臣、蒙古王公、额驸、台吉等，及各外藩陪臣等观灯。

——《清代历朝起居注合集》清高宗卷四十二

嘉 庆（1796—1820）

嘉庆元年（1796）三月十九日

山西巡抚蒋兆奎奏，归化城理事同知员缺，请以托克托城通判长琳升署一折。奉谕旨：著照该抚所请，准其升署。该部知道。

——《清代历朝起居注合集》清仁宗卷一

嘉庆元年（1796）三月二十九日

奉谕旨：绥远城将军员缺著富锐补授，其所遗正蓝旗蒙古都统员缺著永庆补授，仍署理镶白旗汉军都统事务。留保住所遗镶白旗蒙古都统员缺著乌尔图纳逊补授。

——《清代历朝起居注合集》清仁宗卷一

嘉庆元年（1796）三月

壬申，留保住免，以乌尔图纳逊为理藩院尚书。富锐为绥远城将军。永庆为蒙古都统。

——《清史稿》本纪十六·仁宗本纪

嘉庆元年（1796）五月初九

正黄旗蒙古都统奏补绥远城协领员缺，将带领正陪人员带领引见。

186

奉谕旨：克什克图补放绥远城协领。

——《清代历朝起居注合集》清仁宗卷一

嘉庆元年（1796）八月

带领山西巡抚蒋兆奎题，升署归化城理事同知之现任，托克托城通判长琳引见。

奉谕旨：长琳准其升署归化城理事同知。

——《清代历朝起居注合集》清仁宗卷一

嘉庆元年（1796）十二月三十日

太庙行祫祭礼。礼成，侍太上皇帝御保和殿，升座，赐朝正外藩筵宴。左翼科尔沁亲王拉旺、巴林亲王品级郡王巴图、喀喇沁亲王品级郡王和硕额驸满珠巴、科尔科尔沁郡王喇什拣罗布、郡王索特纳木多尔济、郡王喇什嘎勒挡、奈曼郡王拉旺喇布坦、敖汉郡王和硕额附德亲、科尔沁贝勒固穆扎布、土默特贝勒理藩院额外侍郎索诺木巴勒珠尔、乌珠穆沁贝勒旺楚克、阿巴哈纳尔贝勒玛哈巴拉、土默特贝子彭素克林亲、敖汉镇国公固山额驸纳木扎勒多尔济、喀喇沁辅国公玛哈巴拉、科尔沁辅国公诺衮达喇、辅国公纳逊巴图、喀喇沁辅国公拉扎布、辅国公温笃尔胡、巴林公品级头等台吉索特纳木多尔济、科尔沁公品级头等台吉林亲多尔济、喀喇沁公品级固山额驸丹巴多尔济、科尔沁头等台吉敏珠尔多尔济、奈曼头等台吉巴勒楚克、喀喇沁多罗额驸扎密□□布坦、翁牛特二等台吉巴彦巴图尔、二等台吉哈斯巴图尔、敖汉固山额驸扎勒瓦、喀喇沁多罗额驸喇萨勒扎布、喀尔喀贝勒玛哈锡里贝勒贡布车林、青海贝勒特里巴珠尔、阿巴嘎贝子巴雅尔锡第、喀尔喀贝子逊都布多尔济、贝子班珠尔逊多布、镇国公达什格勒克、乌珠穆沁辅国公玛哈布尔尼□、鄂尔多斯辅国公丹津多尔济、归化城土默特辅国公索诺木旺扎勒、喀尔喀辅国公索诺木扎布、青海辅国公拉特那锡第、喀尔喀公品级甘珠尔扎布、阿巴嘎扎萨克头等台吉巴勒丹色楞、喀尔喀扎萨克头等台吉□素木扎布、喀尔喀扎萨克头等台吉贡楚克、头等台吉贡格拉什、附在察哈尔旗下绰罗斯三等台吉呼尔哈齐、附在察哈尔旗下绰罗斯四等台吉肯则、附在察哈尔旗下绰罗斯四等台吉尼勒古、附在察哈尔旗下绰罗斯四等台吉纳木库枯、附在察哈尔旗下绰罗斯四等台吉达玛林扎布，又霍罕伯克那尔巴图来使愽巴占锡哩布等二人，朝鲜国正使判中枢府事金思穆、副使礼曹判书柳烱等八人，暹罗国正使呸雅梭挖粒巡吞握派劳喇突、副使廊窝们苏泥霞握巴突等，随文武大臣，依次就坐，诸乐并作，上进酒。召左翼科尔沁亲王拉旺、巴林亲王品级郡王巴图、喀喇沁亲王品级郡王和硕额驸满珠巴咱尔、奈曼郡王拉旺喇布坦、土默特贝勒索诺木巴勒珠尔、右翼喀尔喀亲王固伦额驸拉旺多尔济、喀什噶尔阿奇木伯克、回子郡王伊斯堪达尔、郡王品级贝勒、回子哈第尔、翁牛特贝勒济克济扎布等，至御座前，上亲赐卮酒。余俱令侍卫等，授饮于坐次，众谢恩，退。

——《清代历朝起居注合集》清仁宗卷一

嘉庆二年（1797）正月十五日

太上皇帝御正大光明殿，赐朝正外藩筵宴。左翼科尔沁卓里克图亲王拉旺、巴林亲王品级郡王巴图、科尔沁扎萨克图郡王拉什端罗布、科尔沁郡王和硕额驸索特纳木多布咱、科尔沁郡王喇什嘎勒玛、奈曼郡王拉旺喇布坦、敖汉郡王和硕额驸德亲、科尔沁贝勒固木扎布、土默特贝勒额外侍郎索诺木班珠尔、翁牛特贝勒济克济扎布、乌珠穆沁贝勒旺楚克、阿巴哈那尔贝勒玛哈巴拉、土默特贝子彭苏克林钦、敖汉镇国公固山额驸那木扎勒多尔济、喀喇沁辅国公玛哈巴拉、科尔沁辅国公诺滚达喇、科尔沁辅国公那逊巴图、喀喇心辅国公拉扎布、喀喇沁辅国公温笃□□公品级□头等台吉索特那木多尔皆、科尔沁公品级头等台吉林钦多尔济、喀喇沁公品级额驸丹巴多尔济、科尔沁头等台吉敏珠尔多尔济、奈曼头等台吉巴勒楚克、喀喇沁多罗额驸扎密洋多布丹、翁牛特二等台吉巴彦巴图尔、翁牛特二等台吉哈斯巴图尔、敖汉固山额驸扎勒瓦、喀喇沁多罗额驸喇特纳巴拉、喀喇沁固山额驸扎南吉尔第、巴林四等台吉布彦济尔噶勒、右翼喀尔喀亲王固伦额驸拉旺多尔济、喀喇沁亲王品级郡王和硕额驸满珠巴咱、苏尼特郡王徹林衮、蒿济特郡王敏珠尔多尔济、喀什噶尔三品阿奇木伯克、多罗郡王伊斯堪达尔、郡王品级贝勒回子哈第尔苏尼、贝勒贡桑扎勒、喀尔喀贝勒纳木萨赖扎布、喀尔喀贝勒玛哈锡里、喀尔喀贝勒贡布车林、青海贝勒特里巴勒珠尔、阿巴嘎贝勒巴雅尔锡第、喀尔喀贝子逊多布多尔济、喀尔喀贝子班珠逊逊都布、喀尔喀镇国公达什格勒克、乌珠穆沁辅国公玛哈布尔尼雅、鄂尔多斯辅国公丹锦多尔济、归化城土默特辅国公索诺木旺扎勒、喀尔喀辅国公索诺木扎布、青海辅国公拉特那锡第、喀尔喀公品级三等台吉甘珠尔札布、阿巴噶扎萨克头等台吉巴勒丹色楞、喀尔喀扎萨克头等台吉绰克逊扎布、喀尔喀扎萨克头等□□□□、喀尔喀扎萨克头等台吉……附察哈尔旗下绰罗斯四等台吉纳穆库、附察哈尔旗下绰罗斯四等台吉达玛璘扎布等，随大学士、领侍卫内大臣，以次就坐，诸乐并作，上进酒。余俱令侍卫等授饮。毕。谢恩。退、西刻，上侍太上皇帝御山高水长，观火戏。并赐王公、大臣、蒙古王公、额驸、台吉等，及各外藩陪臣等茶食。

——《清代历朝起居注合集》清仁宗卷二

嘉庆二年（1797）八月初七

谕旨：据福昌等奏广州驻防兵丁房屋猝被烈风大雨倒坏四百余间，请由藩库存贮兵丁马价银两内动借修理等语。广东驻防兵丁房屋被风雨倒坏多间，而兵丁等又无力自行修理，著加恩照福昌等所请由，银两照绥远城从前之例借给，修理分为八年坐扣，以示朕轸恤旗仆至意。

——《清代历朝起居注合集》清仁宗卷二

嘉庆二年（1797）十月初三日

山西巡抚蒋兆奎奏，署归化城理事同知长琳，试俸期满，准其实授一疏。

奉谕旨：长琳依议用。余依议。

——《清代历朝起居注合集》清仁宗卷二

嘉庆二年（1797）十月十三日

都察院奏，派巡察归化城游牧事务各员缺，开列请简一疏。

奉谕旨：巡察归化城事务著钟善去。巡察游牧事务著色克通额去。

——《清代历朝起居注合集》清仁宗卷二

嘉庆二年（1797）十二月十一日

正白旗满洲都统奏补绥远城防御员缺，将正陪人员带领引见。

奉谕旨：克蒙厄著补放绥远城防御。拟陪之索尔博图著记名。

正蓝旗满洲都统奏补绥远城佐领宁夏防御各员缺，将正陪人员带领引见。

奉谕旨：富朱哩著补放绥远城佐领。穆腾阿、喜禄俱著补放宁夏防御。拟陪之齐克腾、泰山、保顺庆俱著记名。

——《清代历朝起居注合集》清仁宗卷二

嘉庆三年（1798）四月二十九日

镶白旗满洲都统奏补绥远城协尉员缺，带领见。

奉谕旨：巴哈那著补授绥远城。

——《清代历朝起居注合集》清仁宗卷三

嘉庆三年（1798）八月十九日

户部议绥远城将军题浑津黑河庄头等处地面被水成灾，分数照例分别蠲缓一疏。

奉谕旨：依议速行。

——《清代历朝起居注合集》清仁宗卷三

嘉庆三年（1798）九月二十二日

据永琨奏，乌里雅苏台库仑需银两请旨后，俱照解送茶叶等物之例，驿递解运等语。军需银两最关紧要，自应驿递运解。著即照永琨所请，此后此项银两，即照茶叶等物，一体由归化城驿递解送。该部知道。

——《清代历朝起居注合集》清仁宗卷三

嘉庆四年（1799）三月初六

正红旗满洲都统奏补绥远城佐领员缺，将正陪人员带领引见。

奉谕旨：拟正之官柱著补放佐领。

——《清代历朝起居注合集》清仁宗卷四

嘉庆四年（1799）四月初四

正黄旗满洲都统奏补绥远城协领员缺，带领正陪人员引见。

奉谕旨：发克金著补放绥远城协领。德宁著记名。

——《清代历朝起居注合集》清仁宗卷四

嘉庆四年（1799）六月初七

正红旗满洲都统奏补世管佐领绥远城防御等缺，将应补人员带领引见。

奉谕旨：兴瑞著承袭世管佐领。九德著补授防御。德忠著记名。

——《清代历朝起居注合集》清仁宗卷四

嘉庆四年（1799）七月十二日

新任镶蓝旗满洲都统奏补绥远城佐领员缺，带领正陪人员引见。

奉谕旨：达春阿著补放佐领。拟陪之木精额著记名。

——《清代历朝起居注合集》清仁宗卷四

嘉庆四年（1799）八月二十五日

镶黄旗蒙古都统奏补绥远城防御、恩骑尉各缺，带领正陪人员引见。

奉谕旨：和成保著补放绥远城防御。恩骑尉著记名罗布桑达史著承袭恩骑尉。

——《清代历朝起居注合集》清仁宗卷四

嘉庆四年（1799）十二月十八日

绥远城将军册送蒙古前锋富海继妻伊尔根觉罗氏，共节妇三百一十四口、贞女三口俱循分守节，年例已符，照例旌表一疏。

奉谕旨：依议。

——《清代历朝起居注合集》清仁宗卷四

嘉庆五年（1800）二月十二日

兵部题甘肃塔尔纳沁屯田都司员缺，请以绥远城将军永庆保举，奉旨记名以都司用之托克托布拟补一疏。

奉谕旨：托克托布依拟用，余依议。

——《清代历朝起居注合集》清仁宗卷五

嘉庆五年（1800）三月三十日

奏补绥远城防御员缺，带领正陪人员引见。

奉谕旨：著拟正之佛尔清额补放防御。拟陪之甘德著记名。

——《清代历朝起居注合集》清仁宗卷五

嘉庆五年（1800）八月初三日

拟用镶黄旗满洲都统奏补授远城佐领员缺，带领正陪人员引见。

奉谕旨：拟正之克蒙额著补放绥远城佐领。拟陪之常凯著记名。

——《清代历朝起居注合集》清仁宗卷五

嘉庆五年（1800）十月二十八日

正白旗满洲都统奏补绥远城防御员缺，带领正陪人员引见。

奉谕旨：拟正之达尔克著补放防御。拟陪之九德著记名。

——《清代历朝起居注合集》清仁宗卷五

嘉庆六年（1801）四月初二日

将荐举保题之山西归化城守营都司胡图礼、河南怀河营协办守备孙嘉瑞，带领引见。

奉谕旨：胡图礼、孙嘉瑞准其荐举，回任候升。

——《清代历朝起居注合集》清仁宗卷六

嘉庆七年（1802）五月十七日

吏部议，山西巡抚伯麟题署归化城理事同知西理纳试署期满，请实授。

——《清代历朝起居注合集》清仁宗卷七

嘉庆七年（1802）十月二十七日

都察院奏，巡察归化游牧五年期满，二缺请钦简二员前往，更换巡察将蒙古御史，并各部蒙古司员带领引见。

奉谕旨：巡察归化城著德敏去。巡察游牧著同福去。

——《清代历朝起居注合集》清仁宗卷七

嘉庆七年（1802）十二月初六

正白旗满洲都统奏补承袭世管佐领、补放绥远城防御二员，带领应补人员引见。

奉谕旨：澄清之世管佐领员缺，著唐阿承袭。拟正之诸佛保补放绥远城防御。拟陪之乌尔棍保著记名。

——《清代历朝起居注合集》清仁宗卷七

嘉庆八年（1803）三月初四日

奉谕旨：崇尚等奏，归化城土默特参领艮津扎布等呈称，从前巡查归化城之监察御史德敏条奏五事，皆于蒙古等无益。再现任同知所立十二市行，鼓舞民人欺压蒙古等情，具控等因。转奏前来德敏条奏之折，业交部议。令据土默特蒙古等呈称，各款皆于蒙古无益。著暂行停议，蒙古民人原当一体抚恤，不可鼓舞。一边欺压，一边至私立市行，设立官价，尤属违禁。令土默特蒙古等，控告归化城同知衙门所用各项，皆定官价发给，是以诸物昂贵，众皆受累。再从前，凡有紧急公务，原不分蒙古民人，均拿乌拉令。因立市行地方官，偏向一边，多张告示民，仅出车蒙古等，乌拉、牲畜诸物俱令预备，亦甚苦累等语、若所控果实。皆大干法纪，俱于蒙古等生计攸关。但办理此事难以遥度，著派贡楚克扎布驰驿前往归化城，会同崇尚等查明办理。该同知西理讷果有违例，以官价买物，偏向民人，欺压蒙古等情。贡楚克扎布崇尚等，即据实参奏审讯。至从前德敏条奏之折，一并交贡楚克扎布崇尚等确商，务期蒙古民人两造无伤，永可遵行，拟定章程具奏。贡楚克扎布所带司员，亦著驰驿前往。

——《清代历朝起居注合集》清仁宗卷八

嘉庆八年（1803）七月二十八日

前任绥远城将军永庆等查议一疏。

奉谕旨：庆怡、崇尚俱著降二级留任。永庆著销去加二级。西拉布著销去

193

纪录八次，俱免其降级。

——《清代历朝起居注合集》清仁宗卷八

嘉庆八年（1803）八月 二十日

江宁将军员缺著崇尚调补。崇尚所遗绥远城将军员缺著德勒克楞贵补授。德勒克楞贵所遗镶黄旗蒙古都统员缺著索宁阿补授。

——《清代历朝起居注合集》清仁宗卷八

嘉庆九年（1804）四月二十日

正黄旗满洲都统奏绥远城协领员缺，带领正陪人员引见。

奉谕旨：著拟正之乌绷额补放。

——《清代历朝起居注合集》清仁宗卷九

嘉庆九年（1804）七月二十二日

刑部等衙门议，山西巡抚伯麟题归化城民人苗长大、子殴跌王玉金，内伤身死，依律拟缴监候，声明该犯尚未及岁，可否援减一疏。

奉谕旨：苗长大子，著从宽免死。照例减等收赎。余依议。

——《清代历朝起居注合集》清仁宗卷九

嘉庆九年（1804）九月初十日

镶黄旗满洲都统奏绥远城防御员缺，带领正陪人员引见。

奉谕旨：著拟正之那丹珠补放。

——《清代历朝起居注合集》清仁宗卷九

嘉庆九年（1804）十二月三十日

上以除夕，御保和殿，赐朝正外藩筵宴。科尔沁达尔罕亲王和硕额驸丹怎旺布科尔沁卓里克图亲王噶勒藏栋罗布、科尔沁郡王和硕额驸满珠巴咱尔、科尔沁扎萨克图郡王敏珠尔多尔济、巴林郡王索特那木多尔济、奈曼郡王巴勒楚克敖汉郡王德沁、科尔沁贝勒三音吉雅图、科尔沁贝勒固山额驸丹巴多尔济、喀尔喀贝勒那木萨赉扎布、土默特贝子固伦额驸玛尼巴达喇、科尔沁贝子鄂勒哲依图、巴林贝子阿勒坦桑、敖汉公固山额驸那木扎勒多尔济、科尔沁公旺沁、科尔沁公那逊巴图科尔沁公玛哈巴拉、科尔沁公吹扎布琅星、科尔沁公玛哈达尔玛、科尔沁和硕额驸索诺木巴勒丹、科尔沁和硕额驸雅林丕勒、巴林台吉多罗额驸布延吉尔噶勒、巴林台吉丰伸泰科尔沁塔布襄托恩多、科尔沁多罗额驸扎密洋多布丹、翁牛特台吉哈斯巴图尔、巴林台吉扎勒沁扎布、敖汉固山额驸扎勒瓦、喀尔喀亲王固山额驸拉旺多尔济、喀尔喀辙臣罕玛哈西哩、喀尔喀和硕亲王彭楚克达什、科尔沁郡王和硕额驸索特那木多布齐、阿巴嘎郡王玛尼巴达拉、苏尼特郡王拉特那西第、嵩济特郡王衮楚克栋罗布、喀尔喀郡王巴图额齐尔、郡王衔贝勒回色哈第尔、翁牛特贝勒达玛林扎布、阿巴嘎贝勒玛哈巴拉、乌珠穆沁贝勒旺楚克、苏尼特贝勒贡桑扎勒、喀尔喀贝勒衮布车林、旧土尔扈特贝勒旺扎勒车林、阿巴哈纳尔贝子衮布旺扎勒、阿巴嘎贝子巴雅尔西第、喀尔喀贝子宁宝多尔济、乌珠穆沁公都噶尔扎布、喀尔喀公达什格勒克、阿拉善公多尔济色布腾、乌拉特公多尔济帕拉木、归化城土默特公索诺木旺扎勒、喀尔喀公德哩克多尔济伊克明安公尼玛藏布、察哈尔额勒特公达什拉布坦、青海公伊什多尔济、喀尔喀公衔扎萨克台吉旺沁扎布、喀尔喀公衔扎萨克台吉萨兰多尔济、喀尔喀公衔台吉甘珠尔扎布、喀尔喀扎萨克台吉衮楚克扎布、喀尔喀扎萨克台吉绰克索木扎布、喀尔喀扎萨克台吉萨木丕勒多尔济、喀尔喀扎萨克台吉齐素珑多尔济、青海扎萨克台吉噶勒丹丹忠察哈尔额勒特、扎萨克台吉达什萨木丕勒郝硕特、台吉巴特玛察哈尔额勒特、台吉达什那木扎勒、喀尔喀台吉赛尚阿察哈尔额勒特、台吉莫勒拖斯，朝鲜国正使金思璟、副使宋铨、暹罗国正使呸雅梭挖理巡段呵排拉车突等文武大臣依次就坐，诸乐并作，上进酒。余俱令侍卫等分觞，授饮于坐次。众谢恩。

——《清代历朝起居注合集》清仁宗卷九

嘉庆十年（1805）正月十五日

御正大光明殿，赐朝正外藩筵宴。科尔沁达尔汗亲王丹怎旺布、科尔沁卓理克图亲王噶勒藏栋罗布、科尔沁郡王和硕额驸索特那木多布齐、科尔沁扎萨克土郡王敏珠尔多尔济、巴林郡王索特那木多尔济、奈曼郡王巴勒楚克、敖汉郡王德钦科尔沁贝勒三音儿雅土、喀喇沁贝勒固山额驸丹巴多尔济、喀尔喀贝勒那木萨赉扎布、土黙特贝子固伦额驸玛尼巴达喇、科尔沁贝子鄂勒哲依图、巴林贝子阿勒探桑、敖汉镇国公固山额驸那木扎勒多尔济、科尔沁辅国公旺钦、科尔沁辅国公那逊巴图、喀喇沁辅国公玛哈巴拉、喀喇沁辅国公吹扎布朗新、喀喇沁辅国公玛哈达尔玛、喀喇沁和硕额驸索诺木巴勒丹、科尔沁和硕额驸雅里木丕勒、巴林头等台吉多罗额驸布彦吉尔噶勒、巴林头等台吉丰伸泰、喀喇沁头等塔布囊二等侍卫托恩多、喀喇沁多罗额驸扎弥扬多布丹、翁牛特二等台吉哈斯巴图尔、巴林二等台吉扎勒亲扎布、敖汉固山额驸扎勒瓦、喀尔喀亲王固伦额驸拉旺多尔济、喀尔喀车臣罕玛哈西哩、喀尔喀亲王彭楚克达什、喀喇沁亲王品级郡王和硕额驸满珠巴咱尔阿布噶、郡王玛尼巴达喇、苏尼特郡王拉特那西第、蒿齐特郡王贡楚克栋罗布、喀尔喀郡王巴图鄂齐尔、郡王品级贝勒回子哈第尔、翁牛特贝勒达玛林扎布、阿巴哈那尔贝勒玛哈巴拉、乌珠穆沁贝勒旺楚克、苏尼特贝勒贡桑扎勒、喀尔喀贝勒衮布车林、旧土尔扈特贝勒旺扎勒车林阿哈那尔、贝子衮布旺扎勒阿布噶、贝子巴彦西第、喀尔喀贝子宁保多尔济、乌珠穆沁镇国公都噶尔扎布、喀尔喀镇国公达什格勒克、阿拉善镇国公多尔济色布腾、乌拉特辅国公多尔济帕拉木、归化城土黙特辅国公索诺木旺扎勒、喀尔喀辅国公德里克多尔济伊克明安、辅国公尼玛藏布、附在察喀尔旗下鄂勒特辅国公达什拉布坦、青海辅国公伊什多尔济、喀尔喀公品级扎萨克头等台吉旺亲扎布、喀尔喀公品级扎萨克头等台吉萨兰多尔济、喀尔喀公品级三等台吉干珠尔扎布、喀尔喀扎萨克头等台吉贡楚克扎布、喀尔喀扎萨克头等台吉绰克苏木扎布、喀尔喀扎萨克头等台吉萨木丕勒多尔济、喀尔喀扎萨克头等台吉栖素隆多尔济、青海扎萨克头等台吉噶勒丹丹钟、附在察哈尔旗下鄂勒特扎萨克头等台吉达什沙木丕勒、和硕特二等台吉巴特玛、附在察哈尔旗下鄂勒特三等台吉达什那木扎勒、喀尔喀四等台吉赛尚阿、附在察哈尔旗下鄂勒特四等台吉莫勒托斯、朝鲜国使臣金思穆宋铨、暹罗国使臣呸雅梭挖理巡段呵排拉车突等，随大学士、领侍卫内大臣以次就坐，诸乐并作，上进酒。外藩及使臣，俱令侍卫等授饮。毕，谢恩。退。申刻，御山高水长观火戏。并赐王公、大臣、蒙古王、公、额驸、台吉等，及各外藩陪臣等，茶果。

——《清代历朝起居注合集》清仁宗卷十

嘉庆十年（1805）四月十二日

正白旗满洲都统奏绥远城佐领员缺，将正陪人员带领引见。

奉谕旨：著拟正之阿木察哈补放

——《清代历朝起居注合集》清仁宗卷十

嘉庆十年（1805）闰六月初五

镶黄旗满洲都统奏世管佐领等缺，将正陪人员带领引见。

奉谕旨：世管佐领员缺著拟正之常德承袭。绥远城防御员缺著拟正之兴禄补放。

——《清代历朝起居注合集》清仁宗卷十

嘉庆十年（1805）七月初十日

镶蓝旗满州都统奏绥远城佐领员缺，将正陪人员带领引见。

奉谕旨：著拟正之德忠补放。

——《清代历朝起居注合集》清仁宗卷十

嘉庆十年（1805）十二月十二日

镶黄旗蒙古都统奏绥远城佐领员缺，将正陪人员带领引见。

奉谕旨：著拟正之八十四补放。

——《清代历朝起居注合集》清仁宗卷十

嘉庆十年（1805）十二月十三日

绥远城将军册送正黄旗蒙古前锋达哩妻阿勒塔沁氏……镶蓝旗满洲甲兵佛尔格图妻仓氏，俱系循分守节，照例请旌一疏。

奉谕旨：依议。

——《清代历朝起居注合集》清仁宗卷十

嘉庆十一年（1806）十一月初四

题绥远城将军春宁咨称老病告休之，镶白正蓝二旗协领巴哈讷曾经出兵得功牌，可否照例给俸一疏。

奉谕旨：巴哈讷曾经出兵得功牌，著给与半俸以养余年。

——《清代历朝起居注合集》清仁宗卷十一

嘉庆十一年（1806）十二月初五

奉谕旨：春宁等奏查出民人私行开垦地亩共二千七百余顷，请由此项地亩应征租银五千八百余两内，于绥远城满洲兵添设养育兵三百分等语。现在绥远城满洲兵生齿日繁，未免度日维艰。今既查出此项私行展垦地亩，每岁应得租银五千八百余两，著加恩将绥远城满洲兵内添设养育兵三百分。以示朕惠养旗仆有加，无已至意。余著照所奏，行该部知道。

——《清代历朝起居注合集》清仁宗卷十一

嘉庆十二年（1807）七月初三日

镶红旗满洲都统奏补绥远城防御员缺，将正陪人员带领引见。

奉谕旨：著拟正之西尔门补放。

——《清代历朝起居注合集》清仁宗卷十二

嘉庆十二年（1807）九月三十日

谕旨：文孚奏审拟土默特骁骑校巴勒当控告佐领达什德里克各款一案讯明，原任绥远城将军永庆奏请将库贮驼价交商生息，给土默特公用一事。奏准之后，曾收受致谢银一千八十两，此事永庆具奏时，朕因伊为调剂土默特旗人起见，是以加恩允准。各省将军都统等经朕简授，巨任遇有关涉旗人生计事宜，自应体察情形，据实陈奏。其可否允准，悉听上裁及降旨准行。该将军都统等惟应宣扬德意，使知恩出自上。若有意市恩邀誉，甚至从中渔利，尚复成何事体。今永庆竟敢得受馈谢数至盈千，非但沽名，更兼图利。政治弊坏一至于此。此后，设有臣下恳请之奏，朕不能不疑其别怀私意。而该将军都统等抑或因迹涉嫌疑，凡有调剂旗人生计之事，延搁不办，所关匪细。永庆服官中外，历有岁年。朕因其资格较深，尚屡加擢用，实不料其簠簋不饬，可见知人之难。使其身尚在，必当重治其罪，以儆贪婪。今业经身故，其子又属幼稚，姑从宽，免究其从前所得，恩予敬僖。谥法即行追夺所有入已银一千零八十两。著该旗于伊家属名下，限一月内如数追出入官，毋任拖延。此后，各将军都统等惟当公以莅事，廉以律身，一切应行加惠，有益旗人事宜，仍随时入告。若得旨俞允，而愚陋无识之徒，复有感激私恩敛银致谢者，不惟不应受纳，并当将馈送之人指名参奏。朕必嘉其公正，加以奖褒。若以国家惠下之典攘为己德，并于中得受贿赂，一经发觉，惟有执法严惩，不能稍从宽宥，也将此通谕知之，余著该部核议具奏。

——《清代历朝起居注合集》清仁宗卷十二

嘉庆十二年（1807）十二月十六日

正蓝旗满洲都统奏，袭云骑尉世职一缺，将正陪人员带领引见。

奉谕旨：云骑尉世职，著拟正之永平承袭。归化城驻防云骑尉世职，著拟正之和忠是袭。

——《清代历朝起居注合集》清仁宗卷十二

嘉庆十三年（1808）三月二十六日

吏部奉谕旨：归化城副都统锡林泰病故，所遗员缺著额尔奇补理。

——《清代历朝起居注合集》清仁宗卷十三

嘉庆十三年（1808）八月初九日

镶黄旗汉军都统奏补绥远城佐领员缺，将正陪人员带领引见。

奉谕旨：著拟正之阿克栋布补放。

——《清代历朝起居注合集》清仁宗卷十三

嘉庆十三年（1808）十一月十七日

镶白旗满洲都统奏补防御二缺，将正陪人员带领引见。

奉谕旨：黑龙江莫尔根城防御员缺著拟正之玛勒洪阿补放。绥远城防御员缺著拟正之祥纶补放。

——《清代历朝起居注合集》清仁宗卷十三

嘉庆十三年（1808）十二月十四日

镶黄旗满洲都统奏补绥远城佐领员缺，将正陪人员带领引见。

奉谕旨：著拟正之扎拉芬补放。

——《清代历朝起居注合集》清仁宗卷十三

嘉庆十三年（1808）十二月十六日

绥远城正白旗满洲副领催奎山妻瓜勒佳氏、马兵依常阿妻富察氏、打牲乌拉正红旗包衣原铺副白福兄妻郎氏……荆州镶红旗满洲甲兴柱妻蒙古苏氏、音德布妻赵佳氏，俱系循分清苦守节，照例请旌一疏。

奉谕旨：依议。

——《清代历朝起居注合集》清仁宗卷十三

嘉庆十四年（1809）四月十二日

补绥远城防御二缺，将正陪人员带领引见。

奉谕旨：著拟正之乌永额苏尔肯各补授。

——《清代历朝起居注合集》清仁宗卷十四

嘉庆十四年（1809）四月十八日

镶蓝旗满洲都统奏补绥远城防御员缺，将正陪人员带领引见。

奉谕旨：著拟正之常忠补放。

——《清代历朝起居注合集》清仁宗卷十四

嘉庆十四年（1809）六月初五日

正黄旗满洲都统奏补绥远城佐领，将正陪人员带领引见。

奉谕旨：著拟正之苏都哩补放。

——《清代历朝起居注合集》清仁宗卷十四

嘉庆十四年（1809）十二月十二日

绥远城将军册送马甲西兰泰妻乌鲁克氏、打牲乌拉总管册送幼丁三小妻刘氏、曹德妻马氏……张景妻王氏，俱系循分清苦守节，照例请旌表一疏。

奉谕旨：依议。

——《清代历朝起居注合集》清仁宗卷十四

嘉庆十五年（1810）三月初四日

镶黄旗满洲都统奏补公中佐领等缺，将正陪人员带领引见。

奉谕旨：公中佐领员缺著拟正之和靖额补放。绥远城协领员缺著拟正之阿克登布补放。

——《清代历朝起居注合集》清仁宗卷十五

嘉庆十五年（1810）七月初二日

兵部题老病告休之绥远城正黄旗满洲协领五瑃额，曾经出兵得功牌，可否给与半俸一疏。

奉谕旨：五瑃额曾经出兵得功牌，著给与半俸，以养余年。

——《清代历朝起居注合集》清仁宗卷十五

嘉庆十五年（1810）十月十八日

奉谕旨：来仪等奏，查明归化城沙拉穆楞牧场复被民人私行垦种，会商办理一折。归化城沙拉穆楞牧场为该处蒙古等生计攸关。若有民人私垦地亩，自应随时驱逐，例禁甚严。兹据该将军等查明，该处现在种地民人为数较多，居住已非一载，开成熟地之外，尚有试垦。未经成熟，费过工本。地七八百项，若竟一律驱逐，毁其庐舍，未免穷无所归。请照乾隆二十五年升科之例，免其驱逐，将所征银两，量为变通，为该处喇嘛蒙古等香火养赡之资。经此次查办后，该处空地，即不许多垦一垅，多容一人等语。此等种地穷民，惟利是图。现既垦种多年，自未便经行驱逐，致令流离失所，但向来游牧地方，民人私垦地亩，往往以阅日既久，碍难驱逐。日后毋许再添为词，竟成故套。若不实力查办，或致驱。而复集数年后，仍不过如此，声请则查禁，仍属具文。著该将军会同该省巡抚悉心筹酌，出口民人责成该地方官于关隘处所，随时查察，严行饬禁。其偷垦民人，责成该将军副都统转饬所属，分往各村详加查点，毋任再添一户，再垦一亩。若有新来户口，即时驱逐，俾免日后复有未能驱逐情事，致碍游牧。其应如何，严立章程，定以限制之处。著该将军等会同妥议具奏。余俱著照该将军等所奏办理。折并发。

——《清代历朝起居注合集》清仁宗卷十五

嘉庆十五年（1810）十二月十三日

镶红旗满洲都统奏补绥远城佐领员缺，将正陪人员带领引见。

奉谕旨：著拟正之双宁补放。

——《清代历朝起居注合集》清仁宗卷十五

嘉庆十六年（1811）八月初九日

奉谕旨：据都察院奏，山西民人赵双元等同日以抢劫毙命等情，具控归化城一带为民人蒙古错处之区。乃近日商民来往，竟迭有持械行凶抢劫毙命之案。总由该处将军及地方官不认真管束查办，甚至如该民人所控讳盗不办，殊属懈纵。果勒丰阿到任未久，无所用其回护。著督率所属，将各案人犯上紧急缉迅获究办，毋得因循讳匿，延案滋累。并著山西巡抚严饬归绥道等一体查缉，所有民人赵双元等，著该衙门照例解往备质。

——《清代历朝起居注合集》清仁宗卷十六

嘉庆十八年（1813）十二月初九日

正蓝旗满洲都统奏补绥远城公中佐领员缺，拟定正陪人员带领引见。

奉谕旨：著拟正之舒兴阿补放。

——《清代历朝起居注合集》清仁宗卷十七

嘉庆十八年（1813）十二月十四日

绥远城将军册送马甲阿尔瑋阿妻何西哩氏……步甲李永贵妻周氏，俱系循分守节，照例请旌表一疏。

奉谕旨：依议。

——《清代历朝起居注合集》清仁宗卷十七

嘉庆二十一年（1816）正月二十八日

镶红旗满洲都统奏补绥远城佐领员缺，将绥远城将军咨送正陪人员带领引见。

奉谕旨：绥远城佐领员缺著拟正之巴达那补放。拟陪之常忠著记名。

——《清代历朝起居注合集》清仁宗卷十八

嘉庆二十一年（1816）三月初九日

将奏补伊犁霍尔果斯营参将乌大魁等，带领引见。

奉谕旨：乌大魁准其补授伊犁霍尔果斯营参将。张霞举准其升授广西提标右营游击。马国正准其升署伊犁镇标左营游击。德凌阿准其补授山西归化城营都司。张佐准其补授四川漳猎营守备。

——《清代历朝起居注合集》清仁宗卷十八

嘉庆二十一年（1816）十二月三十日

上以除夕，御保和殿，赐朝正外藩筵宴。左翼科尔沁和硕卓里克图亲王噶勒藏栋罗布、喀喇沁扎萨克亲王品级多罗都楞郡王和硕额驸满珠巴咱尔、科尔沁扎萨克多罗郡王和硕额驸索特那木多布齐、多罗扎萨克土郡王敏珠尔多尔济、奈曼扎萨克多罗达尔汉郡王巴勒楚克、苏尼特扎萨克多罗郡王喇特那西第、蒿齐特扎萨克多罗郡王贡楚先栋罗布、阿巴嘎扎萨克多罗郡王玛尼巴达喇、科尔沁多罗贝勒鄂勒哲依图多罗贝勒三音济雅土、阿鲁科尔沁扎萨克多罗贝勒丹津巴勒桑、阿巴哈纳尔扎萨克多罗贝勒玛哈巴拉、乌珠穆沁扎萨克多罗额尔德尼贝勒图克济扎布、鄂尔多斯扎萨克多罗贝勒索诺木拉布齐根敦、巴林固山贝子阿勒坦桑、土默特扎萨克固山贝山固伦额驸玛尼巴达喇、阿巴嘎固山达尔汉贝子巴雅尔锡第、敖汉镇国公固山额驸那木扎勒多尔济、乌珠穆沁镇国公都噶尔扎布、喀尔喀镇国公噶勒藏车凌、科尔沁辅国公旺亲、乌珠穆沁辅国公济克济特扎布、阿巴嘎辅国公那旺多尔济、归化城土默特辅国公齐鲁布、科尔沁公品级头等台吉林沁多尔济、和硕额驸雅里木丕勒、阿巴嘎扎萨克头等台吉索诺木多布亲、喀喇沁多罗额驸扎密扬多布丹、巴林二等台吉扎勒沁扎布、喀喇沁二等塔布囊布尼雅巴拉、敖汉固山额驸扎勒瓦阿巴哈纳尔、三等台吉兼协理台吉达克丹旺布、喀喇沁多罗额驸吉里克拉布齐、固山额驸扎南吉尔第、右翼喀尔喀扎萨克和硕亲王彭楚克达什、多罗郡王蕴端多尔济、多罗郡王巴图鄂齐尔、吐鲁番扎萨克多罗郡王迈玛萨依特、郡王品级贝勒回子哈迪尔、翁牛特扎萨克多罗达尔汉贝勒达玛林扎布、喀喇沁多罗贝勒托恩多、喀尔喀扎萨克固山贝子宁保多尔济、镇国公达什格勒克、喀喇沁扎萨克辅国公额外侍郎玛哈巴拉、喀尔喀扎萨克辅国公德里克多尔济、青海扎萨克辅国公伊什达尔济伊克明安、扎萨克辅国公尼玛藏布、土尔扈特扎萨之辅国公拜济呼、附在察哈尔旗下和硕特辅国公丹津扎布、喀尔喀公品级扎萨克头等台吉诺依多布多尔济、头等台吉车登旺布贡楚克扎布、敏珠尔多尔济、章楚布多尔济、青海扎萨克头等台吉多尔济旺扎勒、附在察哈尔旗下和硕特扎萨克头等台吉达什沙木丕勒、喀尔喀头等台吉多尔济拉布丹、土尔扈特四等台吉兼协理台吉三济喇什、和硕特四等台吉丹巴贡楚克车登恩克博罗特等宴。及文武大臣依次就坐，诸乐并作，上进酒。余俱令侍卫等，分觞授饮于坐次。众谢恩。

——《清代历朝起居注合集》清仁宗卷十八

嘉庆二十二年（1817）正月十五日

上御正大光明殿，赐朝正外藩筵宴。左翼科尔沁和硕卓里克图亲王噶勒藏栋罗布、喀喇沁扎萨克亲王品级多罗都楞郡王和硕额驸满珠巴咱尔、科尔沁扎萨克多罗郡王和硕额驸索特那木多布齐多罗、扎萨克图郡王敏珠尔多尔济、奈曼扎萨克多罗达尔汉、郡王巴勒楚克、苏尼特扎萨克多罗郡王喇特那西第、嵩齐特扎萨克多罗郡王贡楚克栋罗布、阿巴嘎扎多罗郡王玛尼巴达喇、科尔沁多罗贝勒鄂勒哲依图、多罗贝勒三音济雅土、阿鲁科尔沁扎萨克多罗贝勒丹津巴勒桑、阿巴哈纳尔扎萨克多罗贝勒玛哈巴拉、乌珠穆沁扎萨克多罗额尔德尼贝勒图克济扎布、鄂尔多斯扎萨克多罗贝勒索诺木拉布齐根敦、巴林固山贝子阿勒坦桑、土默特扎萨克固山贝子固伦额驸玛尼巴达喇、阿巴嘎固山达尔汉贝子巴雅尔锡第、敖汉镇国公固山额驸那木扎勒多尔济、乌珠穆沁镇国公都噶尔扎布、喀尔喀镇国公噶勒藏车凌、科尔沁辅国公旺亲、乌珠穆沁辅国公济克济特扎布、

阿巴嘎辅国公那旺多尔济、归化城土默特辅国公齐鲁布、科尔沁公品级头等台
吉林沁多尔济、和硕额驸雅里木丕勒、阿巴嘎扎萨克头等台吉索诺木多布亲、
喀喇沁多罗额驸扎密扬多布丹、巴林二等台吉扎勒沁扎布、喀喇沁二等塔布囊
布尼雅巴拉、敖汉固山额驸扎勒瓦、阿巴哈纳尔三等台吉兼协理台吉达克丹旺布、
喀喇沁多罗额驸吉里克拉布济、固山额驸扎南吉尔第、右翼喀尔喀扎萨克和硕
亲王彭楚克达什、多罗郡王蕴端多尔济、多罗郡王巴图鄂齐尔、吐鲁番扎萨克
多罗郡王迈玛萨依特、郡王品级贝勒回子哈迪尔、翁牛特扎萨克多罗达尔汉、
贝勒达玛林扎布、喀喇沁多罗贝勒托恩多、喀尔喀扎萨克固山贝子宁保多尔济、
镇国公达什格勒克、喀喇沁扎萨克辅国公额外侍郎玛哈巴拉、喀尔喀扎萨克辅
国公德里克多尔济、青海扎萨克辅国公伊什达尔济伊克明安、扎萨克辅国公尼
玛藏布、土尔扈特扎萨克辅国公拜齐呼、附在察哈尔旗下和硕特辅国公丹津扎布、
喀尔喀公品级扎萨克头等台吉诺依多布多尔济、头等台吉车登旺布贡楚克扎布
敏珠尔多尔济、章楚布多尔济、青海扎萨克头等台吉多尔济旺扎勒、附在察哈
尔旗下和硕特札萨克头等台吉达什沙木丕勒、喀尔喀头等台吉多尔济拉布丹、
土尔扈特四等台吉兼协理台吉三济喇什、和硕特四等台吉丹巴贡楚克车登恩克
博罗特等，及朝鲜国琉球国使臣正使判中枢府事李肇源、副使礼曹、判书李志渊、
书状官兼司宪府掌令朴绮寿三人，琉球国正使耳目官毛维宪、副使正议大夫蔡
次九二人，并章嘉呼图克图、噶勒丹锡勒图呼图克图、敏珠尔呼图克图、呼弼
勒罕喇嘛等二十六人，随大学士、领侍卫内大臣，以次就坐，诸乐并作，上进酒。
外藩及使臣俱令侍卫等，分觞授饮。毕。谢恩。退。酉刻，上御山高水长观火戏，
赐王公、大臣、蒙古王、贝勒、贝子、公、额驸、台吉及各外藩使臣等，茶果。

——《清代历朝起居注合集》清仁宗卷十九

嘉庆二十二年（1817）正月二十四日

镶黄旗满洲都统奏补参领等员缺，将正陪人员带领引见。

奉谕旨：绥远城防御员缺著拟正之崇喜补放。拟陪之吉春著记名。

——《清代历朝起居注合集》清仁宗卷十九

嘉庆二十二年（1817）十一月二十一日

正蓝旗满洲都统奏补绥远城佐领员缺，将绥远城将军果勒丰阿咨送正陪人

员带领引见。

奉谕旨：绥远城佐领员缺著拟正之众神保补放。拟陪之祥伦著记名。

——《清代历朝起居注合集》清仁宗卷十九

嘉庆二十二年（1817）十二月十四日

礼部汇题，八旗并各省驻防节孝妇女……绥远城将军册送马甲栓住妻富察氏……原任归化城将舒明姜谭氏……俱系寒苦守节，应请旌表一疏。

奉谕旨：依议。

——《清代历朝起居注合集》清仁宗卷十九

嘉庆二十三年（1818）四月初六日

奉谕旨：果勒丰阿等奏请添派官兵在大青山一带巡缉一折，大青山后地方为蒙古商民贸易往来必由之路，近日盗案繁多，前经果勒丰阿等议派土默特官兵轮往巡查，尚未周密。著照所请，添派绥远城满洲佐领等四员、兵六十名，除客货停运时，仍照常派土默特官兵巡查外，其余三季，令满洲蒙古官兵每月分起会哨六次。所需马乾等项银两，准其于藩库存贮十九年耗羡银内，借拨二万两交归绥道发商生息，分别动支。该将军等务须督饬弁兵。实力巡查。以收缉盗安民之效。

——《清代历朝起居注合集》清仁宗卷二十

嘉庆二十三年（1818）四月二十九日

奉谕旨：成格奏，绿营兵房年久坍塌，请拨银修理一折。山西归化城绿营兵丁，额设营房三百八十四间。因历年久远，未植朽坏，不堪居住据。该抚查明，请拨款修理。加恩。著照所请，准其于河东销价息银存款内，动支银七千一百七十三两零。责成该道厅会同营员，鸠工修建，务令监固，俾兵丁得资，栖止工竣，核实验收，照例报销。

——《清代历朝起居注合集》清仁宗卷二十

嘉庆二十三年（1818）十月二十五日

奉谕旨：成格奏，大青山一带，屡有蒙古贼人抢劫之案，请饬防范巡查一折。大青山一带地方，系绥远城将军、归化城副都统所辖，前因屡有抢劫之案，经成格会同果勒丰阿等奏明，添派满洲官兵同土默特原派官兵会哨巡缉，并筹给盘费银两，以专责成。乃近日该处仍复盗劫，频闻蒙古贼人，公然结队成群，执持鸟枪器械，抢夺商民，拒伤事主。是前次派往官兵等，并不认真巡缉，虚縻廪给，实属怠玩。果勒丰阿额尔起，俱著传旨申饬该将军、副都统，即轮流带兵前往大青山后各要路，认真巡查，严缉贼匪。彼此定期更替，不准安坐衙署，自耽暇逸，缉获贼犯，随时具奏。其疏懈之各官兵等，查明分别参处责惩，若该将军等仍前懈玩，不认真整饬，定行治罪不贷。

——《清代历朝起居注合集》清仁宗卷二十

嘉庆二十三年（1818）十一月初二日

奉谕旨：果勒丰阿，因此次朕临幸盛京，派出散秩大臣布都尔胡那前往阿尔哈图，图扪贝勒楚英坟墓赐奠，具折谢恩。此是九月初五日之事，果勒丰阿何以两月之久，始行谢恩。昨因归化城所属大青山一带地方巡捕疏懈，屡有蒙古贼盗劫夺之事，曾将果勒丰阿等申饬。兹果勒丰阿因朕派出散秩大臣往伊始祖坟墓赐奠，至今始据谢恩。果勒丰阿平素诸事不能决断，一味迟廷，于此可见，果勒丰阿，著传旨申饬。

——《清代历朝起居注合集》清仁宗卷二十

嘉庆二十三年（1818）十一月十一日

奉谕旨：据成格参奏，绥远城将军果勒丰阿、归化城副都统额尔起巡缉废弛，不能振作。自八月至今盗劫之案，已有十六起之多，实属怠玩。果勒丰阿著交宗人府，额尔起著交兵部议处，限五日内专折具奏。

——《清代历朝起居注合集》清仁宗卷二十

嘉庆二十三年（1818）十一月十四日

宗人府奏，议处巡缉懈弛之绥远城将军奉恩镇国公果勒丰阿，酌议革去将军之任，仍罚职任俸三年，请旨一折。

奉谕旨：果勒丰阿巡缉懈弛，著革去绥远城将军，罚职任俸三年，仍留公爵，派往守护东陵。果勒丰阿无庸来京，一后新任将军到任，即由彼前往更换永䶮回京。

兵部奏，议处巡缉懈弛之归化城副都统额尔起，照溺职例革职。请旨一折。

奉谕旨：额尔起在归化城副都统任内巡缉懈弛，自八月至今盗劫案件已有十六起之多。本应照部议革职。念伊曾经出兵打仗，著加恩赏给骁骑校，回西安驻防当差。

又奉谕旨：果勒丰阿所遗绥远城将军员缺，著八十六补授。青州副都统员缺著西凌阿调补。西凌阿所遗密云县副都统员缺著福清阿补授。额尔起所遗归化城副都统员缺著博庆阿补授。

——《清代历朝起居注合集》清仁宗卷二十

嘉庆二十三年（1818）十二月二十六日

奉谕旨：松筠奏请，将归化城达喇嘛罗布桑扎木参开缺，以德木齐束约特补授达喇嘛一折。达喇嘛罗布桑扎木参既已年老，精神不及。著照松筠所奏，将罗布桑扎木参达喇嘛休致。此缺即著德木齐东约补授。该院知道。

——《清代历朝起居注合集》清仁宗卷二十

嘉庆二十四年（1819）闰四月二十八日

正黄旗蒙古都统奏补绥远城佐领员缺，将绥远城将军咨送正陪人员带领见。

奉谕旨：绥远城佐领员缺著拟正之巴彦孟柯补放。拟陪之阿弥图著记名。

——《清代历朝起居注合集》清仁宗卷二十一

嘉庆二十四年（1819）五月十九日

奉谕旨：禄成等奏请赴多伦诺尔接驾朝觐一折，多伦诺尔并非禄成、伯清阿所管之处，且又离绥远城其远，况朕由哨行园临幸多伦诺尔，往返不过三日，禄成等奏请前来接驾朝觐，实属冒昧，太不晓事。禄成、伯清阿著严行申饬外，仍交部议处。

——《清代历朝起居注合集》清仁宗卷二十一

嘉庆二十四年（1819）九月二十八日

奉谕旨：成格奏，续查归化城萨拉齐二厅民欠租银垦，恩豁免一折。本年朕六旬大庆，普免天下积欠钱粮。山西各州、县，节年正耗、民欠银谷，先经降旨豁免。兹据成格查明，口外归化城萨拉齐二厅，嘉庆二十一二等年，大青山土默特民欠厂地租银，实数开单具奏。口外民欠地租，亦与内地民户无异，所有该二厅未完银五千二百两零。著加恩一体豁免，用示朕闿泽均周至意。

——《清代历朝起居注合集》清仁宗卷二十一

嘉庆二十四年（1819）十二月十四日

绥远城将军册送马甲何灵阿妻爪尔佳氏……俱系循分守节孝义可嘉，照例请旌表一疏。

奉谕旨：依议。

——《清代历朝起居注合集》清仁宗卷二十一

嘉庆二十四年（1819）十二月十四日

镶蓝旗满洲都统奏补绥远城佐领等员缺，将绥远城将军禄成等咨送正陪人员带领引见。

奉谕旨：绥远城佐领员缺著拟正之德忠补放。拟陪之远昌著记名。

——《清代历朝起居注合集》清仁宗卷二十一

嘉庆二十四年（1819）十二月二十二日

上旨，大高元殿拈香，幸瀛台阅冰嬉。

是日，苏尼特扎萨克多罗郡工喇特那西第一人、喀尔喀扎萨兑多罗郡王楚克苏木扎布等四人、杜尔伯特扎萨克多罗郡王满达喇等二人、科尔沁扎萨克多罗贝勒丹津巴勒桑等二人、阿巴哈纳尔扎萨克多罗贝勒玛哈巴拉一人、乌珠穆沁扎萨克多罗贝勒图克济扎布等三人、喀喇沁辅国公萨那西里等三人、归化城土默特辅国公齐鲁布一人、青海扎萨克辅国公林沁旺舒克一人、伊克明安扎萨克辅国公尼玛藏布一人、阿巴嘎扎萨克头等台吉索诺木多布沁一人、鄂尔多斯扎萨克头等台吉色楞德济特一人、敖汉固山额驸扎勒瓦一人、附在察哈尔旗下土尔扈特三等台吉巴图孟克等三人、附在察哈尔旗和硕特四等台吉巴彦济尔噶等二人、喀什噶尔四品阿奇木伯克体巴尔迪等三人、和阗五品挖金伯克莫罗托克塔一人、叶尔羌六品什琥尔伯克萨木萨克等七人、及暹罗国正使吥雅唆滑里巡叚呵叭猎车突等四人，入觐。于神武门外跪迎圣驾，上温语慰问，命随至瀛台阅冰嬉。

——《清代历朝起居注合集》清仁宗卷二十一

嘉庆二十四年（1819）十二月二十九日

上以除夕，御保和殿，赐朝正外藩筵宴。左翼科尔沁扎萨克多罗郡王和硕额驸索特那木多布齐、苏尼特扎萨克多罗郡王喇特那西第、蒿齐特扎萨克多罗郡王贡楚克栋罗布、阿巴嘎扎萨克多罗郡王玛尼巴达喇、喀喇沁多罗贝勒托恩多、阿鲁科尔沁扎萨克多罗贝勒丹津巴勒桑、阿巴哈纳尔扎萨克多罗贝勒玛哈巴拉、乌珠穆沁扎萨克多罗贝勒图克济扎布、土默特扎萨克固山贝子固伦额驸玛尼已达喇、巴林固山贝子阿勒坦桑、乌珠穆沁镇国公都噶尔扎布、科尔沁辅国公旺沁、喀喇沁辅国公萨那西里、乌珠穆沁辅国公济克济特扎布、归化城土默特辅国公齐鲁布、喀喇沁和硕额驸端岳特多尔济布达西里、阿巴嘎扎萨克头等台吉索诺木多布沁、鄂尔多斯扎萨克头等台吉色楞德济特、科尔沁头等台吉阿勒坦鄂齐尔、翁牛特头等台吉孟克济雅、喀喇沁多罗额驸扎弥杨多布丹、阿巴哈纳尔二等台吉伊达木扎布、喀喇沁二等塔布襄德沁喇布齐、敖汉固山额驸扎勒瓦、阿巴哈纳尔三等台吉兼协理台吉达克丹旺布、喀喇沁多罗额驸济里克喇布齐、右翼科尔沁扎萨克和硕达尔汉亲王布彦温笃尔胡、喀尔喀扎萨克和硕亲王车登多尔济、多罗郡王楚克苏木扎布、杜尔伯特扎萨克多罗郡王满达喇、郡王品级贝勒回子哈廸尔、科尔沁多罗贝勒三音济雅图、翁牛特扎萨克多罗贝勒达玛林扎布、杜尔伯特扎萨克多罗贝勒齐黙特多尔济、固山贝子喇特那巴咱尔、镇国公诺尔布、青海扎萨克辅国公林沁旺舒克伊克明安、扎萨克辅国公尼玛藏布、喀尔喀辅国公托布沁公品级扎萨克头等台吉萨满达巴达喇、附在察哈尔旗下土尔扈特三等台吉巴图孟克、四等台吉特古斯济尔噶勒桑济、和硕特四等台吉巴彦济尔噶勒多尔济锡喇布等宴，及文武大臣依次就坐，诸乐并作，上进酒。余俱令侍卫等分觞授饮于坐次。众谢恩。

——《清代历朝起居注合集》清仁宗卷二十一

嘉庆二十五年（1820）正月十五日

上御正大光明殿，赐朝正外藩筵宴。左翼科尔沁扎萨克多罗郡王和硕额驸索特那木多布齐、苏尼特扎萨克多罗郡王喇特那西第、蒿齐特扎萨克多罗郡王贡楚克栋罗布、阿巴嘎扎萨克多罗郡王玛尼巴达喇、喀喇沁多罗贝勒托恩多、阿鲁科尔沁扎萨克多罗贝勒丹津巴勒桑、阿巴哈纳尔扎萨克多罗贝勒玛哈巴拉、乌珠穆沁扎萨克多罗贝勒图克济扎布、土默特扎萨克固山贝子固伦额驸玛尼巴达喇、巴林固山贝子阿勒坦桑、乌珠穆沁镇国公都噶尔扎布、科尔沁辅国公旺沁、喀喇沁辅国公萨那西里、乌珠穆沁辅国公济克济特扎布、归化城土默特辅国公齐鲁布、喀喇沁和硕额驸端岳特多尔济布达西里、阿巴嘎扎萨克头等台吉索诺木多布沁、鄂尔多斯扎萨克头等台吉色楞德济特、科尔沁头等台吉阿勒坦鄂齐尔、翁牛特头等台吉孟克济雅、喀喇沁多罗额驸扎弥杨多布丹、阿巴哈纳尔二等台吉伊达木扎布、喀喇沁二等塔布襄德沁喇布齐、敖汉固山额驸扎勒瓦、阿巴哈纳尔三等台吉兼协理台吉达克丹旺布、喀喇沁多罗额驸济里克喇布齐、右翼科尔沁扎萨克和硕达尔汉亲王布彦温笃尔胡、喀尔喀扎萨克和硕亲王车登多尔济、多罗郡王楚克苏木扎布、杜尔伯特扎萨克多罗郡王满达喇、郡王品级贝勒回子哈迪尔、科尔沁多罗贝勒三音济雅图、翁牛特扎萨克多罗贝勒达玛林扎布、杜尔伯特扎萨克多罗贝勒齐黙特多尔济、固山贝子喇特那巴咱尔、镇国公诺尔布、青海扎萨克辅国公林沁旺舒克伊克明安、扎萨克辅国公尼玛藏布、喀尔喀辅国公托布沁公品级扎萨克头等台吉萨满达巴达喇特、在察哈尔旗下土尔扈特三等台吉巴图孟克、四等台吉特古斯济尔噶勒桑济、和硕特四等台吉巴彦济尔噶勒多尔济锡喇布等，及朝鲜国、暹罗国使臣，随大学士、领侍卫内大臣依次就坐，诸乐并作，上进酒。外藩及使臣，俱令侍卫等分觞授饮。毕，谢恩。退。申刻，上御山高水长观火戏。赐皇子、皇孙、王公、大臣，蒙古王、贝勒、贝子、公、额驸、台吉，及各外藩使臣等，茶果。

——《清代历朝起居注合集》清仁宗卷二十二

嘉庆二十五年（1820）二月三十日

镶红旗蒙古都统奏补绥远城佐领员缺，绥远城将军咨送正陪人员带领引见。奉谕旨：绥远城公中佐领员缺著拟正之甘升补放。拟陪之塔亲布著记名。

——《清代历朝起居注合集》清仁宗卷二十二

嘉庆二十五年（1820）三月初四日

镶蓝旗满洲都统奏补绥远城防御员缺，将绥远城将军咨送正陪人员带领引见。

奉谕旨：绥远城防御员缺著拟正之景文补放。拟陪之穆都里著记名。

——《清代历朝起居注合集》清仁宗卷二十二

嘉庆二十五年（1820）三月十二日

户部奏，议驳绥远城将军禄成等会奏归化城沙拉穆楞地亩请由喇嘛自行交收以归便易一折。

奉谕旨：部驳甚是，归化城沙拉穆楞地亩节经该将军等奏明，折收银两由归化城同知征解，分给蒙古喇嘛，作为香火养赡之资此。该抚请照吉林开垦地亩，由喇嘛自行收取。经户部咨驳有案，此次该将军等复称，该喇嘛情愿自行交收，不必官为经理。是启私相盗卖之弊，且恐招集多人滋生事端，所奏不准行。禄成、成格、博卿阿俱著交部察议。

——《清代历朝起居注合集》清仁宗卷二十二

嘉庆二十五年（1820）三月二十一日

奉谕旨：成格奏审明达都实非正犯，并先将吉克密特等解回审办一折。此案前经禄成等拿获形迹可疑之达都，请照惑众抢劫为首，拟以缴候。因达都并无确供，当降旨据兹抚咨，提犯卷审系吉克密特揆嫌诬板，达都实非违起，另有其人。业经质讯明确，自应将吉克密特等解回绥远城前，请将达都拟缴监候罪关怀，首实属草率，定谳禄成、博卿阿俱著交部议处。

——《清代历朝起居注合集》清仁宗卷二十二

嘉庆二十五年（1820）三月二十六日

兵部奏，议处误将形迹可疑之达都认作正犯，错拟罪名之绥远城将军禄成等分别降调，请旨一折。

奉谕旨：兵部奏禄成等将形迹可疑之达都错拟缴，候降三级调用，但错拟而尚未决，禄成、博卿阿俱著改为降三级留任。

——《清代历朝起居注合集》清仁宗卷二十二

嘉庆二十五年（1820）四月初十日

正黄旗满洲都统奏补绥远城协领员缺，将绥远城将军咨送正陪人员带领引见。

奉谕旨：绥远城协领著拟正之兴保补放。拟陪之伊克进著记名。

——《清代历朝起居注合集》清仁宗卷二十二

嘉庆二十五年（1820）四月

镶白旗满洲都统奏袭世管佐领等员缺，将正陪人员带领引见。

奉谕旨：绥远城防御员缺著拟正之舒经阿补放。拟陪之珠尔松阿著记名。

——《清代历朝起居注合集》清仁宗卷二十二

嘉庆二十五年（1820）五月十九日

镶黄旗蒙古都统奏补绥远城防御员缺，将绥远城将军咨送正陪人员带领引见。

奉谕旨：绥远城防御员缺著拟正之特木尔补放。拟陪之巴彦那莫图著记名。

——《清代历朝起居注合集》清仁宗卷二十二

嘉庆二十五年（1820）八月初四日

奉谕旨：皇祖高宗纯皇帝升遐之时，皇考大行皇帝降旨，遵照雍正十三年旧例，著蒙古王、贝勒、贝子、公、台吉，内有未经出痘者，俱不准其来京。今朕恭奉皇考梓宫进京，其有未经出痘者，仍著不必来京。因思现在各游牧之蒙古王、贝勒、贝子、公等，俱仰沐深恩有年。今闻皇考大故。必皆哀动，咸欲奏请来京，恭谒梓宫。若令伊等全行来京，于皇考惠爱蒙古王公等之意，转有未协，而各游牧处所亦需人办事。著理藩院将现在游牧之扎萨克、喀尔喀、归化城、杜尔伯特、乌梁海、土尔扈特、和硕特等处蒙古王、公、额驸、台吉及回子伯克等，概行停止来京，即由该院咨行遵照。

——《清代历朝起居注合集》清仁宗卷二十二

嘉庆二十五年（1820）十一月十四日

镶白旗满洲都统奏补绥远城防御员缺，将绥远城将军咨送正陪人员带领引见。

奉谕旨：绥远城防御员缺著拟正之倭什浑参补放。拟陪之达兴阿著记名。

——《清代历朝起居注合集》清仁宗卷二十二

道 光（1821—1850）

道光二年（1822）十二月，庚申

调德英阿为绥远城将军。禄成为黑龙江将军。

——《清史稿》本纪十七·宣宗本纪一

道光四年（1824）七月，丁未

命孙玉庭为大学士。以蒋攸铦为协办大学士，均仍留总督任。成都将军尼玛善卒。以奕颢为绥远城将军。

——《清史稿》本纪十七·宣宗本纪一

道光五年（1825）七月十六日

奉谕旨：伊星阿奏，请将伊孙留于任所一折。归化城副都统伊星阿之孙，闲散达布库哩，著照伊所请，留于任所帮办家务。

——《清代历朝起居注合集》清宣宗卷一

道光五年（1825）八月

给拉萨齐厅水灾口粮，贷山西绥远城浑津黑河水灾口粮。

——《清史稿》本纪十七·宣宗本纪一

道光五年（1825）九月初二日

正蓝旗满洲都统奏补绥远城防御员缺，将绥远城将军咨送正陪人员带领引见。

奉谕旨：绥远城防御员缺著拟正之托京阿补放。拟陪之萨克申著记名。

——《清代历朝起居注合集》清宣宗卷一

道光五年（1825）九月初六日

正黄旗满洲都统奏补绥远城防御员缺，将绥远城将军咨送正陪人员带领引见。

奉谕旨：绥远城防御员缺著拟正之明安保补放。拟陪之玉保著记名。

——《清代历朝起居注合集》清宣宗卷一

道光五年（1825）九月二十三日

镶蓝旗满洲都统奏补绥远城协领等员缺，将绥远城将军咨送正陪人员带领引见。

奉谕旨：绥远城协领员缺著拟正之穆都里补放。拟陪之额腾额著记名。

——《清代历朝起居注合集》清宣宗卷一

道光五年（1825）十二月三十日

上以除夕，御保和殿，赐朝正外藩筵宴。左翼科尔沁扎萨克土谢图亲王诺尔布林沁、卓里克图亲王噶勒藏栋罗布、喀喇沁扎萨克亲王品级都楞郡王和硕额驸满珠巴咱尔、嵩齐特扎萨克郡王额林沁诺尔布、阿巴嘎扎萨克郡王阿尔塔锡第、喀尔喀扎萨克贝勒沙克都尔扎布、喀喇沁贝勒托恩多、阿巴哈纳尔扎萨克贝勒巴勒楚克、土默特扎萨克贝子固伦额驸玛尼巴达喇、科尔沁贝子济克默特、敖汉镇国公固山额驸那木扎勒多尔济、乌珠穆沁镇国公都噶尔扎布、喀尔喀镇国公噶勒藏车林科尔沁辅国公旺沁、喀喇沁扎萨克辅国公额外侍郎玛哈巴拉、乌拉特扎萨克辅国公多尔济怕喇木、归化城土默特辅国公齐鲁布、乌珠穆沁辅国公济克济特扎布、喀喇沁和硕额驸端岳特多尔济布达锡哩、科尔沁头等台吉阿勒坦鄂齐尔、阿巴嘎扎萨克头等台吉索诺多布沁、鄂尔多斯扎萨克头等台吉色楞德济特、喀喇沁扎萨克头等塔布襄多罗额驸克星额、多罗额驸扎密扬多布丹、阿巴哈纳尔二等台吉伊达木扎布、喀喇沁二等塔布襄德沁拉布齐、右翼科尔沁达尔汉亲王布彦温笃尔胡、喀尔喀车臣汉阿尔塔什达、扎萨克亲王车林多尔济、阿拉善扎萨克亲王玛哈巴拉、科尔沁扎萨克郡王敏珠尔多尔济僧格林沁、敖汉郡王干咱巴拉、郡王品级贝勒回子哈迪尔、翁牛特扎萨克贝勒孟克济雅、杜尔伯特扎萨克贝勒雅林丕尔多尔济、郭尔罗斯贝子二等侍卫赓音苏、喀尔喀扎萨克镇国公索诺木旺楚克、辅国公敏珠尔多尔济、青海扎萨克辅国公伊什达尔济、喀尔喀扎萨克辅国公德勒克达什、附在察哈尔旗下和硕特辅国公桑鲁布多尔济、喀尔喀辅国公巴图图鲁、阿拉善公品级头等台吉囊都市苏隆、辅国公二等侍卫回子巴巴克霍卓、喀尔喀扎萨克头等台吉哈斯巴雅尔达木丁车林、青海扎萨克头等台吉格勒克拉布丹、喀尔喀头等台吉多尔济拉布丹、二等侍卫回子克克色布库喀尔喀、三等台吉旺沁多尔济、附在察哈尔旗下土尔扈特三等台吉巴图蒙柯、四等台吉桑济、和硕特四等台吉丹巴多尔济锡拉布及文武大臣，并朝鲜国使臣依次就坐，诸乐并作，上进酒。余俱令侍卫等分觞，授饮于坐次。众谢恩。

——《清代历朝起居注合集》清宣宗卷二

道光六年（1826）正月十五日

上御正大光明殿，赐朝正外藩筵宴。左翼科尔沁扎萨克土谢图亲王诺尔布林沁卓里克图、亲王噶勒藏栋罗布、喀喇沁扎萨克亲王品级都楞郡王和硕额驸满珠巴咱尔、蒿齐特扎萨克郡王额林沁诺尔布、阿巴嘎扎萨克郡王阿尔塔锡第、喀尔喀扎萨克贝勒沙克都尔扎布、喀喇沁贝勒托恩多、阿巴哈纳尔扎萨克贝勒巴勒楚克、土默特扎萨克贝子固伦额驸玛尼巴达、喇科尔沁贝子济克默特、敖汉镇国公固山额驸那木扎勒多尔济、乌珠穆沁镇国公都噶尔扎布、喀尔喀镇国公噶勒藏车林、科尔沁辅国公旺沁、喀喇沁扎萨克辅国公额外侍郎玛哈巴拉、乌拉特扎萨克辅国公多尔济怕喇木、归化城土默特辅国公齐鲁布、乌珠穆沁辅国公济克济特扎布、喀喇沁和硕额驸端岳特多尔济布达锡哩、科尔沁头等台吉阿勒坦鄂齐尔、阿巴嘎扎萨克头等台吉索诺多布沁、鄂尔多斯扎萨克头等台吉色楞德济特、喀喇沁扎萨克头等塔布襄多罗额驸克星额多罗、额驸扎密扬多布丹、阿巴哈纳尔二等台吉伊达木扎布、喀喇沁二等塔布襄德沁拉布齐、右翼科尔沁达尔汉亲王布彦温笃尔胡、喀尔喀车臣汗阿尔塔什达扎萨克亲王车林多尔济、阿拉善扎萨克亲王玛哈巴拉、科尔沁扎萨克郡王敏珠尔多尔济、僧格林沁、敖汉郡王干咱巴拉、郡王品级贝勒回子哈迪尔、翁牛特扎萨克贝勒孟克济雅、杜尔伯特扎萨克贝勒雅林丕尔多尔济、郭尔罗斯贝子二等侍卫赓音苏、喀尔喀扎萨克镇国公索诺木旺楚克、辅国公敏珠尔多尔济、青海扎萨克辅国公伊什达尔济、喀尔喀扎萨克辅国公德勒克达什、附在察喀尔旗下和硕特辅国公桑鲁布多尔济、喀尔喀辅国公巴图图鲁、阿拉善公品级头等台吉囊都布苏隆、辅国公二等侍卫回子巴巴克霍卓、喀尔喀扎萨克头等台吉哈斯巴雅尔达木丁车林、青海扎萨克头等台吉格勒克拉布丹、喀尔喀头等台吉多尔济拉布丹、二等侍卫回子克克色布库、喀尔喀三等台吉旺沁多尔济、附在察哈尔旗下土尔扈特三等台吉巴图蒙柯、四等台吉桑济、和硕特四等台吉丹巴多尔济锡拉布，及文武大臣并朝鲜国使臣，随大学士、领侍卫内大臣以次就坐，诸乐并作，上进酒。外藩及使臣，俱令侍卫等分觞授饮。毕。谢恩。退。申刻，上御山高水长观火戏。赐王公、大臣，蒙古王、贝勒、贝子、公、额驸、台吉，及各外藩使臣等，茶果。

——《清代历朝起居注合集》清宣宗卷三

道光六年（1826）正月十七日

奉谕旨：福绵奏请借项修理城垣一折，山西绥远城城垣间有坍损，亟应兴修。据该抚查明，共估需银九百八十二两零，著照所请。准其在耗羡银内动支给领，赶紧修复，工竣复实报销，所有动借银两，即于绥远城理事同知养廉内，分年扣还归款。该部知道。

——《清代历朝起居注合集》清宣宗卷三

道光六年（1826）正月二十四日

选补广西平乐协右营守备魏廷凤、直隶提标左营游击中军守备方殿魁带领引见。

奉谕旨：魏廷凤、方殿魁俱依拟用。又将保举堪用都司之绥远城防御托精阿右卫防御。

——《清代历朝起居注合集》清宣宗卷三

道光六年（1826）三月十五日

正黄旗满洲都统奏补公中佐领等员缺，将正陪人员带领引见。

奉谕旨：公中佐领员缺著拟正之巴清德补放。绥远城防御员缺著拟正之舒昌阿补放。拟陪之丰坤布著记名。

——《清代历朝起居注合集》清宣宗卷三

道光六年（1826）三月十七日

镶白旗满洲都统奏补绥远城佐领等员缺，将绥远城将军等咨送正陪人员带领引见。

奉谕旨：绥远城佐领员缺著拟正之崇喜补放。拟陪之倭什衮泰著记名。

——《清代历朝起居注合集》清宣宗卷三

道光六年（1826）四月二十九日

镶黄旗满洲都统奏袭世管佐领等员缺，将正陪人员带领引见。

奉谕旨：世管佐领员缺著拟正之玉明承袭。绥远城防御员缺著拟正之玉柱补放。拟陪之克祥著记名。

——《清代历朝起居注合集》清宣宗卷三

道光六年（1826）六月十三日

镶黄旗满洲都统奏补绥远城防御员缺，将绥远城将军咨送正陪人员带领引见。

奉谕旨：绥远城防御员缺著拟正之格丰额补放。拟陪之赓音泰著记名。

——《清代历朝起居注合集》清宣宗卷四

道光六年（1826）七月二十五日

奉谕旨：福绵奏，归化城厅所属村庄被水，请先行抚恤一折。山西归化城厅丰厚等三十三村庄，因山水涨发，禾稼被淹。据该抚委员勘明，实已成灾。恳请恩施。著照所请，无力贫民抚恤一月口粮，大口每日给米五合，小口减半，在于该厅常平仓内，照一谷六米动支。坍塌房屋，照例分别给与修费。淹毙人口，

219

分别给与埋葬银两，在于归绥道库先行垫给，由司库领回归款，事竣造册报销。其毕齐克齐并三贤庄等十三村庄，各村民或系寄居工作，或系租种蒙古口粮地亩，并非承纳官粮之户，著借给一月口粮。在于该厅常平仓内动支，分限二年免息还仓。坍塌房屋一体给与修费，亦于归绥道库先行垫发，事竣分别报销归款。即责成归绥道督同归化城同知，实心查办，亲身散放，不得假手书役，致滋弊端。该部知道。

——《清代历朝起居注合集》清宣宗卷四

道光六年（1826）八月初五日

奉谕旨：奕颢等奏查勘浑津黑河庄头承种地亩被水成灾，恳请抚恤一折，绥远城浑津黑河庄头承种地亩，因河水骤发，夏麦秋禾尽被水冲、沙压。据该将军等勘明，被灾较重，恳请恩施。著照所请，即查明实在乏食庄头，赏借一月口粮，以资接济。在于归化厅常平仓内借支给领，后来年秋收后，分限二年免息还仓。坍塌房间分别给与修费，即于粮饷厅库马厂地租余银内放给。责成归绥道督同粮饷同知，认真查办，亲身散放，不得假手书役，致滋弊端。该部知道。

——《清代历朝起居注合集》清宣宗卷五

道光六年（1826）十月初一日

奉谕旨：鄂山等奏，请敕山、陕西省购备驼只，并调拨宝陕局钱文各等语。现在征调各路官兵，并粮饷、军火、器械，皆由甘肃运送回疆。所需驼只，必须宽为豫备。且需用银两浩繁，以致钱价增昂。著福绵于杀虎口、归化城等处采买驼六千只。徐炘在于所属采买驼二千只，务须一律膘壮。委员迅速解送肃州。山西所买之驼，或由驿站，或由边外草地行走。即著福绵酌量情形办理，所用价银由该二省复实，造报至陕西宝陕局。现存司库钱文六七万串，除随时搭放兵饷外，尚有赢余。并著徐炘转饬该署藩司，于库存兵饷钱文内拨出三万串，沿途各尽额设车辆，运交肃州军需局应用，以平市价。该部知道。

——《清代历朝起居注合集》清宣宗卷五

道光六年（1826）十月十九日

奉谕旨：福绵奏，分路购办驼只，拟由内地行走一折。前因军营需用驼只，令福绵于杀虎口、归化城等处如数购备，并酌由何地行走，迅速解送肃州应用。兹据奏，现届冬初，驼只分赴各路驮运商货，请于归化城一带及通省各府州县一体购觅，分派四处验收。以四百只为一运，由南北两路解入陕境等语。现当军需，孔亟此项驼只。著即分投购备，由陕境解送前往，所需驼价准其循照乾隆年间成案，每只给银二十二两，务须一律膘壮，候三足一运即作一运起解。并饬沿途，妥为供支，无致疲瘦稽迟。前有旨令纶布多尔济酌拨乌里雅苏台存驼四千只。并阿拉善进驼一千只、此时。当已迅速解往该省。应购驼只自可稍从节省。著福绵迅即飞咨鄂山等。通盘筹划，该省现在实需解送驼只若干，再定确数。一面先行赶紧购解，无稍迟误。

——《清代历朝起居注合集》清宣宗卷五

道光六年（1826）十二月十一日

理藩院奏，遵议绥远城将军奕颢等奏喇嘛蕴敦控告四子部落王伊什绰克鲁布借用黄伞等款审明定拟一案，应如该将军原拟请旨一折。

奉谕旨：四子部落王伊什绰克鲁布被控僭用黄伞等款，均已供认，任性妄为实属溺职。著即革职，其应袭王爵著理藩院照例办理。盟长巴图鄂齐尔金差不庆，以致故纵罪人，著罚扎萨克俸一年，余依议。

上御宁寿宫景祺阁，赐王大臣及蒙古王公、贝勒等饭。赏赍有差。

谕旨松龄，著留京当差。所遗杭州事都统员缺，著伊星阿调补。所遗归化城副都统员缺，著富尔松阿调补。

——《清代历朝起居注合集》清宣宗卷六

道光七年（1827）正月初五日

奉谕旨：上年，山西省归化城等三厅被水，业经降旨分别抚恤。并给予坍房修费银两，小民谅可无虞失所，惟念今春青黄不接之时，民力未免竭蹶。著加恩将萨拉齐厅被水之南挠尔等十九村庄，酌量借粜常平仓谷，俾贫民糊口有资。用示朕方春布泽，轸念民艰至意。该部即遵谕行。

——《清代历朝起居注合集》清宣宗卷七

道光七年（1827）四月初四日

将病痊起复之原任山西归化城理事同知文明，带领引见。

奉谕旨：文明著仍发原省照例用。

——《清代历朝起居注合集》清宣宗卷七

道光七年（1827）闰五月初四日

奉谕旨：奕颢著调补盛京将军。所遗绥远城将军员缺著晋昌调补。晋昌后奕颢到任交代后，再行来京请训，前赴新任。

——《清代历朝起居注合集》清宣宗卷八

道光七年（1827）闰五月初六日

镶黄旗满州都统奏补公中佐领等员缺，将正陪人员带领引见。

奉谕旨：公中佐领员缺著拟正之双寿补放。绥远城佐领员缺著拟正之胡松额补放。拟陪之达兴阿著记名。

——《清代历朝起居注合集》清宣宗卷八

道光七年（1827）六月十四日

奉谕旨：格布舍等奏请酌拨庆员帮办公务一折，乌里雅苏台向例由京派拨，章京四员并由绥远城换防兵丁内保举笔帖式等官，此内岂无通晓汉字之员，堪以承办奏折及一切命盗案件，且由来已久，自应遵照旧章办理。格布舍等请由新疆、张家口等处酌拨废员帮办公务，殊属更张旧制，所奏著不准行。

——《清代历朝起居注合集》清宣宗卷八

道光七年（1827）七月初八

奉谕旨：晋昌现在调补绥远城将军，著即赴任所，毋庸在御前大臣上行走。伊所管正黄旗领侍卫内大臣事务现系郑亲王乌尔恭阿署理，即著乌尔恭阿补授。

——《清代历朝起居注合集》清宣宗卷八

道光七年（1827）八月二十三日

正蓝旗满洲都统奏袭世管佐领等员缺，将正陪人员带领引见。

奉谕旨：世管佐领员缺著拟正之恩林承袭。绥远城防御员缺著拟正之卓金泰补放。

——《清代历朝起居注合集》清宣宗卷九

道光七年（1827）十月二十五日

奉谕旨：杭州将军果勒丰阿，由镇国公都统出，历绥远城、乌里雅苏台等处将军重任，克尽厥职，兹闻溘逝，殊堪轸惜。果勒丰阿著加恩照将军例，赐恤并赏银三百两。由浙江藩库给发，到京之日，准其入城治丧，所有任内一切处分，悉予开复。应得恤典，该部察例具奏。

——《清代历朝起居注合集》清宣宗卷九

道光七年（1827）十二月十六日

绥远城将军册送马甲穆精额继妻陈氏……俱系循分守节，应请旌表一疏。

奉旨：依议。

——《清代历朝起居注合集》清宣宗卷十

道光七年（1827）十二月十七日

镶红旗蒙古都统奏袭绥远城恩骑尉世职，将绥远城将军咨送正陪人员带领引见。

奉谕旨：绥远城恩骑尉世职著拟正之吉尔泰承袭。

——《清代历朝起居注合集》清宣宗卷十

道光八年（1828）正月，癸亥

封长龄威勇公，授御前大臣。封杨芳果勇侯。调果齐斯欢为绥远城将军。

——《清史稿》本纪十·宣宗本纪一

道光八年（1828）四月

以特依顺保为绥远城将军。

——《清史稿》本纪十七·宣宗本纪一

道光八年（1828）九月，辛酉

上还圆明园。调特依顺保为黑龙江将军。以那彦宝为绥远城将军。达凌阿为塔尔巴哈台参赞大臣。

——《清史稿》本纪十七·宣宗本纪一

道光九年（1829）二月三十日

奉谕旨：富尔松阿所遗归化城副都统员缺，著桓格补授。

——《清代历朝起居注合集》清宣宗卷十一

道光九年（1829）三月十二日

奉谕旨：富尔松阿奏，伊现在患病，恳请开缺回旗调理一折。富尔松阿旧疾复发，暂时不能就痊。著照所请，准其来京调理。昨已将桓格补放归化城副都统，计期月内即可到，任后那彦宝、桓格无论何人先到任所，富尔松阿著即交代来京。

——《清代历朝起居注合集》清宣宗卷十一

道光九年（1829）七月十九日

奉谕旨：桓格所遗归化城副都统员缺，著祥康补授。

——《清代历朝起居注合集》清宣宗卷十三

道光九年（1829）九月初三日

奉谕旨：松筠奏科布多解任参赞额勒锦被控遣人索取马匹审明定拟一折，此案贝勒奇默特多尔济因科布多参赞办事司员，以所报偷窃驼马等件印文并不按例查办，辄将原文驳还，心怀不服。据松筠提集人证，逐款质查明，确实系该司员常明等办事不知详情，糊涂冒昧，理藩院郎中常明著即革职，以示惩儆。

科布多兵部掌戳记司员巴克图，听从递籍民犯任志高央垦，纵赴游牧讨帐，复被该贝勒查获。始为起解，实属玩延，巴克图著革去主事衔，作为领催咨回驻防本旗当差。委署主事衔伊克精额，既同常明以蒙古得背，被窃大马任听贼供，小马将贼犯鞭责发落，复附同巴克图纵放任志高讨账，办事任意，著咨回绥远城当差，仍罚一年钱粮。解任参赞额勒锦，不知体察外藩情形，率与常明连次驳饬，以致该贝勒奇默特多尔济衔忿牵控，且于差便易换马匹，势同扰累。额勒锦著交部严加议处。此后，该参赞大臣差赴游牧换马之处，著永行禁止。贝勒奇默特多尔济风闻参赞额勒锦差赴土尔扈特乌梁海易换马匹，辄行越分，牵连呈控，业经自认冒昧。著罚扎萨克俸一年，即饬回游牧。办理盟长事务将军彦德等于此案并不奏明，亲身前往查办，彦德著交部严加议处。前任参赞八十、蒙古参赞车林多尔济俱著交部议处，余俱照所拟完结。

——《清代历朝起居注合集》清宣宗卷十三

道光九年（1829）十月十五日

奉谕旨：那彦宝等奏绥远城右卫官兵所住房间、墙垣多有倾圮，请借俸饷修补一折。绥远城右卫官兵所住房间因地势湿潮，以致倾圮。著照所请，所有该二城兵丁等，著加恩借给一年钱粮，官员等著加恩各按品级借给俸银，俾资修补。所借银两著分作八年，照数归还原款。此项银两，著由同知库贮扣款银内动支，其不敷银两，著照例由山西藩司库贮耗羡银内动支。余依议。该部知道，折并发。

——《清代历朝起居注合集》清宣宗卷十三

道光九年（1829）十二月十四日

绥远城将军册送步甲力金保妻李佳氏……俱系循分守节，应请旌表一疏。

奉谕旨：依议。

——《清代历朝起居注合集》清宣宗卷十四

道光十年（1830）二月初四日

奉谕旨：那彦宝奏，交审案件已结请，补行入觐一折。谕旨：那彦宝奏已革参领于限内，将要犯拿获，垦恩降补等语。归化城土默特参领博克前因派拿要犯济克默特未获，经那彦宝参奏革职，勒限协拿。今该革员业于限内将该犯拿获送案。著照所请，博克后有骁骑校缺出，准其补用。又奉谕旨：那彦宝奏，蒙古上控案件，有应缉蒙古人犯未获，请定限期处分等语。所奏是蒙古地方控案，如有牵涉民人者，责成地方官查传，向有例限。其蒙古人证，该盟长接据咨行，转行该扎萨克等传唤，往往任意迁延，不即解送，屡催罔应，以致案悬莫结，岂成政体。著理藩院将蒙古上控案件，复其情事之大小，酌定限期之远近。如有逾限不获者，该管扎萨克王、贝勒、贝子、公等，应如何议处，详定条例，奏明行知遵照。以清讼狱。

——《清代历朝起居注合集》清宣宗卷十五

道光十年（1830）三月十四日

奉谕旨：那彦宝著调补成都将军。所遗绥远城将军员缺著升寅调补。升寅接奉此旨，将成都将军印信交琦善署理，即来京请训，再赴新任。升寅未到任以前，绥远城将军印信仍著祥康署理。

——《清代历朝起居注合集》清宣宗卷十五

道光十年（1830）四月初九日

镶黄旗满洲都统奏补绥远城佐领等员缺，将绥远城、杭州将军等咨送正陪人员带领引见。

奉谕旨：绥远城佐领员缺著拟正之格绷额补放。拟陪之哈隆阿著记名。

——《清代历朝起居注合集》清宣宗卷十五

道光十年（1830）六月十九日

镶黄旗满州都统奏补吉林佐领等员缺，将吉林将军咨送正陪人员带领引见。

奉谕旨：吉林佐领员缺著拟正之得顺补放。拟陪之清明著记名。绥远城防御员缺著拟正之得升额补放。拟陪之保善著记名。

——《清代历朝起居注合集》清宣宗卷十六

道光十年（1830）七月二十一日

奉谕旨：此案著派松筠驰驿前往绥远城，会同升寅提集人证，秉公审办。所有随带司员，亦著一并驰驿。

——《清代历朝起居注合集》清宣宗卷十七

道光十年（1830）七月二十七日

奉谕旨：升寅等奏请动项修葺演武厅一折。绥远城西门外满洲营演武厅，为八旗官兵合操之所。据该将军等查明，历久未修渐至塌损，著徐炘委员确切勘估，动项兴修，以资操演。

——《清代历朝起居注合集》清宣宗卷十七

道光十年（1830）十月初五日

奉谕旨：阿勒清阿奏，购备驼只一折。此次回疆办理军务，所需驮运兵粮器械驼只，曾降旨令阿勒清阿酌量筹办。兹据奏查，照原案赶紧采买。著照所请，先令内地各州县采买驼三千五百只，每只给价银二十二两，在于道光十年地丁项内动给。其委解供支各事，宜均著循照旧章，遵节办理。该署抚严饬各属，上紧购备，务须一律膘壮。差委员弁兵役分起，迅速解往肃州，以济要需。该解员等，如有经理不善，以致瘦毙稽延，即著严参究办。其驼价银两，饬令该州县照数给发，毋任胥役人等克扣滋弊。至归化城一带，应办驼二千二百只，著饬归绥道妥速筹办。如须采买，即照上次成案，速行购觅，毋得迟误干咎。该部知道。

——《清代历朝起居注合集》清宣宗卷十八

道光十年（1830）十一月十七日

正黄旗满洲都统奏补绥远城防御等员缺，将绥远城将军等咨送正陪人员带领引见。

奉谕旨：绥远城防御员缺著拟正之定格补放。拟陪之爱兴阿著记名。

——《清代历朝起居注合集》清宣宗卷十八

道光十一年（1831）四月十七日

镶黄旗蒙古都统奏袭勋旧佐领等员缺，将正陪人员带领引见。

奉谕旨：勋旧佐领员缺著拟正之伊史扎木苏承袭。绥远城防御员缺著拟正之乌图里补放。拟陪之安平著记名。

——《清代历朝起居注合集》清宣宗卷二十

道光十一年（1831）八月初二日

奉谕旨：本年朕五旬万寿渥沛，恩施京外文职大员，已另行降旨分别加恩，开复处分，所有京外武职大员内，都统哈朗阿任内有试压御马，未能调习妥善，降一级留任一案，著开复。将军福克精阿任内有荐举卓异佐领，步箭平常，降一级留任一案，著开复。……都统成格任内有率准宝泉局匠役，分别料价，降二级留任，地丁原欠不及一分，限内不全完，降一级戴罪督催归化城喇嘛，情愿自行交帑，率行奏请更正罚俸九个月。二十三年，地租正耗银两原欠一分以上，罚俸六个月。失察城上官兵旷班，罚俸一年。王喜私煎焰硝，罚俸一年。元年地丁随本奏销，原欠不及一分，罚俸一年。二十五年，分地租正耗银两，复参督催原欠三分以上，罚俸一年。二十三年，官兵俸饷初参，接催未完，不及一分，罚俸一年。二十三年，地丁正耗钱粮接催，初参未完，不及一分，罚俸一年。共十案，俱著开复。

——《清代历朝起居注合集》清宣宗卷二十二

道光十一年（1831）十二月初一日

奉谕旨：升寅奏，访查劣员实据一折。前因升寅奏参清水河理事通判齐里克讷尔布，人甚庸劣，性复贪酷。署理归化城同知声名更属狼籍。当经降旨，令该将军密查该通判贪酷实据，严参惩办。兹据奏记，闻清水河民人裴有伤毙人命一案，该通判以因窃致毙，定拟解省。该犯至省，翻供称系因奸致毙，由省驳交归绥道复审。该道并未提讯，仍将人犯发回清水河，委员前往审办。及该厅不候委员，即于收到该犯之日，将其掌责三百，以泄在省翻供之忿。又该通判前署归化厅时，军民商贾无不訾毁，致有齐楼儿之称。询之多人，如出一口，其劣迹已可概见。著阿勒清阿即亲提裴有翻供案证，秉公严究。该通判有无滥刑屈抑情事，并调查该通判有无被控别案，一并严行审讯具奏。

以儆贪酷。

——《清代历朝起居注合集》清宣宗卷二十三

道光十一年（1831）十二月初八日

科尔沁卓里克图亲王巴图一人、喀尔喀扎萨克亲王车林多尔济等三人、巴林扎萨克郡王那木济勒旺楚克一人、喀喇沁扎萨克都楞郡王布尼雅巴拉等三人、嵩齐特扎萨克郡王额林沁那尔布一人、阿巴嘎扎萨克郡王阿尔塔西第等二人、奈曼扎萨克郡王阿宛都凹第扎布一人、敖汉郡王干咱巴喇一人、乌珠穆沁扎萨克贝勒宝拜一人、阿巴哈纳尔扎萨克贝子伊达木扎布一人、归化城土默特辅国公齐鲁布一人，入觐。于西苑门外、跪迎圣驾。上温语慰问。

——《清代历朝起居注合集》清宣宗卷二十三

道光十一年（1831）十二月乙酉

以富俊为大学士，管兵部。文孚协办大学士。调穆彰阿为工部尚书。以那清安为兵部尚书。升寅为都察院左都御史。彦德为绥远城将军。

——《清史稿》本纪十八·宣宗二

道光十一年（1831）十二月二十三日

上御勤政殿，赐蒙古王、贝勒、贝子、公、额驸、台吉及朝鲜国使臣、章嘉呼图克图等宴。赏赉有差。

是日，内阁奉谕旨：御前行走敖汉郡王干咱巴拉之子头等台吉丹色哩特里克中，著加恩赏戴花翎。又奉谕旨：阿巴哈纳尔扎萨克贝勒巴勒楚克，著加恩赏戴双眼花翎。归化城土默特辅国公齐鲁布、喀尔喀辅国公巴图图鲁，俱著加恩赏戴花翎。

——《清代历朝起居注合集》清宣宗卷二十三

道光十一年（1831）十二月三十日

上以除夕，御保和殿，赐朝正外藩筵宴。左翼科尔沁卓里克图亲王巴图、扎萨克郡王僧格林沁、巴林扎萨克郡王那木济勒旺楚克、喀喇沁扎萨克都楞郡王布尼雅巴拉、苏尼特扎萨克郡王布尔尼锡哩、阿巴嘎扎萨克郡王阿尔塔西第、土默特扎萨克郡王品级贝勒固伦额驸玛尼巴达喇、翁牛特扎萨克贝勒宝拜、阿鲁科尔沁扎萨克贝勒札木杨旺书克、喀喇沁贝勒托恩多、乌珠穆沁扎萨克贝勒达克丹、阿巴哈纳尔扎萨克贝勒巴勒楚克、科尔沁扎萨克贝子济克默特、喀喇沁扎萨克贝子额外侍郎玛哈巴拉、阿巴哈纳尔扎萨克贝子伊达木扎布、乌珠穆沁镇国公都噶尔札布、喀尔喀镇国公噶拉赞车林、科尔沁辅国公旺沁、乌珠穆沁辅国公济克济特札布、归化城土默特辅国公齐鲁布、喀喇沁和硕额驸端余特多尔济布达锡第、科尔沁头等台吉拉特那噶尔毕、喀喇沁扎萨克头等塔布襄多罗额驸克升额、阿巴嘎扎萨克头等台吉索那木多布沁、敖汉头等台吉党色里特里克冲、喀喇沁多罗额驸札木扬多布丹二等塔布襄布彦图、右翼喀尔喀扎萨克亲王车林多尔济车登巴咱尔、奈曼扎萨克郡王阿宛都凹第札布、敖汉郡王干咱巴喇、蒿齐特扎萨克郡王额林沁那尔布、喀尔喀扎萨克郡王多尔济拉布坦、托克托呼图鲁车凌棍布、郭尔罗斯贝子二等侍卫赓音苏、喀尔喀扎萨克镇国公索那木旺楚克札那札布、扎萨克辅国公巴勒多尔济、札木萨赉札布齐旺多尔济、桑都布多尔济、巴图图鲁德林达什库克纳尔、扎萨克辅国公察哈巴克、茂明安扎萨克辅国公乌尔图那逊、辅国公二等侍卫回子巴巴克霍卓、喀尔喀公品级头等台吉巴彦桑扎、萨克头等台吉哈思巴雅尔库克纳尔、扎萨克头等台吉巴木巴勒达什伦都布、喀尔喀二等台吉头等侍卫多尔济帕拉木、附在察哈尔旗下和硕特二等台吉玛什巴图、土尔扈特帮办二等台吉贡信、喀尔喀三等台吉旺沁多尔济、附在察哈尔旗下鄂尔多斯三等台吉孟克济尔噶尔、和硕特四等台吉贡楚克达兰泰、鄂尔多斯四等台吉达克当里克鲁布，并朝鲜国、暹罗国、南掌国使臣，随文武大臣依次就坐，诸乐并作，上进酒。余俱令侍卫等分觞，授饮于坐次。众谢恩。

——《清代历朝起居注合集》清宣宗卷二十三

道光十二年（1832）正月十五日

上御正大光明殿，赐朝正外藩筵宴。左翼科尔沁卓里克图亲王巴图、扎萨克郡王僧格林沁、巴林扎萨克郡王那木济勒旺楚克、喀喇沁扎萨克都楞郡王布尼雅巴拉、苏尼特扎萨克郡王布尔尼锡哩、阿巴嘎扎萨克郡王阿尔塔西第、土默特扎萨克郡王品级贝勒固伦额驸玛尼巴达喇、翁牛特扎萨克贝勒宝拜、阿鲁科尔沁扎萨克贝勒札木杨旺书克、喀喇沁贝勒托恩多、乌珠穆沁扎萨克贝勒达克丹、阿巴哈纳尔扎萨克贝勒巴勒楚克、科尔沁扎萨克贝子济克默特、喀喇沁扎萨克贝子额外侍郎玛哈巴拉、阿巴哈纳尔扎萨克贝子伊达木扎布、乌珠穆沁镇国公都噶尔札布、喀尔喀镇国公噶拉赞车林、科尔沁辅国公旺沁、乌珠穆沁辅国公济克济特札布、归化城土默特辅国公齐鲁布、喀喇沁和硕额驸端余特多尔济布达锡第、科尔沁头等台吉拉特那噶尔毕、喀喇沁扎萨克头等塔布襄多罗额驸克升额、阿巴嘎扎萨克头等台吉索那木多布沁、敖汉头等台吉党色里特里克冲、喀喇沁多罗额驸札木扬多布丹二等塔布襄布彦图、右翼喀尔喀扎萨克亲王车林多尔济车登巴咱尔、奈曼扎萨克郡王阿宛都凹第札布、敖汉郡王干咱巴喇、嵩齐特扎萨克郡王额林沁那尔布、喀尔喀扎萨克郡王多尔济拉布坦、托克托呼图鲁车凌棍布、郭尔罗斯贝子二等侍卫赓音苏、喀尔喀扎萨克镇国公索那木旺楚克札那札布、扎萨克辅图公巴勒多尔济、札木萨赉札布齐旺多尔济、桑都布多尔济、巴图图鲁德林达什库克纳尔、扎萨克辅国公察哈巴克、茂明安扎萨克辅国公乌尔图那逊、辅国公二等侍卫回子巴巴克霍卓、喀尔喀公品级头等台吉巴彦桑、扎萨克头等台吉哈思巴雅尔库克纳尔、扎萨克头等台吉巴木巴勒达什伦都布、喀尔喀二等台吉头等侍卫多尔济帕拉木、附在察哈尔旗下和硕特二等台吉玛什巴图、土尔扈特帮办二等台吉贡信、喀尔喀三等台吉旺沁多尔济、附在察哈尔旗下鄂尔多斯三等台吉孟克济尔噶尔、和硕特四等台吉贡楚克达兰泰、鄂尔多斯四等台吉达克当里克鲁布，并朝鲜国、暹罗国、南掌国使臣，随大学士、领侍卫内大臣，以次就坐，诸乐并作，上进酒。外藩及使臣，俱令侍卫等分觞授饮。毕。众谢恩。退。申刻，上御山高水长观火戏。赐王公、大臣，蒙古王、贝勒、贝子、公、台吉，及朝鲜国、暹罗国、南掌国使臣，章嘉呼图克图等，茶果。

——《清代历朝起居注合集》清宣宗卷二十四

道光十二年（1832）正月二十五日

奉谕旨：盛京副都统员缺，著祥康调补。所遗归化城副都统员缺，著惠显补授，

——《清代历朝起居注合集》清宣宗卷二十四

道光十二年（1832）七月二十一日

奉谕旨：前据升寅等奏，参归绥道富珠礼于达尔汉、茂明安、土默特三旗互争地界，并不亲旨履勘，仅派属吏与蒙古人等往查，改立界堆，以致土默特

华

蒙古等不服，当降旨派祥康会同该盟长，逐处履勘，明确遵照，奏案办理。此祥康升任盛京刑部侍郎，未及查办，移交新任副都统惠显办理。兹据奏，传习三旗会同盟长反复晓谕，各旗总以土默特入伊等游牧，不能具结此案。著派松筠驰驿前往归化城，会同该盟长亲旨履勘三旗互争地界，秉公查办，定立界址，永杜争端。所有随带司员，著遴派刑部、理藩院司员各一人，俱著一并驰驿。至惠显奏盟长巴图鄂齐尔，意存回护，未便再令会办。请改派副盟长乌拉特公拉特那巴勒，会办之处，并著松筠到彼体察该处情形，奏明办理。

——《清代历朝起居注合集》清宣宗卷二十五

道光十二年（1832）七月三十日

奉谕旨：廉敬等奏，伦布多尔济于七月二十一日病故一折。伦布多尔济于嘉庆四年间随同蕴端多尔济在库伦学习行走。道光七年补授库伦办事大臣。数十年来。办理诸务，悉臻妥协，边境毫无事端。兹闻溘逝，朕心深为悯恻。著加恩赏给陀罗经，被由广储司赏银五百两，俾作好事，所有陀罗经被并银两，著交御前行走喀尔喀郡王多尔济拉布坦来往，并携带茶酒，驰驿前往库伦赐奠。其伦布多尔济坟茔既坐落归化城后，伊子德里克多尔济，护送灵枢之时，亦著赏给驰驿。以示朕矜念旧劳，蒙古臣仆至意。所遗扎萨克固山贝子之爵，著该院照例办理。

——《清代历朝起居注合集》清宣宗卷二十五

道光十二年（1832）八月十五日

镶白旗都统奏补绥远城协领员缺，将绥远城将军咨送正陪人员带领引见。
奉谕旨：绥远城协领员缺著拟正之海昌补放。拟陪之格绷额著记名。

——《清代历朝起居注合集》清宣宗卷二十六

道光十二年（1832）九月初三日

正黄旗满洲都统奏袭世管佐领等员缺，将正陪人员带领引见。
奉谕旨：绥远城防御员缺著拟正之玉庆补放。拟陪之倭里赫著记名。

——《清代历朝起居注合集》清宣宗卷二十六

道光十二年（1832）九月二十日

奉谕旨：彦德等奏考验绥远城等处八旗满洲蒙古各员军政请旨，可否将逾岁官十五员留任一折。此次绥远城等处军政官员内，协领兴保、巴彦、孟克、海昌，佐领崇禧、阿弥图，防御克祥哈、通阿尼克、通阿巴哈，骑都尉朗察，恩骑尉乌云泰、德克金布、乌尔棍泰，骁骑校广明、满德等均已逾岁，精力未衰，步射尚可。著照所请，所有协领兴保等，均著准其留任。该部知道，折并发。

——《清代历朝起居注合集》清宣宗卷二十六

道光十二年（1832）十月十四日

镶黄旗满洲都统奏补江宁佐领等员缺，将江宁将军等咨送正陪人员带领引见。

奉谕旨：江宁佐领员缺著拟正之富伦补放。拟陪之伯齐图著记名。绥远城防御员缺著拟正之福尼扬阿补放。拟陪之哈禄堪著记名。

——《清代历朝起居注合集》清宣宗卷二十七

道光十二年（1832）十月二十六日

奉谕旨：德谦准其补授福建六路提标右营游击。冠麟趾准其补授江南徐州镇标萧营都司，又将保举堪用都司之绥远城防御。

——《清代历朝起居注合集》清宣宗卷二十七

道光十二年（1832）十二月十六日

绥远城将军册送马甲广泰继妻伊尔根觉罗氏……俱系孝义兼全厄穷堪悯，应请旌表一疏。

奉谕旨：依议。

——《清代历朝起居注合集》清宣宗卷二十八

道光十三年（1833）三月十九日

奉谕旨：乐善等奏遵旨奏补佐领一折。著照所请，绥远城正蓝旗满洲佐领员缺，准其以阿勒金布补授，照例送部引见，该部知道。

——《清代历朝起居注合集》清宣宗卷三十

道光十三年（1833）十二月初十日

奉谕旨：绥远城防御员缺，著拟正之巴彦泰补放。拟陪之商那布著记名。

——《清代历朝起居注合集》清宣宗卷三十三

道光十三年（1833）十二月十五日

绥远城将军册送马甲五十七妻步佳氏……俱系循分守节，应请旌表一疏。
奉谕旨：依议。

——《清代历朝起居注合集》清宣宗卷三十三

道光十四年（1834）四月二十一日

镶黄旗蒙古都统奏补绥远城佐领员缺，将绥远城将军咨送正陪人员带领引见。

奉谕旨：拟正防御珠恭阿著补放绥远城佐领。拟陪防御常泰著记名。

——《清代历朝起居注合集》清宣宗卷三十四

道光十四年（1834）七月二十九日

奉谕旨：鄂顺安奏请动项修理演武厅一折。山西绥远城教场之演武厅，房屋年久，未经修葺。据该抚确切勘估，动项兴修，共需工料银二千四百八两零。著准其于道光十四年耗羡项下，照数动支。责成该管道厅等，赶紧修理，务使工监料实，毋许草率偷减工竣，委员验收复实，造册报销。该部知道。

——《清代历朝起居注合集》清宣宗卷三十五

道光十四年（1834）十一月十八日

内阁学士兼礼部侍郎衔又将病痊起复坐补原缺之原任四川汉州知州方宗敬，带领引见。奉谕旨：方宗敬著照例坐补原缺。又将病痊起复坐补原缺之原任归化城同知魁英，带领引见。奉谕旨：魁英著照例坐补原缺。

——《清代历朝起居注合集》清宣宗卷三十七

道光十五年（1835）二月三十日

奉谕旨：哈朗阿等奏，绥远城、归化城各营应否前往查阅等语。此次哈朗阿等派往山西等处查阅营伍，所有绥远城将军所管满洲营、归化城副都统所管土默特蒙古营，及归化城驻札之都司营，均著毋庸前往查阅。

——《清代历朝起居注合集》清宣宗卷三十八

道光十五年（1835）四月二十八日

补绥远城协领员缺，将绥远城将军咨送正陪人员带领引见。

奉谕旨：绥远城协领员缺著拟正之海春补放。拟陪之景文著记名。

——《清代历朝起居注合集》清宣宗卷三十九

道光十五年（1835）十一月二十一日

奉谕旨：彦德等奏请拨项生息以资兵丁生计一折。绥远城官兵户口日增，每年额领红白事恩赏银一千六百两，不敷支放。自应设法调剂，加恩著照所请，准其将大青山后马厂地租余存银四万余两内，动拨银二万两，照依成案，由归绥道发商按一分生息，每年所得息银二千四百两，遇闰加息银二百两，加以支放。卡伦盘费余银七百八十六两，再照例由藩库领红白事件银一千六百两，共计银四千七百八十六两，每年以一千二百两归款。余银三千五百八十六两，著即作为该处兵丁红白事赏银，仍按照原定八两六两三两旧例支放。俾该兵丁等遇有前项事件，得以及时领取，以示体恤。其每年支放余剩银两，著一并存贮旗库，留为下年添补支放，年终报部复销，该部知道。

——《清代历朝起居注合集》清宣宗卷四十二

道光十五（1835）年十二月初八日

归化城土默特辅国公齐鲁布一人、阿巴嘎扎萨克头等台吉都噶尔布木一人、鄂尔多斯扎萨克头等台吉色楞德济特一人，入觐。于西苑门外。跪迎圣驾。上温语慰问。

——《清代历朝起居注合集》清宣宗卷四十二

道光十五年（1835）十二月十九日

奉谕旨：向来各直省咨报，有无永远枷号人犯，均于十月内到齐，统归大理寺于年底汇奏。兹据该寺奏称，本年山西、云贵、浙闽、江苏、归化城、庄浪城等处，至今未据咨报到寺，实属迟延。此后，著该督抚等扣算程限，务于十月内咨报到齐，由该寺查复具奏，以符定制。

——《清代历朝起居注合集》清宣宗卷四十二

道光十五年（1835）十二月三十日

上以除夕，御保和殿，赐朝正外藩筵宴。左翼科尔沁扎萨克和硕土什业土亲王诺尔布林沁、科尔沁和硕卓里克土亲王巴土、喀尔喀车臣汉阿尔塔西达、喀尔喀扎萨克土汉玛尼巴咱尔、巴林扎萨克多罗郡王那木济勒旺楚克、喀喇沁扎萨克多罗都楞郡王布尼雅巴拉、奈曼扎萨克多罗郡王阿宛都凹第扎布、科尔沁扎萨克多罗郡王林沁扎拉参、蒿齐特扎萨克多罗郡王吹精扎布、敖汉多罗郡王干咱巴拉、鄂尔多斯多罗郡王巴宝多尔济、阿巴嘎多罗郡王那木萨赉多尔济、喀尔喀扎萨克多罗郡王托克托霍土鲁、喀尔喀扎萨克多罗郡王车凌棍布、喀尔喀扎萨克多罗郡王土克济扎布、科尔沁多罗贝勒达尔玛扎布、科尔沁多罗贝勒贡格拉布坦、喀尔喀多罗贝勒索诺木多布沁、喀喇沁扎萨克固山贝子额外侍郎玛哈巴拉、鄂尔多斯固山贝子达什多尔济、科尔沁固山贝子阿米乌尔图、喀尔喀扎萨克固山贝子贡格多尔济、阿巴嘎固山贝子德木楚克达什、喀尔喀固山贝子阿的雅、喀尔喀固山贝子云丹盖鲁布、科尔沁扎萨克镇国公多布沁旺丹、乌拉特扎萨克镇国公拉特那巴拉、乌拉特扎萨克镇国公噶拉党旺楚克多尔济、翁牛特镇国公丰绅宝、翁牛特镇国公桑噶巴拉、喀尔喀镇国公吹忠扎布、郭尔罗斯扎萨克辅国公阿勒他额齐尔、科尔沁辅国公伯罗特、苏尼特辅国公额林沁、阿巴嘎辅国公萨木丕尔诺尔布、喀尔喀扎萨克辅国公拉布坦多尔济、青海扎萨克辅国公珠尔默特多布端车林、喀喇沁和硕额驸端约特多尔济、喀喇沁和硕额驸布达西里、喀喇沁扎萨克头等他布襄克兴额、克什克腾扎萨克头等台吉比玛拉济里第、科尔沁头等台吉拉特那噶尔比、敖汉头等台吉当色里特立克忠、喀尔喀扎萨克头等台吉车林多尔济、喀尔喀扎萨克头等台吉巴雅拉、喀尔喀扎萨克头等台吉彭楚克多尔济、喀尔喀扎萨克头等台吉达尔玛扎布、青海扎萨克头等台吉多尔济旺扎尔、土尔扈特头等台吉增林佟鲁普、巴林二等台吉扎拉沁扎布、喀喇沁二等他布襄布彦图、侍卫副都统衔喀尔喀二等台吉多济那木凯、喀喇沁三等他布襄多尔济拉布坦、喀喇沁固山额驸德勒克桑宝、喀喇沁固山额驸棍布旺沁、附在察哈尔旗下和硕特头等台吉恩可伯罗特、附在察哈尔旗下和硕特三等台吉拉特那巴雅尔、附在察哈尔旗下和硕特四等台吉那苏绰克图附在察哈尔旗下和硕特四等台吉贡楚克车登、附在察哈尔旗下土尔扈特四等台吉土什图、住京喀尔喀扎萨克和硕亲王车登巴咱尔、科尔沁扎萨克多罗郡王僧格林沁、科尔沁扎萨克固山贝子济克默特、土默特扎萨克固山贝子德勒克色楞、绰罗斯固山贝子二等侍卫赓音苏、辅国公二等侍卫回子巴巴克霍卓、喀尔喀公品级头等台吉头等侍卫巴彦桑、喀尔喀二等台吉头等侍卫多尔济帕拉木、二等侍卫喀尔喀二等台吉那逊达赉、右翼科尔沁和硕卓里克图亲王巴图、科尔沁扎萨克多罗郡王僧克林沁、科尔沁多罗郡王多克默特、巴林扎萨克罗郡王那木济勒旺楚克、奈曼扎萨克多罗郡王阿宛都凹第扎布、敖汉扎萨克多罗郡王达尔玛济里第、苏尼特扎萨克多罗郡王布尔尼西里、阿巴嘎扎萨克多罗郡王阿尔他西第、敖汉多罗郡王斡咱巴拉、扎赉特扎萨克多罗贝勒拉木棍布扎布、阿鲁科尔沁扎萨克多罗贝勒扎木扬旺舒克、乌珠穆沁扎萨克多罗贝勒达克丹、科尔沁扎萨克固山贝子济克默特、土默特扎萨克固山贝子德勒克色楞、阿巴哈那尔扎萨克固山贝子伊达木扎布、巴林固山贝子索里雅、喀尔喀固山贝子云丹盖鲁布、乌珠穆沁镇国公都噶尔扎布、扎鲁特镇国公们都巴雅尔科尔沁辅国公旺沁、乌珠穆沁辅国公济克济特扎布、归化城土默特辅国公齐鲁布、科尔沁和硕额驸多布沁拉布济、科尔沁多罗额驸阿玉西里、喀喇沁扎萨克头等他布襄多罗额驸克兴额、敖汉头等台吉多罗额驸达旺多布端、阿巴嘎扎萨克头等台吉都噶尔布木、鄂尔多斯扎萨克头等台吉色楞德济特、科尔沁头等台吉济克默特朗布、巴林头等台吉丰绅泰、苏尼特头等台吉布达莽噶拉、巴林二等台吉扎拉沁扎布、喀喇沁二等他布襄西林达瓦、乌里雅苏参赞大臣喀尔喀三音诺彦、扎萨克和硕亲王车林多尔济、喀尔喀扎萨克和硕亲王车登巴咱尔、阿拉善扎萨克和硕亲王襄都布苏隆、青海扎萨克多罗郡王贡楚克济克默特、翁牛特扎萨克多罗贝勒宝拜、喀尔喀扎萨克多罗贝勒那木济勒多尔济、喀喇沁扎萨克固山贝子额外侍郎玛哈巴拉、库伦办事大臣上学习行走喀尔喀扎萨克固山贝子德勒克多尔济、喀尔喀扎萨克固山贝子命珠尔多尔济、绰罗斯固山贝子二等侍卫赓音苏、喀尔喀辅国公桑都布多尔济、喀尔喀辅国公布尼达里、辅国公二等侍卫回子巴巴克霍卓、喀尔喀公品级头等台吉头等侍卫巴彦桑、喀尔喀扎萨克头等台吉噶拉党贡多布、喀尔喀扎萨克头等台吉棍布多尔济、喀尔喀扎萨克头等台吉额林多尔济、喀尔喀扎萨克头等台吉巴丹棍布、喀尔喀扎萨克头等台吉吹贡楚克达什、青海扎萨克头等台吉达尔玛西第、喀尔喀头等台吉那苏巴土、喀尔喀二等台吉头等侍卫多尔济帕拉木、喀尔喀二等台吉二等侍卫那逊达赉、土尔扈特协理台吉布彦德勒格尔、附在察哈尔旗下和硕特二等台吉玛什巴图、附在察哈尔旗下绰罗斯三等台吉孟可济里噶勒、附在察哈尔旗下和硕特四等台吉彭苏克、附在察哈尔旗下和硕特四等台吉达兰泰、附在察哈尔旗下鄂鲁特四等台吉达克当立克鲁布、并朝鲜国、暹罗国使臣，随文武大臣依次就坐，诸乐并作，上进酒。余俱令侍卫等分觞，授饮于坐次，众谢恩。

——《清代历朝起居注合集》清宣宗卷四十二

道光十六年（1836）正月十五日

上旨，寿皇殿行礼。辰刻，御保和殿，赐朝正外藩筵宴。左翼科尔沁扎萨克和硕土业土亲王诺尔布林沁、科尔沁和硕卓里克土亲王巴土、喀尔喀车臣汉阿尔塔西达、喀尔喀扎萨克土汉玛尼巴咱尔、巴林扎萨克多罗郡王那木济勒旺楚克、喀喇沁扎萨克多罗都楞郡王布尼雅巴拉、奈曼扎萨克多罗郡王阿宛都凹第扎布、科尔沁扎萨克多罗郡王林沁扎拉参、蒿齐特扎萨克多罗郡王吹精扎布、敖汉多罗郡王干咱巴拉、鄂尔多斯多罗郡王巴宝多尔济、阿巴嘎多罗郡王那木萨赉多尔济、喀尔喀扎萨克多罗郡王托克托霍土鲁、喀尔喀扎萨克多罗郡王车凌棍布、喀尔喀扎萨克多罗郡王土克济扎布、科尔沁多罗贝勒达尔玛扎布、科尔沁多罗贝勒贡格拉布坦、喀尔喀多罗贝勒索诺木多布沁、喀喇沁扎萨克固山贝子额外侍郎玛哈巴拉、鄂尔多斯固山贝子达什多尔济、科尔沁固山贝子阿米乌尔图、喀尔喀扎萨克固山贝子格多尔济、阿巴嘎固山贝子德木楚克达什、喀尔喀固山贝子阿的雅、喀尔喀固山贝子云丹盖鲁布、科尔沁扎萨克镇国公多布沁旺丹、乌拉特扎萨克镇国公拉特那巴拉、乌拉特扎萨克镇国公噶拉党旺楚克多尔济、翁牛特镇国公丰绅宝、翁牛特镇国公桑噶巴拉、喀尔喀镇国公吹忠扎布、郭尔罗斯扎萨克辅国公阿勒他额齐尔、科尔沁辅国公伯罗特、苏尼特辅国公额林沁、阿巴嘎辅国公萨木丕尔诺尔布、喀尔喀扎萨克辅国公拉布坦多尔济、青海扎萨克辅国公珠尔黙特多布端车林、喀喇沁和硕额驸端约特多尔济、喀喇沁和硕额驸布达西里、喀喇沁扎萨克头等塔布襄克兴额、克什克腾扎萨克头等台吉比玛拉济里第、科尔沁头等台吉拉特那噶尔比、敖汉头等台吉当色里特立克忠、喀尔喀扎萨克头等台吉车林多尔济、喀尔喀扎萨克头等台吉巴雅拉、喀尔喀扎萨克头等台吉彭楚克多尔济、喀尔喀扎萨克头等台吉达尔玛扎布、青海扎萨克头等台吉多尔济旺扎尔、土尔扈特头等台吉增林佟鲁普、巴林二等台吉扎拉沁扎布、喀喇沁二等塔布襄布彦图、侍卫副都统衔喀尔喀二等台吉多济那木凯、喀喇沁三等塔布襄多尔济拉布坦、喀喇沁固山额驸德勒克桑宝、喀喇沁固山额驸棍布旺沁、附在察喀尔旗下和硕特头等台吉恩可伯罗特、附在察哈尔旗下和硕特三等台吉拉特那巴雅尔、附在察哈尔旗下和硕特四等台吉那苏绰克图、附在察哈尔旗下和硕特四等台吉贡楚克车登、附在察哈尔旗下土尔扈特四等台吉土什图、住京喀尔喀扎萨克和硕亲王车登巴咱尔、科尔沁扎萨克多罗郡王僧格林沁、科尔沁扎萨克固山贝子济克黙特、土黙特扎萨克固山贝子德勒克色楞、绰罗斯固山贝子二等侍卫赓音苏、辅国公二等侍卫回子巴巴克霍卓、喀尔喀公品级头等台吉头等侍卫巴彦桑、喀尔喀二等台吉头等侍卫多尔济帕拉木、二等侍卫喀尔喀二等台吉那逊达赉、右翼科尔沁和硕卓里克图亲王巴图、科尔沁扎萨克多罗郡王僧格林沁、科尔沁多罗郡王多克黙特、巴林扎萨克多罗郡王那木济勒旺楚克、奈曼扎萨克多罗郡王阿宛都凹第扎布、敖汉扎萨克多罗郡王达尔玛济里第、苏尼特扎萨克多罗郡王布尔尼西里、阿巴嘎扎萨克多罗郡王阿尔他西第、敖汉多罗郡王斡咱巴拉、扎赉特扎萨克多罗贝勒拉木棍布扎布、阿鲁科尔沁扎萨克多罗贝勒扎木扬旺舒克、乌朱穆沁扎萨克多罗贝勒达克丹、科尔沁扎萨克固山贝子济克黙特、土黙特扎萨克固山贝子德勒克色楞、阿巴哈那尔扎萨克固山贝子伊达木扎布、巴林固山贝子索里雅、喀尔喀固山贝子云丹盖鲁布、乌珠穆沁镇国公都噶尔扎布、扎鲁特镇国公们都巴雅尔、科尔沁辅国公旺沁、乌珠穆沁辅国公济克济特扎布、归化城土黙特辅国公齐鲁布、科尔沁和硕额驸多布沁拉布济、科尔沁多罗额驸阿玉西里、喀喇沁扎萨克头等塔布襄多罗额驸克兴额、敖汉头等台吉多罗额驸达旺多布端、阿巴嘎扎萨克头等台吉都噶尔布木、鄂尔多斯扎萨克头等台吉色楞德济特、科尔沁头等台吉济克黙特朗布、巴林头等台吉丰绅泰、苏尼特头等台吉布达莾噶拉、巴林二等台吉扎拉沁扎布、喀喇沁二等塔布襄西林达瓦、乌里雅苏参赞大臣喀尔喀三音诺彦、扎萨克和硕亲王车林多尔济、喀尔喀扎萨克和硕亲王车登巴咱尔、阿拉善扎萨克和硕亲王囊都布苏隆、青海扎萨克多罗郡王贡楚克济克黙特、翁牛特扎萨克多罗贝勒宝拜、喀尔喀扎萨克多罗贝勒那木济勒多尔济、喀喇沁扎萨克固山贝子额外侍郎玛哈巴拉、库伦办事大臣上学习行走喀尔喀扎萨克固山贝子德勒克多尔济、喀尔喀扎萨克固山贝子命珠尔多尔济、绰罗斯固山贝子二等侍卫赓音苏、喀尔喀辅国公桑都布多尔济、喀尔喀辅国公布尼达里辅国公二等侍卫回子巴巴克霍卓、喀尔喀公品级头等台吉头等侍卫巴彦桑、喀尔喀扎萨克头等台吉噶拉党贡多布、喀尔喀扎萨克头等台吉棍布多尔济、喀尔喀扎萨克头等台吉额林多尔济、喀尔喀扎萨克头等台吉巴丹棍布、喀尔喀扎萨克头等台吉吹贡楚克达什、青海扎萨克头等台吉达尔玛西第、喀尔喀头等台吉那苏巴土、喀尔喀二等台吉头等侍卫多尔济帕拉木、喀尔喀二等台吉二等侍卫那逊达赉、土尔扈特协理台吉布彦德勒格尔、附在察哈尔旗下和硕特二等台吉玛什巴图、附在察哈尔旗下绰罗斯三等台吉孟可济里噶勒、附在察哈尔旗下和硕特四等台吉彭苏克、附在察哈尔旗下和硕特四等台吉达兰泰、附在察哈尔旗下鄂鲁特四等台吉达克当立克鲁布，并朝鲜国、暹罗国使臣，随文武大臣依次就坐，诸乐并作，上进酒。余俱令侍卫等分觞，授饮于坐次。众谢恩。

——《清代历朝起居注合集》清宣宗卷四十三

道光十七年（1837）六月二十日

将题补山西归化城营都司保庆，带领引见。

奉谕旨：保庆准其补授山西归化城营都司。

——《清代历朝起居注合集》清宣宗卷四十八

道光十七年（1837）十月初八日

奉谕旨：惠显著来京另候简用。其所遗归化城副都统员缺，著锡麟补授。

——《清代历朝起居注合集》清宣宗卷四十九

道光十七年（1837）十一月十一日

奉谕旨：彦德奏请本年来京陛见等语。彦德在任已满六年，著照所请，准其来京陛见，启程之日，将军印钥著交归化城副都统锡麟暂行署理。

奉谕旨：关圣保等奏，达赖喇嘛于十月初二日涅槃等语。达赖喇嘛为众呼图克图喇嘛之总师，传受戒未久，据尔涅槃。朕心深为悯恻，加恩。即著派关圣保前往达赖喇嘛沙哩尔处赐奠。仍于送布彦时，将满达等件折银五千两，并赏给各色妆蟒大缎二十匹、官缎一百匹、大哈达二十方、小哈达三百方，所赏银五千两，即由藏库动支。交噶尔丹锡哷图禅师，先在达赖喇嘛沙哩尔处作好事外，其缎匹、哈达等件，著该部仍照上届出派司员，解往西藏。关圣保于赐奠后转，行传谕噶尔丹锡哷图禅师，言大皇帝以尔在藏办事有年，今达赖喇嘛既已涅槃，尔禅师当感激天恩。仍照达赖喇嘛未经转世以前，将藏内一切事件，敬谨办理，以图仰报天恩后，送布彦时，再颁谕旨。

——《清代历朝起居注合集》清宣宗卷五十

道光十七年（1837）十二月，庚午，

彦德以年老留京，以棍楚克策楞为绥远城将军。

——《清史稿》本纪十八·宣宗二

道光十八年（1838）闰四月初三日

奉谕旨：锡麟奏，旧病复发，骤难就痊，请旨开缺一折。锡麟因病复发，难以就痊。著照所请，准其开缺，回京调理。所有归化城副都统员缺，著特登额补授，仍署理将军事务。

——《清代历朝起居注合集》清宣宗卷五十二

道光十八年（1838）四月二十三日

奉谕旨：绥远城将军棍楚克策楞到任尚需时日，所有将军事务著特登额署理，即行驰驿赴任。

——《清代历朝起居注合集》清宣宗卷五十一

道光十八年（1838）闰四月二十八日

镶白旗蒙古都统奏补绥远城防御员缺、察哈尔骁骑校员缺，将咨送正陪人员带领引见。

奉谕旨：绥远城防御员缺著拟正之尚阿布补放。拟陪之德善保著记名。

——《清代历朝起居注合集》清宣宗卷五十二

道光十八年（1838）十二月二十三日

吐鲁番扎萨克多罗郡王阿克拉伊都等三人、科尔沁扎萨克多罗贝勒扎木扬旺舒克等三人、乌珠穆沁扎萨克多罗贝达克丹等二人、鄂尔多斯扎萨克多罗贝勒棍葴喇布垣扎木苏一人、喀尔喀扎萨克多罗贝勒巴彦巴图尔等九人、土尔扈特扎萨克多罗贝勒巴图那逊一人、巴林固山贝子索哩雅一人、喀喇沁辅国公德哩克尼玛等二人、归化城土默特辅国公齐鲁布一人、阿巴嘎扎萨克头等台吉都噶尔布木一一人、察哈尔扎萨克头等台恩克博罗特等五人、青海扎萨克头等台吉布彦达赉等二人、沙雅尔三品阿奈木伯克二等台吉三等侍卫迈玛特等二人、英吉沙尔四品阿奇木伯克三等台吉迈玛特玛、哈苏特等二人、喀什噶尔四品商伯克雅霍普等四人、和阗五品噶杂那齐伯克、伊米勒等二人、叶尔羌所属派斯谦庄五品密拉普伯克伊布、拉依木等四人、伊犁六品密拉普伯克、爱孜木沙等二人、土司宣慰司监参生郎多吉等二十九人，及朝鲜国正使判中枢府事李羲准、副使礼曹判书尹秉烈、书状官兼司宪府执义李时在三人，琉球国正使耳目官章鸿勋、副使正议大夫林奕海二人入觐。于西苑门外，跪迎圣驾。上温语慰问。命随至瀛台，阅冰嬉。上御勤政殿，赐蒙古王、贝勒、贝子、公、台吉，及朝鲜国、琉球国使臣，并章嘉呼图克图等宴。并赏赉有差。

——《清代历朝起居注合集》清宣宗卷五十四

道光十八年（1838）十二月三十日

上以除夕，御保和殿，赐朝正外藩筵宴。左翼科尔沁和硕卓里克图亲王巴图、和硕达尔汉亲王索特那木彭苏克、巴林扎萨克多罗郡王那木济勒旺楚克、喀喇沁扎萨克多罗都楞郡王色伯克多尔济、奈曼扎萨克多罗郡王阿宛都凹第扎布、科尔沁多罗郡王多克黙特、敖汉多罗郡王干咱巴拉、苏尼特扎萨克多罗郡王布尔尼西哩、阿巴嘎扎萨克多罗郡王阿尔他西第、多罗郡王萨尔济勒多尔济、科尔沁多罗贝勒达尔玛扎布、翁牛特扎萨克多罗贝勒宝拜、扎赉特扎萨克多罗贝勒拉木棍布扎布、阿鲁科尔沁扎萨克多罗贝勒扎木扬旺舒克、乌珠穆沁扎萨克多罗贝勒达克丹、鄂尔多斯扎萨克多罗贝勒贡藏扎布坦扎木苏、喀尔喀扎萨克多罗贝勒巴彦巴图尔、多罗贝勒旺楚克拉布坦、阿巴哈那尔扎萨克固山贝子伊达木扎布、巴林固山贝子索哩雅、科尔沁辅国公旺沁、喀喇沁辅国公德哩克尼玛、乌珠穆沁辅国公济克济特扎布、归化城土默特辅国公齐鲁布、喀喇沁扎萨克头等塔布襄多罗额驸克星额、阿巴嘎扎萨克头等台吉都噶尔布木、科尔沁和硕额驸多布沁拉布济、喀喇沁二等塔布襄和硕额驸布达西哩、科尔沁头等台吉拉特郡噶尔毕、敖汉头等台吉丹色哩特立克忠、巴林二等台吉兼协理台吉扎勒沁扎布、喀喇沁二等塔布襄西林达瓦、二等塔布襄布彦图、二等塔布襄三扎西哩、三等塔布襄多尔济拉布坦、科尔沁多罗额驸阿玉西哩、喀喇沁多罗额驸卓特巴扎布、右翼喀尔喀车臣汗阿尔他西达、扎萨克和硕亲王额林沁多尔济、扎萨克多罗郡王托克托呼图鲁、扎萨克多罗郡王图克济扎布、土尔扈特扎萨克多罗贝勒巴尔那逊、喀尔喀扎萨克固山贝子察克都尔扎勒、镇国公噶勒藏车林、扎萨克辅国公巴拉多尔济、扎萨克辅国公齐旺多尔济、辅国公哈斯车林、辅国公德勒克多尔济、头等台吉满珠巴咱尔、青海扎萨克头等台吉布彦达赉、扎萨克头等台吉端多布旺扎勒、副都统衔库伦帮办大臣喀尔喀二等台吉多尔济那木凯察哈尔、三等台吉拉特那巴扎尔、四等台吉贡楚克车登、四等台吉那逊绰克图、四等台吉图克图、扎萨克头等台吉恩可伯罗特、住京喀尔喀扎萨克和硕亲王车登巴咱尔、科尔沁扎萨克多罗郡王僧格林沁、扎萨克固山贝子济克默特、扎萨克固山贝子德勒克色楞、辅国公二等侍卫回子巴巴克霍卓、喀尔喀公品级头等台吉头等侍卫巴彦桑、二等台吉头等侍卫多尔济帕拉木、二等侍卫喀尔喀二等台吉那逊达赉，并朝鲜国、琉球国使臣，随文武大臣依次就坐，诸乐并作，上进酒。余俱令侍卫等分觞，授饮于坐次。众谢恩。

——《清代历朝起居注合集》清宣宗卷五十四

道光十九年（1839）正月十五日

御正大光明殿，赐朝正外藩筵宴。左翼科尔沁和硕卓里克图亲王巴图、和硕达尔汉亲王索特那木彭苏克、巴林扎萨克多罗郡王那木济勒旺楚克、喀喇沁扎萨克多罗都楞郡王色伯克多尔济、奈曼扎萨克多罗郡王阿宛都凹第扎布、科尔沁多罗郡王多克默特、敖汉多罗郡王干咱巴拉、苏尼特扎萨克多罗郡王布尔尼西哩、阿巴嘎扎萨克多罗郡王阿尔他西第、多罗郡王萨尔济勒多尔济、科尔沁多罗贝勒达尔玛扎布、翁牛特扎萨克多罗贝勒宝拜、扎赉特扎萨克多罗贝勒拉木棍布扎布、阿鲁科尔沁扎萨克多罗贝勒扎木扬旺舒克、乌珠穆沁扎萨克多罗贝勒达克丹、鄂尔多斯扎萨克多罗贝勒贡藏拉布坦扎木苏、喀尔喀扎萨克多罗贝勒巴彦巴图尔、多罗贝勒旺楚克拉布坦、阿巴哈那尔扎萨克固山贝子伊达木扎布、巴林固山贝子索哩雅、科尔沁辅国公旺沁、喀喇沁辅国公德哩克尼玛、乌珠穆沁辅国公济克济特扎布、归化城土默特辅国公齐鲁布、喀喇沁扎萨克头等塔布襄多罗额驸克星额、阿巴嘎扎萨克头等台吉都噶尔布木、科尔沁和硕额驸多布沁拉布济、喀喇沁二等塔布襄和硕额驸布达西哩、科尔沁头等台吉拉特郡噶尔毕、敖汉头等台吉丹色哩特立克忠、巴林二等台吉兼协理台吉扎勒沁扎布、喀喇沁二等塔布襄西林达瓦、二等塔布襄布彦图、二等塔布襄三扎西哩、三等塔布襄多尔济拉布坦、科尔沁多罗额驸阿玉西哩、喀喇沁多罗额驸卓特巴扎布、右翼喀尔喀车臣汗阿尔他西达、扎萨克和硕亲王额林沁多尔济、扎萨克多罗郡王托克托呼图鲁、扎萨克多罗郡王图克济扎布、土尔扈特扎萨克多罗贝勒巴图那逊、喀尔喀扎萨克固山贝子察克都尔扎勒、镇国公噶勒藏车林扎萨克、辅国公巴拉多尔济扎萨克、辅国公齐旺多尔济、辅国公哈斯车林、辅国公德勒克多尔济、头等台吉满珠巴咱尔、青海扎萨克头等台吉布彦达赍、扎萨克头等台吉端多布旺扎勒、副都统衔库伦帮办大臣喀尔喀二等台吉多尔济那木凯察哈尔、三等台吉拉特那巴扎尔、四等台吉贡楚克车登、四等台吉那逊绰克图、四等台吉图克图、扎萨克头等台吉恩可伯罗特、住京喀尔喀扎萨克和硕亲王车登巴咱尔、科尔沁扎萨克多罗郡王僧克林沁、扎萨克固山贝子济克默特、扎萨克固山贝子德勒克色楞、辅国公二等侍卫回子巴巴克霍卓、喀尔喀公品级头等台吉头等侍卫巴彦桑、二等台吉头等侍卫多尔济帕拉木、二等侍卫喀尔喀二等台吉那逊达赍，并朝鲜国、琉球国使臣，随大学士领侍卫内大臣，依次就坐，诸乐并作，上进酒。外藩及使臣俱令侍卫等分觞授饮，毕。谢恩。退。

——《清代历朝起居注合集》清宣宗卷五十五

道光十九年（1839）九月十五日

奉谕旨：哈丰阿著调补广州将军。黑龙江将军员缺著棍楚克策楞调补。所遗绥远城将军员缺著德克金布调补。

——《清代历朝起居注合集》清宣宗卷五十七

道光十九年（1839）十月二十六日

奉谕旨：昨据兵部将奏准作为额外骁骑校之绥远城前锋安图带领引见。该员箭射无准，著不准作为额外骁骑校，所有出考咨送之。将军保昌等著交部照例议处。

————《清代历朝起居注合集》清宣宗卷五十七

道光十九年（1839）十一月，戊申，

德克金布迁广州将军。以松溥为绥远城将军。舒伦保为黑龙江将军。

————《清史稿》本纪十八·宣宗二

道光二十年（1840）六月初九日

奉谕旨：绥远城将军员缺著色克精额补授。

————《清代历朝起居注合集》清宣宗卷六十

道光二十年（1840）十二月十八日

奉谕旨：归化城副都统员缺，著成凯补授。

————《清代历朝起居注合集》清宣宗卷六十一

道光二十年（1840）十二月十九日

奉谕旨：成凯昨已补授归化城副都统。

伊接奉谕旨：即由彼赴任，毋庸来京请训。

————《清代历朝起居注合集》清宣宗卷六十一

道光二十一年（1841）闰三月初九日

镶蓝旗满洲都统奏补绥远城佐领员缺，将绥远城将军咨送正陪人员带领引见。

奉谕旨：绥远城佐领员缺著拟正之玉庆补放。拟陪穆京阿著记名。

————《清代历朝起居注合集》清宣宗卷六十二

道光二十一年（1841）四月初一日

奉谕旨：前因甘珠尔巴诺们罕私开牧场，护庇狡展，不服听断。已降旨将

该诺们罕革去本身封号，饬回游牧处。所至绥远城将军及理藩院堂官未能将呼图克图字样详细查明，已将该将军等交部议处。矣因思各呼图克图诺们罕等，向守清规，佐朕振兴黄教，深堪嘉尚，每沛恩施。今该诺们罕不守清规，有违法制，朕不得已予以薄惩。此后，各呼图克图诺们罕等务当仰体朕心，护持黄教，以绥藩服，而受殊恩。此次该诺们罕革去封号，饬回游牧地方，固属咎由自取，朕尤望其改过自新，承受恩典。著交西宁办事大臣详加察看，如果安静悔过，著于一年后奏明请旨。其印敕等件即著暂存该庙，交诺们罕徒众妥为封贮。

——《清代历朝起居注合集》清宣宗卷六十三

道光二十一年（1841）五月，壬午

调吴文镕为江西巡抚。钱宝琛为湖南巡抚。以奕兴为绥远城将军。

——《清史稿》本纪十九·宣宗三

道光二十一年（1841）六月十七日

镶蓝旗满洲都统奏补绥远城防御员缺，将绥远城将军咨送正陪人员带领引见。

奉谕旨：绥远城防御员缺著拟正之兴山补放。拟陪之倭什布著记名。

——《清代历朝起居注合集》清宣宗卷六十三

道光二十一年（1841）十一月十六日

镶蓝旗满洲都统奏补绥远城佐领员缺，将咨送正陪人员带领引见。

奉谕旨：绥远城佐领员缺署拟正之平安补放。拟陪之保山著记名。

——《清代历朝起居注合集》清宣宗卷六十五

道光二十二年（1842）二月十一日

补绥远城防御员缺，将咨送正陪人员带领引见。

奉谕旨：绥远城防御员缺著拟正之色真太补放。拟陪之阿拉吉图著记名。

——《清代历朝起居注合集》清宣宗卷六十六

道光二十二年（1842）六月初七日

奉谕旨：奕兴等奏，请借项修理衙署一折。归化城副都统衙署，年久损坏，自应及时修葺。著准照前次办过成案，借给银一千五百两，即令购料，妥为修理。所借银两仍分作二十年，在于该副都统俸薪养廉项下，按季如数扣还归款，余依议。该部知道。

——《清代历朝起居注合集》清宣宗卷六十七

道光二十二年（1842）八月二十七日

奉谕旨：前因奕兴等奏，大青山后牧地有游民占据，请饬官为驱逐，当降旨著山西巡抚筹划，妥议具奏。兹据梁萼涵奏称，大青山后沙拉穆楞召暨诺们罕召等处，游民于封禁牧地私行粗种，本应严加驱逐。惟查该游民等生聚有年，原籍均无家产。请仿照成案，免其驱逐，地亩放给租种，征得租银，分给喇嘛蒙古作为香火养赡之资等语。该处游民既无家可归，一旦逐令回籍，必致流离失所。著准其援照成案办理，以示体恤，惟此项地亩与喇嘛蒙古牧场有无妨疑，所征租银应归何员承管，并应如何分拨之处。著绥远城将军、归化城副都统会同该抚，筹议妥办。

——《清代历朝起居注合集》清宣宗卷六十八

道光二十二年（1842）十二月十五日

绥远城将军册送闲散扎达克妻富察氏、马甲佛尼音泰继妻裕胡哩氏、奇辙贺妻何氏、前锋兵沙克沙巴特妻王佳特氏……俱系循分守节，应请旌表一疏。

奉谕旨：依议。

——《清代历朝起居注合集》清宣宗卷六十九

道光二十二年（1842）十二月二十九日

上以除夕，御保和殿，赐朝正外藩筵宴。左翼科尔沁扎萨克和硕图什业图亲王色登端鲁布、科尔沁和硕卓里克图亲王巴图、科尔沁和硕达尔汗亲王索特那木彭苏克、乌珠穆沁扎萨克和硕车臣亲王彭苏克那木济勒、喀喇沁扎萨克多罗都楞郡王色伯克多尔济、奈曼扎萨克多罗郡王阿宛都凹第扎布、苏尼特扎萨克多罗郡王布尔尼西哩、阿巴嘎扎萨克多罗郡王阿尔他西第、扎赉特扎萨克多罗贝勒额外侍郎拉木棍布扎布、科尔沁多罗贝勒贡格喇布坦、科尔沁多罗贝勒三音呼毕图、喀尔喀扎萨克多罗贝勒巴彦巴图、尔喀尔喀多罗贝勒旺楚克拉布坦、苏尼特多罗贝勒三达瓦拉、乌珠穆沁扎萨克多罗贝勒达克丹、鄂尔多斯扎萨克多罗贝勒棍藏拉布他扎木苏、巴林固山贝子索哩雅、阿巴哈那尔扎萨克固山贝子伊达木扎布、乌拉特镇国公拉特那巴拉、科尔沁辅国公旺沁、喀喇沁辅国公德里克尼玛、乌拉特扎萨克辅国公拉旺圣克锦、归化城土默特辅国公齐鲁布、科尔沁和硕额驸多布沁拉布济、喀喇沁和硕额驸布达西哩、喀喇沁扎萨克头等塔布襄多罗额驸克星额、阿巴嘎扎萨克头等台吉都噶尔布木、鄂尔多斯头等台吉恩克巴雅尔、科尔沁多罗额驸阿玉西哩、苏尼特头等台吉布达忙噶拉、巴林二等台吉扎勒沁扎布、喀喇沁二等塔布襄西林达瓦、喀喇沁多罗额驸卓特巴扎布、右翼青海扎萨克多罗贝勒罗布桑金巴、库伦办事大臣喀尔喀扎萨克固山贝子德勒克多尔济、喀尔喀扎萨克固山贝子彭楚克多尔济、喀尔喀扎萨克固山贝子敏珠尔多尔济、喀尔喀固山贝子巴勒多尔济、喀尔喀扎萨克辅国公扎木巴拉、喀尔喀辅国公桑杜布多尔济、杜尔伯特扎萨克辅国公齐默特巴勒、喀尔喀扎萨克头等台吉格济木巴勒、喀尔喀扎萨克头等台吉阿巴尔米特、喀尔喀扎萨克头等台吉鄂林克多尔济、喀尔喀扎萨克头等台吉巴拉党棍布、喀尔喀扎萨克头等台吉那木济勒多尔济、喀尔喀扎萨克头等台吉垂公楚克达什、察哈尔扎萨克头等台吉恩克伯罗特、青海扎萨克头等台吉索诺木拉布坦、杜尔伯特二等台吉多勒噶尔扎布、杜尔伯特三等台吉贡格尼音布、察哈尔三等台吉喇特那巴雅尔、察哈尔四等台吉那逊绰克土、察哈尔四等台吉贡楚克车登、察哈尔四等台吉图萨图、住京喀尔喀扎萨克和硕亲王车登巴咱尔、科尔沁扎萨克多罗郡王僧格林沁、喀尔喀扎萨克多罗郡王那逊巴图、科尔沁扎萨克固山贝子济克默特、土默特扎萨克固山贝子德勒克色楞、奈曼固伦额驸德木楚克扎布、辅国公二等侍卫回子巴巴克霍卓、喀尔喀公品级头等台吉头等侍卫巴彦桑、喀尔喀二等台吉头等侍卫多尔济坏拉玛、喀尔喀二等台吉二等侍卫那逊达赉等宴，及文武大臣依次就坐诸乐并作，上进酒。余俱令侍卫等分觞，授饮于坐次，众谢恩。退。

——《清代历朝起居注合集》清宣宗卷六十九

道光二十三年（1843）正月十五日

上御正大光明殿，赐朝正外藩筵宴。左翼科尔沁扎萨克和硕图什业图亲王色登端鲁布、和硕卓里克图亲王巴图、和硕达尔汗亲王索特那木彭苏克、乌珠穆沁扎萨克和硕车臣亲王彭苏克那木济勒、喀喇沁扎萨克多罗都楞郡王色伯克多尔济、奈曼扎萨克多罗郡王阿宛都凹第扎布、苏尼特扎萨克多罗郡王布尔尼西哩、阿巴嘎扎萨克多罗郡王阿尔塔西第、扎赉特扎萨克多罗贝勒额外侍郎拉木棍布扎布、科尔沁多罗贝勒贡格喇布坦、多罗贝勒三音呼毕图、喀尔喀扎萨克多罗贝勒巴彦巴图尔、喀尔喀多罗贝勒旺楚克拉布坦、苏尼特多罗贝勒三达瓦拉、乌珠穆沁扎萨克多罗贝勒达瓦丹、鄂尔多斯扎萨克多罗贝勒根藏拉布他扎木苏、巴林固山贝子索哩雅、阿巴哈纳尔扎萨克固山贝子伊达木扎布、乌拉特镇国公拉特那巴拉、科尔沁辅国公旺沁、喀喇沁辅国公德里克尼玛、乌拉特扎萨克补国公拉旺哩克锦、归化城土默特辅国公齐鲁布、科尔沁和硕额驸布达西哩、喀喇沁扎萨克头等塔布襄多罗额驸克星额、阿巴嘎扎萨克头等台吉都噶尔布木、鄂尔多斯头等台吉恩克巴雅尔、科尔沁多罗额驸阿玉西哩、苏尼特头等台吉布达忙噶拉、巴林二等台吉扎勒沁扎布、喀喇沁二等塔布襄西林达瓦、多罗额驸卓特巴扎布、右翼青海扎萨克多罗贝勒罗布桑金巴、库伦办事大臣喀尔喀扎萨克固山贝子德勒克多尔济、喀尔喀扎萨克固山贝子彭楚克多尔济、固山贝子敏珠尔多尔济、喀尔喀固山贝子巴勒多尔济、喀尔喀扎萨克辅国公扎木巴拉、喀尔喀辅国公桑杜布多尔济、杜尔伯特扎萨克辅国公齐默特巴勒、喀尔喀扎萨克头等台吉格济木巴勒、头等台吉阿巴尔米特、头等台吉鄂林克多尔济、头等台吉巴拉党棍布、头等台吉那木济勒多尔济、头等台吉垂公楚克达什、头等台吉恩克伯罗特、青海扎萨克头等台吉索诺木拉布坦、杜尔伯特二等台吉多勒噶尔扎布、三等台吉贡格尼音布、察哈尔三等台吉喇特那巴雅尔、四等台吉那逊绰克土、四等台吉贡楚克车登、四等台吉图萨图、住京喀尔喀扎萨克和硕亲王车登巴咱尔、科尔沁扎萨克多罗郡王僧格林沁、喀尔喀扎萨克多罗郡王那逊巴图、科尔沁扎萨克固山贝子济克黙特、土默特扎萨克固山贝子德勒克色楞、奈曼固伦额驸德木楚克扎布、辅国公二等侍卫回子巴巴克霍卓、喀尔喀公品级头等台吉头等侍卫巴彦桑、喀尔喀二等台吉头等侍卫多尔济坏拉玛、二等台吉二等侍卫那逊达赉，并章嘉呼图克图、噶勒丹锡呼图呼图克图喇嘛等宴，及朝鲜国琉球国使臣，随大学士、领侍卫内大臣以次就坐。诸乐并作，上进酒。

余俱令外藩使臣、侍卫等分觞授饮。毕谢恩。退。

——《清代历朝起居注合集》清宣宗卷七十

道光二十三年（1843）二月二十五日

正蓝旗满洲都统奏补绥远城佐领员缺，将咨送正陪人员带领引见。

奉谕旨：绥远城佐领员缺著拟正之巴扬阿补放。拟陪之德福著记名。

——《清代历朝起居注合集》清宣宗卷七十

道光二十三年（1843）二月二十八日

奉谕旨：奕兴著调补乌里雅苏台将军。禄普著调补绥远城将军。奕兴接奉此旨，即著驰驿前赴新任。起程后绥远城将军事务著成凯署理。

——《清代历朝起居注合集》清宣宗卷七十

道光二十三年（1843）三月二十二日

奉谕旨：奕兴著仍回绥远城将军之任。禄普著来京补授镶红旗蒙古都统，其未到任以前仍著吉伦泰署理。奕兴所遗乌里雅苏台将军员缺著桂轮补授，照例驰驿前往。

——《清代历朝起居注合集》清宣宗卷七十

道光二十三年（1843）七月十七日

奉谕旨：兵部议复绥远城将军宗室奕兴咨已经告休右卫城守尉江阿，声明该员曾经出兵打仗杀贼捉生，可否给与全俸一疏。奉谕旨：江阿不必给俸。

——《清代历朝起居注合集》清宣宗卷七十一

道光二十三年（1843）十月二十五日

奉谕旨：前据奕兴复奏，土默特蒙古游牧地方，请交理藩院查明办理，当交该部议奏。兹复据成凯奏称，派员查勘土默特蒙古游牧草地，系在马厂界外，不能与满洲营公共游牧。并查明乾隆二十八年，土默特于马厂界外，另有奉断

游牧。所有乾隆三年厂界之案，不得援以为据等语。土默特蒙古游牧草地，既
有奏案可凭。著仍照旧赏给土默特以资养赡，其八旗马厂著仍循旧界，以杜争端。
至民人私种牧地一案，有无妨疑之处，仍著绥远城将军、归化城副都统会同山
西巡抚，体察情形，妥筹定议具奏。

——《清代历朝起居注合集》清宣宗卷七十二

道光二十四年（1844）二月二十七日

山西归化城都司员缺，请以大同中营守备乌尔滚珠升补一疏。

奉谕旨：乌尔滚珠依议用，余依议。

——《清代历朝起居注合集》清宣宗卷七十三

道光二十四年（1844）七月二十五日

奉谕旨：理藩院奏副都统成凯奏将军规避处分，归咎成凯被劾较重一节，
著派铁麟驰驿前往绥远城，将此案奕兴原审情节确切查明据实具奏折。并发所
有察哈尔都统印务著交阿彦泰署理。

——《清代历朝起居注合集》清宣宗卷七十四

道光二十四年（1844）七月二十六日

奉谕旨：奕兴奏请本年进京入觐一折，奕兴本年应行入觐，著即迅速来京，
所有绥远城将军事务著铁麟暂行署理。

——《清代历朝起居注合集》清宣宗卷七十四

道光二十四年（1844）八月二十六日

奉谕旨：铁麟奏遵查喇嘛凌保控案原审情节一折。此案绥远城将军奕兴于
参领卓里克图擅锁喇嘛凌保，既系该胡图克图呈报，并非自行查出。亦有应得
之咎，至成凯因该将军未与会商，辄以大青山游牧为词，悬揣入奏，殊属不合。
奕兴、成凯均著交部分别议处。

——《清代历朝起居注合集》清宣宗卷七十五

道光二十四年（1844）十月二十九日

奉谕旨：梁萼涵奏请将俸满同知留任一折。著照所请，绥远城理事同知觉罗希昌，著准其暂行停选，仍留本任三年。该部知道。

——《清代历朝起居注合集》清宣宗卷七十五

道光二十四年（1844）十二月十二日

绥远城将军册送步甲色兴额妻赵佳氏……俱系孝义兼全厄穷堪悯，应请旌表一疏。奉谕旨：依议。

——《清代历朝起居注合集》清宣宗卷七十六

道光二十五年（1845）二月初六日

补绥远城骁骑校员缺，将咨送正陪人员带领引见。

奉谕旨：绥远成骁骑校员缺著拟正之勒尔经额补放。拟陪之平喜著记名。

——《清代历朝起居注合集》清宣宗卷七十七

道光二十五年（1845）三月二十二日

奉谕旨：归化城副都统员缺，著盛垻补授。

——《清代历朝起居注合集》清宣宗卷七十七

道光二十五年（1845）六月初二日

正白旗满洲都统奏补绥远城防御员缺，将咨送正陪人员带领引见。

奉谕旨：绥远城防御员缺著拟正之尚安泰补放。拟陪之珠伦布著记名。

——《清代历朝起居注合集》清宣宗卷七十八

道光二十五年（1845）十月二十八日

青州骁骑校保臣、绥远城骁骑校倭哩克带领引见。

奉谕旨：保臣倭哩克俱著记名，以守备用。

——《清代历朝起居注合集》清宣宗卷七十九

道光二十五年（1845）十二月十六日

绥远城将军册送马甲察兴阿妻沈佳氏、海喜继妻孟氏、步甲富勒浑妻章佳氏、乌勒兴阿妻章佳氏……俱系循分守节孝义兼全，应请旌表一疏。

奉谕旨：依议。

——《清代历朝起居注合集》清宣宗卷八十

道光二十五年（1845）十二月二十三日

上御抚辰殿大幄次，赐蒙古王、贝勒、贝子、公，及科尔沁扎萨克和硕图什业图亲王色登端鲁布等十人、喀尔喀车臣汉阿尔塔什达等二十八人、乌珠穆沁扎萨克和硕车臣亲王彭苏克那木济勒等二人、喀喇沁扎萨克多罗都楞郡王色伯克多尔济等七人、敖汉多罗郡王布彦德勒格勒固鲁克齐一人、阿巴嘎扎萨克多罗郡王阿尔塔什第等三人、扎赉特扎萨克多罗贝勒额外侍郎拉木棍布扎布一人、翁牛特扎萨克多罗贝勒宝拜一人、苏尼特多罗贝勒三达瓦拉一人、土默特扎萨克固山贝子德勒克色楞一人、奈曼固伦额驸德木楚克扎布一人、巴林固山贝子索里雅等二人、鄂尔多斯扎萨克固山贝子巴达尔呼等二人、青海扎萨克固山贝子伊达木林沁等二人、归化城乌尔图那逊一人、察哈尔辅国公蕴端等五人、土尔扈特闲散头等协理台吉索诺木多布济一人，并章嘉呼图克图，噶勒丹锡呼图图克图、呼图克图喇嘛等二十三人，宴。并赏赉有差。

——《清代历朝起居注合集》清宣宗卷八十

道光二十五年（1845）十二月二十九日

上以除夕御保和殿，赐朝正外藩筵宴。左翼科尔沁扎萨克和硕图什业图亲王色登端鲁布、和硕卓里克图亲王巴图、和硕达尔汉亲王索特那木彭苏克、乌珠穆沁扎萨克和硕车臣亲王彭苏那木济勒、科尔沁扎萨克多罗扎萨克图郡王索特那木伦布木、喀喇沁扎萨克多罗都楞郡王色伯克多尔济、敖汉多罗郡王布彦德勒格呼固鲁克齐、阿巴嘎扎萨克多罗郡王阿尔他西第、阿巴嘎多罗郡王萨尔济勒多尔济、扎赉特扎萨克多罗贝勒额外侍郎拉木棍布扎布、科尔沁多罗贝勒三音胡毕图、翁牛特扎萨克多罗贝勒宝拜、喀尔喀扎萨克多罗贝勒巴彦巴图尔、多罗贝勒旺楚克拉布坦、乌珠穆沁扎萨克多罗贝勒达克丹、苏尼特多罗贝勒萨达瓦拉、巴林固山贝子索哩雅鄂尔斯斯、扎萨克固山贝子巴达尔唬、喀尔喀镇国公棍桑科尔沁辅国公旺沁、喀喇沁辅国公德里克尼玛、归化城土默特辅国公齐鲁布、喀喇沁和硕额驸布达西哩、扎萨克头等塔布囊多罗额驸克星额、阿巴嘎扎萨克头等台吉都噶尔布木、鄂尔多斯扎萨克头等台吉恩克巴雅尔、科尔沁多罗额驸阿玉西哩、科尔沁头等台吉喇特那噶尔毕、巴林头等台吉扎勒沁扎布、喀喇沁多罗额驸卓特巴扎市、二等塔布囊布彦图、三等塔布囊多尔齐拉布坦、右翼喀尔喀车臣汉阿尔他什达、乌里雅苏台参赞大臣喀尔喀三音诺彦、扎萨克和硕亲王车凌多尔济、喀拉喀扎萨克和硕亲王鄂林沁多尔济、多罗郡王托克托琥图鲁、多罗郡王图克济扎布、多罗贝勒棍楚克扎布、多罗贝勒金坏勒多尔济、固山贝子察克都尔济勒、青海扎萨克固山贝子伊达木林沁、喀尔喀扎萨克镇国公噶勒桑栋多布、辅国公索诺木车凌、辅国公车栋多布多尔济、辅国公党苏隆多尔济、辅国公巴图圆鲁、辅国公哈思车凌、辅国公德勒克达什、青海扎萨克辅国公察哈巴克伊克明安、辅国公鸟尔图那逊、察哈尔辅国公云端、辅国公桑鲁布多尔济、喀尔喀扎萨克头等台吉巴雅什达、头等台吉棍布扎布、头等台吉齐旺扎布、头等台吉蟒珠尔多尔济、土尔扈特闲散头等协理台吉索诺木多布济、御前侍卫副都统衔科布多办事大臣喀尔喀二等台吉多尔济那木恺、察哈尔四等台吉巴图、四等台吉多尔济西喇布、四等台吉桑齐住京、喀尔喀扎萨克和硕亲王车登巴咱尔、科尔沁扎萨克多罗郡王僧格林沁、喀尔喀扎萨克多罗郡王那逊巴图、科尔沁扎萨克固山贝子济克黙特、土默特扎萨克固山贝子德勒克色楞、奈曼固伦额驸德木楚克扎布、喀尔喀公之衔头等台吉头等侍卫巴彦桑、二等台吉头等侍卫多尔济帕拉玛、乾清门二等侍卫喀尔喀二等台吉那逊达赉，并朝鲜正使判中枢府事李宪球一人、越南国陪臣张好合等宴，及文武大臣依次就坐，诸乐并作，上进酒。余俱令侍卫等分觞授饮坐次。众谢恩。退。

——《清代历朝起居注合集》清宣宗卷八十

道光二十六年（1846）正月正月十六日

上御正大光明殿，赐朝正外藩筵宴。左翼科尔沁扎萨克和硕图什业图亲王色登端鲁布、和硕卓里克图亲王巴图、和硕达尔汉亲王索特那木彭苏克、乌珠穆沁扎萨克和硕车臣亲王彭苏那木济勒、克尔沁扎萨克多罗扎薩克图郡王索特那木伦布木、喀喇沁扎萨克多罗都楞郡王色伯克多尔济、敖汉多罗郡王布彦德勒格呼固鲁古齐、阿巴嘎扎萨克多罗郡王阿尔他西第、阿巴嘎多罗郡王萨尔济勒多尔济、扎赉特扎萨克多罗贝勒额外侍郎拉木棍布扎布、科尔沁多罗贝勒三音胡毕图、翁牛特扎萨克多罗贝勒宝拜、喀尔喀扎萨克多罗贝勒巴彦巴图尔、多罗贝勒旺楚克拉市坦、乌珠穆沁扎萨克多罗贝勒达克丹、苏尼特多罗贝勒萨达瓦拉、巴林固山贝子索哩雅、鄂尔多斯扎萨克固山贝子巴达尔、唬喀尔喀镇国公棍桑、科尔沁辅国公旺沁、喀喇沁辅国公德里克尼玛、归化城土默特辅国公齐鲁布、喀喇沁和硕额驸布达西哩、扎萨克头等塔布襄多罗额驸克星额、阿巴嘎扎萨克头等台吉都噶尔布木、鄂尔多斯扎萨克头等台吉恩克巴雅尔、科尔沁多罗额驸阿玉西哩、科尔沁头等台吉喇特那噶尔毕、巴林头等台吉扎勒沁扎布、喀喇沁多罗额驸卓特巴扎布、二等他布襄布彦图、三等塔布襄多尔济拉布坦、右翼喀尔喀车臣汉阿尔他什达、乌里雅苏台参赞大臣喀尔喀三音诺彦扎萨克、和硕亲王车凌多尔济、喀拉喀扎萨克和硕亲王鄂林沁多尔济、多罗郡王托克托琥国鲁、多罗郡王图克济扎布、多罗贝勒棍楚克扎布、多罗贝勒金坏勒多尔济、固山贝子察克都尔济勒、青海扎萨克固山贝子伊达木林沁、喀尔喀扎萨克镇国公噶勒桑栋多布、辅国公索诺木车凌、辅国公车栋多布多尔济、辅国公党苏隆多尔济、辅国公巴图图鲁、辅国公哈思车凌、辅国公德勒克达什、青海扎萨克辅国公察哈巴克伊克明安、辅国公乌尔图那逊、察哈尔辅国公云端、辅国公桑鲁布多尔济、喀尔喀扎萨克头等台吉巴雅什达、头等台吉棍布扎布、头等台吉齐旺扎布、头等台吉蟒珠尔多尔济、土尔扈特闲散头等协理台吉索诺木多布济、御前侍卫副都统衔科布多办事大臣喀尔喀二等台吉多尔济那木恺、察哈尔四等台吉巴图、四等台吉多尔济西喇布、四等台吉桑齐、住京喀尔喀扎萨克和硕亲王车登巴咱尔、科尔沁扎萨克多罗郡王僧格林沁、喀尔喀扎萨克多罗郡王那逊巴图、科尔沁扎萨克固山贝子济克默特、土默特扎萨克固山贝子德勒克色楞、奈曼固伦额驸德木楚克扎布、喀尔喀公品级头等台吉头等侍卫巴彦桑、二等台吉头等侍卫多尔济帕拉玛、乾清门二等侍卫喀尔喀二等台吉那逊达赉，并朝鲜国正使判中枢府事李宪球一人、越南国陪臣张好合等宴，及文武大臣依次就坐，诸乐并作，上进酒。余俱令侍卫等分觞，授饮于坐次。众谢恩。退。

——《清代历朝起居注合集》清宣宗卷八十一

道光二十六年（1846）三月三十日

镶蓝旗满洲都统奏补绥远城防御员缺，将咨送正陪人员带领引见。

奉谕旨：绥远城防御员缺著拟正之霍隆武补放。拟陪之色勒斌著记名。

——《清代历朝起居注合集》清宣宗卷八十一

道光二十六年（1846）闰五月十五日

奉谕旨：德勒克多尔济请假，前往归化城调养伊母病症等因请旨一折。德勒克多尔济著赏假三个月，准其前往归化城调养伊母病症，所有库伦办事大臣印务，著成凯署理。

——《清代历朝起居注合集》清宣宗卷八十二

道光二十六年（1846）闰五月十九日

奉谕旨：成凯转奏，德勒克多尔济因伊母病故，恳请回往归化城穿孝等因请旨一折。德勒克多尔济于一切差务，均属勤奋，令闻伊母病故，恳请回往穿孝。著加恩照例赏假，令其回往穿孝，并由归绥道衙门支领银四百两，赏给伊母作好事。所有库伦办事大臣印务，仍交成凯署理。

——《清代历朝起居注合集》清宣宗卷八十二

道光二十六年（1846）闰五月二十二日

奉谕旨：吴其濬奏，遴员请升要缺理事同知一折。著照所请山西归化城理事同知员缺，准其以双奎什署，照例送部引见。仍候扣满年限，另请实授。所遗清水河理事通判员缺，著吏部照例办理。

——《清代历朝起居注合集》清宣宗卷八十二

道光二十六年（1846）十一月初二日

奉谕旨：吴其濬奏，查明各厅州县被雹、被旱，请分别蠲缓抚恤一折。本年山西垣曲等厅州县被雹、被旱，收成欠薄，民力不无拮据，自应量为调剂，加恩。著照所请，所有垣曲县被雹，成灾十分之槐村等二村，应征本年地丁正耗钱粮蠲免十分之七，蠲余钱粮分作三年带征。成灾六分之东型马等三村，应征本年地丁正耗钱粮蠲免十分之一，蠲余钱粮分作两年带征。乏食贫民，照例正赈一个月。被灾十分者极贫，加赈四个月。次贫加赈三个月。被灾六分者，极贫加赈一个月。该五村内并未成灾地亩，应征本年下忙钱粮，缓至来年秋后征收。勘未成灾之下磴坂等十村，应征本年下忙钱粮，缓至来年麦后征收。来年上忙钱粮，递缓至秋后征收。其归化城厅被旱，成灾八分之东安乐等三村，应征本年本折粮米蠲免十分之四。蠲余粮米，分作三年带征。成灾七分之三贤庄等四村，并鞍鞊营子村内二户，及托克托城被旱成灾七分之遵道里，应征本年本折粮米蠲免十分之二。托克托城被旱成灾六分之兴义里，成灾五分之安仁里，萨拉齐被旱成灾六分之五台营等八村，成灾五分之丰厚等七村，保德州被旱成灾五分之曹家沙崾等三百五十九村，河曲县之郭家坞等九十五村，应征本年地丁工耗钱粮本折米豆，蠲免十分之一。蠲余钱粮米豆分作两年带征。各灾区应蠲粮米溢完。在官准抵次年正赋、萨拉齐五台营等五村民，欠道光二十一年起至二十四年未完节年本折粮米，缓至二十七年秋后带征。二十五年民欠本折粮米，递缓至二十八年秋后带征。至该厅勘不成灾之张宽营等十四村，应纳本年下忙并节年民欠，未完本折粮米一并发至来年麦后征收。来年麦熟粮米，递缓至秋后征收。其余勘不成灾之和顺县青城镇等十二村，屯留县西常等十一村，岚县寨则等十九村，并垣曲河曲二县，灾欠各村本年春借仓谷，缓至来年秋后免息完仓，以纾民力。该抚即刊刻誊黄，遍行晓谕，务令实惠友民。毋任吏胥舞弊，用副朕轸念欠区至意。该部知道。

——《清代历朝起居注合集》清宣宗卷八十四

道光二十七年（1847）四月二十二日

奉谕旨：英隆著调补绥远城将军。其所遗江宁将军员缺著奕兴调补。

——《清代历朝起居注合集》清宣宗卷八十五

道光二十七年（1847）七月十六日

补绥远城佐领员缺，将咨送正陪人员带领引见。奉谕旨：绥远城佐领员缺著拟正之倭什布补放。拟陪之乌尔图著记名。

——《清代历朝起居注合集》清宣宗卷八十六

道光二十七年（1847）九月十四日

奉谕旨：英隆等奏考验绥远城等处军政一折。绥远城右卫协领巴彦那木图，佐颁保山、萨克庆、巴扬阿、常泰，防御拜明阿、色珍泰、台裴音，骁骑校什蒙额、富尼折阿、乌哲斯库楞、传卿额等十二员，年虽逾岁，血气未衰，均著准其留任。该部知道，折单并发。

——《清代历朝起居注合集》清宣宗卷八十七

道光二十七年（1847）十一月初一日

奉谕旨：英隆等奏请借项修理官兵房间一折。绥远城右卫二处官兵房间坍塌损坏，自应及时修理。著准其照依成案，借给该官兵等俸饷银两，即由现在存贮粮饷厅库银内如数支放后，明岁春融时兴修。该将军即督率协领等，随时查验，务期工监料实，不准草率偷减，工竣造册报销，所借银两分作八年扣还归款。该部知道，单并发。

——《清代历朝起居注合集》清宣宗卷八十八

道光二十七年（1847）十一月初八日

奉谕旨：黑龙江将军著英隆调补，未到任以前著克星额暂行署理。绥远城将军著成玉补授。成玉后军务事竣，即赴新任，未到任以前著盛垲署理。

——《清代历朝起居注合集》清宣宗卷八十八

道光二十七年（1847）十二月二十三日

上御抚辰殿大幄次，赐蒙古王、贝勒、贝子、公，及科尔沁札萨克和硕图什业图亲王色登端鲁布等十五人、乌珠穆沁札萨克和硕车臣亲王彭苏克那木济勒等二人、喀尔喀札萨克和硕亲王车登巴咱尔等十九人、巴林札萨克多罗郡王那木济勒旺楚克等二人、喀喇沁札萨克多罗都楞郡王色伯克多尔济等八人、敖汉多罗郡王布彦德勒格呼固鲁克齐一人、阿巴嘎札萨克多罗郡王阿尔塔什第等三人、嵩齐特札萨克多罗郡王吹经札布一人、土默特札萨克多罗贝勒那逊鄂勒哲依等二人、奈曼固伦额驸德木楚克札布一人、阿巴哈那尔札萨克固山贝子桑齐萨喇特多布一人、鄂尔多斯札萨克固山贝子达什多尔济等二人、乌拉特札萨克镇国公噶勒当旺楚克多尔济一人、归化城土默特辅国公格木丕勒多尔济一人、青海札萨克辅国公达玛林札布等三人、克什克腾札萨克头等台吉比玛拉济哩第一人、土尔扈特札萨克头等台吉拉特那巴咱尔一人、察哈尔二等台吉玛什巴图等五人，并阿嘉呼图克图、洞阔尔呼图克图、呼图克图喇嘛等十四人宴。并赏赉有差。

——《清代历朝起居注合集》清宣宗卷八十八

道光二十七年（1847）十二月三十日

上御保和殿，赐朝正外藩等宴。左翼科尔沁扎萨克和硕图什业图亲王色登端鲁布、和硕卓里克图亲王巴图、和硕达汉亲王索特那木彭苏克、乌珠穆沁扎萨克和硕车臣亲王彭苏克那木济勒、科尔沁扎萨克多罗扎萨克图郡王索特那木伦布木、札萨克多罗宾图郡王林沁扎勒赞、多罗郡王济克默特郎布、巴林扎萨克多罗郡王那木济勒旺楚克、喀喇沁扎萨克多罗都楞郡王色伯克多尔济、敖汉多罗郡王布彦德勒格呼固鲁克齐、阿巴嘎扎萨克多罗部王阿尔他什第、多罗郡王萨尔济勒多尔济、嵩齐特扎萨克多罗郡王垂经扎布、科尔沁多罗贝勒公格喇布坦、土默特扎萨克多罗贝勒那逊鄂勒哲依、科尔沁固山贝子阿密乌尔图、阿巴哈那尔扎萨克固山贝子桑齐萨喇特多布、阿巴嘎固山贝子德木楚克达什、喀尔喀固山贝子阿第雅、鄂尔多斯扎萨克固山贝子达什多尔济、科尔沁扎萨克镇国公乌勒济济勒噶勒、乌珠穆沁镇国公桑噶扎布、乌拉特扎萨克镇国公噶勒当旺楚克多尔济、郭尔罗斯扎萨克辅国公阿勒他鄂齐尔、科尔沁辅国公帕拉巴归化城土默特辅国公格木坯勒多尔济、喀喇沁和硕额驸布达西哩、扎萨克头等塔布襄德勒格尔、克什克腾扎萨克头等台吉毕玛拉济哩第、科尔沁多罗额驸乌济布彦、头等台吉喇特那噶尔毕、头等台吉达特巴扎木苏、巴林头等台吉扎勒沁扎布、科尔沁固山额驸棍布邑楞、二等塔布襄布彦图、二等塔布襄三扎西哩、固山额驸棍布旺心、三等他布襄多尔济喇布坦、右翼喀尔喀扎萨克和硕亲王鄂林沁多尔济、扎萨克和硕亲王车林多尔济、扎萨克多罗郡王托克托呼图鲁、扎萨克多罗郡王图克济扎布、多罗贝勒干当当准车楞、青海扎萨克辅国公达玛林扎布、喀尔喀扎萨克头等台吉诺尔布扎勒、扎萨克头等台吉巴雅尔、扎萨克头等台吉车林达什、扎萨克头等台吉伊特星诺尔布、扎萨克头等台达什端多布、扎萨克头等台吉扬德勒格尔、扎萨克头等台吉车林端多布、青海扎萨克头等台吉布彦达赍、扎萨克头等台吉端多布旺扎勒、土尔扈特扎萨克头等台吉喇特那巴咱尔、喀尔喀头等台吉蟒珠巴咱尔、察哈尔二等台吉玛什巴图、三等台吉孟克济喇噶勒、四等台吉达兰泰、四等台吉彭楚克、四等台吉布尔尼巴达哩、住京喀尔喀扎萨克和硕亲王车登巴咱尔、科尔沁扎萨克多罗郡王僧格林沁、喀尔喀扎萨克多罗郡王那逊巴图、奈曼固伦额驸德木楚克扎布、土默特札萨克固山贝子德勒克色楞、喀喇沁多罗贝勒德木齐扎布、喀尔喀公品级头等台吉头等侍卫巴彦桑、二等台吉头等侍卫多尔济帕拉木、二等台古二等侍卫那逊达赍。宴、及文武大臣依次就坐，诸乐并作，上进酒。余俱令侍卫等分觞，授饮于坐次。众谢恩，退。

——《清代历朝起居注合集》清宣宗卷八十八

道光二十八年（1848）三月二十九日

奉谕旨：王兆琛奏，审明强奸不从，杀死一家二命重犯，按例定拟一折。此案山西归化城民人王帼春因强奸小功服堂妹杜王氏未成，将杜王氏并其幼子杜海小子一并殴扎致死，实属淫凶已极。王帼春即王富有，予著即斩决枭示。以昭炯戒，杜王氏守正不污，被杀身死，洵属节烈可嘉。著照例旌表，以维风化，而慰贞魂。余著照所拟办理。该部知道。

——《清代历朝起居注合集》清宣宗卷八十九

道光二十八年（1848）四月十九日

补绥远城防御员缺，将咨送正陪人员带领引见。

奉谕旨：绥远城防御员缺著拟正之尚阿图补放。拟陪之尚志著记名。

——《清代历朝起居注合集》清宣宗卷九十

道光二十八年（1848）七月二十一日

奉谕旨：盛堃奏绥远城垣年久坍塌，请筹款备修一折，著王兆琛复议具奏。

——《清代历朝起居注合集》清宣宗卷九十

道光二十八年（1848）八月初一日

署理镶白旗满洲都统奏补绥远城协领员缺，将咨送正陪人员带领引见。奉谕旨：绥远城协领员缺著拟正之尚安补放。拟陪之德福著记名。

——《清代历朝起居注合集》清宣宗卷九十一

道光二十八年（1848）九月十一日

奉谕旨：成玉奏请陛见一折。成玉著准其来京陛见。绥远城将军印务仍著盛埙署理。

——《清代历朝起居注合集》清宣宗卷九十一

道光二十八年（1848）九月十四日

奉谕旨：特依顺等奏留驻章京三年期满恳请鼓励一折。承办乌里雅苏台户部帮办理藩院事务章京盛林，著仍令回城当差。遇有绥远城防御缺，出即以该员尽先补用。该部知道。

——《清代历朝起居注合集》清宣宗卷九十一

道光二十八年（1848）九月十五日

奉谕旨：本日据兵部奏绥远城协领联名讦控该将军各款，并据成玉奏参该协领等错谬各一折。著派耆英、王广荫驰驿前往绥远城，调集人证，秉公查办，定拟具奏。所有随带司员，著一并驰驿绥远城。协领巴彦、纳穆图、明安保、何勒经阿、尚安吉尔、罕泰均著解任，成玉亦著解任，听候查讯。成玉现来京陛见，著即折回，所有绥远城将军印务仍著盛埙暂行署理。

——《清代历朝起居注合集》清宣宗卷九十一

道光二十八年（1848）十月十九日

奉谕旨：耆英、王广荫奏遵查将军协领互相参揭，现讯明确情，分别议处一折。此案，绥远城协领巴彦、纳穆图因被将军切责，胆敢负气联名列款，揭控实属冒昧胆大。协领明安保既随同揭告，复擅派不应远出之驻防马甲进京投揭，并不禀明副都统，尤属谬妄之至。巴彦、纳穆图、明安保均著革职，以肃功令而昭炯戒。协领阿勒经阿、尚安吉尔、罕泰随声附和厥咎稍轻，均著交部议处。将军成玉申饬属员语多失当，以致该协领等有所借口，亦著交部议处。成玉仍遵前旨来京陛见。绥远城将军印务仍著盛堃署理。余著照所拟办理。

——《清代历朝起居注合集》清宣宗卷九十一

道光二十八年（1848）十一月二十四日

奉谕旨：成玉屡任绿营将官，尚称熟习，惟于管理八旗满洲营务实不相宜，著调补陕西提督。所有绥远城将军著托明阿补授。托明阿未到任以前，仍著盛堃署理。

——《清代历朝起居注合集》清宣宗卷九十二

道光二十八年（1848）十二月初十日

奏补绥远城协领员缺，将咨送正陪人员带领引见。奉谕旨：绥远城协领员缺著拟正之穆精阿补放。拟陪之霍隆武著记名。

——《清代历朝起居注合集》清宣宗卷九十二

道光二十八年（1848）十二月十五日

绥远城将军册送步甲佛尔登额妻富察氏……俱系循分守节，应请旌表一疏。奉谕旨：依议。

——《清代历朝起居注合集》清宣宗卷九十二

道光二十九年（1849）三月二十日

兵部题建昌路都司员缺，请以记名都司用之绥远城防御德善保拟补一疏。奉谕旨：德善保依拟用，余依议。

——《清代历朝起居注合集》清宣宗卷九十三

道光二十九年（1849）闰四月初十日

补绥远城佐领员缺，将咨送正陪人员带领引见。奉谕旨：绥远城佐领员缺著拟正之扎兰保补放。拟陪之尚安图著记名。

——《清代历朝起居注合集》清宣宗卷九十四

道光二十九年（1849）九月初十日

正黄旗满洲都统奏补绥远城防御员缺，将咨送正陪人员带领引见。

奉谕旨：绥远城防御员缺著拟正之吉庆补放。拟陪之松音著记名。

——《清代历朝起居注合集》清宣宗卷九十五

道光二十九年（1849）九月十一日

奉谕旨：兆那苏图奏请借款兴修绥远城城工一折。山西绥远城城垣年久坍损，既据勘明，工程实系紧要。自应赶紧兴修，以资捍卫。所有估需工料银三千五百九十六两零，著准其在于绥远城同知库贮大青山后租银项下借给。以领银之日起，限四个月修理完竣。分作十二年，每年在该同知养廉内扣银三百两。工竣之日，著山西巡抚派员会同该将军复实验收，如有草率偷减，据实参办。余著照所拟办理。该部知道。

——《清代历朝起居注合集》清宣宗卷九十五

道光三十年（1850）三月二十六日

是日，绥远城将军托明阿等奏参坐卡官前锋校乌尔图那逊承缉盗案，限满贼贼无获，请旨革职，以戒怠玩一折。奉谕旨：这所参勒限承缉盗案，限满无获之土默特生卡前锋校乌尔图那逊，著即行革职，以为缉捕怠玩者戒。该将军等即严饬各卡官兵，及各部落一体严拿，务期贼贼全行弋获，毋稍宽纵。该部知道。

——《清代历朝起居注合集》清宣宗卷九十七

道光三十年（1850）四月初十日

吏部将病痊例应坐补原缺之前任山西绥远城理事同知觉罗希昌带领引见。

奉谕旨：希昌著照例生补原缺。

——《清代历朝起居注合集》清宣宗卷九十八

道光三十年（1850）八月十六日

兵部将保举堪以绿营副将用之绥远城协领鹤龄带领引见。

奉谕旨：鹤龄著以副将用。

——《清代历朝起居注合集》清宣宗卷九十九

道光三十年（1850）十一月十一日

奉谕旨：兆那苏图奏查明各属被雹、被水情形，请分别蠲缓赈恤一折。山西省本年夏秋间雨水过多，河水涨发，雨中兼有冰雹，以致田禾歉收、房屋坍塌、民力未免拮据。加恩著照所请，所有太原被水歉收之北阜等十九村，应征本年下忙地丁正耗钱粮，著缓至咸丰元年麦熟后征收。本年秋后应征民屯米豆并来年上忙钱粮，著递缓至咸丰元年秋后带征。内东城角等七村又北阜等六村，二十九年被灾，原缓至道光三十年、咸丰元年秋后征收、带征暨三十年上忙钱粮民屯米豆，均著按照原缓年分粮数递缓。又萨拉齐厅被水成灾，六分之炭车营等十八村成灾，五分之二道河等十七村，应征本年本折米石，著蠲免十分之一，蠲余钱米及旧欠米石，著自咸丰元年秋后起，分作二年带征。被灾村内有太平庄等二十村，于二十九年歉收，案内原缓米石，著按照原缓年分粮数递缓。并被灾各村内，另有二十七年春借仓谷，著缓至来年秋后，免息征收。所有该厅现应赈恤一月口粮，著即在常平仓谷内动用，事竣造册报销。又托克托城厅被水之河口等三村，乏食贫民，著赈恤一月口粮，照案动给军需仓谷作正开销。其应给冲坍房屋修费银八百八十八两零，亦著照案，先在绥远城库存银内借动。事竣由该省藩库耗羡项下领回归款。该抚即刊刻誊黄，遍行晓谕。务令实惠均沾，毋任吏胥舞弊用副。朕轸念欠区至意。余著照所拟办理。该部知道。

——《清代历朝起居注合集》清宣宗卷一百

咸 丰（1851—1861）

咸丰元年（1851）五月初八日

直隶提标前营守备员缺，将绥远城骁骑校倭哩克拟补一疏。

奉谕旨：倭哩克依拟用。余依议。

——《清代历朝起居注合集》清文宗卷二

咸丰元年（1851）六月初六日

奏补绥远城防御员缺，将咨送正陪人员带领引见。

奉谕旨：将拟正六十一补放防御。拟陪富尔德和著记名。

——《清代历朝起居注合集》清文宗卷二

咸丰元年（1851）十二月十六日

奏袭绥远城骑都尉员缺，将正陪人员带领引见。

奉谕旨：著拟正马甲穆特贺承袭骑都尉。

——《清代历朝起居注合集》清文宗卷五

咸丰二年（1852）三月十七日

奉谕旨：绥远城将军托明何著加恩在紫禁内内骑马。

——《清代历朝起居注合集》清文宗卷六

咸丰二年（1852）三月二十七日

奉谕旨：盛堨奏，请将供词狡执之佐领骁骑校革职审办一折。土默特蒙古佐领额林布由卡伦私回，被骁骑校孟克指称欠银，锁扭禀报。经该副都统派员质讯，该员等供词各异，显系恃符狡执，额林布孟克著一并革职。即饬归化城同知研讯确情，按律详请奏办。该部知道。

——《清代历朝起居注合集》清文宗卷六

咸丰二年（1852）六月二十日

镶白旗满洲奏补绥远城佐领一缺，将保送正陪人员带领引见。
奉谕旨：拟正胡都堪著补放绥达城佐领。拟陪胜林著记名。

——《清代历朝起居注合集》清文宗卷七

咸丰二年（1852）九月二十五日

镶白旗满洲奏补绥远城防御一缺，将保送正陪人员带领引见。
奉谕旨：拟正之瑞凌著补放绥远城防御。拟陪之平喜著记名。

——《清代历朝起居注合集》清文宗卷八

咸丰二年（1852）十月初七日

奉谕旨：盛勋奏，捐备军需银两一折。盛勋著交部议叙。至所奏归化城旗库积存余银，请交藩库之处，著户部查议具奏。

——《清代历朝起居注合集》清文宗卷九

咸丰二年（1852）十月初八日

奉谕旨：户部奏，王公大臣及官员等捐备军饷，分别开单呈览一折。所捐银两著即赏收，除归化城副都统盛堨昨已降旨给予议叙外……

——《清代历朝起居注合集》清文宗卷九

咸丰二年（1852）十一月十五日

将遵旨保举之绥远城协领德福带领引见。

奉谕旨：德福著回任。

——《清代历朝起居注合集》清文宗卷九

咸丰二年（1852）十一月十九日

奉谕旨：绥远城驻防协领德福，著发往军营交徐广缙差遣委用。

——《清代历朝起居注合集》清文宗卷九

咸丰二年（1852）十二月十三日

札鲁克札萨克多罗贝勒三音济尔噶勒一人、阿巴哈那尔札萨克固山贝子桑齐萨喇特多布一人、科尔沁固山贝子阿敏乌尔图等五人、敖汉固山贝子达克沁一人、翁牛特辅国公克什克阿尔毕济呼一人、归化城土默特辅国公格木丕勒多尔济一人、乌珠穆沁镇国公桑噶札布一人、入觐。于神武门外跪迎圣驾。上温语慰问。

——《清代历朝起居注合集》清文宗卷十

咸丰二年（1852）十二月十四日

绥远城将军册送马甲色呼春妻布裕鲁氏……据各该督抚府尹学政详庆复实，造具册结到部，复与旌表定例相符，应请遵照汇建总坊章程，准其旌表一疏。

奉谕旨：依议。

——《清代历朝起居注合集》清文宗卷十

咸丰二年（1852）十二月二十三日

吐鲁番札萨克多罗郡王回子阿克拉依都等二人，入觐。于西苑门外跪迎圣驾，上温语慰问。旨，瀛台遹瞩楼拈香。御勤政殿，赐蒙古王、贝勒、贝子、公，及科尔沁札萨克和硕图什业图亲王色登端鲁布等十四人喀尔喀图什业图汗车林多尔济等十六人、乌珠穆沁札萨克和硕车臣亲王彭苏克那木济勒等二人、阿拉善札萨克和硕亲王贡桑珠尔默特等二人、巴林札萨克多罗郡王那木济勒旺楚客一人、喀喇沁札萨克多罗都楞郡王色伯克多尔济等三人、奈曼札萨克多罗郡王固伦额附德木楚克札布一人、阿巴嘎札萨克多罗郡王阿尔塔什第一人、敖汉多罗郡王布彦德勒格哷固鲁克齐等二人、蒿齐特札萨克多罗郡王吹经札布一人、哈密札萨克多罗郡王回子伯玺尔一人、吐鲁番札萨克多罗郡王回子阿克拉依都等二人、札赖特札萨克多罗贝勒额外侍郎拉木棍布札布等二人、吐黙特札萨克多罗贝勒那逊鄂勒哲依等二人、札鲁特札萨克多罗贝勒三音济尔噶勒一人、青海札萨克多罗贝勒布藏济木巴等四人、阿巴哈那尔札萨克固山贝子桑齐萨喇特多布一人、鄂尔多斯札萨克固山贝子达什多尔济一人、郭尔罗斯札萨克辅国公阿拉坦鄂齐尔一人、翁牛特辅国公克什克阿尔毕济呼等二人、归化城土黙特辅国公格木丕勒多尔济一人、札哈沁公敏珠尔多尔济一人、克什克腾札萨克头等台吉毕玛拉济哩第一人、苏尼特头等台吉布达蟒噶拉等二人、杜尔伯特札萨克头等台吉莽达勒札布等二人、和硕特札萨克头等台吉齐黙特车林一人、察哈尔三等台吉拉特那巴札尔等五人，并洞阔尔呼图克图、敏珠勒呼图克图、喇嘛等二十二人宴。并赏赉有差。

是日，内阁又奉谕旨：加恩鄂尔多斯扎萨克固山贝子达什多尔济，著在乾清门上行走。喀拉喀多罗贝勒布彦巴达尔胡、扎鲁特扎萨克多罗贝勒三音吉尔哈勒，著赏带双眼花翎。翁牛特辅国公克什克喀尔必吉呼、归化城土黙特辅国公根披勒多尔济，俱著赏带花翎。

——《清代历朝起居注合集》清文宗卷十

咸丰三年（1853）正月初十日

上御紫光阁，赐蒙古王、贝勒、贝子、公，及科尔沁扎萨克和硕图付业图亲王色登端鲁布等十三人、喀尔喀图什业图汗车林多尔济等十三人、乌珠穆沁札萨克和硕车臣亲王彭苏克那木济勒等二人、阿拉善札萨克和硕亲王贡桑珠尔黙特等二人、巴林札萨克多罗郡王那木济勒旺楚克一人、喀喇沁札萨克多罗都楞郡王色伯克多尔济等二人、奈曼札萨克多罗郡王固伦额驸德木楚克札布一人、阿巴嘎札萨克多罗郡王阿尔塔什第一人、敖汉多罗郡王布彦德勒喀哷固鲁克齐等二人、蒿齐特札萨克多罗郡王吹经札布一人、哈密札萨克多罗郡王回子伯玺尔一人、吐鲁番札萨克多罗郡王回子阿克拉依都等二人、札赉特札萨克多罗贝勒额外侍郎拉木棍布札布等二人、土黙特札萨克多罗贝勒那逊鄂勒哲依等二人、札鲁特札萨克多罗贝勒三音济尔噶勒一人、青海札萨克多罗贝勒罗布藏济木巴等四人、阿巴哈那尔札萨克固山贝子桑齐萨喇特多布一人、鄂尔多斯札萨克固山贝子达什多尔济一人、郭尔罗斯札萨克辅国公阿勒坦鄂济尔一人、翁牛特辅国公克什克阿尔毕济呼等二人、归化城土黙特辅国公格木丕勒多尔济一人、札哈沁公敏珠尔多尔济一人、克什克腾札萨克头等台吉毕玛拉济哩第一人、苏尼特头等台吉布达蟒噶拉等二人、杜尔伯特札萨克头等台吉莽达勒札布等二人、霍什特札萨克头等台吉齐黙特车林一人、察哈尔三等台吉拉特那巴札尔等五人、土司宣慰司监参生郎多吉等二十九人，及朝鲜国正使判中枢府事徐有薰、副使礼曹判书李寅皋二人、并洞阔尔呼图克图、敏珠勒呼图克国喇嘛等二十二人，宴。并赏赉有差。

——《清代历朝起居注合集》清文宗卷十一

咸丰三年（1853）正月十五日

上御保和殿，赐王公、大臣、蒙古王、贝勒、贝子、公、及科尔沁札萨克和硕图什业图亲王色登端鲁布等十三人、喀尔喀图什业图汗车林多尔济等十三人、乌珠穆沁札萨克和硕车臣亲王彭苏克那木济勒等二人、阿拉善札萨克和硕亲王贡桑珠尔黙特等二人、巴林札萨克多罗郡王那木济勒旺楚克一人、喀喇沁札萨克多罗都楞郡王色伯克多尔济等二人、阿巴嘎札萨克多罗郡王阿尔塔什第一人、敖汉多罗郡王布彦德勒格呼固鲁克齐等二人、蒿齐特札萨克多罗郡王吹经札布一人、哈密札萨克多罗郡王回子伯玺尔一人、吐鲁番札萨克多罗郡王回子阿克拉依都等二人、札赉特札萨克多罗贝勒额外侍郎拉木棍布札布等二人、土黙特札萨克多罗贝勒那逊鄂勒哲依等二、人札鲁特札萨克多罗贝勒三音济尔噶勒一人、青海札萨克多罗贝勒罗布藏济木巴等四人、阿巴哈那尔札萨克固山贝了桑齐萨喇特多布一人、鄂尔多斯萨札克固山贝子达什多尔济一人、郭尔罗斯札萨克辅国公阿勒坦鄂济尔一人、翁牛特辅国公克什克阿尔毕济呼等二人、归化城土黙特辅国公格木丕勒多尔济一人、札哈沁公敏珠尔多尔济一人、克什克腾札萨克头等台吉毕玛拉济哩第一人、苏尼特头等台吉布达蟒噶拉等二人、杜尔伯特札萨克头等台吉查达勒札布等二人、和硕特札萨克头等台吉齐黙车车林一人、察哈尔三等台吉拉特那巴札尔等五人、土司宣慰司监参生郎多尔济等三人，及朝鲜国正使判中枢府事徐有薰、副使礼曹判书李寅皋二人，宴。

——《清代历朝起居注合集》清文宗卷十一

咸丰三年（1853）正月十九日

上御抚辰殿大幄次，赐王公、大臣、蒙古王、贝勒、贝子、公，及科尔沁札萨克和硕图什业图亲王色登端鲁布等十三人、喀尔喀图什业图汗车林多尔济等十三人、乌珠穆沁札萨克和硕车臣亲王彭苏克那木济协等二人、阿拉善札萨克和硕亲王贡桑珠尔默特等二人、巴林李萨克多郡郡王那木济勒旺楚克一人、喀喇沁札萨克多罗都楞郡王色伯克多尔济等二人、阿巴嘎札萨克多罗郡王阿尔塔什第一人、敖汉多罗郡王布彦德勒格呼固鲁克齐等二人、蒿齐特札萨克多罗郡王吹经札布一人、哈札萨克多罗郡王回子伯玺尔一人、吐鲁番札萨克多罗郡王回子阿克拉依都一人、札赉特札萨克多罗贝勒额外侍郎拉木棍布札布等二人、土默特札萨克多罗贝勒那逊鄂勒哲依一人、札鲁特札萨克多罗贝勒三音济尔噶勒一人、青海札萨克多罗贝勒罗布藏济木巴等四人、阿巴哈那尔札萨克固山贝子桑齐萨喇特多布一人、鄂尔多斯札萨克固山贝子达什多尔济一人、郭尔罗斯札萨克辅国公阿勒坦鄂济尔一人、翁牛特辅国公克什克阿尔毕济呼等二人、归化城土默特辅国公格木丕勒多尔济一人、札哈沁公敏珠尔多尔济一人、克什克腾札萨克头等台吉毕玛拉济哩第一人、苏尼特头等台吉布达蟒噶拉等二人、杜尔伯特札萨克头等台吉莽达勒札布等二人、和硕特札萨克头等台吉齐默特车林一人、察哈尔三等台吉拉特那巴札尔等五人、土司宣慰司监参生郎多尔济等六人，及朝鲜国正使判中枢府事徐有薰、副使礼曹判书李寅皋二人，宴。

——《清代历朝起居注合集》清文宗卷十一

咸丰三年（1853）二月十八日

奉谕旨：江宁将军著托明阿调补。所遗绥远城将军著乐斌补授。所遗乌鲁木齐都统著赓福调补。所遗热河都统著华山太补授。乐斌、赓福均著照例驰驿。瑞昌为杭州将军。邓绍良为江南提督。

——《清代历朝起居注合集》清文宗卷十一

咸丰三年（1853）二月二十九日

奉谕旨：前据惠亲王等奏，请添兵剿贼，并亲王衔定郡王载铨复奏，酌派精兵各折。先后交大学士、军机大臣、九卿会同户部议奏。兹据合词复奏，所议各条均属周妥。现在钦差大臣向荣统带各路大兵，并续到之陕甘官兵。咨调之云南、贵州、湖北等省官兵。钦差大臣琦善帮办军务。陈金绶、胜保等统带京火器营，及吉林、黑龙江马队，并西安等处驻防，直隶、山东、山西、陕甘各处官兵，分路攻剿。怡良、慧成复带福建、陕甘精兵星驰会合。南北两路并力进攻，蠢尔幺麽，谅不难剋期扫荡。惟东南数省，苍生叠遭荼毒。朕每一念及，寝馈难安。仍宜厚集颈兵，迅殄群丑。著将现在桐城之山东兵，先令赶赴杨殿邦、杨以增军营，交其管带。其由襄阳撤回之直隶、大名、宜昌、陕甘、湖广、云南各标镇兵，均令赶赴江北琦善、陈金绶军营，由该大臣等择要调札，以为两岸攻剿之助。仍著琦善等体察兵力，如须酌添，即由舒兴阿调赴商州防兵内，再行咨调，以资策应。以上各路重兵，复计程途均距江皖甚近，不难迅速到营。并著西安、宁夏、绥远城各将军，将谕调各处驻防官兵，均即选派得力营员，迅速管带。程程交慧成调遣，前此豫备候调之吉林、黑龙江各官兵，著该将军亦即即派员分起管带，由京前进至所请。调察哈尔马队官兵、归化城土默特马队官兵、蒙古马队官兵及察哈尔马匹，著各该将军并东三盟蒙古王等，一并豫备。奏明候旨遵行。其余筹备军饷各款，均著照所议办理。

————《清代历朝起居注合集》清文宗卷十一

咸丰三年（1853）三月初十日

奉谕旨：昨有旨调盛京、吉林、黑龙江各省精兵，来京听用。著再调归化城官兵二千五百名、绥远城官兵五百名、热河官兵一千名，该将军都统等，即派委得力营员，配带军装器械，星速驰赴山东、江南交界地方。交慧成酌量调遣，毋稍迟误。该部知道。

————《清代历朝起居注合集》清文宗卷十二

咸丰三年（1853）三月十三日

奉谕旨：乐斌未到任以前，绥远城将军著盛埙署理。

————《清代历朝起居注合集》清文宗卷十二

咸丰三年（1853）三月三十日

奉谕旨：绥远城将军事务现派盛埙署理。所管归化城副都统事务著盛埙于协领内拣员署理。

——《清代历朝起居注合集》清文宗卷十二

咸丰三年（1853）四月十八日

兵部将军政卓之领集尔哈布、绥远城防御鄂勒依带领引见。

奉谕旨：集尔哈布、鄂勒依俱准。其卓异著回原任。

——《清代历朝起居注合集》清文宗卷十二

咸丰三年（1853）四月二十五日

奉谕旨：绥远城将军乐斌奏请陛见一折。乐斌著后乌鲁木齐都统赓福到任后，即赴新任，毋庸来京请训。

——《清代历朝起居注合集》清文宗卷十二

咸丰三年（1853）五月初三日

奉谕旨：盛埙奏续捐军饷一折。署绥远城将军盛埙著交部从优议叙。

——《清代历朝起居注合集》清文宗卷十三

咸丰三年（1853）五月十二日

题补山西归化城都司阿尔绷阿拟补。

——《清代历朝起居注合集》清文宗卷十三

咸丰三年（1853）六月初五日

奉谕旨：托明阿、西凌阿、善禄奏攻剿贼匪续获胜仗一折。据称逆匪盘踞汜水县，于城内安设枪炮，抵死守御。该将军等于二十八日督兵进剿，分满汉官兵四路围攻。该逆见我兵枪炮紧急，欲由东门逃窜，经密云满洲兵斜放连环枪炮，随打随堵毙贼多名，该逆复退回城内，维时，绥远城满洲兵攻开北门，黑龙江马队随同入城剿杀。东南城角亦有我兵上城，施放枪炮。该逆见我兵勇气百倍，由西门逃窜。经黑龙江等营马队官兵截杀五六百名。托明阿等复亲督满汉各营步队，继进毙贼一千余名。其逃出各贼，被我兵追杀，及落河死者四五百名，共杀贼二千余名，生擒长发贼五十余名，讯明后就地正法。夺获伪印二颗，伪总制将军黄白大纛六杆，伪司马等大旗二十一杆，小旗二十余杆，铅药、军械、骡马不计其数。二十九日，复由南岸用炮击毙贼百余名，搜擒长发贼十余名，西北山沟已无贼匪藏匿等语。该匪由开封窜扰汜水，经该将军等督同追剿，累获胜仗，带队官员及满汉兵丁无不勇往直前，一可当百。览奏实深欣慰，托明阿追贼迅速，连次接仗，即能大挫凶锋，洵属调度有方。著加恩赏戴花翎，并赏给白玉翎管一支，白玉四喜搬指一个。西凌阿系获罪之员，此次击贼尚属奋勉，若能赶紧追贼，续获全胜，当与善禄同邀恩赏也。该将军等务当乘此声威，渡河追剿，谅此溃散余匪，不难一鼓歼除。此次出力将弁兵丁，著托明阿查明，据实酌保，候朕施恩，毋许冒滥。

——《清代历朝起居注合集》清文宗卷十三

咸丰三年（1853）六月十四日

奉谕旨：据理藩院奏乌兰察布盟长四子部落扎萨克郡王伊什齐当等呈请将乌拉特三旗教场开垦之不法游民驱逐等因，求代为转奏请旨一折。此案，即著署绥远城将军盛垿查明办理，原折著抄给阅看。

——《清代历朝起居注合集》清文宗卷十三

咸丰三年（1853）六月二十二日

奉谕旨：托明阿奏遵旨酌保打仗出力将弁一折，并开单呈览。前次贼匪盘踞汜水，经托明阿等督率满汉官兵，奋力攻开城门匪众逃窜，复经截击追杀大获胜仗。该将弁等奋勉出力，自应量予恩施，以示嘉奖。加恩著照所请。直隶密云县驻防佐领兼前锋参领常山著赏戴花翎。防御三音布著以应升之缺升用。骁骑校如松、庆征、奎耀均著以应升之缺尽先升用。绥远城驻防协领候选副将鹤龄著以副将遇缺即选，先换顶带。佐领兴善、防御乌勒德合均著以应升之缺尽先升用。骁骑校忠顺候补、骁骑校德博克文、生员前锋达志均著赏戴蓝翎。武举前锋达杭阿著遇有应放缺出尽先升用。前锋多托哩、喜明均著赏戴蓝翎。

黑龙江佐领委参领平海著赏戴花翎。骁骑校委参领勒清阿、领催委防御德恩福均著赏戴蓝翎。前锋候补六品官委防御金山保、领催委骁骑校巴图、吉尔嘎勒、领催萨宾图、吉尔杭阿、怀唐阿、齐克兴阿、马甲萨桑阿、吉林正黄旗领催郭勒明阿均著赏戴蓝翎。张家口驻防防御库克吉泰著赏戴花翎。京城正黄旗护军校阿克敦著以委护军参领升用。留坝营游击成明著赏戴花翎。凉州营都司文魁、汉中镇属千总吴登元均著以应升之缺升用。千总杨殿林著以守备升用。把总梁元仓著以千总升用。署把总王重义著以把总即补。署把总马瑶桂、外委马泳芝均著以把总尽先补用。外委宋永兴、方金彪、罗熊应补外委。马兵许得、马兵张映星、张安、李如昌均著赏戴蓝翎。该部知道。单并发。

——《清代历朝起居注合集》清文宗卷十三

咸丰三年（1853）八月初三日

奉谕旨：纳尔经额、恩华、托明阿、胜保奏，移营逼近贼，累续获胜仗一折。逆匪屡经痛剿，监匿不出。经托明阿、胜保于二十一二等日。列队齐进。移营直逼贼巢、该逆情急扑出，枪炮如雨。我兵迎击当毙贼匪数十名，胜保乘势挥兵前进，越过濠沟，抛入火弹，拆毁土墙瓦屋百余间，同时烧毁、焚毙贼匪数十名，生擒十一名。各累贼匪复拥出二三千名，分股来扑。我兵分头迎剿，松玉、德坤及游击吴灿、吴璋等带队齐出，托明阿、善禄复拨令归化城、汉南镇各弁兵，绕列前队，枪炮环击，逾两时许，贼旗纷纷倒地，约毙四五百人，斩获首级二十余颗，夺获旗帜、器械多件。复经讷尔经额、恩华派拨马步各队驰赴丹河，并令总兵郝光、乌勒、欣泰督兵，直抵水北关，枪毙手执黄旗贼目四名，烧毁木台。贼出马步二队，绕扑我后，我兵枪炮叠施，毙贼多名。又经左右伏兵齐出，夹攻复毙贼数十名，贼始退避。现在大兵云集，贼势穷蹙。该大臣等即督饬镇将，昼夜环攻，迅解郡城之围。毋稍延缓，所有阵亡之经制，外委刘勤著该部照例议恤。

——《清代历朝起居注合集》清文宗卷十四

咸丰三年（1853）八月初七日

奉谕旨：成都将军员缺者乐斌调补，驰赴新任。所遗绥远城将军员缺著善禄补授。善禄现在军营，未到任以前，绥远城将军印篆仍著盛垻署理。

——《清代历朝起居注合集》清文宗卷十四

咸丰三年（1853）九月十二日

奉谕旨：绥远城将军善禄、察哈尔都统西凌阿均著在胜保军营帮办军务。

——《清代历朝起居注合集》清文宗卷十五

咸丰三年（1853）十二月十四日

奉谕旨：盛坝奏，倡属捐输军饷一折。署绥远城将军归化城副都统盛坝，署归化城副都统协领尚阿布，右卫城守尉全安，均著交部议叙。又奉协领等官共五十八员，著一并交部议叙。

——《清代历朝起居注合集》清文宗卷十七

咸丰四年（1854）六月二十三日

奉谕旨：奕山等奏伊犁、绥远城协领伊车苏六年期满，请旨可否送京引见一折。协领伊车苏人尚体面，办事勤庆，督练兵丁颇为严肃。既属材堪简用，伊车苏著交军机处记名，毋庸来京引见。

——《清代历朝起居注合集》清文宗卷二十

咸丰四年（1854）闰七月十七日

正黄旗蒙古奏补绥远城协领一缺，将保送正陪人员带领引见。
奉谕旨：拟正塔清阿著补授协领。拟陪鄂勒遮依著记名。

——《清代历朝起居注合集》清文宗卷二十

咸丰四年（1854）闰七月二十六日

镶黄旗满洲奏补绥远城佐领、河南防御各一缺，将保送正陪人员带领引见。
奉谕旨：保送拟正希山泰著补放绥远城佐领。保送拟陪平禧著记名。

——《清代历朝起居注合集》清文宗卷二十

咸丰四年（1854）八月初八日

奉谕旨：盛坝奏，请将协领暂缓引见等语。绥远城满洲协领穆精阿，现署归化城副都统印务，著后下次俸满，交部带领引见。

——《清代历朝起居注合集》清文宗卷二十一

咸丰四年（1854）八月二十九日

奉谕旨：归化城副都统员缺，著德胜补授，并著暂署绥远城将军印务。德胜到任后，盛埙著来京陛见。

——《清代历朝起居注合集》清文宗卷二十一

咸丰四年（1854）十月二十二日

奉谕旨：本日陛见之绥远城协领霍隆武著交军机处记名。

——《清代历朝起居注合集》清文宗卷二十二

咸丰四年（1854）十一月初八日

奉谕旨：户部奏，遵议道员处分一折。山西归绥道德龄著改为革职留任，所有短收归化城。额征正课盈余银一万四千七百三十七两，盈余钱一百三十七串零，著勒限三年照数赔缴，偿限满不完，即著革职监追。

——《清代历朝起居注合集》清文宗卷二十二

咸丰四年（1854）十一月，戊子，

以恒春为云贵总督。王庆云为山西巡抚。吴振棫陕西巡抚。绥远城将军善禄卒于军。

——《清史稿》本纪二十·文宗

咸丰四年（1854）十一月二十日

正白旗满洲奏补绥远城防御一缺，将正陪人员带领引见。

奉谕旨：著拟正骁骑校喀拉崇伊补授防御。拟陪骁骑校佟林著记名。

——《清代历朝起居注合集》清文宗卷二十二

咸丰四年（1854）十一月二十三日

奉谕旨：绥远城将军著华山泰补授。其所著察哈尔都统事务著穆隆阿署理。华山泰著后穆隆阿到任后，再行交卸来京请训。

——《清代历朝起居注合集》清文宗卷二十二

咸丰四年（1854）十一月二十三日

奉谕旨：绥远城将军善禄由侍卫洊升，提督宣力有年，军兴以来，派赴河南防堵。上年怀庆被扰，该将军迅速渡河与胜保等会同剿捕，立解城围，当经赏给斐里巴图鲁名号，并擢授绥远城将军。迨逆贼由山西窜入直隶，特派帮办军务。本年四月间，追剿临清窜匪，直至丰县，复经赏穿黄马褂两载，行间战功累著。现在高唐余匪尚资剿办，朕眷念勤劳，方冀其速奏捷音，懋邀恩眷。据闻溘逝，轸惜殊深。善禄加恩，著照将军军营病故例赐恤，准其入城治丧。任内一切处分悉予开复，应得恤典，该衙门察例具奏。善禄现无子，此著该旗即行拣选近支承继。其承此之子，著后百日孝满后，交部该旗带领引见用，示朕眷念盖臣至意。

——《清代历朝起居注合集》清文宗卷二十二

咸丰四年（1854）十二月初二日

奉谕旨：恒春奏，查明各厅县被雹成灾，请分别蠲缓一折。山西归化城等处本年被雹伤禾，勘已成灾。若令照常征收，民力未免拮据。所有归化城厅大青山后被雹成灾九分之公聚岭等四村，应征本年正耗钱粮，著蠲免十分之六。被灾八分之永聚庄等二村，应征本年正耗钱粮，著蠲免十分之四。蠲余钱粮分作三年带征。被灾七分之五营窑子等二村，应征本年正耗钱粮，著蠲免十分之二。蠲余钱粮分作二年带征。清水河厅时午丰，各甲被灾五分之大弯等十六村庄，应征本年正耗钱粮著蠲免十分之一。蠲余钱粮分作二年带征。其大弯等十六村，未完咸丰二、三两年钱粮，并著递缓至咸丰五、六两年秋后征收。如被灾各村应蠲钱粮业已溢完，在官准其抵作次年正赋。自咸丰五年秋后起分年带征，其被雹较轻之平鲁县属黄家楼等十七村庄，应征本年下忙正耗钱粮米豆，著缓至来年麦后再行起征。如有已完钱粮，准抵作下年正赋，以纾民力。该抚即刊刻誊黄，遍行晓谕，务使实惠均沾，毋任吏胥舞弊，以副朕轸念欠区至意。该部知道。

——《清代历朝起居注合集》清文宗卷二十三

咸丰五年（1855）正月初五日

奉谕旨：上年山西省被灾，及曾经被扰地方业经降旨，分别蠲缓。散放银米接济小民，谅可不至失所，惟念令春青黄不接之时，民力未免拮据。加恩，著将临汾、洪洞二县民借仓谷，缓至本年秋后征收。其曲沃县著体察情形，量为调剂。被雹、被水之汾阳临县、归化城等三厅县，按照各地方情形，分别酌借仓谷、籽种、至文水、平鲁二县，如应需借粜仓谷，著该抚随时察复办理。该抚即刊刻誊黄，遍行晓谕，务使实惠均沾，毋任吏胥舞弊，用副朕普锡春祺，泽周黎庶至意。该部即遵谕行。

——《清代历朝起居注合集》清文宗卷二十四

咸丰五年（1855）二月十九日

奉谕旨：札拉芬泰等奏请将采办矿苗之委员，量予鼓励等语。主事职衔、候补防御依成额，委署骁骑校格图肯经该将军等派往乌里雅苏台、科布多等处采访矿苗，周历山谷不辞劳瘁，自应量予奖励。依成额著免其学习旗务，遇有绥远城防御缺出即行补用。格图肯著作为额外骁骑校后，引见后仍留乌里雅苏台效力，三年期满回绥远城，以骁骑校照例相间补用。该衙门知道。

——《清代历朝起居注合集》清文宗卷二十四

咸丰五年（1855）四月二十二日

奉谕旨：托明阿奏遵保打仗出力之官兵恳请恩施一折。前因怀庆府城解围，降旨令将出力人员查明保奏，此因统兵大臣累经更易，托明阿所带官兵旋撤归伍，未及声明保奏。兹据查明开单呈览，该官兵等均属著有微劳，自应量予恩施，以昭激劝。……绥远城驻防协领鹤龄、穆精阿、佐领哈禄堪均著赏戴花翎。协领和隆武著赏加副将衔。委协领佐领乌尔图、佐领扎兰保、阿勒吉图、防御吉庆均著以应升之缺尽先升用。委佐领舒林著以佐领即补。骁骑校双全、额外骁骑校吉兰布、善福、马甲兆群、前锋六品军功萨凌武、兴成均著赏戴蓝翎。骁骑校德博克著以防御即补。骁骑校富尔德贺、候补骁骑校硕隆武著交部从优议叙。佐领乌罕格勒尔、骁骑校齐登索讷木、前锋校丹巴、经文均著以应升之缺尽先升用。领催图们、济勒噶尔、前锋扎米彦扎布、达兰泰、伊昌阿均著遇有骁骑校前锋校缺出尽先补用。以示鼓励。该部知道。

单并发。

——《清代历朝起居注合集》清文宗卷二十五

咸丰五年（1855）五月十四日

补绥远城骁骑校一缺，将拣选正陪人员带领引见。

奉谕旨：著拟正前锋存喜补授骁骑校。拟陪前锋存善著记名。

——《清代历朝起居注合集》清文宗卷二十五

咸丰五年（1855）五月十五日

奉谕旨：奕山等奏伊犁、绥远城满洲营副都统衔协领巴哈善在任年久，预保以备简用一折。副都统衔协领巴哈善年力精壮，骑射娴熟，办事勤庆，可备简用。巴哈善著交军机处记名。

——《清代历朝起居注合集》清文宗卷二十五

咸丰五年（1855）七月初十日

奉谕旨：大行皇太后大事，除轮应年班来京之蒙古王、公、台吉等，遣员进贡及啈经呼图克图喇嘛，仍著照例来京外。本年应行来京之后，藏呈进丹书，克堪布业经由藏起程，著仍行来京，其余年班之堪布、内外扎萨克，阿拉善、归化城、杜尔伯特、乌梁海、土尔扈特、和硕特、伊克、明安等处之汉王、贝勒、贝子、公、额驸、台吉、塔布襄、公主之子孙，无论御前乾清门在外行走，及回子伯克、土司、土舍、廓尔喀等，均过二十七月，各按应来年分，按班来京。

——《清代历朝起居注合集》清文宗卷二十六

咸丰五年（1855）十二月初二日

奉谕旨：正黄旗满洲奏原任绥远城将军花山泰因病出缺一折。花山泰前因军营出力，曾经赏给巴图鲁名号，既而洊擢将军都统，于一切事务办理，悉臻妥协。兹闻溘逝，朕心实为悯恻，加恩所有应得恤典，该部著即查照将军例具奏，任内一切处分悉予开复，仍由广储司赏银三百两，令其治丧。

——《清代历朝起居注合集》清文宗卷二十八

咸丰五年（1855）十二月十六日

奉谕旨：乌里雅苏台将军员缺，著庆如调补，即行驰赴新任。成凯著调补绥远城将军，即著来京陛见。宁夏将军员缺著托云保补授。

——《清代历朝起居注合集》清文宗卷二十八

咸丰五年（1855）十二月十七日

奉谕旨：绥远城将军成凯到任尚需时日，所有绥远城将军事务著德胜署理。

——《清代历朝起居注合集》清文宗卷二十八

咸丰六年（1856）二月丁未

调吉林、黑龙江、察哈尔、绥远城兵赴山东、河南剿贼。

——《清史稿》本纪二十·文宗

咸丰六年（1856）九月十一日

奉谕旨：兵部等部奏遵议绥远城添演秋围，练习马上枪箭一折。著照所议，所有绥远城驻防满洲营官兵，准其添演秋围。于每年九、十月，选派官十员、兵五百名赴山后牧场驻扎十五日，射猎练习马上枪箭。行围官兵按年更换，并著该将军与该副都统按年轮流前往督率，认真教演。所需口粮，准其于卡伦官兵盘费银内提银支给，不敷银两，由余剩房租项下拨补俾，得经久遵行。至大青山后一带，系蒙古游牧地方。该将军等务须约束兵丁，勿令滋事。现在各路军营马队最为得力，因思西安、宁夏驻防旗营亦可做照办理。令该兵丁等一律添演秋围，练习马上技艺。著萨迎阿、托云保各就该处情形，妥议章程具奏。余依议。

——《清代历朝起居注合集》清文宗卷三十一

咸丰六年（1856）九月二十三日

镶黄旗蒙古奏补绥远城佐领一缺，将正陪人员带领引见。
奉谕旨：拟正明春著补放绥远城佐领。拟陪德博克著记名。

——《清代历朝起居注合集》清文宗卷三十一

咸丰六年（1856）十月二十六日

奉谕旨：成凯等奏营员兵丁捐补马匹等语，绥远城归伍兵丁乘骑官马，经河南军营截留三百四十匹。现据该协领等如数捐补足额，著免其造册报销，所有捐输官员兵丁，著该将军等查明保奏。其河南截留马匹后，军务告竣，毋庸解回。

——《清代历朝起居注合集》清文宗卷三十二

咸丰六年（1856）十一月十四日

奉谕旨：成凯德胜奏，勘明被水成灾地亩，请分别蠲缓一折。本年归化城、萨拉齐二厅所属甲拉等村，因六七月间河水涨溢，田禾被淹，自应量加蠲缓，以纾民力。加恩，著照所请，所有归化厅所属甲拉、阿哥营子二村，应征本年地租银两，著蠲免七分银四十五两零，蠲剩三分银十九两零。著自咸丰七年秋季起分作三年带征。全完其花沟一村，报退地十五项，开除租银三十一两零，著仿照办过成案报退，开除萨拉齐厅所属大岱、焦泥沟等三村应征本年租银八十二两零，著自咸丰七年秋季起分作三年带征全完。该将军等即刊刻誊黄，遍行晓谕，务使实惠及民，毋任吏胥舞弊。以副朕轸念欠区至意。余著照所议办理。该部知道。

——《清代历朝起居注合集》清文宗卷三十二

咸丰六年（1856）十二月初七日

奉谕旨：王庆云奏，勘明归化城、萨拉齐地方被水情形，恳请分别蠲缓、抚恤一折。山西归化城等厅属，本年六月内，大雨连朝，田木淹没。若令将应征粮赋照常征收，民力实有未逮。加恩。著照所请，所有归化城厅被灾十分之浑津黑河二里内东坝等十六村庄，应征本年本折米石，著蠲免十分之七。被灾九分之大有庄等三村，著蠲免十分之六。被灾八分之丰厚庄等二村，著蠲免十分之四。蠲余米石均著缓至咸丰七年秋后起，分作三年带征。被灾七分之东西安乐庄等三村庄，著蠲免十分之二。蠲余米石著分作二年带征。其各该村尾欠历年米石，著缓至来年秋后征收。其毕齐克齐村被水卫有房屋及淹毙人口，著分别全塌、半塌，给予修费，暨埋葬银两，先由该厅库借动给发。又萨拉齐厅被灾九分之丰厚厅等十二村，应征本年本折米石，著蠲免十分之六。被灾八分之苗四营等二十三村，著蠲免十分之四。蠲余粮米及旧欠未完米石，著缓至咸丰七年秋后起，分作三年带征。被灾七分之善岱等四村，著蠲免十分之二。蠲余粮米及旧欠未完米石，分作二年带征。其成灾入分承种租银厂地之什不沁一村，应完本年地租，著蠲免原租银十分之四。蠲剩租银同旧欠历年银两，均著分作三年带征。成灾五六分承种租银厂地之榆树营等二十九村庄，著蠲免原租银十分之一。蠲剩租银同旧欠银两，分作二年带征。其乏食贫民，著分别正赈加赈抚恤。在于萨拉齐厅常平仓内动碾支放，事竣造册报销。被水卫塌房间，著分别全塌、半塌，照例给予修费银两。先由该厅暂行垫发，以纾民力。该抚即刊刻誊黄，遍行晓谕，务使实惠均沾，毋任吏胥舞弊，用副朕轸念灾黎至意。余著照所议办理。该部知道。

——《清代历朝起居注合集》清文宗卷三十三

咸丰七年（1857）正月初四日

奉谕旨：上年山西托克托城等处被水成灾，及洪洞县曾经被扰地方业，经降旨分别蠲缓，给予口粮，抚恤小民，当可无虞。失所惟念今春青黄不接之时，民力未免拮据。加恩。著将托克托城厅被灾地方酌借仓谷，俾穷民籽种口粮有资。其归化城、萨拉齐二厅并洪洞、曲沃、长子、潞城、黎城、绛县等地方，如需借粜仓谷，并著随时察看办理。该抚即刊刻誊黄，遍行晓谕，务使实惠均沾，毋任吏胥舞弊。用副朕普锡春祺，泽洽黎元至意。该部即遵谕行。

——《清代历朝起居注合集》清文宗卷三十四

咸丰七年（1857）八月二十九日

奉谕旨：前据吏部议复绥远城将军成凯奏参，违例掌责蒙古佐领之山西托克托城通判多芳题请降二级调用。兹复议复升任山西巡抚王庆云奏请将该员从严惩办，即行革职等语，多芳于土默特兵丁具控抗粮之案，擅将佐领诺穆齐拘传掌责，实属任性妄为，仅予降调不足蔽辜，著即革职以示惩儆。

——《清代历朝起居注合集》清文宗卷三十七

咸丰七年（1857）十二月十一日

又据绥远城将军册送养育兵达哈苏妻黄氏……以上贞女节妇，应请旌表一疏。

奉谕旨：依议。

——《清代历朝起居注合集》清文宗卷三十九

咸丰八年（1858）四月初八日

奉谕旨：成凯奏喇嘛捐备军饷，垦恩赏收一折。归化城西尔格图胡图克图所捐银两，著即赏收，应得奖叙，著理藩院查议具奏。

——《清代历朝起居注合集》清文宗卷四十一

咸丰八年（1858）七月十六日

奉谕旨：这所参疏防监犯越狱同逃之管狱官山西归化城巡检沈杞，著革职拿问。交恒福提同刑禁人等严讯，有无松刑贿纵等弊。按律定拟具奏。有狱官归化城同知都克精阿，据报先期公出，是否捏饰规避。著该抚确查复办，一面严拿逃犯旺楚克等务获，毋任漏网。该部知道。

——《清代历朝起居注合集》清文宗卷四十二

咸丰八年（1858）七月十六日

兵部议复，山西巡抚恒福题归化城都司员缺，请以杀虎口中军都司额勒恒额调补一疏。

奉谕旨：额勒恒额依议调补，余依议。

——《清代历朝起居注合集》清文宗卷四十二

咸丰八年（1858）十一月二十六日

奉谕旨：袁甲三奏请将玩视军务之防御等官严议等语，绥远城防御安详、佐领吉庆解马四百匹，前赴徐州军营。并不小心喂养，致令沿途倒毙，实存马九十八匹，非寻常误公可比。安详、吉庆均著交部严加议处，以示惩儆。

——《清代历朝起居注合集》清文宗卷四十四

咸丰八年（1858）十二月初一日

奉谕旨：恒福奏请将玩视军务之骁骑校等官革职、勒赔等语，绥远城骁骑校善福等解马四百匹，前赴胜保军营。借病逗留，且并不加意喂养，致令沿途倒毙，仅存马三十二匹，非寻常玩误可比。骁骑校善福、委骁骑校达敏、富善泰、雅礼杭阿均著革职，勒令赔补，以示惩儆。

——《清代历朝起居注合集》清文宗卷四十四

咸丰八年（1858）十二月十二日

奉谕旨：胜保奏请将带兵迟玩各员弁分别革惩等语，管带绥远城后起官兵佐领吉庆、防御安详，沿途耽延，阅四月之久，始抵胜保军营。实属任意迟玩。该员等业经袁甲三参奏，交部严议，均著即行革职，留营效力，以观后效。已革蓝翎骁骑校善福管带马匹沿途逗留，提催罔应马匹倒毙甚多，且在鹿邑县地方，有云索川资情事，著该大臣后善福到营后确切查明从严惩办。

——《清代历朝起居注合集》清文宗卷四十四

咸丰八年（1858）十二月十四日。

绥远城将军册送节妇赵佳氏一口……所有该妇女等，均系孝义兼全，应请旌表一疏。

奉谕旨：依议。

——《清代历朝起居注合集》清文宗卷四十四

咸丰九年（1859）九月二十八日

奉谕旨：成凯奏防兵领过行装银两援案请免扣还一折。上年所调绥远城兵领过行装银两，例应归于伍时扣还。兹据该将军奏，兵丁拮据情形，所有领过行装银一万二千五百九十六两，著加恩免其扣还，以示体恤。

——《清代历朝起居注合集》清文宗卷四十七

咸丰九年（1859）十月十四日

奉谕旨：胜保奏革员留营，难期得力，请饬归防等语，绥远城佐领吉庆、防御安详，前经胜保奏参革职，到营后尚知奋勉，惟年老多病，难期得力。吉庆、安详均著准其开复原官，即以原品休致。

——《清代历朝起居注合集》清文宗卷四十八

咸丰九年（1859）十月十七日

奉谕旨：前据绥远城将军成凯等奏请酌减大青山后牧地租银，当交户部议奏。兹据奏称大青山后沙拉穆楞等处地亩硗薄，原定租额过重，以致地户逃弃，租银拖欠。请照该将军等所议，将租额酌减等语。所有大青山后牧地租银，著照议减为每亩征银二分一厘五毫，以纾民力。经此次议减之后，务须年清年款。其旧欠租银应，如何分年带征之处，著该将军等体察情形报部复办。从前经征官员虽无侵那情弊，究属催征不力，著查职名交部议处。此后，经征各员倘敢仍前玩泄，即照大同、朔平二府征收粮石例议处。余依议。

——《清代历朝起居注合集》清文宗卷四十八

咸丰九年（1859）十二月初一日

奉谕旨：成凯奏兵米久未关领，请饬速筹接济一折。绥远城驻防满洲营八旗官兵，应领归绥二厅军需仓谷接济米石，自上年八月起至今共积欠米三万一千二百余石之多，自应速筹接济。著英桂赶紧设法动款筹买，迅速解往以济兵食。

——《清代历朝起居注合集》清文宗卷四十八

咸丰九年（1859）十二月十四日

奉谕旨：德楞额奏兵勇击退逆匪，运河南岸　律肃清一折。皖捻出巢窜扰，逼近东境，于利国驿地方，扎筏意图抢渡运河。经德楞额督率兵勇击退，轰毙二百余人。夺获木筏八只，生擒逆匪二十余名。该逆败窜，德楞额统带全队截杀追剿，歼贼三四百人。总兵双龄亦驰往梆泉一带搜捕，生擒红衣贼目二人，毙贼数十人。运河南岸一律肃清，剿办尚为得手，其剿贼阵亡之绥远城防御硕隆武、委骁骑校伊勤哈春，均著交部照例议恤，所有在事出力官绅弁勇，著德楞额择优保奏数员，以示鼓励。

285

奉谕旨：德楞额奏带兵不力之员弁，请分别摘顶革留回旗等语。管带绥远城官兵营总协领德福、佐领德博克带兵甚不得力。德福著摘去顶戴。德博克著革职留任，以观后效。管带吉林官兵营总佐领盛恩，因旧伤复发，不能乘骑。委参领春全久病未痊，均著饬令回旗当差。

——《清代历朝起居注合集》清文宗卷四十八

咸丰十年（1860）二月初七日

奉谕旨：拟正保祥隆海著补放骁骑校。拟正钟顺著补放绥远城佐领。拟陪保全著记名。

——《清代历朝起居注合集》清文宗卷四十九

咸丰十年（1860）闰三月初七日

镶蓝旗满洲将应放绥远城佐领正陪人员带领引见。

奉谕旨：将拟正双全补放佐领。拟陪图蒙额记名。

——《清代历朝起居注合集》清文宗卷五十

咸丰十年（1860）闰三月二十六日

奉谕旨：绥远城办解咸丰十年分茶二百五十箱，解至迪化州存储，关系要需，理宜加意防范。乃竟不戒于火，非寻常疏忽可比。迪化州知州伊常阿著先行交部议处。所有被烧茶，一百八十九箱，即勒令该州照数赔补。其成色斤两不得与原茶稍有不符，后收买足数，著业布冲额即行委员续解前进，倘限张不完，著即严参惩办。

——《清代历朝起居注合集》清文宗卷五十

咸丰十年（1860）十一月十九日

兵部题，山东大同镇标左营守备赓音布准补归化城都司一疏。

奉谕旨：赓音布依议用，余依议。

——《清代历朝起居注合集》清文宗卷五十二

咸丰十一年 (1861) 正月十一日

奉谕旨：英桂奏，官弁捐输京饷一折。山西巡抚英桂等捐输京饷，尚属急公。巡抚英桂著该部查明该弁子弟，复给奖叙。布政使常续、按察使瑞昌、河东道刘子成、冀宁道钟秀、归绥道贵肇、绥远城将军成凯、学政彭瑞毓、雁平道崇泰，均著交部从优议叙。署归化城副都统德勒克多尔济，著该部会同理藩院议叙。

——《清代历朝起居注合集》清文宗卷五十三

咸丰十一年 (1861) 正月十八日

奉谕旨：僧格林沁等奏，剿捻情形一折。逆捻窜扰山东菏泽县之关李家庄地方，经僧格林沁等督队进剿，毙贼无算。因贼愈聚愈众，以致失利。僧格林沁、西凌阿、国瑞调度乖方，均著交部严加议处。其首先败退之归化城副都统桂成、黑龙江协领色尔固善，均著即行革职。仍留营戴罪图功，偿再不知愧奋，即行从严惩办。阵亡之二品顶戴察哈尔总管伊什旺布，著交部议恤，以慰忠魂。

——《清代历朝起居注合集》清文宗卷五十三

咸丰十一年 (1861) 五月十七日

奉谕旨：僧格林沁奏，请将带队奋勇之副都统等开复原官等语。归化城副都统桂成、副都统衔黑龙江协领色尔固善，前因在荷泽县属之关李庄与捻匪接仗，督队不力。经僧格林沁等奏参，降旨革职，仍留军营。兹据奏称，该二员自被参后，剿办教匪均经毙贼多名，尚知愧奋，桂成、色尔固善，均著开复原官。该部知道。

——《清代历朝起居注合集》清文宗卷五十四

咸丰十一年 (1861) 六月十七日

奉谕旨：德勒克多尔济奏京控枪毙民命案件，请旨遵办等语。绥远城民人李幅兴、京控乌拉特西公旗蒙古枪毙民命一案，著派英桂会同德勒克多尔济秉公严讯。

——《清代历朝起居注合集》清文宗卷五十四

咸丰十一年（1861）七月二十六日

奉谕旨：英桂奏，请将亏短钱粮已故厅弁查抄备抵一折。已故山西归化城同知都克精阿，任内亏短正杂等款银两至一万七千余两之多，实属大干功令。著英桂即饬归绥道将该故弁寓所资财先行查封，并提同家属及经手丁胥人等到省，严讯有无侵挪情弊，按例惩办，其该旗家产并著镶黄旗满洲都统一并查抄备抵。

——《清代历朝起居注合集》清文宗卷五十五

同　治（1862—1875）

同治元年（1862）十一月二十二日

上旨，绥履殿慈安皇太后前请。安平安室慈禧皇太后前请安。内阁奉谕旨：贾桢著充实录馆监修总裁。又奉谕旨：刑部奏，遵议厅员罪名，可否援免，请旨遵行一折。此案山西归化城理事同知庆麟被参侵吞捐饷建造生祠等款，或讹传失实，或事出有因情节，均尚有可原。惟鞫讯盗贼，擅用非刑，且于该处粮行公捐缉捕经费，制钱一千四百余千并不禁绝，虽非勒派入已，究与科敛无异。庆麟著照该部所拟，即行革职，发往军台效力赎罪。虽事犯在恩诏以前，不准援免。余依议。

——《清代历朝起居注合集》清穆宗卷六

同治二年（1863）七月十八日

奉谕旨：前因山西驿丞胡廷华以柏井、甘桃两驿马匹缺额，并未管直隶州知州董汇芳舣法营私各情，赴都察院呈揭。复据英桂将该驿丞参劾。当经谕令爱仁等会同重办，兹据爱仁、英桂等会同劾员，京控案件讯明，定拟一折。据称胡廷华禀揭各情，如所控柏井、甘桃两驿缺马一百余匹，曾向董汇芳催补，反被面斥一款。据董汇芳供称，驿马例毙随时补足，上年秋间，曾经详请印票赴归化城买马一百匹，续有例毙。随在忻州等处买补，委无缺额。至将胡廷华面斥一事，则因该驿丞所呈喂养帐册开载数目不符，且于行差马下填注民骡字样，疑有别情。向其申饬质之，胡廷华亦自认糊涂疏忽。又所控变买甘桃驿好马一节，系上年各驿换出残废马数匹，发行缴价。尚非变卖好马，亦无听信门丁杨荣曜等阻止买补，拉取民间骡驴，贴号支差之事。又所控每季开发马厂夫工食，每两扣给钱九百余文，且用户房开写迟月票帖，及马夫摊扣各项费用等情。据董汇芳供所发工食，按定章折发，并无克扣。该州户房发给迟月帖票，业经查明，将书吏李荣等责革马夫等公摊各项费用，是其自行酬应，借名公摊。书吏无私扣情事。质之各驿马夫供俱相符，马夫、厂夫查无缺额。至所控董汇芳出有印谕，均匀时刻，按时帮银一款。系恐上站迟误，欲以速补迟，实属因公起见，其将胡廷华呈递部科文书追回一节，则因该驿丞擅用驿递，该州例有滥应处分，是以将文书追回，禀送复办，委无别情。胡廷华牵控刘际昌得贼，捏禀该员痰迷，及保龄等说和抽回亲供各节，均讯无其事。请分别定拟等语。此案已革山西柏井驿驿丞胡廷华，因闻大计入劾，疑被董汇芳揭参。随以夫马缺额、扣发工食各款，并无前被刘际昌禀伊痰迷，指为得受董汇芳贼私具词连禀，乃不静候查办，复擅用驿递直揭部科。旋因董汇芳追回原揭，又遣抱赴都察院呈控，并敢抗不交印，种种任性妄为，意图挟制胡廷华。著即发往新疆效力赎罪。山西平定、直隶州知州董汇芳，因胡廷华擅用驿马驰递揭文，恐于例议，遣役追回，禀送巡抚，查办尚无不合。被控各节，当系虚诬，并无戤法营私确据，惟所管三驿马匹陆续例毙，至四十余匹之多，未能即时买补。虽于交卸时买补足额，究难辞咎，著交部照例议处。候补知府刘际昌奉委查验马匹，因胡廷华语言□□□□□书，因以该员似有痰迷情形，禀报虽非无因，究属失实，刘际昌著交部察议。候补道前任太原府知府保龄、候补知府万济讯无调停，抑勒情事，均著免其置议察。陕西候补知县吴延发既据胡廷华供明，委非代董汇芳说和，著免其提质马夫所摊规费等项，虽为数无几，究属私款。著山西巡抚严饬该管知州，谕令永远革除。余著照所拟办理。

——《清代历朝起居注合集》清穆宗卷九

同治二年（1863）八月二十三日

奉谕旨：前因升任御史朱梦元奏，请蠲免各省历年积欠钱粮，当交户部议奏。旋经户部奏，准行今各省督抚，将咸丰九年以前应征钱粮查明实欠。在民者，准其奏请豁免。兹据英桂奏称，查明山西省积年未完钱粮俱系实欠，在民恳请豁免，并开单呈览。加恩。著照所请，所有太谷县、兴县、岢岚州、洪洞、翼城、汾西、临汾、黎城、宁乡、应州、山阴、灵邱、朔州、虞乡、临晋、虞社、和顺、沁州源、忻州、定襄、代州、垣曲、霍州、隰州、清水河通判、宁远通判等厅、州、县民，欠咸丰九年以前正耗，并六年因灾缓征，共银十万四千五百八十六两零。临汾、洪洞二县民，欠咸丰九年以前本色米，共三百九十一石四斗零豆二百九十六石八斗零。丰镇同知册报民欠，咸丰九年以前承安等牧厂地租正耗差，共银三万九千四十七两零。宁远通判册报民欠，咸丰九年以前庄亲王等厂地正耗，并三旗地租大苏计地租，共银四万五千三百二十五两零。朔平府同知册报民欠，咸丰九年以前察哈尔地租，共银四千八百二十三两零。归化城同知册报民欠，咸丰九年以前大青山后厂地租，银一万七千九百四十四两零。又民欠咸丰九年以前，大青山后空闲厂地租银一千六百九十三两零。又民欠咸丰九年以前，土默特地租银二千二百八十一两零。清水河通判册报民欠，咸丰九年以前土默特地租，银四百五十五两零。又民欠咸丰九年以前，助马口租耗银二十六两零。又民欠咸丰九年以前，镶蓝旗厂地租耗银四十二两零。和林格尔通判册报民欠，咸丰九年以前土默特地租银一千九百三十四两零。托克托城通判册报民欠，咸丰九年以前厂地租银一千二百十一两零。萨拉齐通判册报民欠，咸丰九年以前厂地租银一万二百十二两零。均著按照单开细数，一律豁免。该抚即刊刻誊黄，遍行晓谕，务使实惠均沾。毋任吏胥舞弊，用副朝廷轸念民依至意。余著照所议办理。该部知道单并发。

——《清代历朝起居注合集》清穆宗卷十

同治三年（1864）十月二十六日

奉谕旨：前因常清奏，叶尔羌参赞大臣景廉因病咨请开缺，曾经赏假一个月调理。此据奎栋奏，景廉已于拜折后起程进口，当以该大臣并不静候谕旨，擅自交卸起程，降旨严行申饬。仍令迅速折回本任，景廉于行抵归化后，又经德勒克多尔济代为陈请，复行赏假一月。饬令病势稍愈，即行折回兹复。据德勒克多尔济奏，据景廉呈称病势日深，恳请开缺回旗，并委员验看，该大臣病势实系沉重等语。景廉身膺边寄，职守攸关，纵使病非虚捏，亦当候旨遵行，何得擅自起程。且新疆现当多事之秋，防剿均关紧要。该大臣借病推诿，径行离任，谓非规避取巧，其谁信之。景廉著即行革职，仍著德勒克多尔济饬令在归化城赶紧医治，一候稍痊，即行发往都兴阿军营，听候差委，不准藉词再行逗留，致干罪戾。

——《清代历朝起居注合集》清穆宗卷十五

同治三年（1864）十二月十七日

奉谕旨：前因乌拉特农民李福星，以公旗恃爵劫杀等情，两次来京呈控。曾经谕令绥远城将军、山西巡抚亲提严讯，不准迟延。兹据都察院奏，该民人李福星、段德纯等复以案悬八载、沉冤莫雪等词，赴该衙门呈诉此案。乌拉特西公旗蒙员屡次率众，持械四行，抢杀焚毁农民房屋。若不从严讯诘，闾阎何以安堵。虽据该将军以撤任之乌拉特西公贡苏隆札布，现在带兵防堵，请缓传讯咨报都察院有案。惟此案情节较重，未便再事延宕，即著沈桂芬会同德勒克多尔济亲提案内要证，秉公严讯。确情按律定拟具奏。原告民人李福星、段德纯该部仍照例解往备质。

——《清代历朝起居注合集》清穆宗卷十五

同治四年（1865）正月初十日

上旨，绥履殿母后皇太后前请安。平安室圣母皇太后前请安。辰时，应宫拈香。御紫光阁，赐蒙古王公科尔沁亲王巴宝多尔济等十四人、乌珠穆沁亲王彭苏克那木济勒一人、奈曼郡王固伦额驸德木楚克扎布一人、翁牛特郡王布尔那巴达拉三人、喀喇沁贝勒德木齐扎布等七人、土默特贝子索特那木色登一人、敖汉郡王布彦德勒格呼固鲁克齐等二人、扎鲁特镇国公达瓦宁保一人、归化城辅国公格木丕勒多尔济一人、克什克腾头等台吉毕玛拉济哩第一人、鄂尔多斯头等台吉扎那巴兰扎一人、巴林头等台吉阿拉玛斯巴咱尔一人、喀尔喀亲王达尔玛等十一人、察哈尔辅国公济楚克扎木苏等五人、阿拉善头等台吉济克默特嵩鲁布一人、及琉球国副使正议大夫毛克述一人、并洞阔尔呼图克图、察汉达尔汉呼图克图、土观呼图克图喇嘛等三人，宴。并赏赉有差。

——《清代历朝起居注合集》清穆宗卷十六

同治四年（1865）正月十九日

上旨，绥履殿母后皇太后前请安。平安室圣母皇太后前请安。申刻，上御抚辰殿大幄次，赐王公、大臣、蒙古王、贝勒、贝子、公，科尔沁亲王巴宝多尔济等十四人、乌珠穆沁亲王彭苏克那木济勒等二人、翁牛特郡王布尔那巴达拉等三人、敖汉郡王布彦德勒格呼固鲁克齐等二人、喀尔喀贝勒布彦巴达尔呼等八人、喀喇沁公衔头等塔布囊德勒格尔等四人、巴林头等台吉阿拉玛斯巴咱

尔一人、扎鲁特镇国公达瓦宁保一人、克什克腾头等台吉毕玛拉济哩第一人、
归化城土黙特辅国公格木丕勒多尔济一人、鄂尔多斯头等台吉扎那巴兰扎一人、
阿拉善头等台吉济克黙特嵩鲁布一人、察哈尔三等台吉达尔扎布等四人，茶果。

——《清代历朝起居注合集》清穆宗卷十六

同治四年（1865）正月二十二日

奉谕旨：德勒克多尔济等奏遵保防堵，尤为出力官兵，并随营办理军务，
出力员弁开单，请给奖励一折。山西绥远城旗绿土黙特官兵前在口外防堵，或
驻守侦探，不辞劳瘁。或督办军饷，不误要需，尚属著有微劳，自应量予鼓励。
归绥道贵肇著赏加盐运使衔。参将春生著以副将尽先升用。协领文山等五员均
著赏戴蓝翎。佐领连祥著免补佐领，以协领尽先即补。云骑尉依鲁克勒图等三
员均著赏戴蓝翎。骁骑校常喜等二员均著以防御补用。前锋常明著以骁骑校归
入本城，应放班内尽先即补。笔帖式固勒浑著以本班笔帖式尽先即补。委骁骑
校雍谦达布、库哩额、勒合布均著以骁骑校尽先即补。千总谭谦著赏加守备衔。
把总韩玉麟等二员均著赏加千总衔。武举乔永福著以把总补用。外委杜锦等四
员均著以把总升用。余著照所议办理。该部知道。单并发。

——《清代历朝起居注合集》清穆宗卷十六

同治四年（1865）十一月二十五日

奉谕旨：广凤等奏循案请留年满章京，以资熟手一折。承办科布多蒙古事
务章京候补防御喜春，在该城帮办蒙古事务，先后十四年之久。该员居心谨庆，
办事安详，于该处各旗蒙古命盗案件，亦能悉心讲求，诸臻妥协。现在科布多
事务殷繁，喜春著再留二年，承办蒙古事务，以资熟手。著绥远城将军遇有防
御缺出，无论应补何项人员，即以该员首先坐补，并作为候补佐领，先换顶带，
候补防御后，即以佐领尽先坐补。以示鼓励。该部知道。

——《清代历朝起居注合集》清穆宗卷二十

同治五年（1866）六月，己酉，

以德勒克多尔济为乌里雅苏台将军。福兴为绥远城将军。

——《清史稿》本纪二十一·穆宗一

同治五年（1866）八月，丁未

从御史庆福请，积粟张家口、绥远城，转运新疆，以济民食。

——《清史稿》本纪二十一·穆宗一

同治六年（1867）二月初六日

上旨，绥履殿母后皇太后前请安。平安室圣母皇太后前请安。内阁奉谕旨：赵长龄奏，查明民欠仓谷，及本色米豆等项，恳请豁免一折。山西丰镇、猗氏、榆社、平定、五台、垣曲、归化城、托克托城九厅、州、县，咸丰九年以前，民欠常平仓原借谷六千七百八十石零。山阴、代州、灵台三州、县，民欠社仓谷三千五十石零。太谷、汾阳、沁州、灵石四州、县，民欠咸丰九年以前义仓谷三千八百七十石零。应州、大同、怀仁、山阴、丰镇、肃州、右玉、左云、平鲁、宁远、归化城、和林格尔、托克托城、萨拉齐等十四厅、州、县，咸丰九年以前，民欠本色米豆谷荞荞麦租，共粮九万七千七百四十石零。既据该抚查明，实系民欠。著加恩，概予豁免。该抚即刊刻誊黄，遍行晓谕，务使实惠均沾，毋令吏胥舞弊。用副朝廷轸念民依至意。余著照所议办理。该部知道。

——《清代历朝起居注合集》清穆宗卷二十五

同治六年（1867）四月十七日

奉谕旨：福兴奏病难速痊，吁恳开缺一折。绥远城将军福兴著准其开缺回旗调理。

——《清代历朝起居注合集》清穆宗卷二十五

同治六年（1867）十一月十九日

奉谕旨：文盛奏德勒克多尔济病痊，据情代奏恳赏差使一折。前任乌里雅苏台将军德勒克多尔济，前因患病准其开缺，回旗调理。现在医治就痊，求赏差使。著即前赴绥远城同裕瑞等办理归绥等处防务，毋庸来京陛见。

——《清代历朝起居注合集》清穆宗卷二十七

同治六年（1867）十二月二十三日

上旨，绥履殿母后皇太后前请安。平安室圣母皇太后前请安。上御抚辰殿大幄次，赐蒙古王、贝勒、贝子、公，及科尔沁扎萨克和硕图什业图亲王巴宝多尔济等十二人、喀喇沁扎萨克多罗都楞郡王色伯克多尔济等七人、敖汉多罗郡王布彦德勒格呼固鲁克齐等二人、苏尼特扎萨克多罗郡王托第布木等二人、扎赉特扎萨克多罗郡王阿勒坦鄂绰尔一人、奈曼郡王萨哈拉一人、阿巴哈那尔贝勒衔固山贝子桑齐萨喇特多布等二人、喀尔喀亲王达尔玛等十五人、扎鲁特贝勒达玛林旺济勒等二人、郭尔罗斯辅国公阿拉坦鄂齐尔一人、翁牛特辅国公克什克阿尔毕济呼一人、乌勒特辅国公贡桑端鲁布一人、归化城土默特辅国公格木丕勒多尔济一人、克什克腾公衔头等台吉毕玛拉吉哩第一人、茂明安头等台吉达尔玛吉哩第一人、察哈尔扎萨克头等台吉玛林晋沁保等五人、洞阔尔呼图克图、察汉达尔汉呼图克图等十三人，宴。并赏赉有差。

——《清代历朝起居注合集》清穆宗卷二十七

同治六年（1867）十二月三十日

上旨，绥履殿母后、皇太后前请安。平安室圣母皇太后前请安。辰刻，上御保和殿，赐蒙古王、贝勒、贝子、公、额驸、台吉等，及科尔沁亲王济克登旺库尔等九人、喀尔喀亲王达尔玛等十五人、喀喇沁扎萨克多罗都楞郡王色伯克多尔济等六人、敖汉多罗郡王布彦德勒格呼固鲁克齐等二人扎赉特扎萨克郡王阿勒坦鄂绰尔一人、奈曼郡王萨哈拉一人、苏尼特扎萨克多罗郡王托第布木等二人、扎鲁特贝勒达木林旺济勒等二人、阿巴哈那尔贝勒衔固山贝子桑齐萨喇特多布等二人、翁牛特辅国公克什克阿尔毕济呼一人、乌拉特辅国公贡桑端鲁布一人、归化城土默特辅国公格木丕勒多尔济一人、克什克腾头等台吉毕玛拉吉哩第一人、茂明安头等台吉达尔玛吉哩第一人、察哈尔扎萨克头等台吉玛林晋沁保等五人、溥庄、奕劻、照详、灵桂、果勒敏、恒惠、伊精阿、魁龄、兴林、铭安、明春、荣禄、福铃、孟保、满庆、玉亮、隆勲、德鉴、何永、安果、齐逊、吉和、恩来、阜保、英元、奕贵、璟德、希元、宝全、载森二十九人，及朝鲜国正使判中枢府事金益文、副使礼曹判书赵性教、书状官司仆寺正洪大钟三人，宴。驾进宫，奉母后、皇太后、圣母皇太后幸漱芳斋看戏，进午膳。

——《清代历朝起居注合集》清穆宗卷二十七

同治七年（1868）正月十八日

奉谕旨：绥远城将军裕瑞于道光年间，由整仪尉洊擢将军。历任四川总督，缘事罢斥，旋据叶尔羌参赞大臣内擢侍郎都统。同治六年简授绥远城将军，办理防剿事宜，勤庆趋公，不辞劳瘁，方冀克享，遐龄长资倚畀。据闻溘逝，悼惜殊深，裕瑞著加恩照将军例赐恤，任内一切处分悉予开复。并准其入城治丧，伊子征林著赏给三等侍卫后，及岁时在大门上行走。用示眷念耆臣至意。

——《清代历朝起居注合集》清穆宗卷二十八

同治七年（1868）正月十九日

奉谕旨：桂成奏，遵保防剿出力文武员弁，开单请奖一折。山西绥远城沿边沿中一带，办防官兵自上年夏季以来，该官兵等均能竭力巡防，尚有微劳，足录自应量予奖励。所有单开之，佐领松龄著赏加二品顶戴。游击瑞麒著以参将在任，尽先候补。暂行革职佐领穆特贺，著开复。暂行革职处分并赏还顶戴，暂摘顶戴云骑尉达山，著开复处分，赏还顶戴。防御诺穆欢，著遇有佐领缺出，尽先即补。骁骑校喜山，著遇有骁骑校缺出，无论应补何项人员，即以该员尽前先坐补。防御文英，著以佐领尽先即补。骁骑校依吉克，著以防御尽先即补。庆祥、诺谌，均著以防御升补。前锋文安，著以本城班次，遇用骁骑校缺出，尽先补用。国仁、灵山，均著遇有骁骑校缺出，尽先补用，先行赏给顶戴。佐领萨凌、武昌祥，均著赏加协领衔。防御保全，著以佐领，遇缺即补衔。梅林章京莽赖巴图，著赏加二品顶戴四品衔。旺楚克等二员均，著赏加三品顶戴并赏戴花翎。瓦齐尔等二员均，著赏加三品顶戴五品衔。委佐领鄂尔哲依拉什，著赏加四品顶戴六品衔。依丹、扎布等二名，均著赏加五品顶戴。委扎兰什、家长阿、尔巴齐等四员，均著以佐领记名，遇缺即补。前锋佟密特、三保等三名，均著以骁骑校记名，遇缺即补。

另片奏请，将布置河防出力之总兵等奖励等语，大同镇总兵马升著交部从优议叙。石卫城守尉奎英，著以副都统记名简放，按察使衔。归绥道兴奎，著赏加布政使衔。三品顶戴佐领连详，著赏加副都衔，以示鼓励。余著照所议办理，该部知道。

单片并发，六品顶戴骁骑校福祥，著赏加五品顶戴。骁骑校瑞喜，著以本班遇缺，尽先前补用。笔帖式瑞祥，著赏加六品顶戴。归化城理事同知庚械等三员，均著交部议叙。萨拉齐理事同知文山，著以知府在任，先前选用，并赏加道衔。托克托城理事通判玉麟，著赏加同知衔。绥远城粮饷同知德永，著赏加运同衔。知府张鹏，著赏加道衔。知县裕厚，著仍归本班以知县，遇缺前先即补。佐领舒敏，著以参领尽先补用，先换顶戴。骁骑校佛尔卿额，著以佐领即补，先换顶戴。书识李丕烈，著以巡检，不论双单月归部尽先选用。都司和中、广寿，均著遇有游击缺出，尽先补用。玉山，著赏加游击衔。把总周官等五员，均著以千总尽先即补。千总谭谦，著以守备尽先题补三品。

——《清代历朝起居注合集》清穆宗卷二十八

同治八年（1869）四月初一日

奉谕旨：麟兴等奏循例保留年满司员，并酌请奖励一折。防御衔笔帖式色拉布办理乌里雅苏台事务，诸臻熟悉，著准其作为即补防御，再留三年。并著绥远城将军遇有防御缺出，将色拉布即行坐补，以示鼓励。余著照所议办理。

——《清代历朝起居注合集》清穆宗卷三十一

同治九年（1870）闰十月二十四日

奉谕旨：前任荆州副统统萨萨布著驰驿前往绥远城交定安差委。

——《清代历朝起居注合集》清穆宗卷三十四

同治九年（1870）十二月十六日

上旨，绥履殿母后、皇太后前请安。平安室圣母皇太后前请安。喀尔喀扎萨克多罗郡王鄂特萨尔巴咱尔等二人、喀萨沁辅国公维罗布忠鼐一人、苏尼特辅国公玛哈西哩一人、归化城土默特辅国公格木丕勒多尔济一人、科尔沁固山额驸棍布色楞一人、敖汉多罗郡王察克达尔扎布一人、杜尔伯特扎萨克固山贝子格里克巴勒珠尔一人、翁牛特镇国公永龙一人，入觐。于养心门内跪请圣安。上温语慰问。

——《清代历朝起居注合集》清穆宗卷三十四

同治九年（1870）十二月二十三日

上旨，绥履殿母后、皇太后前请安。平安室圣母皇太后前请安。上御抚辰殿大幄次，赐蒙古王、贝勒、贝子、公，科尔沁扎萨克和硕图什业图亲王巴宝多尔济等八人，扎赉特扎萨克多罗郡王阿勒坦鄂绰尔一人，巴林郡王阿拉玛斯巴咱尔等二人，敖汉郡王察克达尔扎布等二人，苏尼特多罗郡王托第布戴等三人，阿巴嘎多罗卓里克图郡王刚噶尔伦布等二人、喀喇则勒德木齐扎布等二人，杜尔伯特贝子格里克巴勒珠尔一人、土默特贝子索特那木色登一人、喀尔喀和硕亲王达尔玛等十人，翁牛特镇国公永龙一人、扎鲁特镇国公达瓦宁保一人、归化城土默特辅国公格木丕勒多尔济一人，克什克腾扎萨克公衔头等台吉毕玛拉嘎哩第一人，乌珠穆沁公衔头等台吉堆代扎布一人，察哈尔三等台吉布尔尼巴达尔等四人，章嘉呼图克图、敏珠协呼图克图、洞阔尔呼图克图、察汉达尔汉呼图克图喇嘛等四人，宴。并赏赉有差。

——《清代历朝起居注合集》清穆宗卷三十四

同治九年（1870）十二月二十九日

上旨，绥履殿母后、皇太后前请安。平安室圣母皇太后前请安。辰刻，上御保和殿，赐蒙古王、贝勒、贝子、公、额驸、台吉，科尔沁扎萨克和硕图什业图亲王巴宝多尔济等八人，喀尔喀和硕亲王达尔玛等十人，扎赉特郡王阿勒坦鄂绰尔一人、阿巴嘎多罗卓里克图郡王刚噶尔伦布等二人、土默特贝子索特那木色登一人、敖汉贝子达克沁一人、翁牛特镇国公永龙等二人、扎鲁特镇国公达瓦宁保一人、喀喇沁贝勒德木刘扎布等二人、苏尼特多罗郡王托第布木等三人、归化城土默特辅国公格木丕勒多尔济一人、乌珠穆沁公衔头等台吉堆代扎布一人、克什克腾扎萨克公衔头等台吉毕玛拉嘎哩第一人、巴林二等台吉色旺诺尔布一人、察哈三等台吉布尔尼巴达尔等四人，奕劻、拉拉丰阿、岳龄、希拉布、穆腾阿、灵桂、穆隆阿、长顺、魁龄、延煦、吉和、铭安、宝珣、奕贵、西蒙、克什克孟、孟满庆、志和、恩承、承霈、裕辉、诚端、溥庄、何永、安岳林、托伦布阿、克敦布、庆恩、恩来、博崇武、庆至、景得、达庆、安住、阜保、兴林、文寿、宁和、载森、廷钧、乐英四十一人，及朝鲜国正使判中枢府事姜㳘、副使礼曹判曹徐相鼎、书状官兼执义样膺善三人，宴。驾进宫，奉母后、皇太后、圣母皇太后幸漱芳斋看戏，进午膳。

——《清代历朝起居注合集》清穆宗卷三十四

同治十年（1871）正月初四日

上旨，钟粹宫母后、皇太后前请安。长春宫圣母皇太后前请安。时应宫拈香，御紫光阁，赐蒙古王公，科尔沁扎萨克和硕图什业图亲王巴宝尔济等八人、喀尔喀和硕亲王达尔玛等十人、苏尼特多罗郡王托第布木等三人、敖汉郡王察克达尔扎布等二人、阿巴嘎多多罗哩克图郡王刚噶尔伦布等二人、杜尔伯持贝子格里克巴勒珠尔一人、土默贝子索特那木色登一人、扎鲁特镇国公达瓦宁保一人喀喇沁贝勒德木齐扎布等二人、归化城土默特辅国公格木丕勒多尔济一人、翁牛特镇国公永龙等二人、克什克腾公衔头等台吉毕玛拉嘎哩第一人、乌珠穆沁公衔头等台吉堆代扎布一人、巴林郡王阿拉玛期巴川尔等二人、扎赉特郡王阿勒坦鄂绰尔一人、察哈尔三等台吉布尔尼巴达尔等三人，及朝鲜国正使判中枢府事姜浧、副使礼曹判书徐相鼎、书状官兼执义权膺善三人，并章嘉呼图克图、敏珠尔呼图克图、洞阔尔呼图克图、察汉达尔汉呼力克图喇嘛等四人，宴。并赏赉有差。

——《清代历朝起居注合集》清穆宗卷三十五

同治十年（1871）正月十五日

上旨，大高玄殿拈香，寿皇殿行礼。驾进宫，旨，钟粹宫母后、皇太后前请安。长春宫圣母皇太后前请安。辰刻，上御保和殿，赐蒙古王、贝勒、贝子、公、额驸、台吉等，科尔沁扎萨克和硕图什业图亲王巴宝多尔济等七人、喀尔喀亲王达尔玛等十一人、巴林郡王阿拉玛斯巴咱尔等二人、扎赉特郡王阿拉坦鄂绰尔一人、敖汉多罗郡王察克达尔扎布等二人、阿巴嘎多罗卓里克图郡王刚噶尔伦布等二人、喀喇沁辅国公维罗布忠甯等二人、土默特贝子索特那木色登一人、翁牛特镇国公永隆等二人、扎鲁特镇国公达瓦宁保一人、苏尼特辅以玛哈西哩等二人、归化城土默特辅国公格木丕勒多尔济一人、克什克腾所萨克公衔头等台吉毕玛拉吉里第一人、乌珠穆沁公衔头等台吉堆代扎布一人、察哈尔三等台吉布尔尼巴达尔等四人、色丹那木扎勒一人、贡多桑保一人、奕劻、扎拉芬阿、照祥、希拉布、董恂、灵桂、穆隆阿、阜保、魁龄、延煦、常顺、吉和、奕贵、西蒙、克什克孟、保满、庆承、需裕、辉果、齐逊塈、林诚、端瑞、兴何永、安岳龄、隆懃、朱凤标、沈桂芬、毛昶远、庞钟璐、阿克敦布、庆春、恩来、宝珣、志和、达庆、恩承、博崇武、庆至、璟德、安住、兴林、文寿、富和载森、廷钧四十六人，及朝鲜国正使判中枢府事姜浧、副使礼曹判书徐柏鼎、书状官兼执义权膺善三人，宴。驾进宫。午刻，奉母后、皇太后、圣母皇太后幸漱芳斋看戏，进午膳。毕。驾还养心殿。

——《清代历朝起居注合集》清穆宗卷三十五

同治十年（1871）正月十九日

上旨，钟粹宫母后、皇太后前请安。长春宫圣母皇太后前请安。已刻，奉母后、皇太后、圣母皇太后幸漱芳斋看戏。进午膳毕，驾还养心殿。未刻，上御抚宸殿大幄次，赐蒙古王、贝勒、贝子、公、额驸、台吉等，科尔沁扎萨克和硕图什业图亲王巴宝多尔济等八人扎赉特郡王阿勒坦鄂绰尔一人巴林郡王阿拉玛斯巴咱尔等二人敖汉郡王察克达尔扎布等二人苏尼特郡王托第布木等三人阿巴嘎郡王刚噶尔伦布等三人喀喇沁贝勒德木齐扎布等二人杜尔伯特贝子格里克巴勒珠尔一人土默特贝子索特那木色登一人喀尔喀扎萨克多罗郡王鄂特萨尔巴咱尔等五人翁牛特镇国公永龙等二人乌珠穆沁辅国公堆代扎布一人归化城土默特补国公格木色勒多尔济一人克什克腾公衔头等台吉毕玛拉吉哩第一人察哈尔三等台吉布尔尼巴达尔等四人及朝鲜国正使判中枢府事姜浧副使礼曹判书徐柏鼎书状官兼执义权善三人茶果。

——《清代历朝起居注合集》清穆宗卷三十五

同治十一年（1872）十二月十八日

上旨，钟粹宫母后、皇太后前请安。长春宫圣母皇太后前请安。是日，乌拉特扎萨克镇国公贡桑龙扎布一人、喀剌沁固山额驸巴图鄂齐尔等二人、归化城土默特辅国公贡格巴勒一人，入觐。于养心门内跪请圣安，上温语慰问。

——《清代历朝起居注合集》清穆宗卷三十八

同治十一年（1872）十二月二十三日

上旨，钟粹宫母后、皇太后前请安。长春宫圣母皇太后前请安。内阁奉，上御抚辰殿大幄次，赐蒙古王、贝勒、贝子、公，科尔沁扎萨克和硕图什业图亲王巴宝多尔济等九人、扎拉善扎萨克和硕亲王贡桑珠尔默特一人、喀尔喀和硕亲王达尔玛等十一人、土尔扈特布彦图亲王车凌拉布坦等二人、苏尼特都王那木济勒旺楚克等二人、阿巴嘎多罗卓里克图郡王刚噶尔伦布等三人、蒿齐特扎萨克多罗郡王济克登噶维一人、喀喇沁贝勒德木齐扎布等一人、茂明安贝勒格楚克一人、土默特贝勒散巴勒诺尔赞三敖汉贝勒连克沁一人、鄂尔布斯贝勒贝贝子扎那吉里第等二人、乌扎待镇国公贡桑龙扎布一人、察哈尔辅国公济楚克扎木苏等五人、郭尔罗斯辅国公图布乌拉济图一人、翁牛特辅国公克什克阿尔毕济呼一人、归化城土默特辅国公贡格巴勒一人、巴林二等台吉色旺诺尔布一人，章嘉呼图克图、洞阔尔呼图、敏珠勒呼图克图、察汉达尔汉呼图克图喇嘛四人，宴、并赏赍有差。

——《清代历朝起居注合集》清穆宗卷三十八

同治十一年（1872）十二月三十日

上旨，钟粹宫母后、皇太后前请安。长春宫圣母皇太后前请安。是日，上御保和殿，赐蒙古王、贝勒、贝子、公、额驸、台吉，科尔沁扎萨克和硕图什业图亲王巴宝多尔济等八人、喀尔喀和硕亲王达尔玛等十人、阿拉扎萨克和硕亲王贡桑珠尔默特一人、苏尼特扎萨克多罗郡王托第木布等二人、鄂尔多斯贝勒衔勒子扎那吉里第等二人、阿巴嘎多罗卓里克图郡王刚噶尔伦木等三人、蒿齐特扎萨克多罗郡王济克登额维张一人、土默贝子索时那木色登等三人、茂明安贝勒格楚克一人、喀喇沁贝勒德木齐扎布等三人、乌拉特镇国公贡苏龙扎布一人、郭尔罗斯扎萨克辅国公图布乌拉济图一人、翁牛特辅国公克什克阿尔毕济呼一人、归化城土默特辅国公贡恪巴勒一人、敖汉贝勒达克沁一人、察哈尔辅国公济楚克扎木苏等六人、土尔扈特布彦图亲王车凌喇布坦等二人、巴林二等台吉色旺诺尔布一人，瑞兴、扎拉丰阿、何兆基、全庆、崇实、文煜、禄禄、诚明、富勒、珲泰、讷仁、恒训、庆丌、宝询、奕责、西蒙、克什克孟、保载、良志、和承霈、郭齐逊、崇绮塈林、西拉布、尚宗瑞、穆隆阿、阿克、复布、奕山、庆春、兴林、明瑶博、崇武、景德、祥恒、安德、绍祺、崇厚、文寿、恩来载森、立瑞、载珣等四十二人，及朝鲜国正使判中枢府事金寿铉、副使吏曹判书南延益、书状官兼执义闵泳穆三人，宴。奉母后、皇太后、圣母皇太后幸漱芳斋看戏进午膳。旨，钟粹宫，母后皇太后前行礼。长春宫圣母皇太后前行礼。

——《清代历朝起居注合集》清穆宗卷三十八

同治十二年（1873）正月初四日

上旨，钟粹宫母后、皇太后前请安。长春宫圣母皇太后前请安。辰时，应宫拈香，御紫光阁，赐蒙古王公，科尔沁扎萨克和硕图什业图亲王巴宝多尔济等九人、土尔扈特不彦图亲王车凌喇布垣等二人、阿拉善亲王贡桑珠尔默特一人、苏尼特亲王托第布木等二人、鄂尔多斯贝子巴达尔呼等二人、阿巴嘎郡王刚噶尔伦布等三人、蒿齐特郡王济克登噶维张一人、土默特贝勒散巴勒诺尔赞等三人、茂明安贝勒格楚克一人、乌拉特镇国公贡苏龙扎布一人、郭国斯辅国公布乌勒济图一人、翁牛特辅国公克什克阿尔毕济呼一人、归化城土默特辅国公贡格巴勒一人、巴林二等台吉色旺诺尔布一人、喀喇沁固山额驸巴图鄂齐尔等二人、喀尔喀亲王达尔玛等十一人、敖汉贝子达克沁一人、察哈尔辅国公济楚克扎木苏等五人，及朝鲜国正使判中枢府事金寿铉、副使吏曹判书南廷益、书状官兼执义闵泳穆三人，并章嘉呼图克图、洞阔尔呼图克图、敏珠勒呼图克图、察汉达尔汉呼图克图等四人，宴。并赏赍有差。

——《清代历朝起居注合集》清穆宗卷三十九

同治十二年（1873）正月十五日

上旨，大高玄殿拈香。寿皇殿行礼。驾进宫，旨，钟粹宫母后、皇太后前请安、长春宫圣母皇太后前请安。辰刻，上御保和殿，赐蒙古王、贝勒、贝子、公、额驸、台吉等。科尔沁扎萨克和硕图什业图亲王巴宝多尔济等九人、喀尔喀和硕亲王达尔玛等十人、土尔扈特汉布彦乌勒哲依图等二人、阿拉善亲王贡桑珠尔默特等二人、苏尼特多罗郡王托第布木等二人、鄂尔多斯贝勒衔扎那济里第第等二人、敖汉贝子达克沁一人、阿巴嘎多罗郡王卓里克图刚噶尔伦布等三人、蒿齐特扎萨克多罗郡王济克登噶维张一人、土默特贝勒散巴勒诺尔赞等三人、乌拉特镇国贡苏龙扎布一人、郭尔罗斯辅国公图布乌勒克图一人、翁牛特辅国公克什克阿尔毕济呼一人、归化城土默特辅国公贡格巴勒一人、巴林二等台吉色旺诺尔布一人、喀喇沁固山额驸巴图鄂齐尔一人、茂明安贝勒格楚克一人、察哈尔辅国公济楚克扎木苏等五人、符珍、载濂阿、那洪阿、瑞兴、单懋谦、全庆、毛昶照、董恂、崇实、文煜、阜保、志和、延煦、诚朋、富勒、浑泰、讷仁、恒训、庆升、奕贵、西蒙、克什克、载良、承霈、崇绮、毓惠、扎拉丰阿、照样、岳林、希拉布、尚崇、瑞桑、春荣、胡家玉、阿克敦布、奕山、庆春、兴林、崇厚、宝珣、广寿、荣禄、明瑶、传崇、武璟、德祥、亨安德、绍祺、文寿、恩来、载森、载勋、立瑞、兆珏等五十一人，及朝鲜国正使判中枢府事金寿铉、副使吏曹判书南廷益、书状官兼执义闵泳穆三人，宴。驾进宫，午刻，奉母后、皇太后、圣母皇太后幸漱芳斋看戏，侍午膳。

——《清代历朝起居注合集》清穆宗卷三十九

同治十二年（1873）正月十九日

上旨，钟粹宫母后皇太后前请。安长春宫圣母皇太后前请安。奉母后、皇太后、圣母皇太后幸漱芳斋看戏，侍午膳。上御抚辰殿大幄之，赐蒙古王、贝勒、贝子、公、额驸、台吉等，科尔沁和硕图什业图亲王巴宝多尔济等九人、喀喇沁多罗都楞郡王和硕额驸都特那木济勒等二人、苏泥特多罗郡王托第布木等二人、阿巴嘎多罗郡王刚噶尔伦木等三人、蒿齐特多罗郡王济克登噶维张一人、土默特多罗尔勒散巴勒诺赞三人、茂明安多罗贝勒格楚喀一人、鄂尔多斯贝勒衔固山贝子扎那济哩第二人、敖汉固山贝子达克沁一人、乌拉特镇国公贡苏龙扎布一人、郭尔罗斯辅国公图布乌勒济图一人、翁牛特辅国公克什克阿尔毕济呼一人、归化城土默特辅国公贡格巴勒一人、巴林二等台吉色旺诺尔布一人、土尔扈特亲王车凌拉布坦等二人、阿拉善亲王贡桑珠尔黙特等二人、喀尔喀亲王达尔玛等十人、察阿尔辅国公济楚克扎木苏等五人，朝鲜国正使判中书府事金寿铉、副使吏曹判书南廷益、书状官兼执闵泳穆三人，茶果。

——《清代历朝起居注合集》清穆宗卷三十九

同治十三年（1874）七月十一日

奉谕旨：荣全奏请调员差委一折。三等侍卫双全绥远城副都统衔。佐领音得泰著领侍卫内大臣。绥远城将军即饬该二员，前赴荣全军营听候差委。

——《清代历朝起居注合集》清穆宗卷四十三

光 绪（1875—1908）

光绪二年（1876）十月二十七日

奉旨：镶白旗蒙古都统著善庆补授所遗绥远城将军。著庆春补授察哈尔都统。著瑞联调补所遗热河都统。著延煦补授善庆，未到任以前镶白旗蒙古都统事务著明庆署理。钦此。

——绥远城圣旨节录

光绪三年（1877）四月初七日

奉旨：文煜著留京当差，福州将军著庆春调补。瑞联著补授绥远城将军，所遗察哈尔都统著春福补授。钦此。

——绥远城圣旨节录

光绪三年（1877）六月初十日

奉谕旨：御史邓庆麟奏，甘茶引地，被归化城私茶侵占，请交督臣派员设局经理，并停理藩院茶票一折。著该衙门议奏。

——《清代历朝起居注合集》清德宗卷五

光绪三年（1877）八月十八日

奉谕旨：绥远城将军瑞联著加恩在紫禁城内骑马。

——《清代历朝起居注合集》清德宗卷六

光绪三年（1877）十一月二十九日

奉谕旨：本日，内阁呈进山西巡抚曾国荃具题，归化城客民耿姓毒毙田郭氏一本票，签内将余著议奏字样，误翻余依议。所有看本之中书侍读，著查取职名部，部议处未经看出之大学士，著交部察议。

——《清代历朝起居注合集》清德宗卷六

光绪三年（1877）十二月二十三日

上旨，钟粹宫皇太后前请安。长春宫皇太后前请安。是日，敖汉多罗郡王色丹诺尔多克一人、杜尔伯特固山贝子喇什彭苏克一人、巴林固山贝子毕齐那逊一人、科尔沁镇国公特固期毕里克图一人、阿巴嘎辅国公恩克托克托呼一人、归化城土默特辅国公贡巴勒一人、土默特头等他布襄哈布塔玛噶一人、喀喇沁固山额驸吉兰泰等二人、旧土尔扈特多罗贝勒丹津一人、青海固山贝子棍楚克拉旺丹忠等四人、喀尔喀固山贝子旺楚克察克达尔一人、阿拉善镇国公沙克都尔扎布一人、察哈尔头等台吉玛里晋沁保一人，入觐。于养心门跪请圣安。上温语慰问。

——《清代历朝起居注合集》清德宗卷六

光绪四年（1878）正月十九日

上旨，钟粹宫皇太后前请安。长春宫皇太后前请安。未刻，上御抚辰殿大幄次，赐蒙古王、贝勒、贝子、公、额驸、台吉等，科尔沁多罗郡王那格呼格等四人、乌珠穆沁郡王衔多罗贝勒察克都尔色楞等二人、土默特多罗贝勒散巴勒诺尔赞等二人、巴林固山贝子色旺诺尔布等二人、阿巴嘎固山贝子杜英固尔扎布等三人、喀喇沁镇国公乌凌阿等五人、喀尔喀镇国公扎木萨林扎布等三人、阿拉善镇国公沙克都尔布一人、敖汉多罗郡王色丹诺尔多克一人、旧土尔扈特多罗贝勒丹津一人、杜尔伯特固山贝子喇什彭苏克一人、青海固山贝子棍楚克拉旺丹忠等三人、归化城土默特辅国公贡格巴勒一人、察哈尔头等台吉玛哩晋沁保等五人，及朝鲜国正使判中枢府事曹锡舆、副使礼曹判书李珪永、书状官兼执义李教荣三人，茶果。

——《清代历朝起居注合集》清德宗卷七

光绪五年（1879）正月十九日

奉谕旨：春福等奏请将擅挪军饷之佐领革职严追等语。乌里雅苏台换防之绥远城镶白旗满洲佐领诺敏，前在山东催饷，累次亏挪银一千五百九十两之多。前经额勒和布等奏参摘去顶戴，饬令回旗措缴。该员延不完交实数胆玩。诺敏著即行革职，并著瑞联就近严追，勒令如数交清，以重帑项，而儆效尤。该部知道。

——《清代历朝起居注合集》清德宗卷十

光绪五年（1879）闰三月二十五日

奉谕旨：清安等奏科布多满营换防官兵每届年满，向与乌里雅苏台官兵一并更换。由绥远城咨送，乌里雅苏台将军照数酌留后，再行分拨。前赴科城办事，难资得力，请饬变通办理等语。著照所请，此后，科布多换防官兵由绥远城将军查照应行更换员名数目，选择通晓满州、蒙古、汉文者，造具清册，专送科城。毋庸送由乌里雅苏台分拨。该部知送。

——《清代历朝起居注合集》清德宗卷十一

光绪五年（1879）十一月十八日

奉旨：杭州将军著瑞联调补。所遗绥远城将军著丰绅调补。所遗黑龙江将军著希元调补。所遗荆州将军著景丰补授。所遗察哈尔都统著祥亨补授。丰绅后，希元到任后再行交卸，瑞联未到任以前著富尔荪暂行署理。钦此。

——绥远城圣旨节录

光绪六年（1880）二月二十六日

奉谕旨：前绥远城将军现署黑龙江将军定安著加恩在紫禁城内骑马。

——《清代历朝起居注合集》清德宗卷十四

光绪六年（1880）八月初八日

奉谕旨：绥远城将军丰绅著加恩在紫禁城内骑马。

——《清代历朝起居注合集》清德宗卷十五

光绪六年（1880）十二月十二日

杜尔伯特扎萨克固山贝子喇什彭苏克一人、归化城土默特辅国公贡格巴勒一人、茂明安扎萨克头等台吉绰克布彦图一人、喀喇沁固山额驸巴图鄂齐尔一人，入觐。于神武门外，跪迎圣驾，上温语慰问。

——《清代历朝起居注合集》清德宗卷十五

光绪六年（1880）十二月二十三日

上御抚辰殿大幄次，赐蒙古王、贝勒、贝子、公，科尔沁亲王巴宝多尔济等八人、阿拉善亲王多罗特色楞一人、乌珠沁郡王旺都等那木济勒等七人、敖汉郡王察克达尔扎布等三人、土默特贝勒散巴勒诺尔赞一人、茂明安贝勒额外侍郎格楚克等二人、杜尔伯特贝子喇嘛彭苏克一人、阿巴嘎贝子杜英固尔扎布一人、喀尔喀贝子托果瓦等七人、扎鲁特镇国公达瓦宁保一人、翁牛特辅国公克什克阿尔毕济呼一人、归化城土默特辅国公贡格巴勒一人、察哈尔三等台吉布尔尼达哩等五人、敏珠勒呼图克图、洞润尔呼图克图喇嘛宴。并赏赉有差。

——《清代历朝起居注合集》清德宗卷十五

光绪八年（1882）六月初十日

奉谕旨：张之洞奏拿办口外棍徒等语。据称代州棍徒刘定邦，由监生捐纳游击衔在归化城等处开设粮店，专以买空卖空为事。并勾串各衙门丁胥，架讼诬累商民，实为地方之害。刘定邦著革去职衔，并著兵部查明。如另有保案，即行褫革，交张之洞严审惩办，以靖刁风。

——《清代历朝起居注合集》清德宗卷十六

光绪九年（1883）七月

恩录用塔城，亦应仿照办理，其帮办、章京、委署主事，即仍照神机营委员，月给口分银二十七两。额外笔帖式即仍照部院笔帖式，月给口分银十五两。学习笔帖式、委署骁骑校月各给口分银十二两。以上所委各员，拟照旧案，年满时分别奏咨，送部办理。而边地时势艰难，均请扣足五年，为期满俾，该官兵边远从戎，知感知奋，仍由奴才查看，偶有始勤终惰者，亦应随时办俾贴劝惩。

但目下伊犁官兵，既无可调。应由绥远城驻防内调用。奴才于到任后，由绥远城调来官兵数员名，皆堪造就。惟不敷分派，仍由神机营及伊犁索伦等营调来之官兵内，暂委充缺。将来日久，应仍以绥远城调来之官兵奏请叙用。并拟每次调用兵三十名，作为换防。每届三年调拨一次，以资差委。兹营务处承办。

——清咸同光三朝朝政档案／户部奏稿

光绪九年（1883）十一月二十七日

调热河、察哈尔、绥远城官兵各一千名，密云官兵五百名驰赴通州防堵。

奴才查看，偶有始勤终惰者，亦应随时办俾贴劝惩。但目下伊犁官兵既无可调，应由绥远城驻防内调用。奴才于到任后，由绥远城调来官兵数员名皆堪造就，惟不敷分派，仍由神机及伊犁索伦等营调来之官兵内暂委充缺。将来日久，应仍以绥远城调来之官兵奏请叙用，并拟每次调用兵，三十名作为换防，每届三年调拨一次，以资差委。兹营务处承办章京主事职衔一缺，前已奏拟派京营候补游击刘宽充当。该员自任事以来，数年之久，内事振兴，外夷驯顺。现当边事未集之时，未便顿易生手，拟仍其旧。其帮办章京委署主事一缺，查有京城厢黄旗汉军花翎同知衔候选知县范一照，留心夷务，堪以派委。额外笔帖式二缺，查有京城厢红旗护军营文生员护军兴桂、索伦营即补骁骑校学习笔帖式博奇屯堪以派委。文案处承办章京主事职衔一缺，查有绥远城驻防厢黄旗满洲蓝翎六品顶戴翻译教习前锋吉兰，谨饬有为，堪以派委。其帮办章京委署主事一缺，查有绥远城正黄旗满洲六品顶戴翻译教习前锋福松，朴实耐劳，堪以派委。额外笔帖式二缺，查有绥远城厢白旗蒙古大生员前锋奢哩、厢黄旗满州六品顶戴甲兵绷僧额、堪以派委。粮饷处承办章京主事职衔一缺，查有京城正蓝旗护军营尽先补用护军校常永，心细才明，堪以派委。帮办章京委署主事一缺，查有绥远城正黄旗蒙古防御衔补用骁骑校祥善，稽核要庆，堪以派委。额外笔帖式二缺，查有报部学习笔帖式伊犁锡伯营即补骁骑校讷伊勒春、绥远城正黄旗蒙古六品顶戴甲兵溥渊、堪以派委。蒙古事务处承办章京主事职衔一缺，查有前充塔城主事职衔花翎四品顶戴伊犁满营候补防御巴彦图，老成练达，是以仍派充当。具帮办章京委署主事一缺，查有绥远城正红旗满洲四品顶戴补骁骑校后以防御补用瑞明，勤于公事，堪以派委。额外笔帖式二缺，查有报部学习笔帖式索伦营伍品顶戴即补骁骑校富勒珲、绥远城厢红旗满洲六品顶戴前锋奎元，堪以派委。如此饬委分办，俾有专责，庶昭循守。

令蔚长厚商号于光绪九年九月十八日赴库，请领汇赴山西朔平府、绥远城将军衙门役，兑转解科布多大臣查收，知会伊犁将军金顺派员近提应用等情，详请具奏前来。臣复核无除分咨户部，暨绥远城将军、科布多大臣、伊犁将军查明外，所有第二次汇解伊犁善后经费缘由，理合附片陈明。伏乞圣鉴谨奏。光绪九年十一月二十七日 军机大臣奉旨：知道了，钦此。

——绥远城圣旨节录

光绪九年（1883）十二月初七日

经臣部移咨仓场侍郎，将所借库银及生扣数目入于汇奏在案。再八旗护军统领等处，凡遇随围拉载账房，车价银两经臣部于乾隆二十年十一月内奏准，在于部存库利银内动支给发。在案查，乾隆七年六月起至光绪六年三月止，八旗满洲蒙古汉军暨上三旗包衣，及看守通仓兵丁原借库本银并续借银两，除按月扣回本银，以及派往绥远城等处驻防兵丁并年老造退等项兵丁免过银两外。按年核算，现在尚有未完银一百四十五万四千九百十三两九钱一分，历年共得过利银九百七十万四千七百五两二钱一分九厘。除利年抵补宽免，并该班赏银外，实存利银一百十七万六千八百二十七两七钱三分二厘。节经臣部循例奏明在案。

奏：前来臣复核无异，除将年款细数咨明户部，暨咨绥远城将军、科布多大臣、伊犁将军查照外，所有汇解伊犁协饷缘由理合，附片陈明。伏乞圣鉴。谨奏。光绪九年十二月初七日军机大臣奉旨：知道了，钦此。

——绥远城圣旨节录

光绪九年（1883）十二月十二日

又户部议复，乌里雅苏台将军杜嘎尔等奏，乌科二城岁需经费，不敷支放，请拨有著之款案内。奏拨安徽厘金银二万两，自光绪九年四月起，照数筹解，二年解赴绥远城将军衙门，转解乌科二城应用。现据该司先行筹措库平银一万两，详委试用。直隶州州同孟荣解赴绥远城将军衙门，交纳转解。并声明厘金系按月抽指，一时未能集数，所解前项，各起厘金暂由司库拨解。仍于现收厘金内陆续拨还，造报以符原案各等情，详请具奏。前来除分咨查，照外合将安省奉拨光绪九年分边防经费，暨东三省癸未年官兵俸饷均已照数解清。并筹解乌科二城。

拨款缘由,谨附片陈明,伏乞圣鉴,谨奏。光绪九年十二月十二日。军机大臣奉旨:户部知道。钦此。

——绥远城圣旨节录

光绪十年（1884）正月二十四日

奏:为乌城防军陆续悉数撤尽,恭折具陈,仰祈圣鉴事。窃奴才等遵照部议,将应撤防军于本年十月十二日起,分隔日开拔。并声明截至来年正月底,悉数撤尽。业经于十一月初九日驰奏在案。查前项应撤之队,自十月十三日起陆续分起开拔,已于十一月二十六日完竣。其余一半防军二百余员名,自应核计饷项,即早遣撤。故令自十月初二日起,衔尾分起隔二日开拔,截至来年正月初四日,一律撤尽。应发里粮路费,除察哈尔官兵从减以两个月核发外,其余各处官兵均仍照旧章,以三个月核发应支月饷。各以起程之日,以次停支。此内有黑龙江等处官兵数员,应仍遵照部章,咨由察哈尔都统衙门,转饬地方官照例供应前进。并咨呈神机营照案查核办理,该军用度器械、马匹应该查清残缺疲倒,再行造册报部。查前派往河南、山东等,自催领军饷委员队兵数员,应候由各该省催领饷项解至张家口,交替经行,撤令回旗。驻口转运饷人员,应候江西、安徽等省饷项解至递运出口后,经遣撤再前调张家口即补协领、佐领。奏委总理营务文案翼长赓、吉图尚有经手未完,并委员等十一员,暂行留乌,候清理事竣,陆续再行遣回。其余四部院章京、笔帖式等,并由绥远城调到书手兵等,均各归各处当差。所有暂留各员薪水照旧开支。准入报销册内、除将遣撤官兵衔名造册分行咨报外。理合恭折,具奏伏皇太后、皇上圣鉴。谨奏。光绪十年正月二十四日,军机大臣奉旨:知道了。钦此。

——清咸同光三朝朝政档案/户部奏稿

光绪十年（1884）正月

皇太后、皇上圣鉴。饬部核复施行,再解万年吉地工程银二万五千两,户部京饷银四十八万两,大碑楼工程银二万两,伊犁偿款银三万两,伊犁善后经费银一万两。又汇费银二百两,山西绥远城将军转解科布多饷银二万二千五百两。又汇费银四百五十两,边防经费银四万两,以上各款共银六十二万八千一百五十两，均经先后另案奏报。

——清咸同光三朝朝政档案／户部奏稿

光绪十年（1884）三月

光绪九年八月二十四日，军机大臣奉旨：户部议奏，钦此。当经分咨满蒙八旗各都统详查咨复，兹据陆续复齐到部。查原奏，内称窃照京城八旗人丁生齿日繁，前将军特普钦于招民开垦者之初，生濠河北呼兰河南勘留平坦荒场，可拨京旗人丁三百户。因附近居民侵占，经调任绥远城将军丰绅奏请，由该旗营兵丁内，先拨三百户代垦。当因建房置具为数不资，请候地成熟，京旗丁到再请领款，安插每户拨地七十晌，以三十五晌限七年后开齐，交京旗管业。倘届时不到，即令各该代垦之户升科，以三十五晌归代垦地户管案。至五年后，以二十晌照章每晌交纳官租钱六百六十文。其余十五晌作为代垦户之产，已于光绪四年按照留圈内分妥。二十屯编为厢白、镶红、正蓝、镶蓝四旗，每旗安设五屯，每屯拨驻京旗十五户，代垦十五户，共六百户，归北团林子委协领管束等。因奏明在案，今前项留拨之地，经代垦之户开齐，已到交领年限。代垦之户地亩，本年亦届升科之期，自应奏明核办。查原议，每户盖房、穿井、置备牛具银二百五两有零，其由京起身路途资斧，尚不在内。查江省仅有租税两款，抵充官兵俸饷。地届征租之年未便延缓清。

——清咸同光三朝朝政档案／户部奏稿

光绪十年（1884）三月二十日

绥远城将军丰绅等奏，土默特界，晋抚条陈归化五厅客民编籍，占疑游牧。拟请复旧，勿编民籍一折。定于本月二十日具奏。

——清咸同光三朝朝政档案／户部奏稿

光绪十年（1884）三月

户部谨奏为遵旨议奏事。光绪十年二月二十一日，内阁抄出绥远城将军丰绅等奏，土默特兵备札萨克各界、晋抚条陈归化五厅客民编籍占疑游牧，拟请各厅体制复旧，勿编民籍一折。

311

二月二十日，军机大臣奉旨，该部议奏。钦此。钦遵抄出到部。据原奏内称，土默立民籍必占蒙古牧地，其大青山前，佐领下蒙众后居住四佐领下兵丁、台吉、喇嘛徒众，全靠户口田地游牧度活。倘准流民编籍落户，诚日久，蒙民勾串，盗买蒙古房产，难免口角争占之事。详核山西抚臣条陈，仿照直隶成案，归化五厅编民清匪，原为整理地方起见，无如土默特。与直隶口外张独多三厅客民情形不同，若将流民编籍，自必侵占牧地，实于蒙古生计大有关疑。请将归化五厅体制复旧，勿编民籍，仍遵成案，巡查贼匪，客民依旧寄居等语。臣等伏查晋抚条奏，七厅改制未尽事宜，折内有编立户籍一款。据称蒙部寄民众多，外来游匪往往恃为遁逃渊薮，七厅与旗属交涉地方，请由察哈尔都统、绥远城将军、归化城副都统拣派旗蒙各员，会同道厅各员，于交涉各蒙部寄居民人，每年编查一次。其土默特兵备札萨克各旗界本为各厅该管境地者，应为粮户、业户、寄户三等办法等，因奉旨交部议奏，吏部暨臣部正在会议，具奏间，复据该将军等奏称，客民编籍占疑游牧，拟请体制复旧，勿编民籍等、因奉旨交议到部，查山西抚臣奏编，查口外各厅寄居民籍，系为清理赋役保甲起见，于该游牧有无窒疑难行之处，臣部未便臆断，应请旨敕下山西巡抚、绥远城将军、归化城副都统等，悉心会商，确切查明。期于蒙古游牧、寄居农民两无妨疑，由该抚等商妥，奏明后再行办理。所有议奏缘由是否有当。理合恭折。具陈伏乞。

——清咸同光三朝朝政档案 / 户部奏稿

光绪十年（1884）四月初四日

奉谕旨：张之洞奏归化城副都统奎英于地方公事多有意见，民蒙交涉事件，偏袒徇庇，有意阻挠，不知大体等语。著派察哈尔都统绍祺于到任后，就近将所奏各节确切查明，据实具奏。毋稍徇隐。

——《清代历朝起居注合集》清德宗卷二十一

光绪十年（1884）五月二十五日

奉谕旨：御史王赓荣奏边民服教有年，请清设厅学一折。据称山西边外七厅，未议学校，年来居民读书者，多考试为难，请饬酌定廪额等语。著山西巡抚、山西学政、绥远城将军会同妥议具奏。

——《清代历朝起居注合集》清德宗卷二十一

光绪十年（1884）闰五月十八日

奴才丰绅、奴才奎斌、奴才奎英跪奏。为绥远、右卫官兵衙署、兵房年久失修，不堪栖止。谨将会议原案减半借饷修理缘由，吁垦恩施。以逮兴工而示体恤，恭折具奏，仰祈圣鉴事。窃据绥远城八旗满洲、蒙古协领福禄等，暨右卫城守尉文顺呈称，情因绥远、右卫两城官兵居住房间，自同治元年六月间，奏蒙恩准，减半借项修理以来，迄今已经二十余年。惟原地势低凹，又兼近年雨水较多，官兵房间多有坍塌、损坏。若不及时修理，实难栖止。于同治十一年，曾经据情呈请，援照上届减半借支成案，借款兴修。咨会前任山西抚臣奏请借款办理，维时因前借扣还修房银两，均因库款支绌，垫放官兵俸饷，动用无存。晋省藩库又难筹此巨款，以致停缓。至今从未修理，现查官兵房间坍塌尤甚，其露宿苦状尤难再缓等情。业经奴才丰绅、奴才奎英咨商山西抚臣张之洞、署抚臣奎斌设法筹款，照依前次减半成案，会奏借项修理。恭查道光十七年四月初二日，奉上谕，此后遇有驻防衙署兵房应行修理者，著该将军、副都统等，知照各该督抚切查明，会同具奏。钦此。钦遵在案，查例载各省驻防官员所驻官房，如遇倒塌，该将军、都统核实查明，准照地方官之例，借项修理。绥远城、右卫二处驻防兵丁房间坍塌，准于山西省耗羡银内，每名各借一年饷银，及时修葺。在于各该兵丁应得饷银内，分作八年扣还归款等语。详核绥远、右卫两城官员兵丁房间，向系借项修理，每届八年，将所借银两扣完，仍准奏请借支兴修，历经遵办。在案同治元年，因军机未竣，筹款维艰，当已变通筹商减半，借支先行择要兴修，分限四年扣还归款。此于同治六年，将前项扣完银两。据粮饷同知详明，因兵饷不敷，已垫放动用无存。又值军务未竣，库款难筹，迨军务甫竣，晋省复遭大灾，更难兼顾，以致延缓，多年失修。现经奴才丰绅、奴才奎英体察八旗两城官兵，衙署房间自上届减半借支择要兴修，已历二十余年，坍塌渗漏，倾圮愈多。倘再延续，工程愈形浩大。是以奴才等往返咨商，意见相同。拟将绥远城、右卫官兵衙署房间，仍请照以上届减半借支，择要兴修，分限四年扣还归款。后扣完时，如库款稍纾，再行酌核办理。至绥远城官兵请借减半修费，应需银四万九千六百二十两，仍由司库等画于耗羡项下，借动银三万九千九百三十六两。其余不敷银九千六百八十四两，即照上届，由旗库存储官兵马价银两借动支。至右卫官兵应借修房银六千四十八两，亦在于耗羡内借给。两城官兵所借耗羡银两，分作四年，由各该营应一领俸饷银内，按季由司坐扣归款。所借马价银两，亦分作四年，扣还归款合无。仰垦天恩，俯准借支。俾该官兵等及时择要兴修，以资栖止。谨将该官兵应借减半银数，另缮清单，恭呈御览。惟此项借银，系由各官兵名下扣还足款，且属择要修理，工竣请免造报，合并陈明。除咨户兵工部查照外，所有绥远、右卫两城官兵，援案减半借饷，修理房间缘由。谨会同署理山西抚奴才奎斌，合词恭折具奏。伏乞皇太后、皇上圣鉴训示，遵行谨奏。光绪十年闰五月十八日，军机大臣奉旨：著照所请，该部知道，单片并发。钦此。

——清咸同光三朝朝政档案 / 户部奏稿

光绪十年（1884）闰五月二十四日

奉旨：丰绅著调补江宁将军。所遗绥远城将军著克蒙额补授。钦此。

——绥远城圣旨节录

光绪十年（1884）六月初四日

奉谕旨：前据张之洞奏，归化城副都统奎英阻挠公事，于蒙民交涉事件偏袒徇庇各节，当谕令察哈尔都统绍祺，就近确查具奏。兹据查明复奏，副都统奎英于山西办理边务，尚无授意阻挠情事，至私裁罂粟，令解户司惩办。清大粮地，迭次行文，先造底册办理，均尚无错谬。惟于蒙古五十一窝盗分贼一案，地方官审有确据。该衙门兵司尚以现有要差，咨提会审该。副都统失于觉察，咎实难辞，副都统奎英著交部照例议处。另片奏，土默特蒙兵向赖游牧养赡，现经编立官民户籍，报地升科，蒙古不免失牧之尤等语。即著绥远城将军督率土默特参领按照当年界趾，无论已开未开挖濠立界，绘图贴说，办理明确。并著咨明山西巡抚于升科时，不得令客民任意指报，以清牧界，而安蒙民。该衙门知道。

——《清代历朝起居注合集》清德宗卷二十二

光绪十年（1884）六月

奴才绍祺跪奏。为遵旨查明据实复陈，恭折仰祈圣鉴事。窃奴才于本年四月初五日，途次接准军机大臣咨称，四月初四日奉上谕，张之洞奏归化城副都统奎英于地方公事多有意见，民蒙交涉事件，偏袒徇庇，有意阻挠，不知大体等语。

著派察哈尔都统绍祺于到任后，就近将所奏各节，确切察明，据实具奏，毋稍徇隐，钦此。并抄录原片，咨行前来。当因奴才驻扎张家口，距归化城七百余里，并须庆选委员，恐延时日缘由。已附片奏闻，奉旨：知道了。钦此。钦遵各在案，此遴派协领塔清阿、玉璞等二员前往访查。一面询取土默特各协领亲供，并咨查绥远城将军、归绥道、归化厅等处，事件备具，公牍饬交该委员到绥亲投。去后，兹据该协领塔清阿等查明，旋口递到绥远城将军、归绥道、归化厅咨复，文禀暨土默特各协领亲供，并该协领等禀报、采访情形，奴才逐一详加考核，晋抚原有各节，以阻挠边事，遇事僭越，为最要关键。如原奏内称受意所属各协领，令其联名具禀，约将军会奏。因丰绅未肯据允，是以延搁至今。为阻挠边事之实证，查绥远城将军咨复文内延搁之故，因该协领等所具公呈，不甚明晰。叠经驳饬，令将有碍情节，详细禀复，再行核办。此于二月间，又据该协领等复行禀复代奏，故于二月初十日，与副都统奎英会衔具奏，该副都统实无意欲从中梗阻约将军会奏情事。又据土默特协领呈递亲供，内云本管副都统于去年九月初三日奉旨进　京陛见。于十二月十五日回任职等，所具联名公呈，系于十一月间，将军兼署副都统任内，本管副都统尚未回任，岂有授意之理。奴才细核情节，其非该副都统阻挠授意，尚属可信。又如原奏内称，于比丁之期，忽有浮言，欲将土默特徙往伊犁蒙地，入官经归绥道饬令归化厅同知谦吉，访拿惑众之人。浮言始息，详细访查其言，实出自副都统衙门一节。据归化厅同知谦吉禀复内称，查光绪九年十一月，奉归绥道阿克达春面谕，闻得街谈巷议，有迁徙蒙古浮言。饬令严拿惑众之人，遵即密访，确无闻见，随即面复，并未言及浮论出于何处。亦不知比期在于何时。均无确据等语。查谦吉系密访此事之员，既具有当时均无确据之禀，似是扑风捉影之词，应请毋庸置议。又如原奏内称，查禁罂粟，筹办兵糈，无不从中僭越一节。查归绥道禀复内称，准副都统来咨云，禁种罂粟，互相稽查，倘有私栽罂粟，被举者。如系民人，交地方官惩治。如系蒙古，令其总解户司等语。该道指为，不由地方官办理，是其祖庇僭越之实据。查民人，则交地方。蒙古则交户司。分晰甚为明确，亦属循例办理。似非祖庇僭越可比。至清丈粮地，原奏内称亦以恐被侵占为词，逞其私见一节。据归绥道禀复内称，归化城副都统迭次行文，令其究造底册，再行勘丈。又传知，蒙古指出蒙地，该道指为显与地方公事，有意阻难。查民蒙地亩，相间杂出。若无底册，如何清丈，先造底册，再行勘丈办法，尚非错谬。令蒙古地方分界，正所以安蒙心，而却争端，岂有先令客民指地，而不先令蒙古分界之理者。所以不能折服蒙古之心，蒙众联名具呈之由来也。又如原奏内称，摇惑从前驻扎之卓胜直字等营，别生枝节一节。据绥远城将军咨复，卓胜一军，于光绪二年十二月间经左崇棠奏调西进。直字一军，于三年三月间遵旨驰赴奉天驻防。山西巡抚张之洞系于七年十二月间到任，从前若何别生枝节情事，本衙门无凭查考。查两军当日驻扎绥远城，倘有枝节，该衙门必有案可稽。既云无凭查考，应请亦无庸置议。统计归绥道禀复者，共五条，其中细故案件甚多，不堪枚举。细阅诸卷，与原各款无涉者，不能尽登奏牍。惟其中有蒙役五十二案，蒙古五十一身充兵司巡兵，竟敢窝盗分赃。已在地方官衙门审有确据，而副都统衙门兵司尚以现有要差为词，咨提该犯会审。该副都统实有失察之咎。至若原奏所称，风闻未与会衔，意甚不悦，及徇庇蒙古，阻挠地方，本非一端，亦非一日等语。或揣测之词，或流传之语，无从究查。奴才奉命查办，惟有不避嫌怨，不涉偏袒，据实直陈。敬候圣裁，所有奉确查缘由，理合恭折具。

——清咸同光三朝朝政档案 / 户部奏稿

光绪十年（1884）七月

请旨饬下署两江督臣曾国荃陕、甘总督谭钟麟、陕西巡抚边宝泉、提督雷正绾、吉林将军希元、黑龙江将军文绪、绥远城将军克蒙额、宁夏将军奕榕等，一体钦遵，妥为筹备。一面调准拔队起行，先期将人数、饷章奏明咨部。除江南、陕西各营，本年原饷分别拨解划拨，接续供支外，其马队各军，或无原饷，或原饷不敷支放，于拔队之日，一切行粮月饷，应由各该处先行筹拨。一面由臣部按其需饷多寡，指省分拨。如军已到防，各省拨解未齐，应先由部库暂行垫发，以济急需所有。臣等议奏筹饷，请饬豫定饷数缘由理合。恭折具陈，伏乞。

——清咸同光三朝朝政档案 / 户部奏稿

光绪十年（1884）七月二十八日

本部议复军机处交出，绥远城将军奏备调绥远马队官兵，请将新添官兵应支饷乾饬部筹款一折，定于本月二十八日具奏。

——清咸同光三朝朝政档案 / 户部奏稿

光绪十年（1884）七月

户部谨奏为遵旨议。奏事绥远城将军丰绅奏备齐马队官兵听候调遣，并请将新添马队官兵饷，乾饬部筹款一折。光绪十年七月十八日，军机大臣奉旨，知道了。所有备齐马队官兵，即著认真操练。候旨调拨。至此次新添官兵岁需饷乾银两，著户部议奏，钦此。钦遵由军机处交出到部，据原奏内称，准神机营咨开本营遵议，都统善庆请调各省马步队伍，暨带兵各员抄奏行知。前来查绥远城，现在实有留防马队官兵二百二十员名。内营务丈案翼长二员，委员四员，委营总一员，委佐领二员，委防御二员，委骁骑校八员，委笔帖式一员，马队兵二百名。岁需饷乾杂款银两，每年准由山西藩库拨银一万两，归绥道库税课项下拨银九千余两。遵照部章，按年分晰，冬夏各六个月。足数整年支领之数。均经奏咨在案。兹奉旨，都统善庆奏请饬调绥远马队二百五十名，并指派佐领喜铭管带候调，自应遵照向章，添委带队官员，即由绥远城八旗官兵内拣选添派。委佐领三员、委防御三员、原有委骁骑校八员内，酌留五员。其余三员改为委官。再添委官二员，委笔帖式一员。马队兵三十三名，归并前练马队二百名成为一起，共计二百五十六员名。至新添马队官兵四十二员名，饷银无著，请饬户部筹款支发等语。臣等伏查，绥远城原设留防马队官兵二百七十员名，需饷历由晋省藩库拨银一万两，归绥税课项下拨银九千余两。继因防饷不敷，经该将军咨部请拨，臣部行令裁兵节饷，旋据该将军咨复，裁兵五十名，一年可省银三千四百八十两等因在案。今据该将军奏称，都统善庆奏调绥远马队二百五十名，指派佐领喜铭管带候调，自应照章添委带队官员拣派。委佐领、委防御各三员。原有委骁骑校八员内，酌留五员，其余三员改为委官。再另添委官二员、委笔帖式一员。又马队兵三十三名，归并前练马队二百名，共计二百五十六员名。惟新添马队官兵饷乾无著，请饬户部筹款等情。臣等核其所奏，该将军系遵旨备兵候调，此项新添官兵薪水饷乾，自应准其仍照向章支给。按新添官兵四十二员名，照章核计饷数每月需银约在三百四十两，惟此特部库支绌艰难外拨，详查归绥税课亦无余款可指。臣等公同商酌，拟请敕下山西巡抚于历年拨给该城练饷一万两之外，无论如何为难，迅即设法筹措每月拨给饷银三百四十两，以应急需。并令绥远城将军共体时艰，照章开支。如海防稍松，此项新添官兵四十二员名，即行奏明裁撤。晋省新拨饷银，每月三百四十两亦随即停解。仍令该将军将备调新旧马队官兵二百五十六员名，每月应支薪水饷乾，查照臣部上年复奏立案章程，分晰造具细册。并将新添官兵起支薪水饷乾日期，暨旧有官员裁改现存若干，一并咨部备查。所有臣等遵议绥远城新添马队官兵指拨饷银缘由，是否有当理合。恭折具陈。伏乞皇太后皇上圣鉴。谨奏。

——清咸同光三朝朝政档案 / 户部奏稿

光绪十年（1884）十月

据该大臣奏催速拨经费等因。于本年七月二十五日。奉旨交议。到部并据奏报，前调委员三员到库日期，暨该大臣函垦绥远城将军派往防御二员、马甲十名，奏请留库等语。查添调筹款，应由臣部详酌缓急情形，分别准驳办理。乃该大臣不问库储能否增添支款。先之以随带，继之以奏调，奏调不足，更请添设，添设未已，复自函垦。似此纷纷更张，于筹饷大有关碍。应请敕令该大臣接到部文，迅将奏调委员三员，并绥远城派往官兵十二员名，先行撤回。其随带官兵七员名，拟请暂留该处当差，候理藩院新派笔帖式六员抵库后，即将随带官兵一律遣撤，以节虚縻。惟随带官兵、奏调委员，并绥远城派往官兵业已先后到库，未撤以前，自应发给口分，以示体恤。撤时酌给路费，以便资遣。查原请口分过多，应由臣部酌定。所有随带委员二员，拟请照现定笔帖式章程，每员月支银十五两。差委二员，拟请照恰克图领催减成章程，每员每月酌给五成银三两七钱五分。绿营兵三名，拟请照宣化练军章程，每名月支银三两二钱。其奏调协领一员，官职较大，拟请照现定司员章程，月支银三十两。笔帖式二员，拟请照现定笔帖式章程，每员月支银十五两。又绥远城派往防御二员，拟请照现定笔帖式章程，每员月支银十五两。马甲十名，拟请照宣化练军章程，每名月支银三两二钱。以上随带奏调，暨绥远城派往官兵共二十二员名，未撤以前，按日核给口分，月共需银一百六十九两一钱。照章扣建裁撤时，按程途之远近，照部定章程，发给口分作为路费。所需银两，应令该大臣先行措垫，裁撤后，将放过官兵口分路费奏明咨部，另筹还款。当此海防吃紧，部臣筹饷维难，凡例设放款，尚拟分别停减，借供海上兵糈搏节度支。乃部臣不得已之苦衷，非独于库伦所请，各节故为吝惜相应。请旨饬下该大臣，念时势之艰难，遵照部议办理。毋再饰词渎，请至所请，由部拨给常年经费银二万两之处，应毋庸议。

——清咸同光三朝朝政档案 / 户部奏稿

光绪十年 (1884) 十一月

然同治七八年间，省南水路各营，通年用银九十二万。绥远城防兵，通年用银六十七万二千余两。南北镇调防官兵，通年用饷十余万两。加以绿营额饷，岁需在二百万以外。即至光绪五六七等年，岁需防练绿营各饷，亦均在八十万上下。而各州县自募之勇，请销之数不与焉果，使制兵精强，何用糜饷，另募万一。部臣以饷重难行则，请暂缓归化设镇之议。拟通省分为三军，每军亦四千人，共马步一万二千人。省标与太原镇兵数，俱如前议。惟马队过少，拟大同镇设马兵一千，步兵三千。口外七厅惟有变通办理，于省标太原、大同三军内，择其形势较缓者，抽调换防，一年一更。统归大同镇总兵节制。调遣计通省三军，马步一万二千人，通年共需廉俸饷银七十一万二千余两。较之额饷，则加多，合以防饷则较少，于事尚可撑持，是为第二议。但照此议计之则，挑练者仅一万二千人，裁数几与相等。即使将缺旷老弱，查裁净尽，亦断难符此数。应请通省暂留守兵四千人，按原额支饷。缺额不补，三年可以裁毕。所费无多，且非经久之款。总之晋省自为固本之计，筹备此数，尚不为难。若再求节省，或减饷数，或减兵数，非仍尤饥困，必致备御空虚。于是实无所盂，至裁留将弁，无论通省，分立四军、三军，均拟留外委一百五十名分，驻于各厅、州、县要隘，责令训练额设民壮，兼可暂管存留守兵，为巡缉地方之用。籍以为，末弁升转之阶，现存树军后，绿营裁改既定，即行遣撤，以节饷需。其练军籍贯必用晋人，方可使主兵日强，懦气渐振。查省北，如大同、朔平、宁武三府，保德、代两州，人皆朴壮，可用省南如解、绛、霍三州，民风亦甚劲悍，一经提倡，三五年后，风气自开。如此办法，其利约有十端，倘蒙准行，谨当即日举办，饬部迅速核议。

——清咸同光三朝朝政档案／户部奏稿

光绪十年 (1884) 十一月

奴才锡纶跪奏，为乌里雅苏台军台稽滞塔城往来差使，令查看情形。塔城各差，应仍由军台大路行走，请旨饬下，兵部核议，行令乌里雅苏台将军、察哈尔都统妥速应付，以免贻误，恭折具奏，仰祈圣鉴事。窃查塔尔巴哈台一城旧制，办事各员弁及满绿营换防官兵，系由伊犁、乌鲁木齐、甘肃省调拨。应需饷项，系由甘肃藩司筹拨。仅设有南路台站，此因，关内外回匪变乱，道途梗阻。即经前任塔城赞大臣奏明，于塔城东接科布多西界，各添台站，支应各差，旋因回逆鸥张塔城沦陷迫。同治十一年收复后，今昔情形迥不相同，所需办事人员大半系由神机营，或绥远城调拨。绿营防兵系由山西省调拨，换廷巡防守卡即派上。著之额鲁特、土尔扈特蒙古，及索伦各官兵，应需饷项，系经户部指由山东、河南等各省拨解。奴才于光绪四年二月到任后，准陕甘总督左宗棠咨以陕甘两省地方率多新复之区。大路各州县无可供应。往来差使，无论何路军营，运解饷银，及军装军火。即由各该地方官代雇车脚，其运脚价银，即由各该军营自行筹给等语。当查塔城全境，皆系额鲁特、土尔扈时蒙古游牧地方，其形于在乌里雅苏台、科布多以西，近年出差，即派蒙古及索伦各官兵随同前往。与乌科等城各军台、蒙古官兵，亦相水乳。且塔城所请之饷，皆系正款。并未请运脚杂款、若据改由嘉峪关大路行走。运费既无所出。道途且多迂绕、而该蒙古索伦官兵于汉语亦不熟谙。奴才于光绪四年十二月内酌拟，请将塔城各差，仿照乌里雅苏台、科布多等城，由张家口、阿尔泰军台行走。仰蒙恩准。历经办理在案，于光绪九年八月，准察哈尔都统吉和咨称，阿尔泰军台亢旱成灾，奏请将伊塔两城各差，暂改由嘉峪关大路行走、并准乌科两城将军大臣转咨前因，其奴才由天津所调洋炮军火，及山西大同镇标换防官兵，均经察哈尔都统奏明行令，暂由嘉峪关路行走。旋准察哈尔都统咨准户部，直隶、山西两省咨解到饷银十一万五千两，办理赈恤，并添置驼马，业已整顿台站。此经前署都统永德及新任都统绍祺，将塔城差弁传给乌拉陆续出口。奴才并曾准乌里雅苏台参赞大臣恒明咨开具奏，到任折内声明，有乌城之哈尔尼敦一带军台水草茂盛等语。刻下大同换防官兵，虽经山西巡抚奎斌奏请停止。惟查山西巡抚张之洞咨称具奏，大同换防官兵若由嘉峪关路行走，迂绕不便。应仍由张家口台路行走各等因，咨会前来。奴才复以该省距张家口较近，见闻自无不妥，且本年台站已通，故伊犁将军金顺军营各差仍由北路行走。奴才是以咨会乌里雅苏台、科布多、察哈尔各将军、大臣、都统等，查照伊塔两城事同一律，塔城各差应仍由台站行走。讵现接乌里雅苏台将军杜嘎尔咨开塔城折，差人数较少，需用乌拉无多，尚可变通办理。其应运饷银，置办诸物等，差乌城不能应付。至塔城差弁张龙骧等先后押运军装，由台抵乌然。既由察哈尔都统传站而来，乌城未便门，其前进是以从权办理。令卓锦所押军装碍难，再为从权。此后塔城各差，应由嘉峪关行走，勿再传站前来。乌城台站断不能再为饬传等语。奴才接阅之下，不胜焦急。复查塔城防军孤悬西北，刻下正当奴才与驻塔领事办理，分别安插哈夷，且诸山后亦有。如创办之始，若后路阻滞，其贻误不堪设想。相应请旨，饬下兵部核议，迅速行令乌里雅苏台将军杜嘎尔，当顾边局，将塔城差弁赶紧传给乌拉，饬令回营。并请饬下兵部，通行察哈尔都统、科布多大臣。此后遇塔城之差，仍按光绪四年十二月内奴才奏明之案，照旧支应乌拉，以免贻误，倘该将军等并不斟酌时宜，拘执咸丰年间旧案，定不准塔城差弁行走军台，应即仰垦。

——清咸同光三朝朝政档案 / 户部奏稿

光绪十年（1884）十一月二十八日

奉旨音得泰一员，著桂祥知照绥远城将军，调往扮荫玉照二员。已谕令该衙门发往矣，钦此。此复，遵院议库伦印房，应添设笔帖式，及蒙古官兵以资分理事务，详等津贴口分，缮写清单。拟请饬部拨发款项，以资开放等因，具奏。

——清咸同光三朝朝政档案 / 户部奏稿

光绪十年（1884）十一月二十七日

饬令该大臣，接到部文，迅将奏调委员三员。并绥远城派往官兵十二员名，先行撤回，其随带官兵七员名，拟请暂留该处。候理藩院新派笔帖式大员抵库后，即将随带官兵一律遣撤。以节产廉。相应请旨，饬下该大臣遵照部议办理，勿再饬词览请，至所请，由部拨给常年经费二万两之处。应毋庸议等因，具奏。奉旨：依议。钦此。行知前来，奴才等自应遵照办理，以节糜费。复查户部原议，令将奏调官兵及咨调官兵，先行遣撤，随带官兵暂留，候理藩院添派笔帖式到库后，即将随带官兵库遣撤等语。奴才等查，随带奏调各官兵到库，将随一年所需口分银两，每月据罗借贷，已无余力。若将前项官兵留库一日，奴才等即应等备一日口分。惟有遵照部议，全行设救，以免坐困。遂即饬令随带奏调各官兵，赶将经手事件料理清楚，拟于十一月初八日起，酌给路费银两，陆续分起虚行，各回原衙门本旗管，暨绥远城当差，惟有随带奏调官兵全行遣撤。库伦一功事务，亦关紧要。奴才等将奏调委员花翎，即选知府、大理寺笔帖式松荫暂留，原伦田其满汉翻译去得。如遇汉文，令其翻清，尚可得力。并因理藩院添派笔帖式员，俱是生手，到库后，亦可藉资指引。候各该员等公务稍为谙练，再行给咨。松荫回原衙门当差，庶于公务，有裨所有，遵照部议遣撤，随带奏调各官兵除分咨外，理合恭折具陈，伏乞皇太后皇上圣鉴。谨奏。光绪十年十一月二十七日，军机大臣奉旨：该衙门知道。钦此。

——清咸同光三朝朝政档案／户部奏稿

光绪十年（1884）十二月

经臣部移咨，仓场侍郎将所借库银，及坐扣数目入于汇奏在案。再八旗护军统领等处，凡遇随围拉载账房车价银两，经臣部于乾隆三十年十一月内奏准，在于部存库利银内，动支给发。在案查，乾隆七年六月起，至光绪七年三月止，八旗满洲、蒙古、汉军，暨上三旗包衣及看守通仓兵丁，原借库本银，并续借银两，按月扣回本银。以及派往绥远城等处驻防兵丁，并年老告退等项，兵丁免过银两外。按年核算，现在尚有未完银一百四十六万八千一百六十四两四钱二分五厘，历年共得过利银九百七十七万二千二百四十四两二钱一分九厘。除历年抵补宽免，并该班赏银外，实存利银一百十八万二千七百十五两三钱八分二厘。节经臣部循例奏明在案。今查八旗满洲、蒙古、汉军、上三旗包衣，暨看守通仓兵丁，自乾隆七年六月起，至光绪七年三月止，尚有未完原借库银一百四十六万八千一百六十四两四钱二分五厘。又新挑兵丁，以及找借等银四十八万二千九百六两四钱，共银一百九十五万一千七十两八钱二分五厘。内除扣交过本银四十三万三千七百七十九两九钱五分，由兵升官人等，移入俸册内，坐扣银五千二百四十九两五分。年老告退等项兵丁，宽免银四万三百三两。实在未完银一百四十七万一千七百三十八两八钱二分五厘。节次扣过利银九百七十七万二千二百四十四两二钱一分九厘，除抵补宽免，并该班赏银，共用银八百五十八万九千五百二十八两八钱三分七厘。实存利银一百十八万二千七百五两三钱八分二厘。今届十个月汇奏之期，查光绪七年四月起，连闰至八年二月止，所有八旗暨上三旗包衣、通仓兵丁，共扣交过利银六万七千九百五十一两三钱二分三厘，统共应存利银一百二十五万六百六十六两七钱五厘。内除抵补，此次宽免银四万三百三两。光绪九年十一月内，赏给八旗暨上三旗包衣在紫禁城内外，该班前锋护军等，用银二万六千六百二十二两，本年四月内赏给在圆明园该班护军等，用银一千五百五十两外，实存利银一百十八万二千一百九十一两七钱五厘。理合恭折奏闻。伏乞皇太后皇上圣鉴。谨。

——清咸同光三朝朝政档案／户部奏稿

光绪十一年（1885）四月初二日

奉谕旨：土默特、达拉特两旗争地一案。前据理藩院查复，大理寺少卿郭勒敏布所奏各节，请饬绥远城将军复奏，并因奎斌奏称，此案克蒙额未能深悉情形，奎英迹涉偏袒，当派绍祺驰往查办。兹据该都统确查复陈，据称体察情形酌中拟议，请将干壕以南，现流黄河之北所有地亩，丈量明确，援照成案刨壕立碣。迤北之地以六成归土默特，迤南之地以四成归达拉特，恭候钦定等语。即著照所请，行至克蒙额办理此案，及英奎被参各节，既据查明，均无不合。即著毋庸置议，惟土默特参领于领催等撺敛差钱，未能认真查办，实属咎有应得。参领音德布等十二员著理藩院查取职名，一并议处。其所请将断归土默特地亩征租练兵一节，著绥远城将军妥筹办理。总期营伍地方两无妨疑，以垂久远。该衙门知道。

——《清代历朝起居注合集》清德宗卷二十四

光绪十一年（1885）八月十三日

奉谕旨：奎斌奏请将欠交银两之同知等官革职查抄等语。山西前绥远城同知长清、前静乐县知县李兆勷、已革前署沁源县知县程宏继、已故祁县知县胡德修，各欠交任内正杂等款，银两为数甚巨，前经勒限追缴，迄今限满。或丝毫未缴，或交不足数，实属玩延清长，李兆勷均著革职，同程宏继、胡德修等员各寓所资财，著该署抚先查抄、提讯严追。并著正黄旗满洲都统、直隶总督、顺天府府尹、山东、安徽各巡抚，将各该员旗籍家产迅速查封，备抵以重库款。该部知道。

——《清代历朝起居注合集》清德宗卷二十五

光绪十一年（1885）十月

臣等伏查，同治十二年四月十七日，经绥远城将军定安奏，奉上谕。张曜统军西进，需驼甚亟，著钱鼎铭将前项派拨银三万两，赶紧如数拨解，以应急需。至每月喂养驼只，及驼夫工食等项，需费甚巨。著鲍源深饬令河东道库，自本年四月起，每拨银五千两，解张曜军营以资接济等因。钦此。旋准。

——清咸同光三朝朝政档案 / 户部奏稿

光绪十一年（1885）十二月十八日

是日，翁牛特扎萨克多罗都楞郡王赞巴勒诺尔布等三人、阿巴勒扎萨克多罗郡王杨桑一人、阿鲁克尔沁扎萨克多罗贝勒巴咱尔济哩弟一人、巴林扎萨克固山贝子杜英固尔扎布一人喀喇沁辅国公林沁多尔济一人、乌珠穆沁辅国公图布沁扎布一人、归化城王默特辅国公贡格巴勒一人、茂明安扎萨克头等台吉绰克布彦图一人、鄂尔多斯扎萨克多罗贝勒喇什扎木苏一人、新袭喀尔喀扎萨克头等台吉多尔济一人，入觐。于神武门外跪迎圣驾，上温语慰问。

——《清代历朝起居注合集》清德宗卷二十六

光绪十二年（1886）正月十九日

上旨，时应宫拈香，御紫光阁赐蒙古王、贝勒、贝子、公、额驸、台吉，翁牛特多罗都楞郡王赞巴勒诺尔布等二人、阿巴嘎多罗郡王杨桑等二人、喀尔喀多罗郡王阿玛噶巴咱尔等七人、土默特多罗贝勒散巴勒诺尔赞等二人、阿鲁科尔沁多罗贝勒巴咱尔济哩第一人、鄂尔多斯多罗贝勒喇什扎木苏一人、杜尔伯特固山贝子喇什彭苏克一人、巴林固山贝子杜英固尔扎布一人、科尔沁镇国公特固斯毕哩克图等二人、阿拉善镇国公沙克都尔扎布等二人、喀喇沁辅国公林沁多尔济等三人、乌珠穆沁辅国公图普钦扎布一人、归化城土默特辅国公贡格巴勒一人、青海辅国公车林端多布等二人、扎哈沁公车林多尔济一人、茂明安头等台吉绰克布彦图一人、察哈尔三等台吉棍都散保等五人，及朝鲜国正使守判中枢府事郑海仑、副使礼曹判书徐相雨、书状官兼司仆寺正李勋卿三人，茶果。毕。至画舫，齐跪迎皇太后，幸春雨林塘侍晚膳，毕。跪送皇太后驾，还宫看戏。

——《清代历朝起居注合集》清德宗卷二十七

光绪十二年（1886）十二月二十五日

奉谕旨：刚毅奏，查明阳曲等厅州县秋禾被灾，请将新旧钱粮等项分别蠲缓一折。本年山西阳曲等厅州县，被水、被雹、被碱，各地方田禾受伤，收成欠薄。若将应征钱粮等项照常征收，民力实有未逮。加恩。著照所请，所有……归化城厅浑津里属班定营子等十五村，应征光绪十二年本色米等项，著蠲免十分之七。一家村等十一村，应征光绪十二年本色米等项，著蠲免十分之六。以上蠲余米石，著缓至十三年秋后起，分作三年带征。各该村原缓带征民欠未完，光绪九十八十一等三年米石，著一并递缓至十三年秋后带征。该厅东坝村李金侯文二户，被冲入河地二顷四十亩，应征光绪十二年本折米四石零，著全行蠲免。萨拉齐厅北挠尔等双泡子等四十八村，内关三红子等各户，应完光绪十二年新赋米二千四百九十二石零，著缓至十三年秋后带征。以上各村有光绪六年起至十一年止，旧欠米石，于上年水灾案内，原缓至十三年起分年带征吗，著递缓至十四年秋后起，至十九年止，按最先年分递推……以纾民力。该抚即刊刻誊黄，遍行晓谕。务使实惠均沾，毋任吏胥舞弊，用副轸念灾区至意。该部知道。

——《清代历朝起居注合集》清德宗卷二十九

光绪十三年（1887）四月初四日

奉谕旨：前任绥远城将军福兴于咸丰、同治年间从事戎行，转战广东、广西、湖南等省，累著战功。历任都统、将军，克勤厥职，前因患病开缺。兹闻溘逝，轸惜殊深，加恩著照将军例赐恤，任内一切处分悉予开复。应得恤典该衙门察例具奏。伊孙笔帖式铁宝著赏给主事，分部行走，用示笃念盖臣至意。

——《清代历朝起居注合集》清德宗卷三十

光绪十三年（1887）十二月二十六日

奉谕旨：刚毅奏，查明各属被灾情形，垦恩分别蠲缓钱粮等项一折。本年山西阳曲等厅州县，被水、被碱、被雹、被霜，各地方夏麦秋禾收成均形欠薄，若将新旧钱、粮、米、豆、土盐各税，照常征收民力，实有未逮。加恩，著照所请所有……归化城厅大青山后厂地内吉圪速大村、把尔圪素村、补鲁图村、安乐庄等四村，并大青山后四旗空闲厂地正蓝旗村李桂珠等七户，应征光绪十三年正耗租银等项，著蠲免十分之六。蠲余租银，著缓至十四年秋后起。分作三年带征、各该村尾欠光绪十二年以前租银，著一并缓至光绪十四年秋后……欠光绪十一十二等年正耗钱、粮、米、豆、匠价、土盐税等项，并著全行豁免。该抚即刊刻誊黄，遍行晓谕，务使实惠均沾，毋任吏胥舞弊，用副轸念民艰至意。该部知道。

——《清代历朝起居注合集》清德宗卷三十二

光绪十四年（1888）十二月二十三日

上旨，储秀宫慈禧端佑康颐昭豫庄诚皇太后前请安。午刻旨时，应宫拈香，御紫光阁大幄次，赐蒙古王、贝勒、贝子、公，科尔沁亲王巴宝多尔济等十二人、喀尔喀亲王那彦图等十七人、乌珠穆沁亲王阿勒坦呼雅克图等三人、阿拉善亲王多罗特楞色一人、奈曼郡王玛什巴图尔一人、敖汉郡王察克达尔扎布等五人、苏尼特郡王那木济勒旺楚克一人、阿巴嘎郡王刚噶尔伦布等二人、蒿齐特郡王喇那巴咱尔一人、青海郡王翰柯济尔噶勒等五人、扎赉特郡王旺勒克怕勒齐一人、巴林郡王额尔齐木巴雅尔等三人、翁牛特郡王那赞巴勒诺尔布等二人、四子部落郡王勒旺诺尔布一人、喀喇沁郡王旺都特那木济勒等八人、王默特贝勒凌那木济勒旺宝一人、扎鲁特贝勒桑巴等二人、阿鲁科尔沁贝勒巴咱尔济哩第一人、阿巴哈那特贝勒达木定扎布等二人、茂明安贝勒额外侍郎格楚克一人、鄂尔多斯贝勒喇什扎木苏等四人、杜尔伯特贝子喇什彭苏克一人、郭尔罗斯镇国公噶尔玛什第等三人、乌拉特辅国公贡桑端鲁布一人、归化城土默特辅国公贡格巴勒一人、伊克明安辅国公巴克莫特多尔济一人、察哈尔辅国公格楚克札木苏等六人、土观呼图克图、阿嘉呼图克图喇嘛二人，宴。并赏赉布差。驾还宫，奉圣母皇太后，幸漱芳斋看戏，侍晚膳。

——《清代历朝起居注合集》清德宗卷三十五

光绪十五年（1889）正月二十二日

钦奉慈禧端佑康颐昭豫庄诚皇太后懿旨：各省封疆大吏均为国家倚任之臣，其久历戎旃，熟谙韬略者，懋建殊勋，贤劳尤著。现任提镇诸臣类皆起自，行间洊膺专阃。各该文武大员为国宣勤，历久不懈。现在归政伊迩，允宜分别施恩。大学士直隶总督李鸿章著赏用紫缰。两江总督曾国荃、云贵总督岑毓英均著赏加太子太保衔。陕甘总督杨昌濬、山东巡抚张曜、甘肃新疆巡抚刘锦棠、福建台湾巡抚刘铭传均著赏加太子少保衔。吉林将军长顺、江宁将军丰绅、绥远城将军克蒙额、乌里雅苏台将军杜嘎尔、察哈尔都统托伦布、直隶提督李长乐、陕西提督雷正绾、甘肃提督周达武、长江水师提督李成谋、浙江提督欧阳利见、福建水师提督彭楚汉、福建六路提督孙开华、广东水师提督方耀、广东六路提督唐仁廉、广西提督苏元春、湖北提督程文炳、四川提督宋庆、云南提督冯子材均著赏加二级。前兵部尚书彭玉麟著交部从优议叙。前陕甘总督杨岳斌、前长江水师提督黄翼升、前江南提督李朝斌均著交部议叙。

此外现任曾历军营之文武一、二品大员，著吏部兵部分析查明，均赏加一级。该部知道。

——《清代历朝起居注合集》清德宗卷三十六

光绪十五年（1889）三月十四日

奉谕旨：克蒙额等奏神灵显应请颁匾额等语。绥远城关帝、城隍、龙神夙著灵异，每遇该处旸雨愆期，虔诚祈祷，均邀默佑，保卫地方，实深寅感，著发去御书匾额各一方，交克蒙额等只领，分别敬谨悬挂，以答神庥。

——《清代历朝起居注合集》清德宗卷三十六

光绪十六年（1890）六月二十日

奉谕旨：本年朕二旬庆辰，覃敷闿泽，中外均沾。因念文武大臣有年逾七旬，精神强固供职克勤者，洵为远朝人。瑞允宜特沛，恩施以昭优眷大学士，恩承张之万均著加恩赏给御书匾额一方。西安将军尚宗瑞、绥远城将军克蒙额均著加恩交部从优议叙。以示朕尚齿引年，优礼耆臣至意。

——《清代历朝起居注合集》清德宗卷四十

光绪十七年（1891）十二月二十六日

奉谕旨：奎俊奏，查明各属被灾情形，垦恩分别蠲缓钱粮，暨偏关县未完屯豆等项，恳请一并缓征各折片。本年山西阳曲等厅州县，被旱、被水、被雹、被霜、被碱，各地方夏麦秋禾收成均形欠薄。若将新旧钱、粮、米、豆、土盐各税照常征收，民力实有未逮。加恩。著照所请所有……归化城厅被霜成灾九分之大青山后厂地、纳令沟、补鲁国韭菜沟、远字号等四村，应征光绪十七年地租正耗。著蠲免十分之六、又被旱被霜成灾八分之得胜营子、把尔圪素、安乐庄、裕字号等四村，应征光绪十七年地租正耗，著蠲免十分之四。以上纳令沟、得胜营子等八村，蠲余银两，均著缓至光绪十八年秋后起，分作三年带征。各该村尚有民欠光绪十四十五十六等年未完地租正耗，并著缓至光绪十八年秋后起，分作三年带征。又被旱、被霜成灾七分之吉速圪泰、乌蓝忽洞、久字号等三村，

327

并大青山后空闲厂内之正蓝旗、蒙古旗、东北界，蒙古旗、西南界，镶蓝旗等四村，应征光绪十七年地租正耗，著蠲免十分之二。蠲余银两，著缓至光绪十八年秋后起，分作二年带征。该七村尚有民欠光绪十四十五十六等年未完地租正耗，并著缓至光绪十八年秋后起分，作二年带征。清水河厅被旱、被雹成灾六分之高家山、复兴庄等十四村，暨镶蓝旗界内之富民庄、广济庄、康盛庄等三村，又被旱成灾五分之海子堰、侯家塔等二十一村，应征光绪十七年米折地租正耗，著蠲免十分之一。蠲余银两著缓至光绪十八年秋后起，分作二年带征。海子堰等二十一村民，欠光绪十六年未完米折地租正耗，并著缓至光绪十八年秋后起，分作二年带征。又该厅属之石弯子等二十一村，光绪十四年灾案，原缓至光绪十五十六两年带征之地租正耗，复因十五年被灾，递缓至十六十七两年带征。并柳青等四十七村，光绪十五年灾案，原缓至光绪十六十七两年带征之地租正耗，并著递缓至光绪十八年秋后起，按最先年分，分年接续带征。又柳青等四十七村，内有沙弯梁等村光绪十四年民欠，原缓至十八年带征之地租正耗，并著递缓至光绪十九年秋后起，分作二年带征。托克托城厅被旱、被霜成灾六分之树尔坪、杨三窑等七村，又被旱、被霜成灾五分之黑水泉、王家壕等二十二村，应征光绪十七年本折米石，著蠲免十分之一。蠲余米石，著缓至光绪十八年秋后起，分作二年带征。各该村尚有民欠，光绪十六年未完本折米石，并著缓至光绪十九年秋后起，分作二年带征。萨拉齐厅被旱成灾六分之新放六成官地，内河东一二三四，河西一二等六局，应征光绪十七年地租正耗，著蠲免十分之一。蠲余银两，著缓至光绪十八年秋后起，分作二年带征。又河西第二局内有王登、王广、孟葵、张绵绅等中下地亩，应征地租正耗，著自光绪十七年起永远豁免。

——《清代历朝起居注合集》清德宗卷四十四

光绪十八年（1892）十一月二十六日

奉谕旨：前因山西归化城副都统奎英奏参署归化厅同知张心泰，任意虐民，有擅造非刑情事。当将张心泰先行革职，交胡聘之按照奎英所咨各款查明参办。兹据胡聘之奏称，详查各款徐并无科敛勒索，均应毋庸置议外，惟所设刑具用过三眼枷一次，系属因时救弊，尚非违例虐民可比。垦准免其革职，仍送部引见等语。已革署归化厅同知张心泰，既据查明并无科敛勒索情弊，即著毋庸置议。惟擅用三眼枷，究属有违定制，业经革职，所请免其革职，仍送部引见之处。

著不准行，该护抚另片奏请，饬该副都统以后遇有蒙民交涉事件，非命盗重案，应归厅员自理者，不得率行派员会审。如果厅员审断不公，即咨由巡抚查明参办等语。此后遇有地方公事，著查照定例和衷商办。毋得各存意见，致滋贻误。该部知道。单片并发。

——《清代历朝起居注合集》清德宗卷四十四

光绪十九年（1893）十二月十四日

奉谕旨：张煦奏，晋省口外七厅祲后民力，未复垦恩，分别减免租耗银米仓谷一折。山西口外七厅，连年歉收，上年被灾尤重。若将本年正耗、租银、米石以及节年旧欠银、米仓谷等项，照常征收，民力实有未逮。加恩。著照所请，所奏在本年分，归化城厅应征大青山后四旗空间各厂地租银、浑、津、黑河二里本折米，十五沟本色米，萨拉齐厅应征土默特六成牧地正耗租，银民粮地额征米石，丰镇厅应征民粮折色正耗银，团丁均徭银……归化城、萨拉齐、丰镇、宁远等四厅民欠未完，并因灾原缓前项各银米。光绪十七、十八两年分和林格尔厅民欠未完，并因灾原缓前项米石。光绪十六、十七、十八等年分托克托城厅民欠未完，并因灾原缓前项米石。光绪十四、十五、十六、十七、十八等年分清水河厅民欠未完并因灾原缓前项米折银，均著概予豁免。其本年分各该厅地方，如有被灾处所，再按减半之数，照例分别蠲缓。其溢完在官者，并准流抵次年正赋。又归化城厅光绪十八年分民借常平仓、谷义仓谷，萨拉齐厅光绪十八年分民借常平仓谷，丰镇厅光绪十七年分民借常平仓谷，托克托城厅光绪十一、十八等年分民借军需仓谷十四、十六、十七等年分民借社义仓谷，均著一并豁免。以纾民力，余著照所议办理。该抚即刊刻誊黄，遍行晓谕，务使实惠均沾，毋任吏胥舞弊。用副轸念灾区至意。该部知道。

——《清代历朝起居注合集》清德宗卷四十八

光绪二十年（1894）正月初一日

奉谕旨：朕钦奉慈禧端佑康颐昭豫庄诚寿恭钦献皇太后懿旨：本年予六旬庆辰，在廷臣工，业经降旨加恩。因念各省文武大臣有久膺重寄、卓著勋劳者，允宜同膺懋懋。赏大学士直隶总督李鸿章著赏戴三眼花翎。伊子李经迈著以员外郎用。两江总督刘坤一著赏戴双眼花翎。陕甘总督杨昌濬著赏加太子太保衔。

四川总督刘秉璋、闽浙总督谭钟麟均著赏加太子少保衔。湖广总督张之洞著交部从优议叙。两广总督李瀚章著赏加太子少保衔。云贵总督王文韶著赏戴花翎，并交部从优议叙。河东河道总督许振袆、漕运总督松椿均著交部从优议叙。江苏巡抚奎俊、安徽巡抚沈秉成、山东巡抚福润、山西巡抚张煦、河南巡抚裕宽、陕西巡抚鹿传霖、甘肃新疆巡抚陶模、浙江巡抚廖寿丰、福建台湾巡抚邵友濂、江西巡抚德馨、湖北巡抚谭继洵、湖南巡抚吴大澄、广东巡抚刚毅、广西巡抚张联桂、云南巡抚谭钧培、贵州巡抚崧蕃均著交部议叙。盛京将军裕禄著赏加尚书衔。吉林将军长顺、黑龙江将军依克唐阿、西安将军荣禄、宁夏将军钟泰、江宁将军丰绅、杭州将军吉和、荆州将军祥亨、广州将军继格均著交部议叙。福州将军一等继勇侯希元著赏戴花翎。成都将军恭寿、绥远城将军克蒙额、伊犁将军长庚、定边左副将军永德、热河都统庆裕、察哈尔都统德铭、直隶提督叶志超均著交部议叙。陕西提督雷正绾、甘肃提督周达武、乌鲁木齐提督董福祥均著赏加尚书衔。江南提督谭碧理著赏加太子少保衔。浙江提督冯南斌、福建水师提督杨岐珍均著赏加尚书衔。福建六路提督黄少春著赏加太子少保衔。广东水师提督郑绍忠、广东六路提督唐仁廉均著赏加尚书衔。广西提督苏元春著改为二等轻车都尉。湖北提督吴凤柱著交部议叙。湖南提督娄云庆、四川提督宋庆、云南提督冯子材、贵州提督罗孝连、长江水师提督黄翼升、北洋海军提督丁汝昌均著赏加尚书衔。河南河北镇总兵刘盛休、广东南韶连镇总兵方友升、广东高州镇总兵左宝贵、广东北海镇总兵王孝祺、广西右江镇总兵张春发、广西柳庆镇总兵马盛治、云南开化镇总兵蔡标、云南昭通镇总兵何雄辉、贵州安义镇总兵蒋宗汉、贵州古州镇总兵丁槐、贵州威宁镇总兵苏元瑞均著赏戴双眼花翎。直隶正定镇总兵徐邦道、山西太原镇总兵聂士成、河南南阳镇总兵崔廷桂、归德镇总兵杨玉书、甘肃宁夏镇总兵卫汝贵、江南淮扬镇总兵潘万才、江西九江镇总兵朱淮森、福建福宁镇总兵曹志忠、广东琼州镇总兵滕此林、湖北宜昌镇总兵传廷臣均著赏给如意一柄，用宝寿字一方。直隶马兰镇总兵文瑞、泰宁镇总兵志元、通永镇总兵吴育仁、宣化镇总兵王可升、山东登州镇总兵章高元、兖州镇总兵田恩来、曹州镇总兵王连三、陕西陕安镇总兵姚文广、汉中镇总兵孙金彪、甘肃西宁镇总兵邓增江、南苏松镇总兵张景春、福山镇总兵韩晋昌、浙江温州镇总兵张其光、福建汀州镇总兵宋德胜、湖南永州镇总兵贾起胜、云南鹤丽镇总兵岑有富、临元镇总兵姜桂题、长江水师湖南岳州镇总兵张捷书、长江水师湖北汉阳镇总兵高光效、长江水师江西湖口镇总兵柳金源、长江水师江南瓜州镇总兵谢潇畲、长江水师江南狼山镇总兵曹德庆、北洋海军左翼总兵林泰曾、北洋海军右翼总兵刘步蟾均著赏给用宝寿字一方，大卷八丝缎二匹。直隶大名镇总兵吴殿元、天津镇总兵罗荣光、山西大同镇总兵程之伟、陕西延绥镇总兵蒋云龙、河州镇总兵汤彦和、甘肃肃州镇总兵李培荣、凉州镇总兵张永清、伊犁镇总兵张俊、阿克苏镇总兵黄万鹏、江南徐州镇总兵陈凤楼、安徽寿春镇总兵任祖文、皖南镇总兵李占椿、江西南赣镇总兵何明亮、浙江处州镇总兵陈济清、衢州镇总兵于俊明、定海镇总兵陈永春、海门镇总兵孙昌凯、福建漳州镇总兵侯名贵、建宁镇总兵秦怀亮、澎湖镇总兵周振邦、台湾镇总兵万国本、南澳镇总兵刘永福、广东湖州镇总兵刘世俊、碣石镇总兵邓万林、广西右江镇总兵董履高、湖北勋阳镇总兵何长清、湖南镇箪镇总兵周瑞龙、绥靖镇总兵陈海鹏、四川重庆镇总兵钱玉兴、建昌镇总兵刘士奇、松潘镇总兵陈金鳌、川北镇总兵何乘鳌、云南腾越镇总兵张松林、贵州镇远镇总兵和耀曾均著赏给用宝福字一方，小卷八丝缎二匹。前甘肃新疆巡抚刘锦棠著晋封一等男。前福建台湾巡抚刘铭传著开复革职留任处分。

——《清代历朝起居注合集》清德宗卷四十九

光绪二十年（1894）正月十八日

奉谕旨：朕钦奉慈禧端佑康颐昭豫庄诚寿恭钦献皇太后懿旨：本年予六旬庆辰，各省文武大员情殷祝暇，业经降旨于各省将军督抚副都统提镇藩臬内，每省各酌派二三员来京庆祝。兹派盛京礼部侍郎文兴、副都统济禄、吉林副都统沙克都林札布、黑龙江副都统文全、直隶总督李鸿章、察哈尔副都统吉升阿、密云副都统国俊、直隶提督叶志超、江宁将军丰绅、漕运总督松春、江宁布政使瑞璋、江苏按察使陈湜、安徽寿春镇总兵任祖文、布政使德寿青州副都统讷钦、山东布政使汤聘珍、绥远城将军克蒙额、山西按察使张汝梅、河南巡抚裕宽、河北镇总兵刘盛休、西安将军荣禄、陕西布政使张岳年、宁夏副都统苏鲁岱、甘肃按察使裕祥、喀什噶尔提督董福祥、杭州将军吉和、浙江提督冯南斌、布政使赵舒翘、福州将军希元、福建按察使张国正、江西布政使方汝翼、荆州将军祥亨、湖北提督吴凤柱、布政使王之春、湖南布政使何枢、广州将军继格、广东巡抚刚毅、广西按察使胡棻、成都将军恭寿、四川松潘镇总兵陈金鳌、云南布政使史念祖、贵州按察使唐树森均著于十月初一日以前到京恭候，届期随同祝暇，其未经派出各员，无庸再行吁请。

——《清代历朝起居注合集》清德宗卷四十九

光绪二十年（1894）十一月二十五日

奉谕旨：张煦奏，查明口外各厅灾后荒地援案，垦恩暂予停征一折。山西归化等厅，认粮地亩因年月久远，辗转更易，粮册仍系原名，颇多搅搁。现经该抚委员刘村落，逐亩履勘。人多迁徙，地亦荒芜，所有应征粮银，自应分别办理。著照所请，除有主熟地三千八百三十九顷五十余亩，粮银照常征收外。其归化城厅灾后荒地三千三百九十三顷九十七亩零，应征银七千二百九十七亩零。宁远厅荒地五百七十三顷八十六亩零，应征银七百四十六两零，米五十三石零。和林尔厅荒地二百十一顷九十七亩零，应征银六十七两零，米二百八十五石零。均著自光绪十九年上忙起，停征四年，以纾民力。余著照所议办理。该抚即刊刻誊黄，遍行晓谕，务使实惠沾，毋任吏胥舞弊，用副轸念欠区至意。该部知道。

——《清代历朝起居注合集》清德宗卷五十一

光绪二十年（1894）十二月十七日

奉谕旨：兵部奏遵议处分一折。绥远城将军克蒙额、土黙特骁骑校巴图、纳逊、珠力杭阿、额德力库。绥远城镶红旗满洲佐领巴图隆阿、正蓝旗满洲防御吉瑞均著照部议降三级调用。

——《清代历朝起居注合集》清德宗卷五十一

光绪二十年（1894）十二月十九日

奉旨：绥远城将军著永德补授。钦此。

——绥远城圣旨节录

光绪二十一年（1895）四月初九日

奉旨：绥远城将军著奎英暂行署理。钦此。

——绥远城圣旨节录

光绪二十二年（1896）十二月初十日

奉谕旨：胡聘之奏，查明各属被灾情形，垦恩分别蠲缓钱粮等项一折。

本年山西阳曲等厅州县被水、被碱、被雹、被冻，各地方收成均形欠薄，若将新旧钱粮等项，照常征收，民力实有未逮。加恩。著照所请所有……归化城厅属成灾十分之寇家营子等十三村，应征本年本折米石，著蠲免十分之七。成灾九分之田家营子等六村，并土默特阿哥营子一村，应征本年本折米石租银，著蠲免十分之六。成灾八分之东坝等四村，应征本年本折米石，著蠲免十分之四。以上蠲余银粮，均著缓至光绪二十三年秋后起，分作三年带征，其本年应带征光绪十九二十二十一等年被灾案内，蠲余缓征本折米石租银，著一并递缓至光绪二十三年秋后起，再行分年带征。

和林格厅属成灾九分之皁里洞子沟等十村，应征本年本折米石，著蠲免十分之六。蠲余米石，著缓至光绪二十三年秋后起，分作三年带征。洞子沟等七村，带征民欠未完光绪二十年分被灾案内，原缓米石著递缓至光绪二十三秋后起，再行分年带征。

清水县厅属成灾六分之静乐窑等四十五村，应征本年米折厂租、正耗等银，著蠲免十分之一。蠲余银两缓至光绪二十三年秋后起，分作二年带征。黄花峁等八十五村庄，带征光绪十九年分。兴旺等三十一村庄，带征光绪二十年分。石弯子等四十七村庄，带征光绪二十一年分。各灾案内原缓展缓米折厂租等银。著一并递缓至光绪二十三秋后起，再行分年带征。

萨拉齐厅属歉收之武乡县营十六村、杨祥营等三十二村，应征本年米石著缓至光绪二十三年秋后征。太原县营等四十八村庄应行带征光绪二十一年分米石。著缓至光绪二十三年秋后带征。其十九二十年分米石。著递缓至光绪二十四年秋后起。分作二年。

以上各厅州县灾地钱、粮、米、豆、旗厂地租、土盐税等项，如有溢完，在官者著准其流抵次年正赋，以纾民力。余著照所议办理。该抚即刊刻誊黄，遍行晓谕，务使实惠及民，毋任吏胥舞弊，用副朝廷轸念民艰至意。该部知道。

——《清代历朝起居注合集》清德宗卷五十七

光绪二十三年（1897）八月十三日

奉谕旨：奎英奏假期届满，病仍未痊，请开缺调理一折。归化城副都统奎英。

著准其开缺。

——《清代历朝起居注合集》清德宗卷五十九

光绪二十三年（1897）十二月初八日

奉谕旨：胡聘之奏，特参庸劣不职各员等语。山西候补知州李支瑞，性喜钻营，不知自爱。崞县知县陈启绪，纵容差役，致酿人命。归化城巡检刘槩，不安本分。前署曲沃县典史候补从九品严昭瑞，胆大妄为。前署静乐县屡烦司巡检候补从九品陈绍堪，违例擅受。均著即行革职。永济县知县崔同绶，才欠开展，难胜烦剧，著开缺另补。余著照所议办理。该部知道。

——《清代历朝起居注合集》清德宗卷五十九

光绪二十三年（1897）十二月十七日

奉谕旨：翰林院侍讲学士济澄奏鄂尔多斯扎萨克贝子察克多尔色楞出缺，该旗章京等蒙蔽盟长，竟以远族之图们巴雅尔捏作亲侄，报部承袭。请饬按照定例复办等语。著绥远城将军查明具奏。

——《清代历朝起居注合集》清德宗卷五十九

光绪二十四年（1898）正月初十日

御紫光阁大幄次，赐蒙古王、贝勒、贝子、公，科尔沁亲王色旺诺尔布桑保等八人、喀尔喀亲王那彦图等十七人、敖汉亲王衔郡王达木林达尔达克等四人、翁牛特亲王衔郡王赞巴勒诺尔布一人、札赉特郡王旺喇克帕勒齐一人、嵩齐特郡王多昂东僧格等二人、四子部落郡王勒旺诺尔布一人、喀喇沁贝勒远凌阿等七人、杜尔伯特汗噶勒章那木济勒一人、阿鲁科尔沁贝勒巴咱尔吉哩第一人、吐鲁番回子郡王玛穆特一人、青海贝勒车林端多布等四人、阿巴哈那尔贝勒额外侍郎达木定札布一人、绰罗斯贝子兼二等侍卫唐古色一人、土默特贝子棍布札布一人、巴林贝子杜英固尔扎布等二人、阿巴嘎贝子贡多桑保一人、阿拉善贝子衔镇国公阿育尔扎那等二人、扎鲁特镇国公鲁勒玛扎布一人、郭尔罗斯辅国公齐默特散岐勒一人、归化城土默特辅国公贡格巴勒一人、旧土尔扈特头等台吉立木扎布一人、察哈尔三等台吉棍都散保等四人、哈密来使梅楞夏戎阿等二人，并阿

334

嘉呼图克图、那木喀呼图克图二人，宴。并赏赉有差。

——《清代历朝起居注合集》清德宗卷六十

光绪二十四年（1898）正月十九日

御紫光阁大幄次，赐蒙古王、贝勒、贝子、公，巴林贝子萨旺喇布坦一人、喀喇沁贝子衔辅国公林沁多尔济一人、科尔沁辅国公尼玛一人、归化城土默特辅国公贡格巴勒一人、喀尔喀头等台吉车林棍布一人、青海头等台吉棍布端多布等二人、旧土尔扈特头等台吉立木扎布一人、察哈尔三等台吉棍都散保等四人、哈密来使梅楞夏戎阿等二人，宴。并赏赉有差。

——《清代历朝起居注合集》清德宗卷六十

光绪二十七年（1901）正月初七日

奉谕旨：绥远城将军著崇善调补，未至任以前著奎成署理。

——《清代历朝起居注合集》清德宗卷六十三

光绪二十七年（1901）三月十二日

奉谕旨：归化城副都统，著文瑞补授。

——《清代历朝起居注合集》清德宗卷六十三

光绪二十七年（1901）四月二十五日

奉谕旨：本日奕劻、李鸿章具奏，各国议定：滋事地方，停止文武各考试五年一折。据称顺天、太原地方乡试，仍应停止。其单开山西省之太原府……归化城绥远城……地方，均应停止文武小试五年。著各该省督抚、学政遵照办理。出示晓谕。

——《清代历朝起居注合集》清德宗卷六十三

光绪二十八年（1902）二月二十六日

奉旨：福州将军著崇善调补。信恪著调补江宁将军。所遗绥远城将军著钟泰补授。钦此。

——绥远城圣旨节录

光绪二十八年（1902）十一月十三日

奉谕旨：绥远城将军钟泰由宗人府经历荐升副都统、擢任宁夏将军，募兵防堵，安静地方。简任绥远城以来，抚辑军民，克尽厥职。兹闻溘逝，轸惜殊深，加恩著照将军例赐恤，任内一切处分，悉予开复。应得恤典该衙门察例具奏，准其入城治丧。伊子御史荣凯著以应升之缺升用。官学生荣绅著以主事用。

——《清代历朝起居注合集》清德宗卷六十六

光绪二十八年（1902）十一月十三日

奉谕旨：绥远城将军著恒寿补授，未到任以前著文瑞署理。凉州副都统著玉昆补授。

——《清代历朝起居注合集》清德宗卷六十六

光绪二十九年（1903）八月十一日

奉旨：绥远城将军著贻谷补授。钦此。

——绥远城圣旨节录

光绪二十九年（1903）八月十一日

奉谕旨：绥远城将军恒寿由部属简放道员，升授奉天府府尹、凉州副都统，办理一切事宜均臻妥协，擢任绥远城将军，甫经到任，据闻溘逝。轸惜殊深，加恩著照将军例赐恤，准其入城治丧，任内一切处分悉予开复。应得恤典该衙门察例具奏，伊子尽先题升员外郎兵部主事。崇福著免补员上郎以郎中即补。

——《清代历朝起居注合集》清德宗卷六十八

光绪三十年（1904）十一月十二日

奉谕旨：本年恭逢慈禧端佑康颐昭豫庄诚寿恭钦献崇远皇太后七旬万寿业，

336

经特沛恩纶，将京外大员老亲优加赏赉。兹据各衙门续查大员老亲，有年逾七十者，禄养承欢，康疆逢吉，允宜一体。加恩覃敷闾泽。绥远城将军贻谷之祖母郝氏著赏给御书匾额一面、紫擅三镶玉如意一柄、大卷江绸袍褂料二匹、大卷八丝缎袍褂料二匹……用示锡类，推恩至意。

——《清代历朝起居注合集》清德宗卷七十一

光绪三十一年（1905）七月十二日

奉谕旨：文瑞奏请假修墓一折。文瑞著赏假三个月，归化城副都统著贻谷兼署。

——《清代历朝起居注合集》清德宗卷七十三

光绪三十一年（1905）八月十八日

奉谕旨：朴寿著来京当差，归化城副都统著文哲珲补授。

——《清代历朝起居注合集》清德宗卷七十三

光绪三十一年（1905）十二月二十六日

奉谕旨：张人骏奏查明，阳曲等厅州县被灾地亩，恳请分别加恩一折。山西省南北各属，本年夏麦秋禾被旱、被水、被雹、被霜成灾，歉收不等。及水冲沙碱不能垦复地亩，若将应征新旧粮赋照常征收，民力实有未逮。加恩著照所请，所有阳曲、太原、榆次、祁县、文水、徐沟、临汾、太平、汾西、吉州、长子、夏县、赵城、大同、丰镇、兴和、宁远、归化城、和林格尔、清水河、托克托城、萨拉齐等二十二厅州县，应征新旧钱粮、米、豆、土盐税，著按照成灾分数，分别蠲缓，永豁展缓展停，以纾民困。该抚即将单开详细数目，刊刻誊黄，遍行晓谕，务使实惠均沾。毋任吏胥舞弊，用副朝廷轸念民艰至意。余著照所议办理。该部知道单并发。

——《清代历朝起居注合集》清德宗卷七十三

光绪三十四年（1908）四月初二日

奉谕旨：前因归化城副都统文哲珲奏参贻谷败坏边局、欺蒙巧取、蒙民怨

337

恨各款，当经派令鹿传霖、绍英前往确查。此据贻谷奏参文哲珲等侵吞库款，亦即谕令鹿传霖、绍英等一并查办。兹据查明复奏，贻谷督办垦务有二误四罪等语。朝廷放垦蒙地，意在开荒备边。并非攘地图利。乃贻谷不顾藩部边民大局，只为一己罔利起见，专用小人，苛索巧取，以官地垦局，巧立公司名目，辗转渔利。定章每亩地价三钱，公司辄浮收八钱。垦熟之地亦复勒缴，地价甚至房基、庐舍、铺面、街道，勒交租价每亩竟多至三百数十两。且纵勇滥杀烧毙台吉丹丕尔一家五命之多，复罗织成狱，辄将丹丕尔置诸重辟，尤属残酷。无论所收地价以八钱计算。约收银四百余万两、除支拨有案。及代为约计用款外。其查无用项者。尚有二百余万之多，显系贻谷及垦局员等朋分吞蚀。贻谷又需索蒙旗扣留荒价、拣放官缺、批索银两、开设铺店剥兵扣饷，似此贪残相济，扰害蒙民，败坏垦局，实属辜恩负国。绥远城将军贻谷，著革职拿问。由山西巡抚派员押解来京，交法部审讯，监追治罪。文哲珲于库款亦有侵挪，且向亦阿附贻谷，听其苛敛，随同画诺。并著交部严加议处。其随同婪贿虐蒙之山东候补道斌仪，聚敛附益，婪款不资。云南候补直隶州知州景褆，苛暴险诐，商农共愤。五原厅同知姚学镜，心贪手辣，率定爰书。均著即行革职，拿交法部，监追治罪。署东胜厅同知岳钟麟，仇蒙诬叛，几坏边局。山西候补知县吴逮荣，以兵压民，形同冠盗。分省补用府经历志良，逼追地价，惨用非刑。均著革职，发往新疆效力赎罪。候补参将谭湧发，虚报冒功，纵兵掳物，著革职，发往军台效力赎罪、分省补用知府陈光远、直隶州知州黄桂荣、山西候补直隶州知州吕继纯、同知郝敬端、余宝滋，知县郑天馥、林毓、杜乔樾、荫通泰，均属骄诶互用、迎合殃民，著一并革职。所有贻谷历年办垦保案，著该部查明，一并撤销。塔尔巴哈台参赞大臣荣昌，著解任，赴绥交接。任将军，切实查办。余著照所议办理。至鹿传霖等条陈善后事宜，及请派员接办等语。著派信勤前往，接充督办垦务大臣暂行兼署绥远城将军，查照鹿传霖等各条陈办法，体察情形，妥筹办理，务期痛除积弊。既须振兴垦务，尤须深恤蒙艰，以示朝廷抚绥藩部之至意。

——《清代历朝起居注合集》清德宗卷七十八

光绪三十四年（1908）四月初六日

奉谕旨：开缺福州将军崇善由奉恩将军补授。护军参领涪升锦州副都统，历任江宁、绥远城将军，调任福州将军并署理闽浙总督，宣力有年，克勤厥职，前因患病准予开缺。兹闻溘逝，轸惜殊深。加恩著照将军例赐恤，任内一切处分悉予开复。应得恤典，该衙门察例具奏。

——《清代历朝起居注合集》清德宗卷七十八

光绪三十四年四月（1908）四月，丙辰

见日使林权助等于勤政殿，绥远城将军贻谷有罪，褫职，逮下刑部狱。寻籍其家。命信勤充垦务大臣，兼署绥远城将军。

——《清史稿》本纪二十四·德宗二

光绪三十四年（1908）四月十七日

奉谕旨：归化城副都统，著三多署理。

——《清代历朝起居注合集》清德宗卷七十八

光绪三十四年（1908）八月初五日

奉谕旨：御史秦望澜奏查办重案，不甚允协，请饬复行复议一折。已革绥远城将军贻谷被参，案情重大，特派大员驰往查办，据奏复情节较重，当经谕令拿交法部审讯治罪。自应由法部彻底究办。乃该御史竟敢胪列多条，率为申辩，显系有意开脱，殊属冒昧，难胜风宪之任。原折掷还秦望澜，著回原衙门行走，以示薄惩。

——《清代历朝起居注合集》清德宗卷七十九

宣 统（1909—1911）

宣统元年（1909）闰二月初六日

奉谕旨：署江北提督王士珍，署归化城副都统三多均系丁忧，尚未服阕，著仍留署任。

——《清代历朝起居注合集》清逊帝宣统元年

宣统元年（1909）十月十二日

奉谕旨：归化城副都统，著麟寿补授。

——《清代历朝起居注合集》清逊帝宣统元年

宣统元年（1909）十二月十三日

谕旨：前经查明咸丰、同治以来勘定，发捻回各匪文武大员之子孙业已加恩录用，兹据续行查出各员自应一体施恩……前绥远城将军福兴之长孙度支部郎中铁宝著以道员记名简放……用示朝廷培植世臣，激励将士之至意。

——《清代历朝起居注合集》清逊帝宣统元年

宣统二年（1910）九月初五日

奉谕旨：督办垦务署绥远城将军信勤奏因病恳请开去差缺回旗调理一折，信勤著准其开去差缺。

——《清代历朝起居注合集》清逊帝宣统二年

宣统二年（1910）九月初六日

奉谕旨：乌里雅苏台将军著奎芳补授。

奉谕旨：绥远城将军著堃岫调补并著督办垦务事宜。

——《清代历朝起居注合集》清逊帝宣统二年

宣统二年（1910）九月十一日

上旨，翊坤宫隆裕皇太后前请安。内阁奉谕旨：信勤现开署缺堃岫未到任以前，绥远城将军著瑞良暂行署理并兼办垦务事宜。癸亥，谕绥远城垦务紧要，沿边道厅以下官，凡关垦务者，均听垦务大臣节制。

——《清代历朝起居注合集》清逊帝宣统二年

宣统二年（1910）九月十二日

上旨，翊坤宫隆裕皇太后前请安。内阁奉谕旨：瑞良现署绥远城将军，吏部右侍郎著吴郁生署理。

——《清代历朝起居注合集》清逊帝宣统二年

宣统三年（1911）正月，乙丑

除非刑，凡遣、流以下罪，毋用刑讯。法部奏上已革绥远将军赇谷罪，论死诏改戍新疆，效力赎罪。

——《清史稿》本纪二十五·宣统皇帝三年